Hermann von Berg

Marxismus-Leninismus
Das Elend der halb deutschen, halb russischen Ideologie

Hermann von Berg

Marxismus-Leninismus

Das Elend der halb deutschen, halb russischen Ideologie

Bund-Verlag

CIP-Kurztitelaufnahme der Deutschen Bibliothek

Berg, Hermann von:
Marxismus-Leninismus: d. Elend d. halb dt., halb russ. Ideologie / Hermann von Berg. – Köln: Bund-Verlag, 1986.
ISBN 3-7663-0982-X

Lektorat: Gunther Heyder
Umschlag: Roberto Patelli, Köln
Satz: Satzbetrieb Schäper GmbH, Bonn
Druck: Clausen & Bosse, Leck
ISBN 3-7663-0982-X
Printed in Germany 1986

Inhalt

KRIEG den deutschen Zuständen! ... weil diese Nation die Scheiße an und für sich ist. *Marx, vor 1848*

WELTKRIEG, der allein ... der Arbeiterpartei die Bedingungen zu einer erfolgreichen Erhebung gegen ihre riesenhaften Unterdrücker bieten kann. *Marx, nach 1848*

WELTREVOLUTION! Dabei wird uns die internationale Bewegung der Arbeiter helfen ..., die sich bereits in ... Deutschland zu entfalten beginnt. *Lenin, 1917*

»Ich gelobe, stets und immer für die SOWJETUNION und für die siegreiche WELTREVOLUTION zu kämpfen.«
KPD-Schwur unter Thälmann 1925

Die Politik der friedlichen Koexistenz ... bedeutet weder die Aufrechterhaltung der bestehenden sozialen und politischen Verhältnisse noch eine Abschwächung des ideologischen Kampfes. Die Treue zum Marxismus-Leninismus ... ist die unerläßliche Bedingung für die Wirksamkeit und die richtige Orientierung der einheitlichen Aktionen der kommunistischen und Arbeiterparteien, das Unterpfand ihres Erfolges bei der Verwirklichung ihrer historischen Ziele.
Internationale Beratung der kommunistischen und Arbeiterparteien, Moskau 1969

Ich denke, daß es in der gegenwärtigen Situation besonders wichtig ist, die ideologischen Differenzen nicht wie mittelalterliche Fanatiker auf die zwischenstaatlichen Beziehungen zu übertragen. *Gorbatschow, Paris 1985*

Die Erreichung des Friedens erfordert es, die Akzente weniger auf die Ideologie zu legen, und dafür mehr Toleranz zu zeigen sowie die auftretenden Probleme auf der Grundlage der internationalen Zusammenarbeit zu lösen.
Kongreß der Nobelpreisträger in einem Appell an Gorbatschow und Reagan, November 1985

Vorwort
Ziel, Inhalt und Methode der Studie

Wer Polemik nicht mag, soll dieses Buch nicht anfassen. Der Stoff, den es behandelt, verträgt keine unterkühlt sachliche, zurückhaltende, akademische Verfahrensweise. So habe ich andere Arbeiten formuliert.
Dieser Gegenstand hingegen schreit nach Empörung. Er fordert Sarkasmus und Ironie wie partielle Maßlosigkeit geradezu heraus, weil die Tatsachen, die er zur Sprache bringt, auch in ihren politischen Konsequenzen ungeheuerlich sind, und: Tatsachen müssen Tatsachen bleiben, gerade wegen des ununterbrochenen halb deutsch, halb russischen Trommelfeuers einer pseudologischen Ideologie und Politik, die von östlicher Seite her der haßerfüllten Ausmalung des täglichen Feindbildes der Deutschen wider die Deutschen dient: Im Namen des ewigen Friedens. Die Lehrfilme der NVA demonstrieren es: Achtung! Bundesdeutsche Panzer, Typ Leopard! Fertigmachen zur Vernichtung! Lenkschütze: Ziel erfassen – Feuer!
Wie lange sollen solche Filme noch laufen? Bis sie Wirklichkeit sind? Herder hat gewarnt: »Vaterländer gegen Vaterländer im Blutkampf, das ist der ärgste Barbarismus.«
Sollen wir Deutsche von heute die Hitler-Barbarei von gestern noch übertreffen?
Es geht in diesem Buch daher nicht um die Verbreitung esoterischer, philosophisch-literarischer Wohlgerüche, sondern um historische und ökonomische Tatsachen, die schon von selbst politisch als grober Knüttel wirken. Das ist die Eigenart des Historischen und Ökonomischen im Gegensatz zum Philosophisch-Literarischen.
Es handelt sich hier also weder um das Treffen in Telgte noch um das im Hotel Stadt Berlin. Es geht darum, ohne Rücksicht die Wahrheit um der Wahrheit und des Überle-

ben-Wollens zu sagen über die friedens-, menschen- und bürgerrechtsfeindliche marxistisch-leninistische Ideologie, über ihre Quellen und ihre heutige Interpretation, so taktisch unklug und gefährlich bis an die Lebensgrenze manche Freunde und Kameraden dieses Verfahren auch finden mögen. Teilweise Überzeichnung ist dabei nötig, um jahrzehntealte wie tagtägliche Abstumpfung zu durchbrechen, lethargisches Denken aufzuschrecken. Manche Übel lassen sich am besten mittels Schocktherapie behandeln.
Keiner soll denken, es gäbe in diesem aus- und abgedroschenen Strohhaufen des »M-L«, des Marxismus-Leninismus, kein Körnlein an neuer Erkenntnis zu finden, nein: Gerade die scheinbar bekanntesten, einfachsten, klarsten Dinge bieten, bei kritischer Überprüfung, die größten Möglichkeiten überraschender Entdeckungen.
Und: Für Verlogenes, Verächtliches, Menschlich-Widerliches, Niveauloses bietet nur Sarkasmus eine adäquate Form, der bittere Hohn auf diese Ersatzreligion der KPdDDR, die sich verschämt und aufrichtig unwahr Sozialistische Einheitspartei Deutschlands nennt, und deren Geburtstag sich im April 1986 bedenkenswert jährt: Sie ist 40 Jahre alt und hat es noch immer nach innen und außen mit dem Kampf gegen den Sozialdemokratismus zu tun, obwohl der große Erich mit Onkel Herbert, diesem »Renegaten«, laut ADN inzwischen privat sehr »herzlichen Umgang« hält: Bemerkenswerte Lebensläufe.
Ich ziehe ein Fazit aus meinem Leben, theoretisch wie politisch. Vielleicht hilft es jungen Menschen, den Irrtum zu vermeiden, den ich von Kindesbeinen an zuerst dank meiner Neulehrer unterlegen bin: Das der »M-L« eine Theorie, eine Wissenschaft mit gesellschaftlichen und sozialen Konsequenzen sei, die dem Leben einen Sinn geben könnten.
Es gibt für den forschenden Hochschullehrer drei Möglichkeiten, wenn er erkennt, daß seine bisherigen fachlichen und gesellschaftlichen Ansichten nicht der Wahrheit entsprechen:
Die erste ist, von Freunden, Kameraden und Arbeitskollegen zumeist mit melancholischer Nonchalance empfohlen: Maul halten, die üppigen Pfründen und die Besitztümer genießen. Die zweite ist, nach den Regeln bekannter Geistlicher des französischen Ancien regime zu verfahren: Die

Enthüllungen aufschreiben und erst nach der letzten Ölung zum Druck freigeben.

Die dritte, unangenehmste ist: Man rechnet sachlich und kritisch mit sich selbst ab, prüft sein Gewissen, vor dem man bestehen können muß, weil man sich sonst als Mensch aufgibt und zieht die Konsequenz, die jede Diktatur, sei sie faschistisch oder kommunistisch, dann erfordert: Haft, Flucht, Exil. Dabei haben DDR-Bürger Glück im Unglück: Ins Exil brauchen wir nicht.

Was habe ich für zwingende Gründe, mich nach der dritten Möglichkeit zu entscheiden? Sagt der Westen nicht seit eh und jeh, der Marxismus-Leninismus sei eine falsche Ideologie, was ist also neu oder anders an der Aussage in meiner Studie zu diesem Problem?

Gewiß: Bestimmte Leute im Westen sagen das, aber die ideologisch gedrillten bis verbohrten Kader im realen Sozialismus hören da nicht hin, denn: Dort spricht der Klassenfeind. Sie glauben nicht den revisionistischen, trotzkistischen, eurokommunistischen, reformistischen, den liberalen und konservativen Kritikern des M-L, und einer Gruppe jugendlicher Idealisten im realen Sozialismus geht es ebenso: Aus ihnen wachsen die Leitungskader nach, mein eigener Irrtum wiederholt sich immerfort. Sie schwören auf ihre Klassiker Marx-Engels-Lenin und die Parteibeschlüsse.

Ich antworte ihnen mit diesen Klassikern und den Beschlüssen der Partei. Das verstehen sie. Das können sie überprüfen, ohne strafbare Literatur zu benutzen. Das ist keine Sprache, die ihnen Schwierigkeiten macht, im Gegenteil: Es ist die ihre. Sie sollen sich mit eigenen Augen überzeugen, welch hirnrissiges, sinnloses Bla-Bla der M-L ist, auch an Hand neuer, bisher unbekannter Tatsachen aus den historischen und ökonomischen Quellen. Noch sind die entsprechenden Bücher hierzulande nicht alle aus dem Verkehr gezogen. Das kommt erst noch.

Damit haben sie dann die Erklärung für die unerträglichen Widersprüche zwischen Ideal und Wirklichkeit, die ihnen täglich schwer zu schaffen machen, und das ist die Voraussetzung für nötige Reformen, deren Vorstellungen in ihren Köpfen reifen und durch ihre Taten realisiert werden müssen.

Also: Ich erwarte, daß die Kader die Klassiker lesen. Was wird geschehen? Ich werde wegen des schlimmsten Vergehens, wegen ideologischer Subversion, angeklagt werden. Nun, ich lege gleich beide Hände ins Feuer: Ich habe alle Klassiker und Parteiquellen korrekt zitiert. Das wird ein sehr interessanter Prozeß.

Unsere jungen, marxdesorientierten Menschen in ganz Deutschland müssen die Wahrheit über die wirklichen Arbeiter- und Sozialismustraditionen und -theorien erfahren, wenn sie und unser Vaterland eine lebenswerte Zukunft haben sollen.

Natürlich gilt das besonders für die DDR, denn dieser Landstrich soll auch wieder für kritisch Denkende bewohnbar gemacht werden. Die Menschen sollen nicht weiter ihre Heimat, ihr Zuhause verlieren müssen, wenn sie ein geistig und politisch freies Vaterland gewinnen wollen.

Kennt die Weltstatistik ein Land, das im Laufe von 40 Jahren 25 Prozent seiner Bevölkerung durch Flucht verloren hat? Nein. Die Deutsche Demokratische DDR ist auch hier die Einzige und Größte.

Was hat mich zu den Ergebnissen, die ich hier niederschreibe, gebracht?

Es war die schmerzhaft-bohrende Überlegung, was man tun könne, um die menschlich unerträgliche Kluft zwischen Verfassungsanspruch und politischer Alltagswirklichkeit zu schließen. Wie andere meiner Genossen war ich über drei Jahrzehnte der Ansicht, es handle sich um subjektive Unzulänglichkeiten, die man durch erhöhte Aktivitäten beseitigen müsse. Aber: Kann denn der subjektive Faktor, können denn alle Zentral-Kommitees der Kommunistischen Parteien über Jahrzehnte hinweg so blöd sein, daß sich alles im Kreis dreht? Mir wurde langsam klar: Die entscheidenden Ursachen liegen tiefer. Sie müssen objektiver Natur sein. Sie müssen im System selbst wurzeln.

Folglich: Ist etwa der Kern des Systems, die sogenannte wissenschaftliche Weltanschauung, »die Ideologie, das Herzstück der Parteiarbeit«, um den SED-Jargon zu benutzen, die Ursache für die haarsträubenden Mißstände, die alle zu Lasten der arbeitenden Menschen gehen?

Ich begann, historisch und logisch alle wesentlichen Positionen an Hand der Quellen selbst systematisch zu prüfen und kam zu dem Ergebnis, das ich hiermit vorlege.
Meine zwei Fachrichtungen, die historische und die wirtschaftswissenschaftliche, kamen mir dabei so sehr zugute, wie eine vierjährige Forschungsarbeit im Lehrstuhl Marx-Engels-Forschung an der Akademie für Gesellschaftswissenschaften beim ZK der SED. Ferner: Ohne den mir ermöglichten Blick hinter die Kulissen im zentralen Partei- und Regierungsapparat wäre ich zu einer derart kritischen Sicht nicht gekommen. Dank für den Ausbruch aus dem geistigen Gefängnis schulde ich auch meinen Fachkollegen und einigen Naturwissenschaftlern an der Humboldt-Universität und meinen Freunden aus der Bundesrepublik Deutschland.
Es wird ein physisches Überleben für Deutschland, aber auch eine friedliche Lösung der europäischen und Weltprobleme nur geben, wenn die friedensgefährdende Ideologie des M-L, die pseudotheoretisch den Weltmachtanspruch des sowjetischen Imperialismus begründet, geistig überwunden wird. Kein Sozialist und kein Kommunist muß sich an die marxistische oder leninistische Version seines Glaubens klammern. Es gibt wahrhaftig bessere Traditionen der internationalen Arbeiterbewegung. Sie müssen nur in den geeigneten Formen bekannt gemacht werden. Es würde dann klar werden, daß der Kommunismus marxistischer Version weder ökonomisch machbar noch politisch erstrebenswert ist. Und für die Deutschen würde verständlich, daß es aus der verheerenden Kooperation und dem nachfolgenden Zusammenstoß von Marxismus und Antimarxismus, aus Hitlerfaschismus und Stalinismus für Deutschlands zukunftspolitische Gestaltung nur eine Alternative als Lehre des Zweiten Weltkrieges gibt: Weder Diktatur von links noch Diktatur von rechts!
Die Verfolgten und Geschundenen, die Häftlinge und Exilierten der Hitler-Diktatur und die Deutschen in den westlichen Besatzungszonen wurden am 8. Mai 1945 durch die Anti-Hitler-Koalition befreit, aber für die Menschen in der SBZ, der späteren DDR, wechselte lediglich die Form der Diktatur: Die Mißachtung der Menschen- und Bürgerrechte blieb, wenn auch in abgemilderter Form. Die politische

Praxis unter Stalin kam der Hitlers noch am nächsten, modifizierte sie sich unter dem Regime des Neostalinismus und der wachsenden politischen, ökonomischen und juristischen Einflußnahme des Westens auf die DDR, besonders auf deren führende Staatsmänner, durch direkten Umgang, aber sie bleibt im politischen Bereich Diktatur: Willkürliche, subjektivistische, formaljuristisch durch Gummiparagraphen kaschierte, rechtlose Gewalt, ausgeübt von der Geheimpolizei im Auftrag des Politbüros des ZK der SED, wobei das Tragische ist, daß dieses Führungsgremium, durch den Marxismus-Leninismus auf sektenhaftes, realitätsfremdes Denken eingeschworen, mit seinen entscheidenden Köpfen wirklich glaubt, der Weltrevolution, der Befreiung des arbeitenden Volkes, zu dienen, Werkzeug der Geschichte zu sein, die Diktatur gegen die Menschen auszuüben als notwendige Durchgangsstufe ins kommunistische Paradies.

Wie sagt unser verehrter Klassiker Schiller: »... doch der schrecklichste der Schrecken ist der Mensch – in seinem Wahn.« Daraus resultiert für die absolute Mehrzahl der politisch Interessierten in der DDR der Traum von einer pluralistischen, rechtsstaatlichen, demokratisch und sozial weitgehend gerecht geordneten Gesellschafts- und Staatsverfassung: Freiheitlich-pluralistische Demokratie kontra Diktatur!

Die pluralistische Demokratie, die reale Menschen- und Bürgerrechte durch politische und ideologische Vielfalt möglich macht, wird verhindert durch die per Diktatur verbindlich erklärte marxistisch-leninistische Einfalt. Russen und Ersatzrussen haben dabei eine durchaus richtige Einstellung zum ideologischen Kampf, die dem Westen zu weiten Teilen abhanden gekommen scheint. Einigen wir uns doch auf Schelling, der schon lange vor Marx auch dessen ideologische Weisheiten verkündet hat: »... denn keine Gewalt oder Souveränität der Erde, so groß oder klein sie sei, herrscht anders als in der Gewalt und in der Sorge von Ideen, und wo unter einem Volk die Achtung für diese verloren ... findet sich notwendig auch die Verachtung alles desjenigen ein, dessen Achtung nur auf dem Vermögen zu Ideen beruht«.

Kommen wir, nach pauschaler Darlegung meiner persönlichen und politischen Motivationen, zu den Einzelheiten der Arbeit:
Das Buch behandelt die politischen sowie ökonomischen Seiten der marxistischen Ideologie und stellt sie der Praxis des sowjetischen Systems gegenüber, das sich propagandistisch immer auf die Weltsicht von Marx und Lenin beruft, die sich hauptsächlich wiederum aus der ökonomischen Deutung des Geschichtsablaufes ergibt. Es soll ein Tropfen Neuwert sein im Meer der gesellschaftswissenschaftlichen Erkenntnis. Ein Tropfen ist nicht viel, aber es kommt jener Punkt auch in einer geistigen Entwicklung, wo ein Tropfen das Maß vollmacht.
Inhaltlich beschränke ich meine Aussagen auf Gebiete in denen ich theoretisch geforscht, gelehrt und praktisch gearbeitet habe, mir also ein Urteil gestatten kann. Der Band enthält das politische Resultat meiner ökonomischen und historischen Studien, die ich gesondert publiziert habe, und meiner politischen Erfahrungen aus dreieinhalb Jahrzehnten aktiver Tätigkeit im Jugendverband, im zentralen Partei- und Staatsapparat sowie in der Volksbildung und im Hoch- und Fachschulwesen der DDR. Er beinhaltet eine historisch-ökonomisch begründete, politische Abrechnung mit der Theorie und Praxis des sogenannten »wissenschaftlichen Kommunismus«, der die Grundlage für die Praktizierung des »realen Sozialismus« der SED bildet, also mit der unwissenschaftlichen Ideologie des »Marxismus-Leninismus«. Diese Begriffe können alle synonym verwandt werden.
Methodisch wäre, streng wissenschaftlich, eine Behandlung des Stoffes nach den Kategorien des Marxismus in rein logischer Form am prägnantesten gewesen. Aber das Parteichinesisch versteht kein normaler Mensch, und mir kommt es zuerst auf Breitenwirkung an, nicht auf eine Diskussion unter der marxistischen Inzucht. Die ergibt sich sowieso. Deshalb gehe ich vorwiegend historisch erzählend vor, und bette die theoretischen Probleme in die zeitlichen Abläufe ein. Streng durchhalten läßt sich diese Methode allerdings nicht, da Marx gedanklich einmal in der Gegenwart, dann in der Zukunft oder Vergangenheit operiert, und philosophische, ökonomische, soziologische, historische u. a. Elemente fort-

laufend miteinander verquickt. Man ist, folgt man dem Werdegang seiner Ideologie, dann gleichfalls zu solchen Sprüngen gezwungen, die auch Wiederholungen unvermeidbar machen. Ich halte sie kurz. Unvermeidbar ist auch die Masse der Zitate. Man kann nichts angreifen und widerlegen, wenn man es nicht vorgestellt hat. Um nun die Flut der sich daraus ergebenden Anmerkungen, welche die Lesbarkeit erschweren, in Grenzen zu halten, verzichte ich auf den letzten Schliff der formalen Akribie dort, wo sie zweitrangig für den Zweck ist, z. B.: Der Fachmann weiß, daß er die zitierten Briefe und lyrischen Ergüsse des Marx in der alten MEGA und da in den ersten Halbbänden findet, wenn er Textstellen überprüfen will. Dem Laien soll genügen, wenn im Text steht, von wem der Brief an wen gerichtet ist und wann er geschrieben wurde. Ebenso verfahre ich mit den Zitaten aus dem »Manifest der Kommunistischen Partei«. Dort nenne ich die jeweiligen Abschnitte, wo die zitierten Stellen stehen, und verzichte auf zusätzliche Fußnoten mit der jeweiligen Seitenangabe. Bei der Vielzahl der Auflagen des Manifestes wäre das sowieso ziemlich sinnlos. Alle historisch, ökonomisch oder politisch wichtigen Zitate sind für den Fachmann korrekt ausgewiesen. Ich versuche eine Synthese zwischen wissenschaftlicher Aussage im Kern und einer populären Darstellung zum allgemeinen Verständnis.
Meine realen Lebensverhältnisse hierzulande gestatten mir es nicht, wissenschaftlich das zu tun, was ich gerne zu diesem Thema noch getan hätte. Meine Fachkollegen möchte ich bitten, dort weiter zu graben oder graben zu lassen, wo ich nur skizzieren konnte: Man muß den von mir geführten Nachweis, daß Marx weder in der materialistischen Geschichtsauffassung noch in der Nationalökonomie noch in der Politik Neuwert geschaffen hat, mit weiteren Belegen vertiefen, damit restlos klar wird, welchen Scharlatanen die Einwohner des Landes der Dichter und Denker im 19. und 20. Jahrhundert aufgesessen sind: Dem größenwahnsinnigen Marx und dem größenwahnsinnigen Anti-Marx Hitler, dem Ideologen der roten und dem der braunen Diktatur.
Mich hat das Wort von Kurt Schumacher, dem Führer der SPD nach Kriegsende, jener beeindruckenden Persönlichkeit, die den Hitleristen im KZ und den Stalinisten danach kraftvoll widerstand, die Kommunisten seien rotlackierte

Nazis, über Jahre erschreckt. Erst in den letzten Jahren habe ich durch eigene Erfahrungen langsam begriffen, was damit gemeint war. Dieser deutsche Patriot hat als Widerstandskämpfer und Antifaschist richtig geurteilt, bezogen auf die Ideologie und die Praxis beider Formen der Diktatur, und das nicht nur, weil die Verbrechen eines Stalin wider Menschen- und Völkerrechte denen Hitlers ungescheut an die Seite stellen kann und muß. Immerhin: Es gibt heute sowjetische Historiker, die das schreiben und im westlichen Ausland drucken lassen. Sie können sich trotzdem in Moskau ungehindert bewegen. Niemand beschuldigt sie feindlicher Propaganda oder klagt sie an, weil sie ohne staatliche Erlaubnis publizieren und dem Westfernsehen begründende Interviews geben. Die DDR ist da einschneidend stalinistischer, siehe die Zensur des Büros für Urheberrechte, die Prozesse gegen Stefan Heym, Robert Havemann und Rudolf Bahro in den letzten Jahren und andere Geschehnisse. Doch zurück zu meiner Arbeit: Mit voller Absicht benutze ich keine bürgerliche, sozialdemokratische, trotzkistische o. ä. Literatur, um Grundsätzliches zu beweisen. Meine Stützen sind Quellen, parteiamtliche Dokumente und die sogenannten Klassiker des M-L. Die Wahrheit ist so ungeheuerlich, daß Marxisten sie nur glauben werden, wenn sie diese an den Aussagen der marxistischen Kommunisten selbst überprüfen können. Wichtig ist das vor allem für eine bestimmte Gruppe von Marx-gläubigen Jugendlichen in der DDR.
In der Sekundärliteratur begrenze ich mich auf zwei lupenreine marxistische Historiker, die einen besonderen Ruf genießen, auf Franz Mehring, den Vertreter des marxistischen Flügels in der SPD am Ende des 19. Jahrhunderts, Mitbegründer der KPD,und auf Prof. Dr. Auguste Cornu, einen französischen Kommunisten der Gegenwart, der in der DDR als Nestor der Marx-Engels-Forschung gilt und für sein Werk vom Politbüro des ZK der SED mit dem Karl-Marx-Orden ausgezeichnet wurde.
Von den Theoretikern, und zugleich, im Gegensatz zu Marx, auch wirklichen Führern der Arbeiter, berufe ich mich auf den demokratischen Arbeiterkommunisten Wilhelm Weitling vor und auf die Begründer der KPD Rosa Luxemburg und Karl Liebknecht nach Marx. Ich weiß aus Verhören während der Untersuchungshaft, wie überaus allergisch die

Geheimpolizei, die ihre Weisungen direkt vom Politbüro erhält, dem ihr Minister als Vollmitglied angehört, auf die Publizierung der Wahrheit über das kritische Denken gegenüber Marx gerade dieser, durch die äußerste Rechte Ermordeten reagiert. Ihr Tod war das Ende des demokratischen, heute würde man sagen des Reform- oder Eurokommunismus in Deutschland, bevor er sich theoretisch ausgiebig artikulieren und organisatorisch formieren konnte. Unter Luxemburg und Liebknecht wäre die KPD nie stalinisiert worden, hätte es nie eine gemeinsame Front von Stalinisten und Hitleristen zur Zerstörung der pluralistischen Demokratie von Weimar und der sozialdemokratischen Arbeiterbewegung gegeben. Verbal kann ich die Terminologie des Parteichinesischen nicht ganz umgehen, weil Marxisten-Leninisten, die einzigen und wahren Friedensfreunde, demokratische Reformkommunisten, gerötete Alternative und rosa Bunte sowie halbgrüne mich auch verstehen sollen. Der Ketzer muß sich immer auch des Dogmas bedienen wie der mittelalterliche Protestierer, der die Papstkirche auch nur im Gewand der Religion angreifen konnte. Wirksame Kritik an der marxistisch-leninistischen, eklektizistischen Ideologie ist nur möglich in Form und Vokabular dieser Ersatzreligion, die sich pseudotheoretisch als Wissenschaft tarnt.
Nun noch eine abschließende Bemerkung: Gerne hätte ich das Manuskript jetzt drei Monate liegengelassen, die Einzelheiten vergessen und dann, mit Abstand und geschärftem Blick, den letzten Schliff hineingebracht, einschließlich der Vervollständigung mit Personenregister etc., aber: Das Risiko ist zu hoch. Jedes bremsende Autogeräusch kann bedeuten, die Menschenjäger sind da, stellen das Haus wieder auf den Kopf, durchwühlen erneut alles – nein, da lebe ich besser in der Hoffnung, bei einer Neuauflage unter normalen Arbeitsbedingungen das nachzuholen, was ich jetzt nicht tun kann. Die Hauptsache ist getan, und mit dem Manuskript ist es wie mit allen Arbeiten: Zuerst das Wichtigste, erst dann das Wichtige und dann alles andere, und was nicht in einer bestimmten Zeit zu schaffen ist, muß eben liegenbleiben.

Hermann von Berg

Schöneiche bei Berlin, August 1985

Einleitung
Notizen zum Karl-Marx-Jahr der DDR

Seit meiner Studentenzeit beschäftigt mich, angeregt durch die ständigen politischen Widersprüche, immer wieder die Überlegung, inwieweit die unerträgliche Kluft zwischen Theorie und Praxis in der DDR und im sowjetischen Machtbereich überhaupt in der Theorie des Marx selbst oder in ihrer mangelhaften Interpretation und Umsetzung ihre Ursachen hat.

Gibt es diese vorgeblich klassische Wissenschaft über die Gestaltung einer menschenwürdigen, von Ausbeutung, Unterdrückung, Krieg und Bürgerkrieg, Diktatur und Terror, Haft und Folter, von Elend im materiell-physischen wie geistig-psychischem Sinne freien, nationalen Gemeinschaft, eingebettet in die Harmonie aller Völker und Rassen dieser Erde, die ohne Staaten und ohne Parteien, ohne Soldaten, ohne Polizei, friedlich zusammenleben? Und wird diese befreiende, wegweisende Gesellschaftswissenschaft in ihren philosophischen, historischen und ökonomischen Teilsdisziplinen nur durch subjektive Mängel der entscheidenden Köpfe in den sowjetkommunistischen Parteien verhunzt und in ihr Gegenteil verkehrt?

Oder taugt das Gesamtkonzept des Marxismus aus dem 19. und die Praxis des Stalinismus im 20. Jahrhundert von vornherein nichts, liegt die Ursache oder Kluft zwischen Theorie und Praxis des »realen Sozialismus« im Widerspruch zwischen den allgemein humanistischen Thesen und den diesen konträr entgegenstehenden konkreten politischen Auffassungen des Marx begründet, ist seine Weltsicht nicht die wahre, sondern die falsche, Irrtum bei ihm, bewußte Verfälschung bei Stalin und allen Neostalinisten bis heute?

Das ist ein Problem, das, direkt oder indirekt, mehr oder weniger, nicht nur junge Menschen in der DDR stark bewegt und daher alle Deutschen interessieren sollte, denn: Auch wenn wir hierzulande seit 1945 auf der Schattenseite des deutschen Schicksals leben müssen, wir lassen uns nicht russifizieren. Wir sind und bleiben ein Teil des Landes unserer Väter. Deutschland ist unser Vaterland, mögen Niedersachsen oder Thüringen, Bayern oder Mecklenburg unsere Heimat sein.

Jeder Deutsche in der BRD soll sich einmal vorstellen, wie er leben würde, wenn seine berufliche Laufbahn und die seiner Kinder in allen Phasen der Aus- und Weiterbildung mit obligatorischen Kursen und Prüfungen – extrem entscheidenden Prüfungen, denn sie liefern auch den Kern der verbalen Beurteilungen für die Personalakten, verknüpft mit einer Bewertung der politischen Aktivität, der sog. »gesellschaftlichen Arbeit« – im Fach Marxismus-Leninismus verknüpft wäre. Also: Geschichte, besonders der kommunistischen Idee und Bewegung, und Staatsbürgerkunde in den allgemein- und berufsbildenden Schulen; dialektischer Materialismus, politische Ökonomie des Kapitalismus und des Sozialismus sowie »Wissenschaftlicher Kommunismus« und Geschichte der internationalen kommunistischen Bewegung, vor allem der KPdSU, in den Fach- und Hochschulen; dazu Spezialveranstaltungen in der beruflichen Weiterbildung zumeist mit Querschnittsthemen aus den genannten Studiengebieten.

Wie frei fühlte sich ein Bundesbürger dann, wenn engstirnige Sektierer, stumpfsinnige Dogmatiker, machtpolitisch angepaßte Zyniker – denn daraus besteht, von minimalen Ausnahmen abgesehen, das Heer der M-L-Prediger, die, wie die Parteibonzen, selbst keine Spur philosophischer, historischer oder ökonomischer Bildung besitzen – ihm die stetig wechselnden Parteiphrasen als »Wissenschaft und alleinige Wahrheit« vorkauten, die er widerspruchslos wiederzukäuen hat, falls er überleben will, und deshalb ein Zertifikat – und nichts geht im totalen Bürokratensystem ohne ein kontrollierendes Papier! – dazu zu erwerben gezwungen ist? Was hielte ein Bürger des politisch pluralistisch und staatlich föderalistischen und daher freien Deutschlands davon, wenn er auch noch nach abgeschlossener Ausbildung zusätzlich und zwangsweise in allen Formen der sogenannten »Studienjahre« in Gewerkschaft, Jugendverband, sonstigen Organisationen und Parteien unablässig, alle Jahre wieder wie Weihnachten, die Dogmen des M-L genießen dürfte – säuberlich abgehakte Anwesenheit oder unentschuldigtes Fehlen vermerkt in der Kladde, versteht sich? Ganz abgesehen davon, daß er in Medien und Versammlungen, im Betrieb und Wohngebiet, sowieso immer dasselbe verlogene Gewäsch hörte?

Nun, ich denke, der Bundesbürger würde nur noch das DDR-Fernsehen einschalten, die lebenslange Hirnwäsche bejubeln und sich höchstens zu einem freiwilligen Berufsverbot entschließen und auswandern, oder irre ich mich?

Diese als Wissenschaft gepriesene Ersatzreligion liefert zugleich der Tagespolitik alle Argumente, auch die zur unverschämtesten Hetze gegen die BRD, für die Spaltung Deutschlands, die Aufrechterhaltung der völkerrechtswidrigen deutschen Teilung, die vorrangig im sowjetischen Machtinteresse liegt, zur Unmenschlichkeit von Mauer und Grenze, zur Unterdrückung von Freiheit und Humanität, zur Lobpreisung der realen Spitzelgesellschaft. Allerdings: Marx und Lenin sind nun zwar die auflagenstärksten, dafür aber am wenigsten gelesenen Autoren in der DDR. Man liest, soweit unumgänglich, einige vorgegebene Seiten dieser Leute, muß man schriftliche Hausarbeiten oder Unterrichtsvorbereitungen vorlegen, schöpft man das nötige allgemeinkonkrete Bla-Bla aus Broschüren und Artikeln über sie, und agitatorische Broschüren gibt es hierzulande, im Gegensatz zu nützlichen Lehr-, Fach-, Koch- und Gartenbüchern oder Werken der Weltliteratur, in Hülle und Fülle, wie Fliegen im Kuhstall. Ich kenne selbst genügend Hochschullehrer und Parteifunktionäre, die grinsend gestehen, sie hätten noch keine Zeile im Original bei Marx gelesen und seien spielend durch alle Überprüfungen gekommen. Die »Klassiker des M-L« stehen im Bücherbord jedes Funktionärs und in allen Bibliotheken. Sie haben Zwangskurs wie die von Bürokraten des Parteiapparates verfaßten Reden der Mitglieder des Politbüros oder wie Hitlers »Mein Kampf« während des Nazi-Regimes. Sie werden privat abgelehnt wie diese – dafür aber öffentlich desto stärker gepriesen.

Wahrscheinlich gibt es, nimmt man die Militärdiktaturen aus, keine Gesellschaft auf unserem Planeten, die wie die realsozialitische vollsteckt von heuchlerischen, verlogenen Dienerseelen und verbogenen Charakteren. Russische Hofhaltung: Auf dem Bauche kriechend, den Kot der Herrschaften fressend und den Wohlgeschmack dieser Delikatesse besingend – so muß es bei den Moskowitern unter der Tatarenherrschaft zugegangen sein. Die widerliche Mentalität der Diktatur, die ethisch barbarische Verkrüppelung des Menschen, die fast Orwellsche Gesellschaft, der deutsche GULAG-Abklatsch: In der DDR sind sie für kritisch Denkende weitgehend Wirklichkeit.

Die im Volk tief verwurzelte Ablehnung gegen dieses Denk- und Herrschaftssystem hat die wohl feinnervigste und aussagefähigste Lyrikerin, die heute noch in der DDR lebt, Eva Strittmatter, in ihrem schmalen Bändchen »Die eine Rose überwältigt alles«, so ausgedrückt:

Ketzerei

Meine Freunde fangen mit Yoga an.
Nach dem Marxismus indische Kunde.
Ein jeder sucht, wie er leben kann.
Kein zweiter ist im Bunde.

Nahezu jeder lebt und stirbt für sich allein in dieser Gesellschaft professioneller Heuchler und Geschäftsfreunde; selbst in die Familien hinein frißt sich der Krebs der »Wachsamkeit«, des Denunziantentums; selbst Väter können ihrer Söhne mitunter nicht sicher sein – es ist wie bei den Nazis, nur die Farbe ist anders. Das ist der wahre Kollektivgeist, der ganz neue, ganz andere Mensch, kurz: das erklärte Ziel der Erziehung im Sinne des Marxismus.

Um uns ist Leere. Wir bauen sie zu
Mit holzgetäfelten Wänden.
Wir sagen einander Genosse und du
Und halten uns nicht bei den Händen.

Wenn wir nicht unsere Kinder hätten,
Die wir lieben müssen mit allen Schmerzen,
Wär in uns die Ödnis von Schädelstätten,
Und Pesthäuser wärn unsere Herzen.

Die Unio mystica,
Von der es aus alten Büchern erzählt,
Ist für uns Ketzer nicht da:
Wir sind nicht auserwählt.

Ja, die Verkündung aus den alten Büchern des Karl Marx, die er von noch älteren abgeschrieben hat, ist nicht da. Sie wird auch nicht kommen. Sie ist Utopie. Dafür aber wird er öffentlich desto mehr belebt, je »töter« er schon ist. Haschisch fürs Volk, soweit es noch jung und gläubig ist. Das endet für die große Mehrzahl spätestens mit der 10. Klasse, und das erweckt Hoffnung bei uns Älteren, mögen die bezahlten Berufsjubeler tönen, so laut sie wollen – ein Grund läßt sich immer finden. Einige Jubiläen, mehrere Gedenk-, Feier- und Siegestage oder, noch besser: ein ganzes neues heiliges Jahr, welches wir gerade hatten.

Übrigens: Dieses 1983 gewesene Karl-Marx-Jahr der DDR, gewidmet dem 100. Todestag des Erfinders des bis heute nirgends realexistierenden »wissenschaftlichen Kommunismus«, stand ganz im Zeichen Martin Luthers: Die Welt und auch der DDR-Mensch interessierte sich mehr für den 500. Geburtstag des Reformators als den 165. des Revoluzzers.

Die Marx-Theologie ging trotzdem nicht unter. Mit straff organisierter Begeisterung veranstaltete das ZK der SED eine internationale Konferenz, mißtrauisch beäugt von den Sowjets, die deutsche Überheblichkeit, hinter den abstrakten Formulierungen getarntes, konkretes Mitsprachebedürfnis in der Führung der sowjetkommunistischen Parteien witterten, weshalb sie sich zu Ehren von Marx nur zweitklassig vertreten ließen.

Es war den Moskowitern schon schwergefallen, nicht anzuweisen, daß die von den Parteiinstituten der SED initiierte neue MEGA unterbunden werden sollte, was sie lange vorhatten, um die evtl. auftauchende Frage zu vermeiden, warum sie bisher die Schriften des »genialen Fortsetzers des Marxismus«, Lenins Arbeiten, keinesfalls in einer Gesamtausgabe, sondern reduziert auf knapp die Hälfte, herausgegeben haben. Die andere, bessere Hälfte, bleibt unter Verschluß. Sie wurde nach 1917 geschrieben. Sie würde Gottvater Marx noch mehr kompromittieren, als die bisher zugängliche das sowieso schon tut.

Dafür wird der von der KPdSU ikonisierte Marx nun von der SED doppelt ausgeschlachtet. Aus der 2-Mann-Partei Marx-Engels ist in 140 Jahren die 2-Millionen-Partei der SED geworden, ist das vielleicht kein Fortschritt in Germanien? Die Karl-Marx-Konferenz im Karl-Marx-Jahr hat nun den Gipfel des Fortschritts verkörpert. Nach der internen Sprachregelung hat sie »neue, wegweisende Erkenntnisse gebracht. Komisch, die Russen weigerten sich – trotzdem oder deswegen – wiederholt, die ZK-Analyse über die Ergebnisse der Konferenz und die daraus resultierenden Folgerungen für »den weltrevolutionären Prozeß« in die Tagesordnung der Beratungen der Ideologie-Sekretäre des Warschauer Paktes aufzunehmen. Vielleicht aber bewirkt der Karl-Marx-Orden, der ja nicht nur aus Blech besteht und das normale Tributgeschenk der Vasallen an ihre oberste Obrigkeit darstellt, beim Bundesbruder Gromyko, der ihn am 35. Jahrestag der Deutschen Demokratischen DDR, dem Tag auch der Überfüllung und Schließung der ČSSR-Botschaft der BRD auf Grund des Andranges von DDR-Flüchtlingen, entgegennahm, ein Einlenken auf die gewünschte Tagesordnung? Wir werden sehen.

Was haben denn die vielen fleißigen Apparatschiks des ZK der SED nun in ihrer Analyse anzubieten? Was hat denn den roten Faden der Konferenz ausgemacht? Das klingt, stark zusammengestrichen, auf Wesentliches ohne Verhüllung reduziert, so:

Es ist eine neue Weltlage entstanden. Lokale Probleme gibt es nicht mehr, sie sind globalisiert. Es gibt im Gefolge der wissenschaftlich-technischen Revolution und der Weltwirtschaftskrise verschärfte Krisenprozesse im Imperialismus. Das A und O ist die Gefahr der Menschheitsvernichtung durch die Kriegsvorbereitungen des US-Imperialismus. Die Kommunisten müssen die Krisenprozesse im Kapitalismus zum beschleunigten Untergang des dortigen Systems ausnutzen. Die sozialen Nöte der Dauerarbeitslosigkeit und ihrer massenhaften Verbreitung, gekoppelt mit der Angst vor den Raketen, müssen zu einer Veränderung des Bewußtseins, der politischen Haltung, des militärischen Kräfteverhältnisses in Europa führen. Das kann nur über neue Mehrheiten und Bündnisse erreicht werden.

Die Hauptfrage lautet: Wie koordinieren die Kommunisten ihre Aktionen, wie festigen sie ihre Einheit? Wie nutzen die Kommunisten die Angst aus? Gegen wen richten sie den Hauptstoß? Wer sind die neuen Verbündeten? Dabei sind taktisch zwei Schlüsselfragen zu beantworten: Wie trennt man Westeuropa von den USA? Wie trennt man die Entwicklungsländer von den kapitalistischen Industrieländern? Faßt man die Antworten zusammen, so lauten sie so:

1. »Nach der Anti-Hitler-Koalition gilt es, die Anti-Reagan-Koalition zu schaffen.« Die USA sind durch ihre ökonomisch bedingte, imperialistische Aggressivität für alle negativen Seiten der Weltpolitik verantwortlich zu machen. Sie sind als Friedensfeind Nr. 1 abzustempeln.
2. Die Kommunisten müssen die Führung in der Friedensbewegung *real* erobern, verbal genügt nicht. Sie müssen die ökologische Bewegung führen. Honeckers Brief an die Grünen hat strategische Bedeutung.
3. Grundsätzliche Erfolge der Friedens- und der ökologischen Bewegung sind unmöglich, ohne aktive Unterstützung durch die Sozialistische Internationale. Schmerzlich wurde daher registriert, daß die westeuropäischen Sozialisten die Teilnahme an der Konferenz ablehnten, aber desto klarer wörtlich formuliert: »Der größte Erfolg der Konferenz besteht in der Teilnahme einer SPD-Delegation«. Bekanntlich ging der Generalsekretär nach der Rede des SPD-Vertreters sofort auf diesen zu, um mit ihm zu sprechen – eine sensationelle Praxis!
4. Entscheidender Kern der Neuauflage der Volksfront der dreißiger Jahre muß das Bündnis, die Einheitsfront mit der SPD werden. Die theoretischen Grundsatzgespräche über Grundwerte der internationalen und deutschen Arbeiterbewegung mit der SPD müssen intensiviert werden, möglichst auf höchster Ebene. Kontakte darunter sind strikt zu unterbinden. Das ideologische Dach aller Bewegungen muß der Wille zur Rettung der Menschheit vor der atomaren und ökologischen Katastrophe sowie die Unterstützung der nationalen Befreiungsbewegungen, der Kampf gegen den Hunger und die Ausbeutung durch das kapitalitische Weltwirt-

schaftssystem in den Entwicklungsländern sein. Nicaragua spielt dabei eine Hauptrolle.

5. Der Schlüssel zur Umwandlung der Sozialistischen Internationale in eine konsequent antiimperialistische Kraft liegt bei der SPD. Der Schlüssel zur sozialen Aktivierung der Massen in Westeuropa liegt bei der SPD, da sie entscheidenden Einfluß im Europäischen Gewerkschaftsbund hat. Die Kontakte mit dem DGB sind, analog der für die SPD gültigen Prinzipien, zu intensivieren. Soziale Protestbewegungen müssen in politische, antikapitalistische umgewandelt werden. Rückfälle in alte Fehler, wie z. B. den Abbruch des Dialogs mit der SPD 1966, darf es nicht wieder geben. Was für SPD und DGB gilt, gilt auch für deren Jugendorganisationen und die bürgerlichen Jugendverbände; bei Letztgenannten besonders unter dem Aspekt der Weltfriedensbewegung. Auch hier geht es ausschließlich um Kontakte zu den Führungen.
6. Über Friedensbewegung – ökologische Bewegung – Aktionseinheit mit der SPD und der Sozialistischen Internationale muß Westeuropa von den USA getrennt werden. Die USA garantieren weder die militärische, noch die soziale Sicherheit der Westeuropäer, im Gegenteil, sie gefährden diese durch Kriegsvorbereitungen und Handelskrieg.
7. Die Deutschlandpolitik wird fortgesetzt. Der Aspekt der Friedenssicherung steht obenan: Von deutschem Boden darf kein Krieg mehr ausgehen. Die staatlichen Interessen der DDR, verkörpert in Honeckers programmatischen Geraer Forderungen, sind durchzusetzen. Der Generalsekretär »wollte nach Hause und wird nach Hause gehen« – so wörtlich in den mündlichen Erläuterungen der Konferenzergebnisse. Ohne die Hilfe durch die SPD und die Grünen blieben die Erfüllung der DDR-Forderungen Illusion.
8. Alle Fragen von Krieg und Frieden, Krieg und Revolution sind zur Zeit neu gestellt. Die SED bejaht nach wie vor gerechte Kriege und unterstützt nationale Befreiungskriege gegen den Imperialismus. »Atompazifisten« in den eigenen Reihen sind konsequent zu eliminieren. Die Strauß-Ideologie, die großen Anklang bei den Ju-

gendlichen der DDR findet, »weder Krieg noch revolutionärer Bürgerkrieg«, muß entschieden bekämpft werden.

9. Größte Bedeutung kommt der ideologischen Verbreitung des Marxismus-Leninismus in den Entwicklungsländern und der dortigen Gründung von marxistisch-leninistischen Parteien zu. Trotz der Vielzahl von Problemen und Meinungen muß die Unterstützung der antiimperialistischen Entwicklungsländer verstärkt werden, da deren Weg die Positionen des sowjetischen Weltsystems stärkt. »Sektiererische« Ansichten in der SED selbst, die den Weg des sozialistischen Aufbaues in den Entwicklungsländern bezweifeln und theoretisch mit dem Fehlen objektiver wie subjektiver Voraussetzungen begründen, sind zu unterbinden. Das gleiche gilt für »sektiererische« Ablehnungen religiös motivierter, dafür aber antiimperialistischer Revolutionen, z. B. im Iran. Antiimperialistische Aktionen werden nicht mit Glacéhandschuhen und Lackstifeln gemacht, Humanitätsduseleien sind unangebracht, und ob auch die Afghanen Anhänger des Islam sind, ist uninteressant. »Die entscheidende Frage ist und bleibt die Frage der Macht«, die Ausdehnung des Einflusses des kommunistischen Weltsystems.

10. Die Divergenzen in der kommunistischen Bewegung sind nicht ausgeräumt worden. Unterschiedliche Positionen ergeben sich aus unterschiedlichen Kampfbedingungen. Auch die Haltung kleiner Parteien oder kleiner Länder kann objektiv anders bedingt sein als die großer Parteien und großer Staaten, aber: Die Divergenzen sind freimütig diskutiert worden und können besser eingeordnet werden. Es ist ein großer Erfolg, daß keine Delegation bei Kritik den Saal verlassen hat. »Allerdings war die Haltung der SPD vernünftiger als die von IKP und FKP.«

Die Stellung der SED und ihrer Führung, besonders die des Generalsekretärs, so lautet die abschließende Bemerkung, wurde durch die Konferenz in der internationalen kommunistischen und nationalrevolutionären Bewegung sehr aufgewertet. Die Konferenz war ein »hervorragender Beitrag zur schöpferischen Entwicklung des Marxismus-Leninismus«.

Nun wissen wir es ganz genau. So toll schöpferisch allerdings ist die Sache nun auch wieder nicht: Es ist das Mitte der dreißiger Jahre erarbeitete Konzept des VII. Weltkongresses der Komintern. Reagan ist an Hitlers Stelle gesetzt, und methodisch gibt es zwei Unterschiede: Erstens wird der Begriff der »Aktionseinheit« jetzt auch, angesichts der Spaltung der kommunistischen internationalen Bewegung in drei Flügel – genau so spaltete sich zur letzten Jahrhundertwende die Sozialistische Internationale – für die Beziehungen der kommunistischen Parteien untereinander angewendet, während er früher für die Beziehungen zu den Sozialisten galt, und zweitens wird für Deutschland die Aktionseinheit nicht mehr gegen die Führung der SPD von unten, sondern von oben mit der Führung der SPD gegen SPD- und SED-Mitglieder von unten gesucht. Beide Unterschiede demonstrieren die Schwäche der kommunistischen Parteien im realen Sozialismus.

Beobachten wir genau, ob und wie es gelingt, diese nur mäßig modifizierte strategische Orientierung der Einheits- und Volksfront zum zweitenmal in der Geschichte umzusetzen. Erstmals wurde sie außenpolitisch über die Konferenzen von Teheran, Jalta und Potsdam durch Stalin realisiert. Innenpolitisch liegt ihr die Konzeption zur Schaffung der Volksdemokratien zugrunde. Zur Täuschung Churchills und Roosevelts ließ Stalin die Komintern im Krieg auflösen, aber er befahl zugleich, daß all ihre Beschlüsse in Kraft gesetzt blieben. Lediglich Tito ignorierte das. Vorausgesetzt, wir Deutsche entgehen dem kriegerischen, ökologischen oder demographischen Kollaps, werden deutsche Historiker unsere Tage nach der Jahrtausendwende möglicherweise so resümieren:

»1945 begann in der SBZ die Russifizierung dieses Teils Deutschlands. Unter weitgehender Eliminierung der deutschen Traditionen, deutscher Mentalität, Kultur, vor allem der Arbeitskultur und öffentlichen Hygiene wurden die russischen Praktiken mit Hilfe der halbdeutschen Ersatzrussen, die selbst ihre Münzen mit der Aufschrift Deutschland aus dem Verkehr ziehen und ihre eigene Nationalhymne vom einigen Deutschland nur noch intonieren, nicht mehr singen ließen, der widerspenstigen Bevölkerung, die sich durch permanente geistige Flucht in Richtung A(ußer)-R(aum)-D(resden) und reale Flucht in Richtung

Bundesrepublik Deutschland diesem Schicksal trotz Mauer und extrem gesicherter Grenze zu entziehen suchte, aufoktroyiert.

Die in der historischen Abfolge zweite Garnitur der DDR-Verwalter erfand, gestützt auf den 100. Jahrestag des Erscheinens des ersten Bandes des Marxschen ›Kapital‹, der auf einer internationalen Konferenz in Berlin-Ost 1967 behandelt wurde, die Idee von der ›relativ selbständigen Gesellschaftsformation des Sozialismus‹. Sie hatten begriffen, daß die Errichtung des stark unwissenschaftlichen Sozialismus zumal auch noch in der zeitlich katastrophal verkürzten Sicht von Marx und Engels eine Utopie war. Unter dem Deckmantel lautester Lobpreisungen hatten sie Marx gründlich revidiert. Damit leitete der damalige DDR-Oberste, Walter Ulbricht, seinen Sturz ein. Entlarvt von den immer wachsamen Ideologen des roten Imperialismus wurde er abgetreten. Ideologische Aufmüpfigkeit ist der erste Schritt zur praktischen Auflehnung, wie etwa der absichtlichen Verzögerung bestimmter Exporte. Die ideologischen Wächter der ZK-Institute in Moskau definierten die ›relativ selbständige Formation‹ als die zu gestaltende ›entwickelte sozialistische Gesellschaft‹, als, nach der Übergangsperiode, neue Phase der nach Marx einheitlichen Formation des wissenschaftlichen Kommunismus, deren erste Stufe der Sozialismus sein soll. Die ›Einheit und Reinheit‹ der Ideologie war wieder hergestellt, die geistige Subordination auch.

Die dritte Garnitur derer nach Walter veranstaltete trotzdem 1984 wiederum ein großes Spektakel um Marx, an welchem sogar erstmalig eine Delegation der SPD teilnahm. Die Russen verboten die internationale Auswertung dieser Konferenz und belegten den obersten Veranstalter mit einem Ausreiseverbot in die saarländische Heimat, obwohl er, da im Rentenalter, nach DDR-Recht fast ein Anrecht gehabt hätte, in die Westprovinzen Deutschlands zu fahren. Dieses Verbot belebte den internen Widerstand gegen die Russifizierung in Partei, Staat und Bevölkerung. Die Ost- und Westdeutschen näherten sich verstärkt einander an, um ihr Überleben zu sichern. Von da an ging es, neben dem industriellen, landwirtschaftlichen und infrastrukturellen Verfall, der ein Reflex des ideologisch-politischen war, auch außenpolitisch abwärts mit der letzten kolonialen Supermacht namens UdSSR, aufwärts mit Deutschland und Europa.

Eine friedensvertragliche Lösung bei voller Anerkennung der bestehenden Außengrenzen beider deutscher Staaten und Aufhebung der innerdeutschen Grenzen stellte Rußland und Deutschland sowie Europa zufrieden. Seitdem entwickelten sich von echter Koexistenz geprägte, friedenssichernde Beziehungen zwischen Ost- und Westeuropa, weil mit den Glutresten des Zweiten Weltkrieges die Gefahren für einen dritten ausgeräumt und mit dem Abzug der alliierten Siegermächte aus Deutschland und Berlin deren direkte Konfrontation aufgehoben wurde.«

Lasset uns nicht nur hoffen und beten, sondern vor allem zielstrebig, energisch, ausdauernd und zäh etwas dafür tun,

das später unsere heutige Zeit noch so beschrieben werden kann!
Natürlich muß schon in der DDR, geschweige in der BRD, einem Außenstehenden die ideologisch-irrationale Verbrämung der internen Konflikte und Machtkämpfe immer unverständlich bleiben. Man denke an Stalins »Weiterentwicklung des Marxismus«, an die These vom sich »objektiv verschärfenden Klassenkampf im Sozialismus«: Für Millionen Innenstehende bedeutete sie geistigen, psychischen und physischen Terror, Zwangsarbeit, Irrenanstalt, Folter – die UdSSR weigert sich, wie die Obstblockstaaten einschließlich DDR, die UN-Konvention gegen die Folter zu unterschreiben! – Kerker, Mord, Tod. Außenpolitisch schuf sie durch den Hitler-Stalin-Pakt freie Bahn für den Zweiten Weltkrieg und besiegelte die vierte Teilung der geschundenen polnischen Nation: Angesichts deren historischem Schicksal und der Widerstandskraft dieses Volkes dagegen es einem die Schamröte ins Gesicht treiben kann, wenn man hört, sieht und liest, wie ahistorisch und politisch kurzatmig, wie ehrlos und unwürdig manche Politiker und Journalisten im freien Deutschland die offene deutsche Frage erledigen möchten.
Was sind denn lächerliche vier Jahrzehnte vor den Zeiträumen der Geschichte? Hat Vietnam den Chinesen nicht ein Jahrtausend, haben die kolonialunterworfenen Völker nicht halbe Jahrtausende wiederstanden und ihre nationale Identität gewahrt? Wie viele Jahrhunderte haben die Russen der Goldenen Horde, die Polen den Russen, die kleineren slawischen Völker der Habsburger Monarchie, oder die Ungarn den Türken nationalen Widerstand engegengesetzt? Wer gibt einzelnen Deutschen im Westen das Recht, 17 Millionen Landsleute im Stich zu lassen, sie zu den alleinigen Kriegsverlierern zu machen, jede nationale Solidarität zu zerreißen?
Freiheit vor Einheit – das war historisch richtig für Westdeutschland zu einem Zeitpunkt, als der russische Kommunismus, noch nicht als stalinistisches Verbrechersystem entlarvt durch den XX. Parteitag, angesehen durch die Leistungen und Opfer in Krieg und Resistance, eine ungeheure Gefahr für Europa war; Stalin hätte es völlig verschlingen können. Aber ebenso richtig ist für uns hier und heute die

Losung, Freiheit durch Einheit! Der Kommunismus ist politisch und moralisch restlos diskreditiert und keine Gefahr mehr für Westeuropa im politischen Sinne, sondern nur noch im militärischen Bereich. Uns sitzt die politische Not, die Nichts- und Unwürdigkeit unserer politischen und menschlichen Existenz, die zwingende Notwendigkeit im Nacken, wir können unsere Losung nicht vergessen, selbst wenn wir es wollten: Man bleut sie uns täglich ein, in diesem Vormundschaftsstaat, der die politische Prügelstrafe keinesfalls abgeschafft hat, aber: Je härter die geistige und politische Zensur und Unterdrückung, je brutaler die Diktatur, je willkürlicher die Ausübung der Macht und deren Mißbrauch, desto intensiver die Orientierung auf das freie Deutschland! Habt ihr in der Bundesrepublik das nicht begriffen, gehören wir als Volk und Nation zusammen oder nicht? Hat das Konsequenzen? Ist das waschlappige Hinnehmen von Unmenschlichkeit Politik? Ist das feige, duckmäuserische Abschieben der Probleme des eigenen Volkes auf die Supermächte Politik? Wer entbindet eigentlich ein Volk, und besonders dessen Teil, der sich politisch artikulieren kann, von der Pflicht, nationale Würde und das Recht auf Selbstbestimmung einer uralten Kulturnation wie unserer hochzuhalten, ja heilig zu halten? Ist etwa nur Mütterchen Rußland heilig, und Deutschland unheilig? Zählen wir weniger als die letzten Steinzeitstämme und Kanaken, denen man ihr Selbstbestimmungsrecht aufzwingt? Gut, laßt uns deutsche Kanaken sein! Besteht Politik aus abwartendem Lamentieren oder aktiver Zielstellung auch strategischer Art, Willensbildung und aktiver Veränderung?
Ach, das alles sei Nationalismus? Gut: dann sollten wir alle Nationalisten und stolz auf diese Art von Nationalismus sein! Klarer: Her mit dem zerbrochenen Nationalstolz aller Deutschen, weg mit dem russischen Großmachtchauvinismus, der die Einheit Deutschlands blockiert. Erinnern wir uns an Lenin: Kratz an einem Großrussen, und heraus schaut ein Nationalist, ein Großmachtchauvinist! Jeder Europäer, nicht nur jeder Deutsche, sollte wissen: Gelänge die restlose Eingemeindung der DDR ins russische Imperium, wäre auch die Bundesrepublik und damit Westeuropa früher oder später diesem Schicksal ausgesetzt. Deutschland ist der Schlüssel zu Europa. Noch kann man dort wählen. Ent-

weder wird ein politisch freies Europa, und damit ein freies Deutschland gestaltet, oder der gesamte Kontinent versinkt in die Schwärze der russischen Nacht. Soll Sprenglers Prophetie Wirklichkeit werden?
Erstmals seit Jahrzehnten hat, angesichts der Massenarbeitslosigkeit, das 9. Plenum des ZK der SED im November 1984 der BRD dieses Los offiziell im Bericht des Politbüros, vorgetragen vom Generalsekretär persönlich, wieder angedroht. Trotzdem, hoffe ich, wird Herr Honecker nicht als Aggressor oder Revanchist beschimpft, sondern in der BRD gebührend empfangen werden. Das Empfangskomitee braucht ja nicht ausschließlich aus Mainzer Pfiffikussen zu bestehen, denn: Aggressor und Revanchist ist nur, wer die Existenz der DDR, nicht die der BRD in Frage stellt. Demzufolge ist die DDR-Bevölkerung die aggressivste und revanchistischste Europas, während ihre Führung extrem friedlich ist. Sie ist so friedlich, achtet Staaten und Grenzen friedensfördernd derart, daß sie unter dem Zeichen – A. Z., und die Bonner wissen doch hoffentlich, für wen das immer steht, oder? – im »Neuen Deutschland« vom 23./24. Februar auf Seite 2 der Berliner Ausgabe dem Bundeskanzler erklärt, daß »dessen Gebilde entgegen dem Willen des Volkes auf Befehl gegründet und bis heute verwaltet wurde«. Also: in der BRD steht das Volk bis heute gegen das ungewünschte Gebilde pluralistischer Rechtsstaat. Was folgt daraus: Man muß die BRD abschaffen. Heil Weimar!
Die Identitätsprobleme, heißt es da, zwischen Volk und Regierung, habe nicht die DDR, sondern die BRD. Ja, das muß wohl so sein. Alle Deutschen aus der UdSSR, Ungarn, Polen, Rumänien und der BRD, die nach Hause wollen, sollen scharenweise und in Millionen in die DDR umsiedeln. Dabei ist die doch bloß Mini-Mini-Minimal an- und ausgelegt und hat gar keinen Platz für die Ost- und Westgoten!
Es wird auch somit, am aktuellen Mißbrauch der marxistisch-leninistischen Ideologie, deren friedensgefährdender, aggressiver Charakter deutlich sichtbar. Deshalb sollten alle Kongresse zur »Theorie«, auch die Marx-Konferenz, keinesfalls unterschätzt werden. Wie würde eigentlich jemand im Westen von hier aus bezeichnet werden, der mit dem Anspruch der »historischen Mission« aufträte, den Sozialismus

rechtmäßig zerstören zu dürfen? Mit dem »Imperialismus« geschieht das täglich, genauer: mit der pluralistischen Demokratie im Namen der Diktatur.
Diese ideologische Grundhaltung macht eine Vertrauensbasis zwischen den Militärblöcken in Europa generell unmöglich. Sie schürt das Mißtrauen und die Rüstung. Wer im Osten lauthals erklärt, und das tagtäglich, er vollziehe die historische Notwendigkeit der Vernichtung des Westens durch seine eigene Existenz und die seiner fünften Kolonnen im Westen, die bei jedem östlichen Staatsbesuch dort offiziell hofiert werden, ist niemals glaubwürdig, wenn er zugleich erklärt, die Vernichtung des Westens müsse mit friedlichen Mitteln erfolgen, obwohl der Kern der marxistischen Ideologie darin besteht, zu erklären, daß die »Kernfrage aller Politik die Frage der Macht« war, ist und bleibt. Wie wäre es denn, wenn der Westen seine Oppositionsparteien legal im Osten installiert, sie bei Staatsbesuchen gleichermaßen hofiert und derart gleichberechtigt den Kampf um die friedliche Entscheidung der Macht zwischen Ost und West ausgetragen würde? Wäre das nicht die Grundbedingung der friedlichen Koexistenz, die Gleichberechtigung der Macht, nicht jener der Militärstiefel, sondern der des Geistes? Man muß gelegentlich diese Paradoxien durch sarkastische Wendungen ins Gedächtnis rufen, auch, um von hier aus zu zeigen, durch welch sagenhafte Dummheiten in Theorie und Praxis sich die westlichen Demokratien auszeichnen. Sie schaffen dem äußeren Feind im Innern die besten Voraussetzungen zu eigener Abschlachtung. Und im Schlachten ist der Neostalinismus auch heute noch groß – siehe Solidarność und Popieluszko. Es wird somit am aktuellen Mißbrauch dieser friedensgefährdenden, weil auf Klassenhaß gegen Staaten und Bevölkerungsmehrheit abgestimmten Ideologie klar, daß man alle Kongresse zur Ideologie sorgfältig beachten muß. Hätten das die Westmächte kurz vor dem Zweiten Weltkrieg hinsichtlich des VII. Weltkongresses der Stalinschen Komintern getan, wäre der Menschheit, und besonders uns Deutschen, viel erspart geblieben.
Dieser Weltkongreß, der vom 25. Juli bis 20. August 1935 in Moskau tagte, brachte eine strategische und taktische Neuorientierung zum Zwecke der Täuschung der demokrati-

schen Öffentlichkeit und der Führungen der pluralistischen Demokratien, und das wird gegenwärtig wiederholt. Hierher gehört auch die Erklärung für das ausgeweitete Geschichtsverständnis der DDR. Wieso sollen Friedrich II. und Bismarck, jahrzehntelang verteufelt, als militaristische Ausgeburten der Hölle, nicht hineinpassen, wo man doch im NKFD mit faschistischen Generalen genauso »Friedenspolitik« machte wie heute mit Exgeneralen der NATO?
Der Hitler-Stalin-Pakt, Jalta und das Potsdamer Abkommen sind die außenpolitischen Riesenerfolge der UdSSR beim Griff nach der Weltmacht über die Weltrevolution, erreicht auf dieser konzeptionellen Grundlage der Komintern. Man verurteilte damals die bis dahin offiziell gültige Losung von der Errichtung Sowjetdeutschlands und von der sozialfaschistischen SPD. Kreiert wurde die Aktionseinheit mit der Sozialdemokratie, die Einheits- und Volksfrontpolitik mit den kleinbürgerlichen Kräften, die nach 1945 als »Antifaschistisch-demokratische Blockpolitik« die Russifizierung der SBZ einleitete. Der taktische Hauptgedanke war, im Gegensatz zu Weimar, durch scheindemokratische Hüllen – Parlament, Mehrparteiensystem usw. – das sowjetische Herrschaftssystem zu installieren, da der offene Kampf dafür 1933 gescheitert war. Zentrales Anliegen war dabei, die sozialistische Arbeiteropposition, nach 1945 wie vor 1933 als »Sozialfaschismus« diffamiert, zu zerschlagen. Unter dem Deckmantel der Beendigung des Bruderkampfes zwischen Sozialdemokraten und Kommunisten wurde die Aktionseinheit für »antifaschistisch-demokratische, in der Spitze antiimperialistische«, d.h. kommunistische, Umwälzungen zwischen KPD und SPD dank Grotewohl geschaffen, gestützt auf die russische Besatzungsmacht.
Damit wurde die ökonomische Einheit Deutschlands zerstört. Aus Aktionseinheit und Einheitsfront mit den Sozialdemokraten wurde die Verschmelzung der Parteien von SPD und KPD. Kaum war das geglückt – getarnt mit der Zielstellung nicht wie zu Zeiten Weimars einer Sowjetrepublik, sondern einer Deutschen Demokratischen Republik, einer sozialdemokratischen, nicht einer kommunistischen Regierungsform – begann der Kampf um die »Bolschewisierung« der Partei, die Schaffung der »Partei neuen Ty-

pus«, begann der mörderische Kampf zur Ausrottung des »Sozialdemokratismus«.

Zugleich wurden die Vorbereitungen getroffen, alle Westemigranten aus der KPD »als Noel Field Agenten der CIA« physisch zu vernichten. Das waren Männer, die für die KPD und den Kampf gegen Hitler und den Krieg mehr geleistet hatten als Pieck und Ulbricht, welche sicher in Moskau saßen. Dahlem, Merker u. a. wären gehenkt worden wie »Rajk, Kostoff, Slansky und Konsorten«, wäre Stalin nicht 1953 rechtzeitig gestorben. Jeder ältere DDR-Bürger erinnert sich an diese nicht nur parteiintern geführte Kampagne, an die gedruckten Materialien, auch an die gegen die »faschistische Tito-Clique«.

Die Blutspur der stalinistischen Barbarei ist weder in den kommunistischen Parteien noch in der Bevölkerung der Ostblockstaaten vergessen. Klar erkannt wird nur noch nicht überall, daß Stalin im Gegensatz zu Lenin lupenreiner Marxist war.

Was nun das Verhältnis zur SPD angeht, so ist historisch die schmerzhafte Tatsache nicht zu übersehen, daß außer in Finnland und Österreich nirgends in Osteuropa, nicht in Deutschland und nicht im Berlin der Alliierten, die Sozialdemokraten ihren kommunistischen Scheinfreunden widerstehen konnten. Deren skrupellos verlogenen und terroristischen, von Stalin übernommenen Methoden waren sie nirgends gewachsen. Selbst den von ihnen gestellten Justizminister hat Ulbricht jahrelang ins Zuchthaus gesteckt! Aber wir haben heute hier in Schöneiche, wo er gewohnt hat, eine Fechnerstraße. Seine Witwe erzählt gläubig lauschenden Jungpionieren von der brüderlichen Solidarität zwischen Sozialdemokraten und Kommunisten. Weder sie noch der Lehrer nehmen das Wort »Haft« auch nur einmal in den Mund. Nach dem XX. Parteitag wurden Max Fechner und andere wie die Westemigranten wieder rehabilitiert. Aber: Es hat nie einen Prozeß gegen jene gegeben, die als Politkriminelle ihre eigenen Genossen bis aufs Blut geschunden und mit Lügen und Fälschungen belastet haben. Die Partei hat immer recht, Genossen, und es bleibt dabei! Sagen wir: noch für eine gewisse historische Weile. Kein Unrecht währt ewig.

Mir drängt sich hier eine persönliche Erinnerung auf: 1966 hatte ich eine Einladung zum Dortmunder Parteitag der SPD erhalten. Es war die Zeit des versuchten Dialogs, des geplanten Redneraustausches zwischen SED und SPD. Historisch gesehen handelte es sich um den bislang letzten Versuch der Russen, ein sozialistisches Gesamtdeutschland zu erreichen. Er wurde abgebrochen, als die Reaktionen der DDR-Bevölkerung zeigten, daß dies ins Auge gehen würde. Das, was die Bevölkerung der DDR dachte, manifestierte sie öffentlich, als Willy Brandt vier Jahre späer nach Erfurt reiste. Ich werde nie vergessen, wie ich die Bevölkerung unseres Gebietes vom Sonderzug des Kanzlers aus sah. Ebensowenig werde ich vergessen, was ich zuvor in der Ausstellung des angeführten SPD-Parteitages über die Verfolgung und Ausrottung der Sozialdemokraten in der SBZ gelesen und gesehen und zuvor in der Rede des ehemaligen, führenden Mitgliedes der KPD, Herbert Wehner, dort gehört hatte.

Nach dem XX. Parteitag haben wir als blutjunge, lebensunerfahrene Studenten geglaubt, was man uns sagte: Die Fähigkeit der Partei zur Selbstkritik und Selbstreinigung zeigt, daß sich der Stalinismus nie wiederholen wird. Nach Dortmund, Erfurt, Kassel, den Ostverträgen, dem Berlin-Abkommen und Helsinki wußte ich, wie recht die hatten, die uns das erzählt hatten. Der Stalinismus wird sich nie wiederholen, weil er nie abgeschafft war. Er ist und bleibt da, solange sich der Marxismus als ideologische Grundlage nicht überlebt.

Diese Ideologie, eklektizistisch, widersprüchlich wie sie ist, »begründet« ein Konzept wie das des »Sozialfaschismus der SPD« genauso wie die das glatte Gegenteil aussagende umfassendste »Bündnispolitik« im Sinne des VII. Komintern-kongresses. Nun: Dieser VII. Weltkongreß der Komintern ist hochaktuell. Die Marx-Konferenz im Marx-Jahr 1983 war seine zeitgemäße Neuauflage. Sie soll dafür sorgen, daß, nachdem die erste Hälfte Europas an die Russen fiel, nun auch die zweite, die westliche Hälfte, annektiert wird. Es bedeutet nämlich nichts Prinzipielles, daß die Russen das Ganze nicht nochmals auf den Beratungen der Ideologie-Sekretäre wiederkäuen wollten. Die SED-Wichtigtuerei ging ihnen auf den Nerv denn: Das Konzept für die Planung

und Durchführung der Konferenz wurde in Moskau beschlossen. Dort wurde auch festgelegt, daß die Generalsekretäre, mit Ausnahme Honeckers, an dieser Konferenz nicht teilnehmen. Es hätte dann sofort zu sehr nach VII. Komintern-Kongreß gerochen. Dieser ist auch heute noch sehr interessant, denn weder seine strategischen noch seine taktischen Leitsätze sind je außer Kraft gesetzt worden.
Die Ersatzrussen in ganz Deutschland praktizieren sie noch immer. Schließlich haben sie sich bereits historisch bewährt und die Macht des russischen Imperiums weltweit mit militärischen Mitteln ausgedehnt. Marx ist der größte Kriegsgewinnler aller Zeiten. Die Armeen des Kapitalismus haben den Marxismus gemeinsam mit der Roten Armee in Osteuropa installiert, weil sie für die Invasion den falschen Landweg gewählt hatten. Man sollte eben in der Politik nie vergessen, daß die Freunde von heute die Feinde von morgen sein können. Die Russen vergessen ideologisch ihre Todfeinde nie. Ihre Ideologie spielt eine enorme Rolle im System:
Glaube statt Wissen, Ideologie statt Theorie, Charlie, Frederick und Waldimir statt Christus, Buddha oder Mohammed. Glaube an die Macht der Vorsehung, betitelt mit »allgemeine Gesetzmäßigkeit der gesellschaftlichen Entwicklung«, die mit naturgemäßer Notwendigkeit zum Sieg des sowjetischen Kommunismus in der Welt führte, Glaube an die Vollkommenheit der Halbgötter im Politbüro, Glaube an den Personenkult um den jeweiligen Generalsekretär, der immer, ganz demokratisch, wie unter charakterfesten, kollektiv gestählten Kampfgenossen üblich, vorsichtshalber doch erst nach seinem Tode so richtig demontiert und entlarvt wird.
Es ist klar: Stalinistischen Apparatschiks, die in einem absolutistischen System fungieren, wurde die Sprache gegeben, um ihre Gedanken und Taten zu verbergen. Der Intellektuelle lächelt über ihre unablässig propagierte These der »Einheit von Wissenschaft und Politik«. Im Gegensatz zu den professionellen Fälschern und Schönfärbern ist der Wissenschaftler der Wahrheit und nur der Wahrheit verpflichtet, die objektiv, und eben nicht parteilich ist. Man kann uns dafür terrorisieren, wie unter Stalin und seinen Nachfolgern, verschärft seit 1964 wieder praktiziert, man kann uns

das Leben zur Hölle machen, uns ständig bedrohen, einsperren oder umbringen. Aber eines können diese Leute trotz aller Geheimpolizei nicht: Das, was wir unsere Schüler, Studenten und Hörer gelehrt haben, und das, was wir aus Forschungsergebnissen abgeleitet, geschrieben und haben drucken lassen, auszurotten: Das Wort bleibt stehen.
Die Wahrheit wird sich durchsetzen, und eines Tages werden alle denkenden Deutschen das Ringen darum in einem einheitlichen, freien, nach den Regeln pluralistischer Demokratie und sozialer Gerechtigkeit geordneten Staatswesen auch wieder zu würdigen wissen.
In den früheren Jahrhunderten hatte die Wissenschaft gegen die ideologische Übermacht und Vorurteile der Kirche zu kämpfen. Es gab und gibt immer Mächtige, die sich weigern, durchs Fernrohr des Galilei zu sehen. Das aber schafft den Gebrauch des Fernrohrs nicht ab. Heute haben die Intellektuellen in den Ländern des russischen Machtbereichs gegen die politisch-ideologische Allmacht der herrschenden Führungsgremien der Staatspartei zu kämpfen, wenn sich ein realer Fortschritt in Richtung Frieden und soziale Demokratie überhaupt ermöglichen lassen soll.
Dabei muß man sich zunächst mit dem »himmlischen Generalsekretär« anlegen, denn Entscheidendes wäre gewonnen, wenn die Genossen wüßten, daß er besser Murx statt Marx hieße. Zu eklektizistisch, extrem unwissenschaftlich ist seine geistige Hinterlassenschaft. Politkriminelle Massenmörder vom Schlage Stalins oder Pol Pots können sich daher genauso auf ihn berufen wie eine Rosa Luxemburg, ein Karl Liebknecht oder ein so sympathischer Mann wie Enrico Berlinguer es gewesen ist.
Trotzdem: Immer wieder verfallen junge Menschen, und nicht nur im Osten, der Anziehung dieser humanistisch kaschierten, weltfremden Ideologie. Im Osten sind diese jungen Leute, denen Lebenserfahrung und reales historisches, philosophisches und vor allem ökonomisches Wissen fehlt – denn vom Kindergarten an werden sie geistig manipuliert – ideologische Stützen des Systems neben dem militaristischen, polizeilichen und geheimpolizeilichen Unterdrükkungsapparat.
Immerhin: Mit wachsender Einsicht in die unüberbrückbare Kluft zwischen Theorie und Praxis im realen Sozialismus,

in die Verlogenheit der offiziellen Moral, entscheiden sich selbst von diesen jungen Menschen immer mehr aktiv gegen die Diktatur. Sie sind in der DDR geboren und erzogen worden, aber sie nehmen nun ihre Kinder an die Hand, stellen Ausreiseanträge und verlassen ihre Heimat, die ihnen, wie der absoluten Mehrheit der Bleibenden, kein Vaterland ist – fast 30 000 allein im Vorfeld des nicht stattgefundenen Besuches des Staatsratsvorsitzenden in der BRD im ersten Halbjahr 1984, Millionen vor ihnen seit 1945. Sie laufen heute ja nicht, wie viele früher, über zu den größeren Fleischtöpfen. Sie wissen über die negativen ökonomischen und sozialen Probleme der westlichen Weltwirtschaft Bescheid aus den dortigen Medien, aber sie verlassen den realen Sozialismus, den viele den irrealen, den »Irre-Soz« nennen, trotzdem. Und es sind nicht nur junge Menschen, es sind gestandene Leute, denen materiell nichts fehlt, weder Grundstück noch Haus, weder Auto noch Motorboot, weder Sauna noch Swimmingpool, nur: Der Mensch lebt nicht vom Brot allein. Die brutale Unterdrückung von freiheitlichen, humanistischen und sozialen Idealen zeitigt ihre Wirkungen. Nicht einmal die Furcht vor der Verstümmelung, Verkrüppelung oder Tötung hält die Grenzbrecher ab, aus der DDR zu fliehen.
Heute, nach 35 Jahren DDR, muß ich sagen, ich gehöre auch zu denen, die gehen wollen. Ich kann nicht gegen mein Gewissen leben. Ich kann nicht jungen Menschen ein Wissenschaftsbild vermitteln, das nach dem heutigen Stand meiner Erkenntnis auf Fälschung und Lüge beruht, gerade in den Geschichts- und Wirtschaftswissenschaften, die ich zu vertreten habe.
Vor allem aber: Alle gesellschaftswissenschaftlichen Disziplinen in der DDR dienen politisch letztlich dem lebensgefährlichen Kampf um die Weltherrschaft, den die Russen gegebenenfalls auch militärisch auf dem Rücken Deutschlands auszutragen bereit sind. Ich weiß, was ich sage. Seit meinem 18. Lebensjahr habe ich in allen leitenden Kreisen, von unten bis oben, Partei wie Staat und Militär, intern nichts anderes gehört: Niemals wieder auch nur einen Quadratzentimeter sozialistischer Erde preisgeben! Angriff, Überrollen des Feindes, in zwölf Stunden stehen wir am Rhein.

Nur weil der Sozialismus militärisch überlegen ist, sichern wir den Frieden. Diese Prämisse, die den Stolz auf die sowjetische Überrüstung ausdrückte, die uns nun die zusätzlichen Nato-Raketen beschert hat, wurde uns in allen Bildungseinrichtungen, besonders im M-L-Unterricht, über Jahrzehnte eingehämmert, nicht nur in der Armee, den Kampfgruppen, der GST und Zivilverteidigung.
Das Deutschland-Archiv und Presseorgane in der Bundesrepublik haben den dortigen Bürgern dies auch mit nachgedruckten Ausführungen des Generalsekretärs der SED vor Augen geführt. Professor Dr. Loeser, früher an der Ostberliner Humboldt-Universität tätig, hat in seinem Buch »Die unglaubwürdige Gesellschaft«, 1984 erschienen, die »philosophische« Begründung der sowjetischen nuklearen Erstschlagsdoktrin nachgewiesen – die gegeben wurde, lange bevor die Sowjets die Debatte über die »Erstschlagskapazität« gegen die USA eröffneten. Aber jahrelang hatten die USA mit dem Atombombenmonopol die Erstschlagskapazität gegenüber den Sowjets, und das im kalten Kieg. Haben sie diese jemals ausgenutzt?
Im Dokument über den XX. Parteitag der KPdSU kann man nachlesen, daß das sowjetische System den atomaren Krieg siegreich überstehen und den Imperialismus total vernichten werden. Zu diesem Zeitpunkt hatten amerikanische Filmemacher im »Letzten Ufer« gezeigt, daß ein Atomkrieg nicht gewinnbar ist, 30 Jahre früher, als dies ins russische Denken überhaupt Einlaß fand. Der DDR-Verteidigungsminister propagierte sogar noch 1976 öffentlich die Gewinnbarkeit eines Atomkrieges, wobei er sich auf die führenden Militärtheoretiker der Sowjets berief.
Chrustschows öffentliche Drohung, Deutschland werde verbrennen wie eine Fackel, sei in Erinnerung gerufen …
Fakt ist: Das lebensgefährliche, prahlerische Geschwätz der Russen und die von ihnen selbst zugegebene Vorrüstung, die Berlinguer sogar im »Neuen Deutschland« anprangerte, haben die NATO in Zugzwang gebracht. Um Mißverständnisse auszuschließen: Ich bin weder für die russischen noch für die amerikanischen Raketen in Deutschland. Ich bin für ein ABC-waffenfreies Deutschland, dessen konventionelle, defensive Verteidigungskräfte auf minimalster Stufe gehalten werden.

Ich bin für eine friedensvertragliche Beendigung des Zweiten Weltkrieges bei Anerkennung aller Außengrenzen der BRD und der DDR unter gleichzeitiger Aufhebung der innerdeutschen und der innerstädtischen Grenze in Berlin. Wäre der 50. Jahrestag der Beendigung des Zweiten Weltkrieges für die geschichtsbewußten Russen nicht ein guter Termin? Ich verlange nicht, wie Friedrich Engels und Karl Marx, die Eingliederung Österreichs, Luxemburgs und französischer Gebiete, oder gar, wie Engels, auch noch die zusätzliche »Bestrafung der Schweiz und Hollands für ihren Abfall vom Reich« – von dieser Art Marxismus-Engelsismus distanziere ich mich nicht nur einfach, sondern doppelt, und auch von den unverschämt arroganten Ausfällen dieser »Klassiker« gegen das jüdische und die kleinen slawischen, »nicht geschichtsträchtigen« Völker.
Heute ist von den aggressiven Sprüchen in der DDR immer noch jene bekannte Losung übriggeblieben, die am 35. Jahrestag im Oktober 1984 wiederum in Riesenlettern vom Institut für Marxismus-Leninismus prangte und die man auch wieder auf dem 9. Plenum des ZK der SED Ende 1984 und auf der 10. Tagung Mitte 1985 verkündet hat: »Je stärker der Sozialismus, desto sicherer der Frieden«. Kein Gedanke also von der »relativen Ausgewogenheit der Kräfte«, sondern die klassenkämpferische Losung der Ideologie des Marxismus-Leninismus am Gebäude und im Zentralorgan des ZK: Sehr gut, das schafft Klarheit, die bei manchen im Westen offenbar vergessen ist: Nicht der Friede ist, entgegen allen Beteuerungen, das höchste Gut, sondern der sowjetische Kommunismus.
Die friedliche Koexistenz ist Klassenkampf mit allen Mitteln zur Vernichtung der kapitalistischen Bundesrepublik und aller pluralistischen Demokratien des Westens, wobei die militärischen Kräfte die Rolle des letzten Mittels zu spielen haben, falls man den Kapitalismus nicht durch Spionage, Unterwanderung und Bürgerkrieg ruinieren kann. Solange diese Definition der Koexistenz gilt, vergeßt das nicht, Westler, handelt es sich nicht um Koexistenz, sondern K. o.-Existenz! Lest nach im Militärlexikon!
Die Karl-Marx-Konferenz bemühte sich sinnigerweise, jenen Marx, für den Krieg gegen Preußen, Österreich und Rußland, Krieg nach innen und außen, kurz: revolutionäre

Gewalt in ihren brutalsten Formen, alles war – zu reformerischen Möglichkeiten hat er sich im Gegensatz zur deutschen und internationalen Arbeiterbewegung, unter dem Druck dieser erst sehr spät bekannt – zum Friedensengel hoch zu stilisieren. Stammt nicht das berüchtigte: »Die Waffe der Kritik kann die Kritik der Waffen nicht ersetzen«, von eben diesem Marx? War es nicht sein Leitmotiv von Anfang an? Er konnte das Maul getrost vollnehmen, denn welche Schande für die Armee hierzulande, das große Vorbild Marx war von Preußens Musterungskommissionen als untauglich für den Ehrendienst am Vaterland verworfen worden – und das hatte etwas zu sagen, bei Preußens!

Hat Marx nicht bereits ein Jahr vor dem Manifest der Kommunistischen Partei gegen Proudhon, aus der Einleitung zu George Sands historischem Roman »Jean Ziska« als politisches Hauptmotto in die Welt gesetzt, »das letzte Wort der sozialen Wissenschaft« werde stets lauten: »Kampf oder Tod; blutiger Krieg oder das Nichts. So ist die Frage unerbittlich gestellt« – hat er das oder hat er das nicht, Genossen Fälscher? Wie haltet ihr es in Wahrheit und in Wirklichkeit mit dem letzten Wort der sozialen Wissenschaft des Marxismus? Beschert ihr deshalb der DDR so viele liebe, kleine, niedliche, harmlose, russische Raketchen?

Auch der Hitler-Stalin-Pakt, der den Zweiten Weltkrieg überhaupt erst ermöglichte, diente, in sowjetischer Interpretation, dem Frieden der Welt. Die Russen sind überhaupt nur lauter Friedensengel und mit lauter Friedensatombomben ausgestattet.

Deshalb, und weil wissenschaftlich und politisch die Zeit reif geworden ist, muß der politische und ökonomische Marx, der weltfremde Ideologe, der demagogische Parteijournalist, auf das Maß reduziert werden, welches er, im Gegensatz zur aggressiven Ideologie des realen Sozialismus, einnimmt.

Ohne Klarheit in den Köpfen werden wir Deutsche nicht zu einem politischen Handeln finden, das die DDR aus russischer Knechtschaft befreit. Den Sturz der himmlischen Götter Marx-Engels – gottlob, Stalin ist schon weg! – werden die Halbgötter auf Erden nicht überdauern. Über reformkommunistische und sozialdemokratische Wertvorstellungen muß die Sowjetperversion des Kommunismus zurückgedrängt werden, unbedingt und ausschließlich auf friedliche Weise. Der geistige Kampf muß den Krieg ersetzen. Aber Sieger in dieser Konfrontation muß die demokratische und sozialistische Bewegung Europas, muß der demokratisch-pluralistisch strukturierte Staat werden. Dann löst sich im europäischen Umfeld auch das Problem der deutschen Einheit. Auf diese können wir DDR-Bürger pochen, denn unsere größten Brüder – und das sind unsere Brüder, nicht unsere Freunde, wie unsere Obrigkeit uns weismachen will, denn die Freunde kann man sich aussuchen – haben uns diese in Jalta und Potsdam, ja sogar im Freundschafts- und Beistandspakt von 1964 völkerrechtskräftig versprochen. Hat nicht der große Marxist Stalin feierlich verkündet: Hitler geht, der deutsche Staat bleibt? War das nicht auch mit der KPD-Führung abgestimmt? Wollen unsere amtlichen russischen Brüder, will unsere Führung etwa ihr Wort oder gar das Völkerrecht brechen? *Verträge müssen gehalten werden – das gilt für die Ostverträge, aber auch für jene Verträge, die Deutschlands Einheit garantieren!* Berufen wir uns auf Jalta und Potsdam!

Es gibt in diesem Punkte ungeheure Gerüchte, die im ZK erzählt werden. Das ZK erfindet alle schlimmen Gerüchte und alle gefährlichen politischen Witze, aber der Klassenfeind und die Mainzer Fasenachter verbreiten sie. Ein solches Gerücht lautet, die Russen wollten sich, aus Solidarität mit der mit ihnen laut schon wieder weiterentwickelten Verfassung auf ewig verbundenen Deutschen Demokratischen von den Israelis und den Palästinensern besetzen lassen. Moskau soll dann durch eine zweistöckige Panzersperre gevierteilt werden. Ein Stück besetzen noch die ehemaligen Krimtataren und die ehemaligen Wolgadeutschen – aus Gründen der Wiedergutmachung. Das alles geschieht, um das kommunistische Ideal aller Zeiten zu verwirklichen: Allen das Gleiche!

Wir Deutsche wünschen nicht, daß man den Russen das antut. Wir Deutsche lassen uns aber die russische Praxis auch nicht ewig antun. Geht heim, Iwans! Macht mit Deutschland Frieden! Was können wir, unsere Kinder, die heute auch schon wieder erwachsen sind und uns zu Großvätern befördert haben, für den Krieg Hitlers und Stalins, den wir

als Kinder im Alter von zehn Jahren miterlebt haben? Bestraft sind wir schon bis ins dritte Glied!
Werft Stalin innenpolitisch, werft ihn auch außenpolitisch über Bord, macht Schluß mit der Willkür! *Schließt den Friedensvertrag mit Deutschland zum 50. Jahrestag des Sieges der Antihitlerkoalition!* Aber laßt den Deutschen das Recht auf Selbstbestimmung. Laßt sie selbst wählen, ob sie eine pluralistisch-demokratische Staatsform oder die Diktatur einer Clique in einer Partei haben wollen! Nach Bismarck und nach Hitler wird sich in Deutschland keine politische Kraft mehr finden, die mit Mütterchen Rußland nicht friedlich auskommen will – und Mütterchen Rußland sollte sich zu gut sein, den derzeitigen halb zaristisch, halb stalinistischen Militärstiefel auf Deutschland zu setzen.
Ihr könnt euch ja an Lenin halten: Das Recht auf Selbstbestimmung geht bis zum Recht der staatlichen Lostrennung, also: *Rußland den Russen, Deutschland den Deutschen!* Wenn ihr wollt, könnt ihr euch auch an Marx halten: *Proletarier aller Länder, besonders beider Deutschländer, vereinigt Euch!* Welche vermeintlichen Verluste brächte euch die deutsche Einheit? Setzt euch an die Spitze der Herstellung der deutschen Einheit, und die deutsche Nation wird es euch ewig zu danken wissen! Stellt als erstes die Zustände her, wie sie noch Mitte der fünfziger Jahre waren: *Jeder Deutsche kann in Deutschland reisen, mittels Personalausweis, wie er will – ohne jede sonstige Formalität.*
Weist an, daß nicht nur die Tötungsautomaten, sondern die ganze Grenze abgebaut wird. *Laßt als erstes den ungehinderten Nachbarschaftsverkehr an der Grenze wieder zu, von Familie zu Familie, von Freunden zu Freunden, von Dorf zu Dorf, von Stadt zu Stadt!* Ihr werdet sehen, wie die politische Stimmung nicht nur in Deutschland, sondern in ganz Westeuropa zu euren Gunsten umschlägt, wie tatsächlich Vertrauen, Entspannung, Verständigung und Abrüstung Wirklichkeit werden! Solange die Deutschen glauben müssen, ihr wolltet ganz Deutschland sowjetisieren wie die DDR, werdet ihr den Hauptpartner der USA nur immer fester an die USA schmieden! *Ihr verhindert, daß Deutschland eine Brükke zwischen Ost und West werden kann!*
Kennt ihr eigentlich die wirkliche Stimmung in Partei, Staat und Bevölkerung der DDR? Ich kann euch das verraten:

Überall denkt man deutsch, und in der absoluten Mehrzahl, selbst unter den Funktionären – leider – antisowjetisch, weil man eure Politik für feindlich hält, die ihr in der nationalen Frage seit 1973 offen sichtbar betreibt. Die Deutschen in der DDR denken ziemlich ideologisch, sie sind gedrillt. Deshalb denken sie wie die Klassiker des M-L, also groß- oder gesamtdeutsch. Sie denken wie Stalin: Hitler kaputt – Deutschland ganz. Eure Ideologen nähren schließlich die nationalen Einheitsbestrebungen mit den Feststellungen, daß die Nation langlebiger ist als der soziale Konflikt. Unterstützt ihr nicht auch die Einheitsbestrebungen der Koreaner, habt ihr nicht die Spaltung Vietnams aufgehoben? Welches Konzept ist nun logisch – gibt es eure Weisheit des M-L, dann müß ihr Deutschland genauso behandeln, oder macht ihr nur brutale Weltmachtpolitik?
Das fragt heute schon jeder Achtklässler, denn die Kehrseite der überintensiv verbreiteten Ideologie ist, daß man euch daran mißt. So oder so – ihr bringt euch in ständigen Mißkredit. Entwickelt nicht, indem ihr nationale Traditionen dauernd mit Füßen tretet, einen wirklich negativen Nationalismus!
Die Deutschen waren, bevor Napoleon den großen Kehraus veranstaltete, in über 300 Landeshoheiten zerteilt, und danach immer noch in drei Dutzend, aber: Im Gegensatz zu eurem Rußland konnte sich in diesem Heiligen Römischen Reich Deutscher Nation jeder überall hinbegeben; ja, die deutschen Arbeiter mußten es sogar tun, sie unterlagen dem Wanderzwang zwecks Qualifizierung, und sie gingen auch ungehindert ins westliche Ausland. Mögen Grenzen und Mauern bei euch beliebt sein – hierzulande werden sie gehaßt.
Ihr werdet die deutsche Nation nicht vernichten, es sei denn durch Krieg, und der wäre auch euer Ende. Es bleibt beim Wort des Marx-Freundes Heinrich Heine: *Deutschland hat ewigen Bestand. Es ist ein kerngesundes Land.*
Bedenkt: Niemals gab es solche Kommunikationsströme innerhalb der deutschen Nation, wie heute. Nie wußte ein Bayer, was an der mecklenburgischen Küste vorging, so schnell wie heute und umgekehrt: Radio, Fernsehen, Messen, Sport, Theater, Wissenschaft, Kultur, Tourismus – der deutsche Raum und die deutsche Nation waren geistig und

kulturell nie so nahe beieinander wie heute. Desto widernatürlicher und unerträglicher ist die von euch befohlene Einmauerung der DDR-Menschen, einschließlich der Ostberliner. Selbst die DDR-Führung betont ja immer wieder, weil auch sie sich schämt, daß die Grenze in Deutschland und die Mauer in Berlin auf Weisung des Warschauer Paktes gebaut wurden. Nun, und wer hat das Oberkommando im Warschauer Pakt? Wer befiehlt? Es gab Zeiten, da konnten wir nicht einmal nach drüben telefonieren. Es gab Zeiten, da durften nicht einmal Journalisten mit dem Auto einreisen. Es gab Zeiten, da durften nicht einmal Westberliner nach Ostberlin kommen. Wo sind sie? Was waren das für Idioten von Beratern, die euch überhaupt zu solch einer Politik brachten?

Glaubt ihr eigentlich an Marx? Dann müßtet ihr glauben, der Internationalismus der Arbeiterklasse würde alle Grenzen in Europa hinwegfegen. Gut, macht mit der innerdeutschen den Anfang!

Wir Deutschen wissen, ihr legt Wert auf die Ideologie, der ihr theoretische Qualität zusprecht, aber ihr glaubt nicht daran. Für euch ist die marxistisch-leninistische Ideologie benebelnder, wohlriechender Weihrauch.

Wir Deutschen wissen, es handelt sich bei der nationalen Spaltung Deutschlands um einen sozialen Antagonismus, den ihr durch eure Politik geschaffen habt, nicht nur um einen ideologischen Gegensatz.

Wir Deutschen wissen, nach der halb deutsch, halb russischen Ideologie des M-L ist ein solcher innerer antagonistischer Widerspruch nur mit Gewalt lösbar, konkret: militärisch, durch Krieg. Davor habe ich, meiner Söhne wegen, wirklich Angst.

Wir Deutschen wissen, daß ihr Russen Deutschland ökonomisch und sozial gespalten habt, weil ihr die einheitliche ökonomische Basis schon 1946 und 1947 zertrümmert habt und dachtet, das sei in ganz Deutschland nachvollziehbar.

Wir Deutschen wissen, daß ihr formal, da die Staatsgründung der BRD vor derjenigen der DDR erfolgte, immer als Wahrer der deutschen Einheit auftreten konntet.

Wir Deutschen wissen, daß ihr seit den Ostverträgen und der Schlußakte von Helsinki euer wahres Gesicht, daß der Zertrümmerung Deutschlands, gezeigt habt: Seitdem seid ihr

verbal immer noch für den Frieden, aber seltsamerweise gegen einen Friedensvertrag mit Deutschland, der uns die Einheit brächte.
Wir Deutschen wissen: Propagandistisch seid ihr immer für die Einheit gewesen, aber realpolitisch habt ihr die Grenzen zwischen den deutschen Ländern seit 1945 Schritt für Schritt hermetisch geschlossen, zuletzt in Berlin zugemauert.
Wir Deutschen wissen: Schritt für Schritt habt ihr den Reiseverkehr in Deutschland eingeschränkt und schließlich verboten. Im kalten Krieg konnten wir ungehindert reisen, in der Entspannung nicht!
Wir Deutschen wissen: Schritt für Schritt habt ihr an die Stelle ganz normaler Beziehungen zwischen den deutschen Ländern den Haß gesetzt, Feindschaft gepredigt und die russischen Todesstreifen durch unser Land gezogen.
Wir Deutschen wissen: 1945 hattet ihr sofort die Bauern in den Dörfern an der Demarkationslinie gezwungen, ihre Äkker und Wiesen auf der Westzonenseite nicht mehr zu bewirtschaften und die Straßen mit Schlagbäumen gesperrt, obwohl ihr uns im Potsdamer Abkommen nicht nur die politische, sondern auch die wirtschaftliche Einheit völkerrechtlich garantiert hattet.
Wir Deutschen wissen: So hat Stalin Schritt für Schritt sein Wort gegenüber den deutschen Kommunisten und Antifaschisten ebenso gebrochen wie gegenüber seinen Kriegsalliierten. *Es war Notwehr zugunsten Deutschlands, daß die Bundesrepublik ins Leben gerufen wurde.*
Wir Deutschen sagen: Ihr habt Stalin auf eurem XX. Parteikongreß 1956 verurteilt. Wir haben in der heute wieder Frankfurter Allee heißenden Straße Berlins sein überdimensionales Denkmal gestürzt und die Straßenschilder mit seinem Namen entfernt. Gut, zieht auch die außenpolitischen Konsequenzen! Stellt den Glauben an die Seriösität eures Staates wieder her: *Deutschland den Deutschen! Selbstbestimmung bis zur staatlichen Lostrennung. Haltet ihr die Abkommen von Jalta und Potsdam ein, und Deutschland hält die Ostverträge ein! Schließt mit Deutschland endlich Frieden und laßt uns in Frieden!*
Das wäre eine Alternative um zu überleben. Sollten eure Pläne lauten, auf Kosten eines nicht friedlich vereinten,

ABC-waffenfreien Deutschlands, sondern auf Kosten eines atomar oder konventionell wie eine Fackel verbrennenden Deutschlands eure Westgrenze zu schützen, weil ihr Weltherrschaftsfanatiker wie Hitler seid, weil über die Wüste Deutschlands kein Militärfahrzeug mehr in Richtung Osten rollen könnte, dann sagen wir euch: In diesem Fall gibt es nur eines für alle Waffenträger in der DDR: Genossen, lauft sofort über! Kämpft nicht gegen die Bundeswehr!
In diesem Fall gibt es nur eins für die freien Deutschen: Fordert mit allen Mitteln und unter allen Opfern die Forschung zur Errichtung eines atomaren Schutzschirmes im All, einschließlich der Bundesrepublik Deutschland und der DDR! Dann ist der Krieg im All für Deutschland die einzige Hoffnung, beim Kampf der Supermächte um die Weltherrschaft zu überleben.
Ich höre schon, wie man mich beschuldigt, Grenzverletzer, Friedensfeind, Revanchist zu sein! Na schön: Aber was ich hier in der Einleitung fordere, ist die offizielle KPdSU/SED-Position von 1945 bis 1975 gewesen. Bis dahin galt: Wiedervereinigung durch Friedensvertrag mit ganz Deutschland sichert den Frieden. Gestatten die Herren in Moskau und Ostberlin die bescheidene Frage, was sich so grundlegend geändert hat, daß sie nun einen jahrzehntealten Irrtum politisch aufheben müssen, jetzt, wo nach dreißig Jahren der reale Sozialismus doch viel kräftiger ist, als er 1945 war? Jetzt, wo nach zehnjährigem KSZE-Prozeß doch die Annäherung von Ost- und Westeuropa, die ja unmöglich ist ohne die Annäherung von Ost- und Westdeutschland, viel weiter gediehen ist im Zuge der Entspannung als im kalten Krieg? Ich weiß die Antwort: Dreißig Jahre lang waren die Russen und Ersatzrussen mit ihrer wissenschaftlichen Politik Grenzverletzter, Friedensfeinde, Revanchisten! Denn: Wir in der DDR wissen aus jahrzehntelanger Schulung im Marxismus-Leninismus: Der Kampf um die Weltherrschaft ist den Russen ideologisch aufgetragen als Vollstreckung der historischen Vorsehung. Marx war, wie sein ideologischer Antipode Hitler, offenbar schizophren. Diese beiden Deutschen haben, zusammen mit den beiden Russen Lenin und Stalin, die Welt insgesamt in einen irrationalen Zustand versetzt: Der Krieg kann ungewollt durch technisches oder menschliches Versagen jederzeit ausbrechen. Er wäre das

Ende Deutschlands und Rußlands. Gibt es einen Ausweg aus dieser irrationalen Situation, in welche die Welt dank irrationaler deutsch-russischer Ideologie gekommen ist? Wenden wir uns dieser aggressiven, friedensgefährdenden Ideologie zu, der politischen Grundlage des sowjetkommunistischen Systems.

Teil I

Das politische System des Marxismus: Weltanschauung und Partei

1. Der Weg zum Manifest der Kommunistischen Partei

Karl Marx, der »größte Sohn des deutschen Volkes«, wie er im offiziellen Sprachgebrauch der DDR genannt wird, begründete die »Theorie und Taktik« für den Sieg des Kommunismus in der ganzen Welt. Er entwickelte eine »wahrhaft wissenschaftliche Weltanschauung« und machte den Sozialismus aus einer »Utopie zur Wissenschaft«[1].

Marx gab die »Begründung für den unausbleiblichen Untergang des Kapitalismus« und diese »wissenschaftliche Leistung hat nicht ihresgleichen in der jahrhundertelangen Geschichte der Gesellschaftstheorien«, denn er entdeckte somit »die Entwicklungsgesetze der Gesellschaft«.

Die vielen Kommunisten, Sozialisten und Sozialdemokraten vor und zu Zeiten von Marx, von denen dieser seine Auffassungen mehr oder weniger talentiert schlicht abgeschrieben hat, werden als Wortführer der »spontanen Bewegung«, d. h. der »unwissenschaftlichen« vor- und nichtmarxistischen internationalen Arbeiterbewegung abqualifiziert. Ihnen gegenüber habe Marx eine »völlig neue Auffassung von der Geschichte« begründet, die es gestatte, »alle Werktätigen« von der kapitalistischen Ausbeutung zu befreien. Seine »wissenschaftliche Ideologie«[2] wiederspiegele die Interessenübereinstimmung »der Masse und ihrer Führer«. Die entscheidende Triebkraft des Sowjetsystems sei daher »die Einheit von streng wissenschaftlicher Theorie und revolutionärer Praxis«. Also: Ohne Marx geht nichts, weder theoretisch noch politisch.

Das kann zur Charakterisierung des Kultes um den vorrangig politischen Agitator Marx genügen. Aber die Verfälschung seiner persönlichen Lebenshaltung sollte man noch mit ehrfürchtigem Schauder anhören:

»Aus der herrschenden Klasse stammend, verzichtete er auf eine glänzende Hochschulkarriere ..., verurteilte sich, Frau und Kinder zu ewiger Wanderschaft und Entbehrungen, zu Verfolgungen durch die Polizei.«

Fangen wir gleich mit dem Letztgenannten an, beginnen wir mit der persönlichen Seite, ehe wir zur fachlichen Leistung kommen: Die Rabbinerfamilien, aus denen Marx väterlicher- und mütterlicherseits stammte, hätten sich wohl sehr gewundert, wenn man sie, die ständig verfolgten Juden, zur herrschenden Klasse gerechnet haben würde. Anders wäre es wohl auch Marxens Vater, Rechtsanwalt in Trier, nicht ergangen, der als Dissident der jüdischen Religion abgeschworen hatte, um weiterhin seinen Beruf ausüben zu können. Woher sollen die Moskauer Parteischreiber auch wissen, daß 1815 alle Juden von öffentlichen Ämtern und 1822 von den freiberuflichen Tätigkeiten ausgeschlossen wurden?

Dieses Berufsverbot traf auch Hirschel Marx, den Vater – den Repräsentanten der »herrschenden Klasse« – welche Murxe um die Marxe![3]

Von der glänzenden Karriere träumten die Eltern wie Karl Marx, aber seine Mutter hielt schon früh zu Recht das Leben ihres Sohnes für jämmerlich gescheitert. Sie hatte den Studenten immer in ihrem mangelhaften Deutsch ermahnt »Ordnung und Reinlichkeit nie als Nebensache« zu betrachten und wollte wissen, »ob die Ökonomie auch die Hauptrolle spielt«[4] in seiner Hauswirtschaft, was man den Karl nun wirklich nicht hätte fragen sollen, denn er existierte lebenslänglich als Sozialfall und lebte außerdem von der Ausbeutung anderer. Er war nicht in der Lage, sich oder seine Familie durch eine einigermaßen geregelte Berufsarbeit zu ernähren. Vor allem ließ er sich vom multinationalen Unternehmer Friedrich Engels laufend über die Runden flikken. Dann gab es Geld aus Erbschaften oder Zeitungsartikeln, z. T. auch die unter dem Namen »Marx« von Engels verfaßt, wie z. B. die 19 Fortsetzungen von »Revolution und Konterrevolution in Deutschland«, die 1851 in der »New York Tribune« standen. Engels ging er sogar um Geld im P. S. seines Beileidschreibens zum Tod von dessen Lebensgefährtin an ... Es war also lebenslänglich absolut nichts mit der glänzenden Karriere, obwohl Marx, folgt man seinem Abitur-Zeugnis »gute Anlagen« besaß, die er nicht nur rhetorisch für eine demagogische Agitation verschliß.

Die Briefe des Vaters an den Studenten in Bonn und Berlin sind voll von Mahnungen zu Fleiß und Ordnung: Tugenden, an denen es Marx immer gebrach. Gewöhnlich verweist man heute, um der gegenteiligen Behauptung willen, auf die Masse des Papiers, daß Marx beschrieben hat, nun: Gedruckt wurde das meiste ja nicht zu seinen Lebzeiten, sondern es waren lediglich Auszüge oder war zur Selbstverständigung Geschriebenes, und für ein langes Leben ohne jede berufliche Belastung, für die Existenz eines ewigen Studenten, ist es soviel wahrlich nicht. Selbst parteiamtlich gilt heute in der SED die Sprachregelung, daß Marx lediglich drei theoretisch-politisch wichtige Arbeiten geschrieben habe: Das Manifest 1848, den ersten Band des Kapitals 1867, die Randglossen zum Programm der deutschen Arbeiterpartei 1875 – einige Hundert Seiten also, und wir werden sehen: Diese nicht sehr umfangreichen Arbeiten bestehen aus abgeschriebenem Stoff: Kein Neuwert, sondern Plagiat.

Marx schrieb auch wenig an die sich dauernd sorgenden Eltern. Er teilte nicht einmal seine Ankunft am Studienort mit. Der Vater rügte ihn brieflich, weil die Mutter schlimme Ängste ausstehen müsse und fügte am 8. November 1835 hinzu: »Das bestätigt mir leider nur zu sehr ..., daß der Egoismus in Deinem Herzen vorherrschend ist.«[5] Schrieb Karl, dann mahnte er immer Geld an, um seine Schulden begleichen zu können. Er betrank sich regelmäßig und zechte, deshalb im Karzer sitzend, dort mit seiner Kumpanei weiter; außerdem duellierte er sich – alles Gründe, die den Vater veranlaßten, ihn nach dem ersten Studienjahr aus Bonn abzuberufen und nach Berlin zu schicken. So weit her kann es mit der aus seinem Abituraufsatz hierzulande abgeleiteten besonderen sittlichen Reife also nicht bestellt gewesen sein. Und am ersten Grundsatz der von ihm aufgestellten Moral, der positiven Einstellung zur Arbeit, darf man ihn schon gar nicht messen, sonst wird er fast zum Asi, der Charlie.

An der Berliner Universität nahm Marx seine Studien 1836 auf und betrieb sie, glaubt man seinen Lobhudelern, ernsthaft, motiviert durch eine inzwischen erfolgte Verlobung

mit der Nachbarstochter Jenny von Westphalen, die vor deren Eltern geheimgehalten wurde. In Berlin prägte ihn vor allem Professor Eduard Gans, ein Freund von Hegel, ein sozialdemokratisch denkender Lehrer, dem seine Gegner aufwühlende Leidenschaftlichkeit der politischen und historischen Rede sowie erschreckende, agitatorische Oberflächlichkeit an Stelle von Wissenschaft vorwarfen. Gans war der Mann, der sechs- bis siebenhundert Zuhörer hatte, nicht nur Studenten, sondern Beamte wie Handwerksmeister. Den zweiten Platz belegten Professoren mit sechzig bis siebzig Hörern. Es ist sehr schade, daß die Studenten der heutigen Humboldt-Universität sich nicht die Vorlesungen ihrer Professoren aussuchen können, sondern ihre kostbare Zeit bei vielen langatmigen Schwätzern nutzlos, aber planmäßig absitzen müssen. Wie wäre es, wenn man die Bezahlung der Lehrer von der Anzahl ihrer Höhrer abhängig machte? Gäbe das Meinungsstreit? Käme so die drittklassige Gesellschaftswissenschaft der DDR wieder auf ein ordentliches Niveau?
Gans hatte sich – das war keine Ausnahme, man denke an Heinrich Heine – der strengen Orthodoxie der isolierten deutschen Juden, die »bei ihnen eine enge, kulturfeindliche Gesinnung«[6] erzeugte und dazu führte, daß sie verbittert hinter die geistigen Positionen der Aufklärung zurückfielen, entzogen, indem er, wie Vater Marx, Protestant wurde. Sohn Marx schaffte diesen geistigen Sprung nie. Von politischer, gesellschaftlicher und rechtsstaatlicher Kultur hat er nie etwas gehalten. Nach der materialistischen Geschichtsauffassung, von Marx bejaht, soll die Umwelt den Menschen prägen – er war ein Opfer dieser Verhältnisse. Sein Leben lang war er bestrebt, die humanistische Position der nobelen deutschen Geistestradition, Ergebnis einer mehrtausendjährigen Gedankenarbeit, umzustoßen, sie auf lediglich eine Gruppe von Menschen innerhalb des besitzlosen Proletariats zu reduzieren. Die wechselseitigen Bedingungen von allgemeiner Humanität und konkreter politischer Realisierung hat er nie gesehen, nie begriffen; er blieb orthodox, dieser negativen jüdischen Tradition verhaftet. Er wurde seine herkommensmäßige Belastung nie los, weder als Student noch später. Marx Gesinnung blieb eng und kulturfeindlich. Die praktische Anwendung seiner Lehre im

realen Sozialismus unserer Tage beweist es erschreckend täglich aufs Neue. Man zähle nur die Häupter der ausgebiermannten Intellektuellen ...

An Marx persönlicher Formung während der Berliner Studentenzeit fällt sein extrem widersprüchliches, unberechenbares Wesen auf. Sein juristisches Fachstudium betrieb er, nach eigener Aussage, als untergeordnete Disziplin neben Philosophie und Geschichte. Er versuchte sich, künstlerisch absolut wertlos, auf literarischem Gebiet, wobei er sich wie später in seinen politischen und ökonomischen Arbeiten, immer an gängige Vorbilder ohne eigenes Format anlehnte. Seine eigene Lebensperspektive beschreibt er in dieser Zeit seiner Jenny ganz bescheiden so, daß er die Welt zerstören werde, und dann werde er leben:

»Götterähnlich darf ich wandeln
siegreich ziehn durch ihr Ruinenreich
Jedes Wort ist Glut und handeln
meine Brust dem Schöpferbusen gleich.«

Marx, Karlchen, als Lieber-Gott-Verschnitt: Exzellent. Er hat genial vorausgeahnt: Die marxistische Ideologie ist theoretisch und praktisch heute ein komplettes Ruinenreich. Futurologische Gaben besaß er. Sehr sinnig hört sich auch folgendes an:

»Worte lehr ich, gemischt in dämonisch verwirrtem
Getriebe Jeder denke sich dann, was ihm zu denken
beliebt ...... Kann ein Jeder sich saugen der Weisheit
lebenden Nektar Alles sag ich euch ja, weil ich ein Nichts
euch gesagt.«

Ausgezeichnet, diese Selbstkritik. Kommentar überflüssig. Das klassifiziert sich von selbst. Es lebe die unvergängliche Wissenschaft vom allgemein-konkreten Geschwafel!

Man soll nicht sagen, daß seien Jugendblödheiten, die wir ja alle einmal mehr oder weniger begangen haben. Nein, hier kommen ausgeprägte Charakterstrukturen und Haltungen zum Vorschein, die diesen Mann sein Leben lang belastet haben und die über seine Mitstreiter in die stalinistischen Parteien getragen wurden, wo sie noch heute wirksam sind.

Da Marx kein Verantwortungsbewußtsein hatte, das selbstgewählte Fachstudium ernsthaft abzuarbeiten und, wie in

Bonn, auch in Berlin nach den ersten Semestern die Nase voll hatte, teilte er seinem Vater mit, er wolle nicht farblos praktizierender Jurist werden, sondern als Akademiker leben. Das Leben als Hochschullehrer erschien ihm glänzender. Er wollte zum Dr. jur. promovieren, Professor werden, nach Hause kommen und Jenny heiraten, alles mannhafte Vorsätze. Zudem hatte er gleichzeitig vorgehabt, eine literarische Zeitschrift zu gründen, seine Fähigkeiten dazu siehe oben, und, weil das wohl zuwenig gewesen wäre, zugleich noch eine für Theaterkritik, sowie beide als Chefredakteur zu leiten – alles in dem einen schönen Rosenmonat Juli. Man sieht, daß er schon immer drei Fachrichtungen mühelos unter einen Hut brachte, man darf sich nur nicht fragen, wie. Marx verstand es nie, daß die einzige Klugheit des wissenschaftlichen Arbeitens Konzentration, das einzige Übel Zersplitterung bedeutet.
Dieses krankhaft-ehrgeizige Plänemachen ließ ihn nie los: Er kündigte an, Hegel umfassend, total zu kritisieren, aber er kam nicht weiter als bis zu einer Einleitung, er wollte schon 1845 dem Darmstädter Verleger Leske zwei Bände zur Kritik der Nationalökonomie liefern, aber er brauchte bis 1867 dazu, nur den ersten Band des »Kapital« zu schreiben, und das, obwohl das System der Politischen Ökonomie ausgearbeitet war.
Der Theoretiker Prof. Dr. Adam Smith, der es schuf, war über viele Fäden mit der fortschrittlichen wirtschaftlichen und finanziellen Praxis Englands verbunden und hatte an seinem Hauptwerk zehn Jahre, der Praktiker David Ricardo, auf ihm fußend, das System vollendend, zwei Jahre an seinem Hauptwerk geschrieben. Der weltfremde Stubenhocker Marx brauchte allein 15 Jahre bis zu seinen »Grundrissen«, die dann im ersten Band des Kapital, nach nochmals rund zehn Jahren, wieder im ersten Kapitel auftauchen; d.h., er hatte ein viertel Jahrhundert gebraucht, um die ökonomische Analyse der klassischen Ökonomie mit der sozialgeschichtlichen und ökonomischen Analyse des Wilhelm Schulz und des Lorenz von Stein zu verbinden – eine tolle Leistung vom Standpunkt wissenschaftlicher Effektivität!
Seinen Freunden teilte er laufend die abenteuerlichsten Publikationspläne mit, ohne sie je einzuhalten. Er brauchte

selbst dort, wo die Vorarbeiten bewältigt waren, sagenhaft viel Zeit, z. B. beim »Kommunistischen Manifest«. Er brachte niemals sechs Bände seines Hauptwerks wie geplant zustande, sondern nur einen, und blieb auch so, vom Standpunkt des nie bearbeiteten Inhalts – Außenhandel, Weltmarkt, Staat – hinter der klassischen Wirtschaftswissenschaft zurück, was seinen Erben noch heute schwer anhängt. Ende 1851 hatte er seinen Freund Weydemeyer wissen lassen, er werde auch noch ein zweites Buch gegen Proudhon veröffentlichen – nun, es ist uns wie alles andere gottlob erspart geblieben. Nebenbei: Proudhon war zu dieser Zeit wegen revolutionärer Tätigkeit für die französische Arbeiterbewegung zu einer mehrjährigen Haftstrafe verurteilt worden. Doch sind wir, der Prahlsucht Marxens wegen, der Zeit etwas vorausgeeilt. Sehen wir uns nun an, wie der Vater diese Entwicklung seines Sohnes vorausahnte.

Vater Marx verfolgte dessen Berliner Studentenzeit noch besorgter als die in Bonn. Er sah, daß Karl die unersetzbare Zeit verzettelte, sein Geld mit beiden Händen aus dem Fenster warf und dabei zugleich in Gefahr geriet, seine Gesundheit zu zerstören. Seinen chronischen Leberschaden hat Marx später of genug bejammert. Der Schmerz um den Sohn ließ Hirschel Marx sich fragen, ob dieser seelisch unterentwickelt, ohne Gemüt, ohne ethischen Halt geblieben sei auf Kosten einer rein intellektualistischen Entwicklung? Er fürchtete das Schlimmste: Wurde Karl von einem »bösen Dämon« beherrscht und getrieben? Meinte der Vater den Größenwahn, der aus den vorne zitierten Verszeilen spricht? Er fragte brieflich danach, am 2. März 1837, und fügte zweifelnd hinzu: »Ob Du je ... das Glück auf die nächste Umgebung zu verbreiten imstande sein wirst?« So kann wohl nur ein Vater die Zukunft vorhersehen, der vorwiegend für seinen Sohn gelebt hat. Ein Jahr zuvor, am 19. März 1836, hatte er Karl ernst gemahnt: »... aber schreibe offen, unverhohlen und wahr« – der Alte ertrug es nicht, vom eigenen Fleisch und Blut schäbig belogen zu werden.

Wenn nun etwas unserem Leben überhaupt einen Sinn gibt, dann sind es wohl die Beziehungen zu Menschen, kameradschaftliche, freundschaftliche, liebevolle. Da das Allgemeine stets nur im Konkreten existiert und faßbar ist, wird man sich mit Vater Marx fragen dürfen, was man von einem

chronischen Weltzerstörer halten kann, der selbst nicht im geringsten in der Lage war, positive Beziehungen zu seinen Mitmenschen zu gestalten, konkret nichts Positives leistete, konkret die humanistischen Traditionen, die Theorie der Menschen- und Bürgerrechte mit Füßen trat, aber desto abstrakter über den Humanismus tönte?
Hirschel Marx ging mit seinem Sohn, das Ende des eigenen Lebens nahe wissend, streng ins Gericht. Er warf ihm am 17. November 1837 in einem Brief vor, weder Stärke noch männlichen Charakter zu besitzen, und verschärfte seine Kritik kurz danach, am 9. Dezember gleichen Jahres:
»Ordnungslosigkeit, dumpfes Herumschweben in alles Teilen des Wissens, ... Verwilderung im gelehrten Schlafrock und ungekämmter Haare statt der Verwilderung bei dem Bierglase ... Hintansetzung allen Anstandes und selbst aller Rücksicht gegen den Vater ... Die Kunst, mit der Welt zu verkehren, auf die schmutzige Stube beschränkt ... und hier, in dieser Werkstätte unsinniger und unzweckmäßiger Gelehrsamkeit sollen die Früchte reifen, die Dich und Deine Geliebte erquicken sollen ... Ich will und muß Dir sagen, daß Du deinen Eltern viel Verdruß gemacht und wenig oder gar keine Freude ... Als wären wir Goldmännchen, verfügt der Herr Sohn in einem Jahre für beinahe 700 Thaler ..., während die Reichsten keine 500 ausgeben.«
Wahrlich: Von Studentenzeiten bis an sein Lebensende beherrschte Marx jr. die unsagbar schwierige Kunst, mehr Geld auszugeben als einzunehmen, einwandfrei perfekt, und seine planenden Jünger in der Außenwirtschaft der DDR eifern ihm in puncto Devisen mit gleichbleibendem Erfolg nach.
Der Streit ums Geld war ein ständiges Thema. Schon Anfang 1836 hatte der Vater auf des Sohnes Rechtfertigung hin geschrieben: »Deine Rechnung, lieber Carl, ist á la Carl, ohne Zusammenhang, ohne Resultat.« So ist nicht nur jene kleine Rechnung des jungen Marx ausgefallen. Genauso sieht die Lebensrechnung des alten Marx aus: Marx ist Murx: Kein Zusammenhang, kein Resultat.
Vater Marx verlangte kategorisch eine geregelte Lebensführung und kürzte die Zuwendungen. Kurz danach starb er. Seitdem waren die Bande zwischen Karl Marx und seiner Familie zerrissen. Diese hatte ihn kritisiert, auch der Vater hatte

das ausgesprochen, Geld gab es nicht mehr – was sollte ihn da halten? Das mag zur Kennzeichnung des Charakters von Marx genügen. Diese miesen, fiesen Züge seines Wesens haben sich im Laufe der Jahre nicht verringert, sondern extrem verstärkt. Das haben verdienstvolle Forscher nachgewiesen. Man sehe z. B. nur, wie Marx später seinen illegitimen Sohn behandelt hat. Ich habe nichts dagegen, wenn ein Mann ein Knäblein bastelt, und auch nichts dagegen, wenn das mit einer attraktiven Hausangestellten geschieht. Wenn sie sich mögen, sollen sie. Schließlich sollen mehr Arbeitgeber so verfahren. Aber: Was ist das für ein Vater, der lebenslänglich seinen eigenen Sohn verleugnet und ihn nur über den Hintereingang – für Menschen »niederer Klasse« – ins Haus läßt? Ist das überhaupt ein normaler Mensch? Und dann noch einer, der die Klassenarroganz abschaffen will?

Soweit zu den Lügen über die charakterlichen Qualitäten des fast Führers aller Werktätigen. Und nun noch einiges zum bitteren »Verzicht« auf die Hochschulkarriere: Ab 1839 wollte Marx Professor nicht für die Rechtswissenschaft, sondern für Philosophie werden. Wenn er nun schon, was jeder Student damals konnte, die Fachrichtung wechseln wollte, müßte man annehmen, er habe sich nun an der Weiterentwicklung der Philosophie Hegels durch die politisch progressiven Junghegelianer intensiv beteiligt. Weit gefehlt. Selbst die schönfärberischste Darstellung seines Lebens vermag nicht, auch nur ein Quentchen Neuwert, das von Marx stammen könnte, dazu nachzuweisen, es sei denn, man hält für positiv, daß er für die Zeitschrift der Junghegelianer zwei Gedichte beisteuerte, die er als »wilde Lieder« betitelte, eines davon eine etwas sehr einfache und trotzdem geschmacklos nachgeäffte »Leonore« Bürgers … Nein, es kommt noch schöner. Während sich die Junghegelianer mit der Reaktion anlegten, schlägt er in deren Kerbe, indem er im Frühjahr 1840 eine Streitschrift gegen den 1835 vom Papst gemaßregelten Theologieprofessor Hermes schreibt – politisch dümmer und absurder konnte er sich nicht benehmen! Er erwartete auch noch, daß Bruno Bauer ihm dafür einen Verleger in Bonn suchen würde, und dieser schrieb diesbezüglich am 25. Juli 1840 wütend zurück: »An Deine Waschfrau kannst Du wohl ungefähr so schreiben …«

Da ließ Marx es sein, das dornige Gebiet der Politik, und verkroch sich erschreckt in die Philosophie der Antike.

Sieht man sich seine diesbezüglichen Pläne in der alten MEGA dazu an, stößt man auf Bekanntes; z. B.: Er werde die epikureische, stoische und skeptische Philosophie »in ihrer Gesamtheit und ihrem totalen Verhältnis zur früheren und späteren griechischen Philosophie« darstellen. Kontrolliert man seine Exzerpte, stellt man fest, daß er außer der Polemik Plutarchs gegen Epikur und der Auflistung der Unterschiede zwischen der Naturphilosophie von Epikur und Demokrit nichts weiter getan hat. Darüber hat er dann promoviert. Bauer, der ihm in Bonn die Professur besorgen sollte, mahnte ihn mehrfach, endlich mit der Doktorarbeit fertig zu werden. Aber erst 1841, als ihm die Mutter die finanzielle Hilfe völlig verweigerte, schickte er das Manuskript nach Jena, wo es ohne jedes weitere Prüfungsverfahren akzeptiert wurde. Sowjetische Darstellungen machen daraus eine glanzvolle Verteidigung an der dortigen Universität. Das stimmt, im Prinzip, nur: Marx war nie in Jena.

Er wich nach dort aus, weil er sich den Anforderungen in Berlin nicht gewachsen fühlte. So duckmäuserisch verhielt er sich auch weiterhin. Er trat nicht öffentlich an der Seite der Junghegelianer, die als Lehrer oder Publizisten wirkten, sich in Berlin im Doktoren-Klub, in Köln um die Redaktion der »Rheinischen Zeitung« gruppierten, in Erscheinung, um den erhofften Lehrstuhl nicht zu gefährden.

Um eine Professur zu erlangen, leistete er sich einiges: Seine Dissertation veränderte er durch eine neue Vorrede und schrieb wahrhaftig noch eine gegen Schelling gerichtete ganz neue Fußnote dazu – das sollte dann, gedruckt, die Habilitationsschrift für den Herrn Prof. Dr. Karl Marx sein! Na, wie würde das selbst nach den heutigen sozialistisch-laschen Prüfungsordnungen und Verfahren genannt? Ein ganz toller Wissenschaftler: Vorrede plus Fußnote = Habilitation. Charlie war der GRÖSSTE, ein Muhamed-Ali der Gesellschaftswissenschaften!

Anstatt zielgerichtet ernsthaft an einer Habilitationsschrift zu arbeiten, las er Religions- und Kunstgeschichte, weil er auch darüber eine größere Arbeit schreiben wollte. Die Ausführung unterblieb. Immerhin, seine später in der Öko-

nomie ausgiebig strapazierte Fetisch-Theorie stammt wohl aus dieser Zeit, aus de Brosses' »Fetischgöttern«.
Sieht man sich an, was er nun, nach beendetem Studium, zwischen April und Juli tat, so finden sich zwei abgesagte Buchprojekte und ein halbes Dutzend abgesagter Artikel, für die er dann ein Dutzend neue versprach. Heraus kam real, z. B. für Ruge, ein toller Mini-Artikel, mit 2 – in Worten zwei – ganzen Seiten, die gedruckt wurden, Titel: Luther als Schiedsrichter zwischen Strauß und Feuerbach.
Warum diese Unseriösität? War das nur die bekannte Faulheit aus der Studentenzeit? Immerhin, es war doch der erste Broterwerb durch eigene Leistung nach beendetem Studium! Er hätte doch, wie die anderen Gesinnungsfreunde, z. B. an der »Rheinischen Zeitung«, die ab Januar 1842 erschien, mitarbeiten können? So teilte G. Jung Marx am 14. Mai 1842 brieflich mit, daß Meyen sich bei ihm recht ironisch erkundigt habe, ob Marx endlich Flagge zeigen wolle, damit man endlich wisse, was eigentlich an ihm sei? Bruno Bauer hatte gleichfalls, aber schon ein halbes Jahr früher, gefragt, warum er die »Rheinische« nicht unterstütze?
Die Antwort ist klar, und damit der laut Biografie »Verzicht auf die glänzende akademische Karriere«: Erst nachdem Marx einsehen mußte, daß er mit seinen Mätzchen nie ein deutscher Professor werden würde, entschied er sich alternativ ein Alternativer zu werden. Das bedeutete, journalistisch zu arbeiten und politischen Ärger in Kauf zu nehmen. Vorher wollte er sich, wie der Fall Hermes beweist, bei der Reaktion anbiedern, um preußischer Beamter werden zu können, denn so eindeutig blöd kann einer nach zwölf Semester Universität nicht sein, daß er nicht weiß, was er da anrichtet.
Völlig wollte sich Marx von den junghegelianischen Kameraden natürlich zu dieser Zeit noch nicht trennen. Wenn schon nicht zur Professur, so sollten sie ihm wenigstens zu einem Redaktionsposten verhelfen. Deshalb mischte Marx bei den kaderpolitischen Debatten über die Besetzung der »Rheinischen Zeitung« mit, d. h. er spann Intrigen gegen ihm unangenehme eventuelle Mitarbeiter. Dazu zählte der berühmte Nationalökonom Friedrich List, der die Chefredaktion der Zeitung eines Unfalls wegen nicht übernehmen konnte. List hatte durch seine Veröffentlichungen vorge-

zeichnet, welches Konzept er verfolgen wollte: Auf der Grundlage der über den Zollverein zu schaffenden Wirtschaftseinheit Deutschlands sollte die politische Einheit des Reiches und damit die bürgerliche Demokratie und Freiheit hergestellt werden. Dies war ein Konzept der theoretischen und praktischen Anwendung des angeblich erst von Marx entdeckten historischen Materialismus. Marx bekämpfte diese Position von List. Dieser vertrat den Grundsatz, es sei unmöglich, »die ökonomische Frage von der politischen zu trennen« und schrieb in seinem Hauptwerk, diesen Satz durch Unterstreichung hervorhebend: »Die Zivilisation, die politische Ausbildung und die Macht der Nationen werden hauptsächlich durch ihre ökonomischen Zustände bedingt ...« Umgekehrt Marx – der keinerlei Ahnung von den ökonomischen Realitäten und ihre Rolle in der Geschichte hatte –, Schutzzölle, tönte er u. a. in der »Rheinischen Zeitung« vom 22. November 1842 in einer redaktionellen Fußnote, kehrten sich gegen das eigene Land – maßte sich an, List, der schöpferisch gegen die Autoritäten der klassischen Ökonomie zum Schutz und zur Entwicklung der deutschen rückständigen, unterentwickelten Industrie die in diesem Fall richtige These vom unerläßlichen Schutzzoll bewiesen hatte, als »reaktionär« abzustempeln! Engels hat das später ohne Aufsehen korrigiert. Aber in der neuen MEGA, Berlin 1983, Band IV/6, wird diese Korrektur an Marx durch Engels einfach unterschlagen. Gegen jede Erkenntnis auch der heutigen marxistischen Wirtschaftstheorie wird dort, im »Jahrhundertwerk« List ins Unrecht gesetzt: Marx und die SED haben auch recht, wenn sie nicht recht haben.

Wie Marx das komplizierte Wechselverhältnis von Ökonomie und Politik und damit die in diesem MEGA-Band entgegen der Engelsschen Ansicht so vorfristig aufgedeckten »Bewegungsgesetze der menschlichen Gesellschaft« wirklich absolut nicht verstanden hat, zeigen seine dort nachgedruckten Auszüge unter dem Zwischentitel:
»Zollscheißverein oder Zollvereinsscheiße«. Da kann man dann noch zur Untermauerung finden: »Wirkung der preußischen Zollscheiße auf die beitretenden Staaten. Wirkung der Erweiterung der Zollscheiße auf die nicht eintretenden Staaten. Verkehrsscheiße. Zollscheiße. Über die ganze Scheiße. Über die Bescheißung Preußens durch Holland.«

Na, der Duft langt, der Gehalt auch. Alles echt Murx, eben: beschissen. Marx offenbart hier dieselbe ignorante Dummheit wie Metternich. Für diesen zahlte das Haus Habsburg die Zeche, unterlag der preußischen Politik. Für Marx zahlen die Arbeitenden im realen Sozialismus die Zeche, weil ihre Obrigkeiten dank marxscher Ideologie bis heute noch kein wissenschaftliches Verhältnis zum Weltmarkt haben.
Man soll nicht meinen, das seien alte Hüte: Die Behandlung der Problematik von Freihandel oder Protektionismus ist nicht nur für die Europäische Gemeinschaft, sondern für alle pluralistischen Demokratien des Westens untereinander und auch in der ökonomischen Auseinandersetzung mit dem Marxistischen Osten heute und morgen von überlebenswichtiger Bedeutung.
Also: Marx stand im wissenschaftlichen Niveau nicht nur unter den Klassikern, sondern auch unter den von ihm geringschätzig so genannten Vulgärökonomen! Die Ironie eines wahrhaften Beinbruchs wollte es, daß Marx an Stelle von List Chefredakteur der »Rheinischen Zeitung« wurde – für nur kurze Zeit.
Seine Mitarbeit an ihr begann im Sommer 1842, und bei Ruge entschuldigte er sich am 9. Juli des Jahres für seine Schlampigkeiten, die gebrochenen Zusagen usw. mit den Worten, er habe »von April bis heute ... aufs höchste vier Wochen, und diese nicht einmal ununterbrochen, arbeiten können ... die übrigste Zeit war zerstückelt und verstimmt durch die allerwidrigsten Familienkontroverse«. »Privatlumpereien« nannte er die ihn treffende Ablehnung in der Familie derer von Westphalen, von denen er Jenny nun mit dem Segen der Eltern heiraten wollte.
Daneben gab es die Erbstreitigkeiten mit der eigenen Mutter. Man hatte ihm das Studium finanziert, nun kam der Herr Doktor nicht etwa heim, um seinerseits die Familie zu unterstützen, sondern er arbeitete nicht und verlangte noch mehr Geld als früher, obwohl der Vater tot war. Das Maß war voll. Die Mutter ließ ihn nicht mehr ins Haus, und das nicht so liebe Söhnchen war gezwungen, im Gasthof zu wohnen, bereits in der Vaterstadt befand er sich sozusagen im Exil.
Und das sei die letzte Erwiderung zur verlogenen biografischen Darstellung der Russen und aller Ersatzrussen: Wo

ist Marx wann und wie im englischen Exil politisch verfolgt worden? Hat er auch nur annähernd vom Standpunkt der Verfolgung her das Los der revolutionären Arbeiter des 19. Jahrhunderts, oder das Blanquiś, des Chefs der Kommunistischen Partei Frankreichs, der zu Recht in jedem Prozeß angeben konnte, sein einzig fester Wohnsitz sei das Gefängnis, sonst kenne er keinen, geteilt? Nein, nein, nein! Deutschlands Arbeiter haben nach der gescheiterten Revolution von 1848/49 oder schon vorher allemal ein härteres Los im Exil und im Gefängnis gehabt als Marx. Zumindest hatten sie an beiden Plätzen weder eine befruchtungswürdige Hausmagd noch einen finanzkräftigen Kapitalisten als Freund gehabt. Marx konnte unbehelligt studieren, reden, schreiben; nicht einmal seine Briefe oder Manuskripte wurden kontrolliert oder stasistisch geklaut wie heute im wunderbaren Marxland, und seine Kur- und Erholungsreisen nach Karlsbad und Afrika vergaß er so wenig zu machen, wie seine Ausflüge in die alte Heimat Deutschland, wo man sogar sein Hauptwerk unzensiert druckte und von wo ihn ein Mann, der ideologisch bis heute der Todfeind der deutschen Kommunisten ist, Ferdinand Lassalle, finanziell unterstützt hat – aus dem feindselig zur Arbeiterbewegung stehenden Preußen heraus. Gott schenke dem realen Sozialismus eine klassenmäßige Unterdrückung seiner Intellektuellen auf diesem Niveau!
Und die »ewige Wanderschaft«? Das Ewige ist eine sehr problematische Kategorie, Genossen Fälscher... Wo war denn dieser Marx »ewig« ansässig? Englands kapitalistische, pluralistische Demokratie bot ihrem ideologischen Todfeind, der für ihre Vernichtung wirkte, Sicherheit und Freiheit. Könnten sich von all dem die Russen und die Ersatzrussen nicht für ihre heutigen Dissidenten – Gott, für Todfeinde wage ich das gar nicht zu sagen! – ein Beispiel am Schicksal des Karl Marx nehmen, besonders was den Friedensnobelpreisträger Sacharow angeht? Fragen wird man das ja doch noch dürfen?
Sicher hat die Familie Marx zeitweilig Entbehrungen gelitten und Marx mußte zu Hause in Unterhosen herumlaufen, weil das Lenchen seine Hosen ins Pfandhaus gebracht hatte. Daran ist aber nicht Marx, sondern die englische Eisenbahn schuld, bei welcher sich Marx erst-, ein- und letztmalig

überhaupt in seinem Leben, um Arbeit beworben hatte. Die Schreiberstelle, die er wollte, wurde ihm verweigert, Grund: Unleserliche Handschrift. Er war wirklich schon damals zu nichts Vernünftigem zu gebrauchen.
Das mag genügen, um auf die eingangs zitierten Textstellen geantwortet zu haben. Lassen wir die persönliche, charakterliche Seite, wenden wir uns den anderen, den »wissenschaftlichen« Lügen der parteioffiziellen Propaganda zu. Das beginnt mit der »Geburtsurkunde des wissenschaftlichen Kommunismus«, dem Manifest der Kommunistischen Partei. Sehen wir uns an, was in dieser unwissenschaftlichen Urkunde Vergnügliches steht.

2. Das »Kommunistiche Manifest« von 1848 und der Bund der Kommunisten

»Das ›Kommunistische Manifest‹ war und ist eine meisterhafte Gesellschaftsprognose«, und seitdem wurde »die wissenschaftliche Vorausschau zu einem charakteristischen Element der Führungstätigkeit der marxistisch-leninistischen Arbeiterparteien«[8] sächselte Ulbricht 1967 – 100 Jahre nach dem Erscheinen des 1. Bandes des »Kapital« – seinen hinbestellten Zuhörern vor. Mit Hilfe dieser wissenschaftlichen Vorausschau steuerten diese Parteien ihre Länder meisterhaft in die Krisen des Systems, von den Arbeiter-, Bauern- und Soldatenaufständen Rußlands der zwanziger Jahre in die Aufstände und Krisen von 1953 in der DDR, 1956 in Ungarn und Polen, 1968 in der ČSSR, 1970 und Anfang der achtziger Jahre in Polen, heute in Äthopien und in Kampuchea, in Krieg und Hungersnot – kurz in die allgemeine Krise des sowjetischen Systems, in dessen Inneren national gefärbter Widerstand rumort und gelegentlich als lokale Revolte aufflackert[9].
Neben der obigen Wertung des Manifests sind auch die Feststellungen parteiamtlich, Marx habe seine zwei großen wissenschaftlichen Leistungen, die Begründung der materialistischen oder ökonomischen Geschichtsauffassung im Vorwort zur »Kritik der Politischen Ökonomie«, also 1859, sowie im »Kapital« die allseitige Begründung dieser Auffassung, gegeben, also 1867. Diese angeblichen Entdeckungen des Marx' machten zugleich das Wesen des »wissenschaftlichen Sozialismus« aus. Logisch ist es interessant, daß 1848, als diese »wissenschaftlichen Entdeckungen« noch gar nicht von Marx formuliert waren, er trotzdem dem auch in der historischen Praxis des 19. Jahrhunderts bereits gescheiterten Kommunismus eine »wissenschaftliche Geburtsurkunde« ausstellen konnte. Es gibt halt Dinge, die es nicht gibt.

Übrigens bezeichnete Marx seine Ideologie lebenslänglich nicht als »wissenschaftlichen Sozialismus«. Dieses Etikett hat ihr erst Engels in seiner Kontroverse mit Eugen Dühring aufgeklebt, da selbst führende Sozialdemokraten Rodbertus, Lange und Dühring, nicht aber Marx als Begründer des wissenschaftlichen, also des theoretisch betriebenen Sozialismus ansahen! Somit erhebt sich die Frage:

Wie weit war Marx bis 1848 mit seinen Vorarbeiten zu seinen Ende der fünfziger und sechsziger Jahre ausformulierten »Entdeckungen« gekommen? Woher hat er, falls und soweit es welche sind, seine wissenschaftlichen Erkenntnisse über die ökonomischen und historischen Gesetze? Einfacher, dafür zutreffender müßte man fragen: Wann hat er was, von wem, falsch oder richtig verstanden, abgeschrieben? Gehen wir der Reihe nach!

Im Herbst 1842 wurde Marx Chefredakteur der »Rheinischen Zeitung« und sah sich plötzlich mit Problemen konfrontiert, die ihn bis dahin nie interessiert hatten. Politisch besaß er verschwommene liberale Vorstellungen, aber seine Mitarbeiter waren Sozialisten und Kommunisten und erheblich weiter als er im Stoff, der seit dem 18. Jahrhundert in England, Frankreich und Deutschland brillante Geister verstärkt bewegte: Wie man das Hauptproblem der sich entwickelnden europäischen Industriegesellschaft, die soziale Frage, die soziale Sicherheit des Proletariats, das menschenwürdige Leben der besitzlosen Massen in den Griff bekommen könne. Die »Augsburger Allgemeine Zeitung« hatte am 11. Oktober 1842 in diesem Zusammenhang die »Rheinische Zeitung« beschuldigt, kommunistische Propaganda zu treiben. Der liberal und sozialistisch denkende Mevissen hatte in ihr dargelegt, daß Konkurrenz und Krise in England das Elend der Arbeiterklasse unerträglich zu machen drohten und daher, falls der Staat nicht eingriffe, um die Arbeitslosigkeit zu beseitigen, eine proletarische Revolution drohe. Diese Auffassung wurde zum politischen Glaubensbekenntnis von Marx und Engels. Bis an ihr Lebensende erwarteten sie eine Verschärfung des materiellen Elends durch die Wirtschaftskrisen und im Gefolge dieser die siegreiche proletarische Revolution in den Ländern mit einer hohen Konzentration an Fabrikarbeitern.

Moses Heß, Mitbegründer des demokratischen Arbeiterkommunismus, hatte außerdem in der »Rheinischen« ein Manifest der französischen Kommunisten sowie einen Artikel von Wilhelm Weitling, dem führenden deutschen Arbeitertheoretiker, besprochen und über einen eben stattgefundenen Gelehrtenkongreß in Straßburg berichtet, wo klar formuliert worden war, daß, nach dem Kampf des Bürgertums gegen den Feudaladel nunmehr der Kampf des Proletariats gegen die Bourgeoisie auf der historischen Tagesordnung stünde und die soziale Revolution der Arbeiterklasse zu erwarten sei.

Man ließ damals in der französischen Publizistik den Kapitalismus täglich so sterben, wie heute in der Presse der Ostblockstaaten dessen »letztes Stadium«, der Imperialismus, täglich gleich mehrfach gestorben wird. Dieses 19. Jahrhundert der soziologischen Welt klingt sehr marxistisch – lange vor Marx, zumal in dem kommunistischen Manifest der Franzosen verlangt worden war, Grund und Boden, Produktion und Arbeit zu vergesellschaften, sowie die Erziehung nach gemeinschaftlichen Prinzipien zu betreiben. Die Franzosen hatten sich bis zu diesem Kongreß in Theorie und Praxis weit von den Anfängen ihres Kommunismus entfernt. Statt der von Marx bedingungslos übernommenen Linie Babeuf/Blanqui, die, nachdem sie auch in der Revolution von 1848 praktisch restlos gescheitert, von den Arbeitern zu Fall gebracht worden war, galt das kommunistische Glaubensbekenntnis von Cabet, das in der Praxis gleichfalls ohne Wirkung blieb. Die Arbeiter wandten sich nicht nur gegen Blanqui und Cabet, sondern in der Nationalversammlung sogar gegen Proudhon. An die Stelle der überlebten kommunistischen Utopien setzten die Proletarier im politisch freien Frankreich die Ideen der sozialen Demokratie – zu einem Zeitpunkt, als Marx die rückständigen Kommunismusvorstellungen Blanquis im rückständigen Deutschland wieder zum Programm erheben wollte.

Allerdings organisierte und profilierte sich die Masse der deutschen Arbeiter in der Revolution von 1848/49 in der Allgemeinen Deutschen Arbeiter-Verbrüderung nach dem Beispiel und mit den sozialdemokratischen Forderungen ihrer französischen Brüder und nicht nach dem deutschen kommunistischen Manifest, dessen Zusammenstellung nach zwei Kongreßdebatten Marx übernommen hatte. Von kommunistischen Vorstellungen war Marx aber 1842 noch weit entfernt, denn er wehrte den Angriff der »Augsburgerin« auf sein Blatt mit der Feststellung ab, daß er »den kommunistischen Ideen nicht einmal theoretische Wirklichkeit zugestehen, also noch weniger ihre praktische Verwirklichung wünschen oder auch nur für möglich halten kann«[10]. Zugleich kündigte er weitere Polemiken gegen die Kommunisten an und schrieb diese auch nach dem Jahreswechsel. Nicht einmal der sonst so abwägende Cornu zitiert diese Stelle – peinlich, zu peinlich: Vier Jahre nach diesen Beiträgen war der Chef des Antikommunismus, Marx, selbst zeitweiliger Chef der deutschen Kommunisten und schrieb deren Manifest: eine steile Karriere! Marx war, wie dieses Zitat belegt, der letzte aus dem Kreis der Junghegelianer, der sich der sozialistischen und kommunistischen Thematik überhaupt annahm, obwohl in seinem Blatt ständig darüber geschrieben worden war. Er verstand die brennende Aktualität der sozialen Frage als letzter unter den deutschen Intellektuellen seiner Zeit!

Bleiben wir bei den Deutschen: Der Publizist Moses Heß, der Verbindung zur deutschen Arbeiterbewegung, ihren Geheimbünden in Frankreich hatte, und Wilhelm Weitling, der in deren Auftrag eine demokratische kommunistische Zukunftsvision für sie erschloß, hatten alle wesentlichen sozialistisch-kommunistischen Lehren aus England und Frankreich aufgenommen und verarbeitet. Sie waren wissensmäßig Marx überlegen, konnten diesen aber lange nicht zugunsten kommunistischer Ideen umstimmen. Selbst ein Dichter, Heinrich Heine, sah den Klassenkampf zwischen Besitzenden und Besitzlosen, nur Marx sah ihn nicht: Deswegen hatte er ja auch Geschichte gehört, und das bei Gans! Saint-Simon, Fourier, Owen – der übrigens von Ricardo Geld für seine kommunistischen Selbsthilfeprojekte erhielt –, Babeuf, Blanqui, Cabet, um nur die wichtigsten aus dieser geistigen Strömung zu nennen, die später für Marx bedeutsam wurden – man könnte bis zu Christus und Platon, Morus und Campanella zurückgehen, um den Ursprung der kommunistischen Idee der Gleichheit und sozialen Harmonie zu demonstrieren, die über die Abschaffung des Geldes verwirklicht werden sollte –, für Marx existierte

das alles so wenig wie das Proletariat selbst. Er hatte, im Gegensatz zu anderen, andere Interessen.
Im »Geächteten«, einer in Paris bis 1835 erschienenen Monatsschrift, finanziert von ca. 200 deutschen Arbeitern, publizierten Venedey, Mauer und Dr. Schuster sozialistisch-kommunistische Ideen. Boerne hatte schon 1832 Lamenais übersetzt. 1838 erschien Weitlings programmatische Schrift: »Die Menschheit wie sie ist und wie sie sein sollte«. Wie sie zustande kam, beschreibt der Schneidergeselle selbst so: »Für die Druckkosten brachte die damals sehr kleine Zahl Gleichgesinnter manche rührenden Opfer. Einige liehen dazu ihr Zimmer, andere arbeiteten nachts als Setzer, Drucker oder Buchbinder, noch andere gaben Geld, ja, sogar in Ermangelung des Geldes ihre Uhren ins Leihhaus.«[11]
Diese Arbeiter brauchten keine klassenfremden Elemente zu ihrer geistigen und daraus resultierenden politischen Befreiung! Sie verstanden zu artikulieren, welche Rechte sie als Menschen, nicht als Arbeitstiere, zu fordern hatten!
Zutreffend hält Weitling dann fest: »Im Jahre 1844 fiel auch die deutsche Philosophie in den Kommunismus und Sozialismus, Heß zuerst, dann Lüning, Marx und Engels ... Leider ging es, indem auch letztere mit ihrer scharfen Kritik der Sache dienten, nicht immer ohne Selbstverletzung ab.«[12]
Weitlings Schriften waren ins Französische und Englische, ins Ungarische und Norwegische übersetzt worden. Er, der Arbeiter, ist mit Heß, dem Intellektuellen, der Begründer des demokratischen Arbeiterkommunismus in Deutschland, der im heutigen Sprachgebrauch als sozialdemokratisch zu bezeichnenden Strömung, welche die Ziele der französischen Arbeiterbewegung aufnahm, nachdem die Utopien des Kommunismus und Sozialismus gescheitert waren.
Es ist ganz wichtig, gegen Lenin nachzuweisen, daß die Arbeiter der entwickelten europäischen Länder nicht auf das »Hineintragen der Ideen des wissenschaftlichen Kommunismus« in ihre Reihen angewiesen waren, weil sie sich selbst angeblich kein wissenschaftliches Weltbild machen konnten. Lenin verwechselt seine russischen »Barbaren und Analphabeten«, wie er sie selbst noch nach 1917 nennt, mit den englischen, französischen und deutschen Arbeitern, die, unter dem Einfluß von öffentlicher Wissenschaft und Bildung – siehe öffentliche Vorlesungen, Arbeiterbildungsver-

eine, wissenschaftliche Zeitschriften der Lesecafés, Tagespresse –, von Literatur und Theater und im Umgang mit hochgebildeten Republikanern – siehe Börne und Schuster – gelernt hatten, selbständig zu denken, zu reden, zu schreiben. Man lese nur einmal die Ausführungen der Arbeiter auf den Stiftungskongressen ihrer Bildungsvereine, etwa in Hamburg oder Hannover, oder in ihren Zeitungen nach! Von dort kamen ihre Führer, nicht vom Studium der Marxschen Broschüren!

Sie schrieben ihre Blätter nach dem Grundsatz von »L'Atelier«, wo man schon 1840 postuliert hatte, daß man selbst Arbeiter sein müsse, um grundsätzlich die Lage des Arbeiters zu kennen. Das Statut der Zeitung sagte es noch deutlicher: »Das Atelier ist durch Arbeiter gegründet, die seine Kosten tragen. Um als Gründer aufgenommen zu werden, muß man von seiner persönlichen Arbeit leben. Die wissenschaftlich Gebildeten werden nur als Korrespondenten zugelassen.«[13] Und diese stolzen, klassenbewußten Arbeiter erklärten, ihr Sprachrohr nach dem »Wahlspruch ihrer Väter« zu führen: »Freiheit, Gleichheit, Brüderlichkeit, Einheit!« Aus dieser Redaktion sind die Arbeiter Flocon, Carbon und Albert hervorgegangen, die wir in der Revolution von 1843 in leitenden Stellungen wiederfinden. Ihre Positionen hatten sie 1840 markiert – das war die Zeit, als der angebliche Erfinder der Theorie der Arbeiterbewegung, Marx, seine »wilden Lieder« von der Leonore fabrizierte …

Weitling bezeichnete »Freiheit, Gleichheit und Bruderschaft« als Ziel und die blutrote Fahne als Zeichen des Arbeiterbundes. Nun: Die rote Fahne mit der Inschrift »Freiheit, Gleichheit, Brüderlichkeit« und deren Zusatz: »Einigkeit macht stark« findet sich, mit dem Symbol der durch Handschlag verbundenen Hände, dem Namen Ferdinand Lassalle und dem Datum 23. Mai 1863 in der Geschichte der deutschen Arbeiterbewegung wieder.

Ferdinand Lassalle hat übrigens, sicher bewußt, nicht nur diese Symbolik, sondern auch den Inhalt seines Arbeiterprogramms von der ersten gesamtnationalen Arbeiterbewegung Deutschlands übernommen, die in der Revolution 1848 entstand, und diese Allgemeine Deutsche Arbeiter-Verbrüderung unter der Führung von Stefan Born und Franz Schwenniger bot ein getreues Abbild der französi-

schen Arbeiterbewegung, von den oben genannten Zielen bis hin zu den konkreten Forderungen nach Nationalwerkstätten, Garantie und Organisation der Arbeit. In ihrer Presse und in ihrer Literatur vertrat die deutsche Arbeiterbewegung schon 1848, dem Jahr, in dem das »Manifest der Kommunistischen Partei« erschien, nicht die Linie Marx, sondern die des demokratischen Arbeiterkommunismus, die Linie der sozialen Demokratie. Deshalb wird besonders der Buchdrucker Stefan Born, als Vorläufer Lassalles, in der leninistischen Geschichtsschreibung noch heute erbittert geschmäht, verleumdet und bekämpft.
Nimmt man die historischen Tatsachen, so erscheint der Ideologe Marx als Randfigur, als klassenfremder Intellektueller, abseits der machtvollen Strömung der englischen, französischen und deutschen Arbeiterschaft stehend. Sein Einfluß erstreckte sich vorübergehend auf einige deutsche Arbeiterführer und eine Handvoll linksorientierter Intellektueller. Die westeuropäische Arbeiterbewegung hat ihre ursprünglichen Grundwerte ohne Marx, selbständig, aus ihren eigenen Erfahrungen heraus formuliert. Rückbesinnung darauf tut gut, um heute vorwärts zu kommen.
Sie lauten heute bei der SPD wiederum Freiheit, Gerechtigkeit statt Gleichheit und Solidarität statt Bruderschaft. Die sprachliche Aktualisierung überdeckt nicht die Identität des Wesens. Geblieben ist auch bis heute die freiheits- und humanitätsfeindliche Einstellung des marxistischen Kommunismus, obwohl er sich bemüht, Inhalt und Symbolik der ruhmvollen Ursprungsbewegung in seine Kontinuitätslinie zu bringen. Man erinnere sich: Das programmatische Motto, auch über Schiller und Beethovens »Neunte« in den Bund der Gerechten eingedrungen, lautete, bevor Marx und Engels für die Abschaffung plädierten: Alle Menschen sind Brüder. Brüder pflegt man weder einzumauern noch einzusperren. Brüderlichkeit ist ein erhabeneres Ziel als Klassenjustiz und militaristische Freiheitsberaubung.
Übrigens: Auf dem Einband der aktuellen Texte der Grundwerte-Kommission der SPD zeigt Herausgeber Ehrhard Eppler die historische Flagge. Das ist erfreulich. Bedauerlich bleibt aber, daß die SPD bis heute nicht Born und Weitling vor Lassalle setzte: Diesen verdienten Arbeiterführern gegenüber wäre es gerecht, und außerdem: Es ist die objek-

tive historische Wahrheit. Die Identität des vormarxistischen Arbeiterkommunismus in der ersten und der sozialdemokratischen Massenbewegung in der zweiten Hälfte des 19. Jahrhunderts liegt offen zutage, programmatisch und personell. Für die Zukunft kann der Rückgriff des heutigen Reformkommunismus auf gediegene, politisch kultivierte, vormarxsche Positionen in puncto Staat, Freiheit und Pluralismus eine Annäherung an den demokratischen Sozialismus der Gegenwart, an die Sozialistische Internationale, perspektivisch eine Verschmelzung auf sozialdemokratischer Grundlage möglich machen.
Zusammen mit dem supranationalen Einigungsprozeß Europas in der EG könnten sich damit langfristig welthistorische Veränderungen von epochaler Tragweite ergeben. Die primitiven Strukturen des marxistischen Stalinismus könnten sich zum Glück aller Lohnabhängigen restlos überleben.
Dieser kurze Ausflug in die Geschichte mußte sein, um klarzumachen, welches politische Konzept an der Wiege der sozialen Bewegung Europas und damit Deutschlands stand: Es war nicht das »Kommunistische Manifest«, endverfaßt von Marx und Engels. Wir werden noch sehen, wie die deutschen Arbeiterkommunisten mit ihren »wissenschaftlich Gebildeten« verfuhren: Sie ließen sie nicht nur außerhalb der Redaktion wie ihre französischen Kollegen laut Statut, nein, sie warfen sie aus dem Bund der Kommunisten ganz heraus – doch das kommt später.
Zunächst qualifizierte sich Marx zum zaghaften Demokraten. Im Mai 1843 äußerte er in einem Brief an Ruge, daß die von allen debattierte und erwartete künftige Revolution als Werk der progressiven Intellektuellen und des Proletariats aufgefaßt werden könne, weil beide unter der existierenden Gesellschaft am meisten zu leiden hätten. Auch Engels stellte zu dieser Zeit die Rolle der Intelligenz höher als die der organisierten Arbeiterklasse.
Woher, fragt man sich, hat Marx nun plötzlich diese Idee? Deutschlands Ideengeschichte gibt die Antwort: In der allgemeinen Krisenstimmung der sechziger und siebziger Jahre des 18. Jahrhunderts hatte der theoretische Kopf der deutschen Aufklärung, Herder, bereits eine demokratische Gesellschaftskritik mit dem Kern des Entwicklungsgedan-

kens formuliert, den er mit der Widersprüchlichkeit und Gesetzmäßigkeit historischer Vorgänge verband, wie hundert Jahre später Marx. Herder motivierte mit seiner Idee die »Stürmer und Dränger«, ohne persönliche Rücksichten gegen die feudale Macht anzurennen, und er schrieb 1765: »Du, Philosoph und du, Plebejer! Macht einen Bund, um nützlich zu werden.«[14] Und so schrieb Marx 1844: »Wie die Philosophie im Proletariat ihre materiellen, so findet das Proletariat in der Philosophie seine geistigen Waffen.« Er schrieb es in der Einleitung zur Kritik der Hegelschen Rechtsphilosophie, und diese stand in den Deutsch-Französischen Jahrbüchern, die nur Deutsch waren, weil die französischen Sozialisten und Kommunisten sich weigerten, mit dem fanatischen Religionshasser Marx in einem Atemzug genannt, geschweige denn gedruckt zu werden. Sie waren nicht bereit, die Positionen eines Diderot, Helvetius oder Rousseaus zu verlassen, um, wie Marx, hinter die Aufklärung zurückzufallen. Sie waren nicht nur gegen dessen mittelalterliche Intoleranz in Glaubens- und Gewissensfragen. Sie lehnten auch das Recht der physischen Stärke, die brutale Gewalt, ab. Sie weigerten sich gleichfalls, aus der kriegerischen Eroberung ein Recht zur ständigen Unterjochung von Völkern abzuleiten. Es gab für sie weder Verzicht auf die Freiheit des einzelnen noch auf die des Volkes. Der französische Regierungschef hat, aufmerksam und zustimmend von der Bevölkerung registriert, dankenswerterweise in seinen Ausführungen anläßlich seines offiziellen DDR-Besuches 1985 in Berlin-Ost auf diese noch heute für Frankreich, dem Land der Menschenrechte, verbindliche Position aufmerksam gemacht. Der wirklich rührenden Fürsorge des Vorsitzenden, westliche Staatsmänner litten unter dem »Trauma« der deutschen Wiedervereinigung und gäben zu dieser nur täuschende Erklärungen ab, setzte er klar entgegen, daß Frankreich zu seinen als Siegermacht übernommenen Verpflichtungen stehe. Doch zurück zu den französischen Sozialisten des 19. Jahrhunderts: Sie blockten ab. So entschlief auch dieses Projekt, wie fast alle, an denen Marx mitmimte, schnell und unsanft. Doch zitieren wir noch etwas weiter, denn 99,8 Prozent des heutigen Marxismus-Leninismus besteht aus der hohen Schule des Zitierens, und zwar jene Losung aus den Feuerbach-Thesen von Marx, der

gleichfalls seitens der Zitierer ein hoher wissenschaftlicher Neuwert zugeordnet wird:
»Die Philosophen haben die Welt nur verschieden interpretiert, es kommt aber darauf an, sie zu verändern.« Das prangt, in goldenen Lettern auf marmornem Grund – sprachlich modernisiert – im Hauptgebäude der Berliner Universität am Aufgang zu meinem Institut, und immer, wenn ich da vorbeigehen muß, fällt mir ein: Es gab doch unter den Junghegelianern den August von Cieszkowski, und der hat doch 1838 bereits sein Werk »Prolegomena zur Historiosophie« veröffentlicht – ein sehr schönes Wort, fast so schön wie Hist. Mat. –, während Engels die Feuerbach-Thesen erst 1888 als Anhang zu seinem Feuerbach drucken ließ, nachdem er sie in Marx' Notizbuch, eingeordnet unter 1844 bis 1847, gefunden hatte: »unschätzbar als das erste Dokument, worin der geniale Keim der neuen Weltanschauung niedergelegt ist«, wie er dazu schrieb. Nun, Freund Frederick, die Keime waren vom August!
Merke: Cieszkowski überwand geistig die Hegelei als erster und forderte in seinem Buch, man müsse jene Entwicklungsgesetze, die Hegel – oder Herder, oder Luden, oder Kant, Fichte oder überhaupt die deutsche oder europäische Intelligenz? – entdeckt habe, revolutionär auf die Zukunft anwenden, d.h., die Gesellschaft verändern, umstülpen, und auf diese Weise den Gang der Weltgeschichte lenken. Er forderte die »Philosophie der Praxis, die Philosophie der Tat«, er führte den bis heute zentralen »Marxschen« Begriff der Praxis überhaupt erst ein! Deshalb hat Marx ihn im Manifest ja auch so verspottet. Marx machte das immer so mit denen, von denen er geklaut hatte, um abzulenken. Cieszkowski verlangt von der Philosophie »deren concreteste Einwirkung auf das Leben und die sozialen Verhältnisse, um die Zukunft zu gestalten«. Er sieht »die Entwicklung der Wahrheit in der concreten Tätigkeit«, also die »Marxsche« Interpretation von der Praxis als Kriterium der Theorie, und darin, in der verändernden, konkreten Tätigkeit sei »das künftige Los der Philosophie überhaupt« zu suchen. So dachten auch Heinrich Heine u.a. vor Marx.
Hat Marx die Seiten 129 bis 132 bei Cieszkowski nun zur Kenntnis genommen oder nicht? Wenn nicht: Keine Kenntnis der Sekundärliteratur, macht Note fünf. Wenn ja: Was

ist dann Marx? Ein verdünnter Aufguß des von ihm »Utopist« beschimpften Fourier, von dem vor allem wiederum Cieszkowski seine Anregungen hatte. Und auch die Rolle der Produktionsverhältnisse in der Geschichte kann man bei den beiden nachlesen, was ja von den Zitatenkrämern ebenfalls als Entdeckung des Marx angepriesen wird. Bei Gott, diese Franzosen sind wirklich Erbfeinde, alles nehmen sie uns weg!

Und Feuerbach, den Marx verhegelte, als er seinen Abgott Hegel im Feuerbach verbrannte? Sollen wir den vergessen? Feuerbach dachte als philosophischer Materialist politisch genauso wie der philosophische Idealist Cieszkowski, was selbst gläubigen Marxisten-Stalinisten beweisen kann, daß man völlig unabhängig von der »Grundfrage der Philosophie« politisch harmonieren und perspektivisch richtig urteilen kann! Feuerbach schrieb an Ruge im Juli 1843, alles müsse in Deutschland von Grund auf praktisch neu gestaltet werden: »Eine Riesenarbeit vieler, vereinter Kräfte. Kein Faden soll am alten Regime ganz bleiben. Neue Liebe, neues Leben, sagt Goethe, neue Lehre, neues Leben, heißt es bei uns.«

Ruge und Marx debattierten alles miteinander – auch dieser Brief zeigt, in welchem geistigen Milieu Marx lebte und wie weit er zurückgeblieben war. Er war kein Bahnbrecher. Aber er schaffte es gerade noch rechtzeitig, auf den letzten Wagen des rollenden Zuges aufzuspringen.

Kommunist wurde er erst in der französischen Hauptstadt, als er sich mit Blanquis Positionen vertraut machte, die er uneingeschränkt von diesem ohne weiteres Zutun übernahm: Durch den Klassenkampf des Proletariats zur »Klassendiktatur des Proletariats als notwendiger Durchgangspunkt zur Abschaffung der Klassenunterschiede« überhaupt. Das war der revolutionäre Kommunismus, »für den die Bourgeoisie selbst den Namen Blanqui erfunden hat«[15]. Dies ist übrigens die heute etwas verkürzte These von der Diktatur des Proletariats, auch das keine originäre, sondern eine französische Wortbildung. Auch den Begriff der » Diktatur der Arbeiter« zitierte Marx in dieser Schrift als französische Kampflosung. Für die Berufsfälscher ist das die »klassische Erkenntnis« von Marx überhaupt.

Wie sehr Marx und Engels sich mit Blanqui identifizierten, zeigt ihre Übersetzung des Blanqui-Toastes, den dieser an das Bankett der Gleichen, eine internationale Kundgebung aus Anlaß des Jahrestages der französischen Februarrevolution von 1843, im Jahre 1851 gesandt hatte. Dem Toast gaben sie eine Vorbemerkung bei, die ganz im Sinne Blanquis gehalten ist. Dieser bezeichnete die französischen Sozial-Demokraten als Verräter, Verbrecher, die »das einzig sichere Mittel geringschätzen ... die Gewalt«. Blanqui wirft ihnen vor, daß Offizierskorps und den Richterstand so wenig vernichtet zu haben wie die Gesetzgebung insgesamt. Das ist von Marx gleichfalls überliefert mit der Lehre, man dürfe die Staatsmaschinerie nicht übernehmen, sondern müsse sie »zerbrechen«. Diese Aussage wird als »ruhmvolle Weiterentwicklung« der marxistischen Staatstheorie, als Produkt verallgemeinerter Erfahrungen der französischen Revolution von 1848 ausgegeben, erstmals gedruckt in der New Yorker Zeitschrift »Die Revolution« unter dem Titel: Der achtzehnte Brumaire des Louis Bonaparte. Doppeltes Pech, Charlie: Blanqui hat diese ruhmvolle Weiterentwicklung nämlich 1851 lediglich wiederholt. Formuliert hatte er sie schon 10 Jahre früher, 1832 im »Prozeß der 15«, in dem er mitangeklagt war. Wie gut, daß aus der kommunistischen »Revolution« kaum etwas über das große Wasser drang, sonst hätte man dem Marx auch dieses Plagiat noch um die Ohren geschlagen...

Blanquis Folgerung lautet: »Waffen und Organisation – das ist das entscheidende Element des Fortschritts ... Frankreich, gespickt mit bewaffneten Arbeitern – das ist die Ankunft des Sozialismus«[16]. In ihrer Vorbemerkung nannten Marx und Engels das Zentralkomitee der europäischen Sozialdemokraten, das den Gedenktag mitgestaltete, »elende Betrüger«, »europäischen Zentralmob«, »Volksverräter«, eine »Sippschaft untergeordneter Prätendenten« – sie selbst waren zweifelsohne immer die übergeordneten! – Blanqui hingegen »den edlen Märtyrer des revolutionären Kommunismus«.

Will man diesen Haß gegen die bisherigen Mitstreiter verstehen, muß man wissen, daß die deutschen Arbeiterkommunisten, die von den französischen und englischen Arbeitern unterstützt wurden, Marx und Engels inzwischen aus dem Kommunistenbund ausgeschlossen hatten. Deshalb griffen diese ihre Gegner im Bund, Willich und Schapper, auf die wir noch zu sprechen kommen, in ihrer Vorbemerkung sogar namentlich als »Vorstände des Zentralmobs« an. Das gestattet zwei wichtige Feststellungen: Angeblich gerieten Marx und Engels nach der verlorenen Revolution von 1848/49 mit den Arbeitern der Bundesorganisation London in Konflikt, weil die Arbeiter an der proletarischen Revolution festhielten, die sie nach wie vor erstrebten, während Marx und Engels auf Grund inzwischen erfolgter wissenschaftlicher Einsicht begriffen haben wollten, daß die proletarische Revolution z. Z. unmöglich sei, und man dreißig, vierzig oder fünfzig Jahre warten müsse. Aber sie unterstützten in Wahrheit noch 1851, nach ihrem Rausschmiß, Blanqui, der schon für die Revolution von 1848 gefordert hatte, die Diktatur des Proletariats einzuführen!

Also: Notfalls waren sie auch abenteuernde Putschisten, voll und ganz im Gegensatz zum objektiven Erfordernis des von ihnen doch angeblich so wissenschaftlich erfaßten Geschichtsverlaufs! Dieser zeitliche Vorgriff in das Jahr 1851 sei gestattet, weil er klar macht, daß die Revolutionskonzeption von Marx abenteuerlich und putschistisch war, vor und nach der Revolution.

Was war denn die historische Wahrheit, die Marx doch kannte? Die Blanquisten hatten die »Organisation der Arbeit«, die Nationalwerkstätten, die erstmalig praktizierte staatliche Arbeitslosenunterstützung ruiniert. Die sozialen Demokraten sammelten daher die Massen hinter sich, die kommunistischen Experimente waren als utopisch erkannt. Wie hätte denn die proletarische Macht in Frankreich 1843 organisiert werden können, wo Lenin noch mit seiner Neuen Ökonomischen Politik im 20. Jahrhundert parteioffiziell die Errichtung des Staatskapitalismus als Ergebnis der »sozialistischen« Revolution in Rußland als Rettung aus dem selbst organisierten kommunistischen Chaos formulierte und praktizierte?

Bevor Marx jedoch zu Blanquis Kommunismus überlief, bezeichnete er im September 1843 in einem Brief an Ruge vor allem Cabet und Weitling als einseitige Dogmatiker. Er differenzierte die Begriffe Sozialismus und Kommunismus dabei unklar, obwohl Lorenz von Stein ein Jahr vor diesem

Brief ein Buch unter dem Titel »Der Socialismus und Communismus des heutigen Frankreich« veröffentlicht hatte, das ein Bestseller wurde und die sozialistischen und kommunistischen Lehren in Deutschland schlagartig publik machte. Lorenz von Stein war ein seriöser, leistungsfähiger Nationalökonom und Historiker. Sieht man sich sein Gesamtwerk an wird klar, daß nicht, wie Marx gegenüber dem russischen Rechts- und Wirtschaftshistoriker Kowalewsky behauptete[17], Stein von Marx, sondern Marx in bewährter Weise von Stein plagiiert hat. Das ergibt sich schlicht aus der Reihenfolge ihrer Arbeiten: Als Stein das angeführte Buch 1842 herausbrachte, war Marx noch völlig in Unkenntnis dieser Probleme, siehe »Rheinische Zeitung«. Stein publizierte jedoch 1849 zusätzlich drei grundlegende Bände zur Geschichte der sozialen Bewegung in Frankreich von 1789 bis in seine Tage, über die noch zu sprechen sein wird. Außer dem »Kommunistischen Manifest« lag zu diesem Zeitpunkt von Marx nichts Wesentliches vor und seine größten »Entdeckungen« nach 1849 hat Marx, wie wir später noch wörtlich lesen werden, daher bei Stein abgepinselt. Wohl aus diesem Grund ist Stein noch heute suspekt und wird von den Marxisten verleumdet, ein preußischer Polizeispitzel gewesen zu sein, der den Auftrag gehabt habe, die Arbeiterbewegung in Paris zu überwachen. Deswegen hat auch sicher die preußische Regierung Stein verfolgt, und dieser trat wohl auch deshalb gegen die preußische Politik um Schleswig-Holstein auf. Im Gegensatz zu Marx konnten aber die Preußen nicht verhindern, daß man sich um Stein als Professor riß ... Und noch etwas, sehr liebe Genossen Verleumder: Nennt doch die ehrenhaften, heldenmütigen Kämpfer an der unsichtbaren Front nicht so häßlich Spitzel – man muß ja glauben, ihr habt etwas gegen die Gully-James oder wie die heißen! Und solltet ihr recht haben, müßtet ihr euch erst recht schämen: Fünf Jahre hat Marx nach all den geistigen Vorarbeiten, dem Lehrbuch über Sozialismus-Kommunismus, immer noch gebraucht, um sich auf das Niveau eines »königlich-preußischen Polizeispitzels« zu erheben ...

Durch Stein wußten plötzlich alle Gebildeten in Deutschland Bescheid. Dabei machte Stein auch den von Sismondi und Blanqui übernommenen Begriff des Proletariats salon-

fähig. Gans hatte diese Terminologie gleichfalls bereits Mitte der dreißiger Jahre verwandt.
Politisch geworden ist Marx, wie wir gesehen haben, nachdem es mit der Professur nicht klappte, er blieb ein farbloser Liberaler. Zum bläßlichen Demokraten geriet er, als man begann, ihn aus der »Rheinischen Zeitung« zu drängen. Sozialist wurde er, als er als Chefredakteur abgelöst wurde. Kommunist wurde er, als die Deutsch-Französischen Jahrbücher scheiterten. Seine persönlichen Basiserschütterungen revolutionierten immer seinen persönlichen Überbau, er driftete von Rechtsaußen über die Mitte auf Linksaußen. Aber Kommunist wurde er wiederum nur halb, zunächst nur in abstrakt-theoretischem Sinne. Er trat in keine kommunistische Organisation ein. Noch meinte er, wie Engels, eine als Partei organisierte Gruppe trenne sich von der Klassenbewegung, von den Massen, und isoliere sich durch ihr Eigenleben von diesen. Erstaunlich – er hatte doch nicht etwa an die »Partei neuen Typus« des Genossen Waldimir gedacht!
Wie dem auch sei: In den Bund der Gerechten trat er erst ein, als er sah, daß man dort Partei-Journalisten brauchen werde, um eine programmatische Polit-Schrift zu verfassen. Da witterte er die Chance, seinen Namen bekannt zu machen. Vorher jedoch organisierte er bereits den Kampf um die Macht im Geheimbund. Vor allem hetzte er seine literarischen Sympathisanten gegen den verdienstvollen Wilhelm Weitling, dessen Führerrolle er einzunehmen gedachte. Marx ist das Muster eines karrieresüchtigen Apparatschiks: Nach oben kommen auf dem Rücken der wirklichen Proletarier, leben auf ihre Kosten; wenn schon Diktatorgelüste, dann solche nicht im Namen der Klasse, sondern im Namen der von der Masse und oft genug auch von der Klasse – heute selbst von den Parteimitgliedern – isolierten Parteihierarchie.
Bevor er sich vorübergehend zum zeitweiligen Parteichef aufschwang, machte er sich systematisch mit den materiellen Lebensbedingungen des Proletariats bekannt, indem er seine »ökonomisch-philosophischen Manuskripte« zwischen März und August 1844 zur Selbstverständigung schrieb. Damit beginnen seine Studien zur Nationalökonomie, über deren Herausgabe in zwei Bänden er mit dem

Darmstädter Verleger Leske einen Vertrag schloß, der sicher nicht aus Zensurgründen, wie es in der Biografie heißt[18], wiederum nicht eingehalten wurde. Denn als 1932 die Frühschriften von Marx in Leipzig erschienen, bemerkten die Herausgeber zum betreffenden Manuskript: »Es umfaßt 49 quergestellt und zumeist beiderseitig beschriebene Folioblätter, die nicht sehr fachmännisch zu einem Dokument zusammengestellt wurden und in dem weitere 23 Seiten unbeschrieben geblieben sind.«[19]

Welcher vernünftige Autor beschriebe Materialien, mit denen er eine Publikation vorbereiten will, zweiseitig, so daß sie nicht disponibel zu handhaben sind? Wie meist: Es handelt sich um Hingeschludertes, es geht nicht um Veröffentlichung, um Druckreifes. Das war übrigens für Marx ganz gut so, sonst wäre schon 1844 klar geworden, daß seine Kenntnisse und Erkenntnisse der Nationalökonomie weit hinter den Klassikern zurückblieben, denn: Ricardos Arbeitswerttheorie hat er in den »Manuskripten« verworfen. Vierundzwanzig Jahre später, im »Kapital«, leitete er aus dieser Arbeitswerttheorie die laut Engels zweite wichtigste Entdeckung, die Mehrwerttheorie, ab! Man sieht, er hatte auch hier gewisse Schwierigkeiten mit dem Tempo und der Qualität seiner Erkenntnis und nicht nur im politisch-philosophischen Bereich, obwohl er sich im Vorwort selbst bestätigt, daß er seine Resultate »durch eine ganz empirische, auf ein gewissenhaft kritisches Studium der Nationalökonomie gegründete Analyse gewonnen« habe. Ja, wenn die Nachbarn nicht zu Hause sind, muß man sich halt selber loben!

Falsch beurteilte er darin u. a. auch, daß der Arbeiter immer ärmer werde, je mehr er produziere, weil er das historische, moralische und staatliche Element in diese Einschätzung nicht einbezog. Daß die Arbeiterklasse der entwickelten Industrieländer eines Tages gegen jegliche Art von Kommunismus und gegen jede Revolution, dafür aber relativ zufrieden mit den stetigen sozialen Verbesserungen sein würde, hätte sich Marx wohl nicht einmal träumen lassen. Nun liegt der Kern der Fälschung, den wissenschaftlichen Neuwert und neuer Entdeckung durch Marx betreffend, beim vorgeblichen Schöpfertum, bei einer »völlig neuen Sicht der historischen Bewegung«, der Begründung, einer » Revolution im Geschichtsdenken«, zusammen mit der Praxisbezo-

genheit der zitierten Feuerbach-These und der Erklärung der materiellen, der Arbeitsprozesse, des ökonomischen Elements im Geschichtsablauf.
Allerdings gibt es in der parteiamtlichen Biografie eine verräterische Formulierung, die auf die Spur der heutigen Fälscher führt: Marx habe, heißt es dort, der klassischen Ökonomie vorgeworfen, den historisch gemeinten »Zusammenhang der Bewegung«[20] nicht zu verstehen, sondern unveränderliche, ewige, kapitalistische – oder industrielle, das wird bei der Unschärfe des Marxschen sozialen und technischen Begriffsapparates nicht klar – Produktionsverhältnisse zu konstatieren, ewige Ware-Wert-Geld-Beziehungen und damit automatisch ewige Ausbeutung. Diese Sicht ignoriere die revolutionäre Bewegung des Proletariats – aber vielleicht schließt sie die evolutionäre nicht aus? Wer bewegte aber da wirklich was?
Von 1797 bis 1860 lebte Wilhelm Schulz in Deutschland, nach der Revolution – er war Landtagsabgeordneter, später Mitglied der Frankfurter Nationalversammlung zu deren linken Flügel er zählte – in der Schweiz, als ein sehr geachteter, allgemein respektierter sozialdemokratischer Publizist und Privatdozent, von dem in der Biografie oder in neuen DDR-Publikationen[21] keine Zeile vermeldet wird. Im zweiten Heft der »Deutschen Vierteljahrsschrift«[22] hatte Schulz 1840 eine Studie mit dem Titel: »Die Veränderungen im Organismus der Arbeit und ihr Einfluß auf die sozialen Zustände« veröffentlicht, die er 1843 in Zürich-Winterthur noch ausgefeilter unter dem Titel: »Die Bewegung der Produktion. Eine geschichtlich-statistische Abhandlung zur *Grundlegung einer neuen Wissenschaft des Staates und der Gesellschaft*« herausbrachte. Diese neue Wissenschaft, verehrte Leser .... na, Sie wissen es schon, gestatten, daß ich vorstelle: Schulz, Wilhelm – Erfinder des Marxismus! Marx kannte, wenn nicht auch den Artikel, mit Sicherheit das Buch von Schulz. In seinen unveröffentlichten Unterlagen ging er öfters lobend auf ihn ein, im »Kapital«, Band eins, verbannt er ihn ins Kleingedruckte; einmal wird Schulz in einer Fußnote erwähnt.
In seinem Buch hat Schulz die 1840 angekündigte Absicht realisiert, nach der Darlegung der grundlegenden Gesetzmäßigkeiten der materiellen Produktionsprozesse, die Be-

wegungsgesetze auch der geistigen Produktion darzustellen. Schulz übertrifft Marx in der Qualität der Darstellung welthistorischer, ethnographischer, philosophischer, politischer, juristischer u. a. Formen des Überbaus bedeutend, wobei ein anschaulicher Stil und strenge Logik seine Darlegungen leicht faßbar machen. Dieser Sozialdemokrat Wilhelm Schulz hat das, was heute materialistische Geschichtsauffassung heißt, letztlich begründet und zugleich popularisiert.

Ich weiß nicht, ob es vor Schulz derartige Erkenntnisse in der englischen oder französischen Literatur gab, aber in der deutschen gab es sie. Jeder, der den Marxismus nur in den gröbsten Umrissen kennt, wird gleich merken, wie Marx bei Schulz schamlos abgeschrieben hat. Das ginge noch, selbst wenn er den Autor unterschlüge, es wäre eben schlichtes Plagiat. Aber er macht in Band eins des »Kapital« geltend, das »Bewegungsgesetz« der modernen Produktionsweise enthüllt zu haben! Und Engels, der kritiklose oder unwissende, hörige Freund, macht daraus die »naturwissenschaftliche«, gesetzmäßige Begründung der marxistischen, materialistischen ökonomischen Geschichtsauffassung, die alle Geheimnisse der Geschichte enthüllt ... Na schön. Enthüllen wir Charlie weiter. Beginnen wir mit den Darlegungen von Schulz in der »Vierteljahrsschrift«:

Schulz trifft dort einleitend die Feststellung, daß, bei aller Verschiedenheit welthistorischer Entwicklungen, deren »Einheit und Zusammenhang, so wie ein gesetzmäßiger Fortgang« deutlich zu gewahren sei. Diese Gesetzmäßigkeit beruhe auf der sich historisch ausbildenden Teilung der Arbeitsprozesse, und zwar nicht nur der materiellen, sondern auch der geistigen, »so daß mit der Einsicht in dieses Verhältnis die Idee eines fortschreitenden sozialen Organismus der Arbeit ins Bewußtsein tritt«. Er betrachtet diese Arbeitsprozesse als Ursache der Mensch-Werdung im Zusammenhang mit der Entstehung der Sprache – auch hier hinkt später Engels lange hinterher! –, da sie die absolute Abhängigkeit von den Naturgegebenheiten aufbrächen und den Menschen auf dem Wege zur Unabhängigkeit, zur Freiheit voranhelfen würden.

In der Endkonsequenz erwartet Schulz, daß die modernen Produktivkräfte des industriellen Zeitalters für alle Men-

schen das brächten, was Sklaven und Leibeigene in der Antike und im Mittelalter nur für die herrschende Klasse leisteten, denn es hätte »die politische Freiheit der Griechen und Römer nur auf der Sklaverei beruht, und bei der damaligen Organisation der Arbeit nur darauf beruhen können«. Die modernen Maschinen sollten die Sklaven und Leibeigenen der Zukunft sein, damit für alle Menschen Zeit für Politik und schöpferische Arbeit geschaffen werde.
Je nachdem, in welchem Verhältnis Abhängigkeiten und Freiheiten zueinander stehen »gewahren wir niedere und höhere soziale Gestaltungen«. Er beschreibt die Gentilordnung als eine Form, »wo materielle und geistige Arbeit noch nicht getrennt sind«, und es »keine besonderen Klassen oder Stände« der Gesellschaft gab, denn »für die Entwicklung eines öffentlichen Rechts oder die Handhabung einer öffentlichen Gewalt hat der unvollkommene soziale Körper noch keine mannigfache Gliederung der Organe und Funktionen aufzuweisen«. Wir werden noch sehen, daß Marx im »Kommunistischen Manifest« schon beim ersten, falschen Satz ausweist, daß er auch Schulz nicht voll verstanden hatte.
Schulz untersucht, wie die Entwicklung des »Landbaues«, also Viehzucht und Ackerbau, die gesellschaftliche Entwicklung nach der Urgesellschaft prägt, wie sich aus der zunehmenden Arbeitsteilung die Handwerke und der Handel, besondere »Stände und Klassen, Zünfte und Korporationen« entwickeln und wie aus allen drei Bereichen zur Vorbereitung des Kapitalismus Kapitalien angehäuft wurden, wobei dieser Prozeß noch durch das »militärisch-feudale Element«, also durch gewaltsame Überbauprozesse, stark gefördert wurde. Das System des Feudalismus wird u. a. so charakterisiert: »Zwischen den beiden vorherrschenden Klassen (gemeint sind Adel und Geistlichkeit, Kriegshandwerk und Ideenproduktion) wurden die Städte der Sitz für die Verarbeitung und den Vertrieb der landwirtschaftlichen Erzeugnisse, also für Gewerbe und Handel«, und so entstand auch »die besondere Klasse der Patrizier, ein eigener Stand der Regierenden«. Somit ist auch die Bourgeoisie in seine materialistische Geschichtsauffassung eingeführt. Der Autor weist nach, daß die »*Veränderungen im Betrieb der Arbeit zum Zwecke der materiellen Produktion zugleich Ver-*

änderungen in der intellektuellen und politischen Kultur notwendig bedingen«. Damit ist die Wechselbeziehung von ökonomischer Basis und geistig-politischem Überbau lange vor Marx eindeutig definiert. Schulz zeigte, wie diese bürgerlichen Formen sich über das Manufaktur- zum Fabriksystem vervollkommnen, und zieht die sich für die zukünftige Entwicklung ergebende Folgerung: »Allein damit ist die Reihe der weiteren Evolutionen jenes Organismus, die zu neuen Entwicklungsstufen führen, noch nicht geschlossen.« Er definiert damit die technischen und sozialen Entwicklungen der Zukunft, die über den Kapitalismus der freien Konkurrenz hinausgehen, sieht also auch hier klarer als Marx, für den die freie Konkurrenz mittels proletarischer Revolution beseitigt werden sollte!
»Die letzteren«, fährt er fort und hütet sich, im Gegensatz zu Marx, vor leeren, nichtssagenden, nichtzutreffenden Generalisierungen, »beschränken sich indeß bis jetzt nur auf das europäisch-amerikanische Völkerleben und gehören ausschließlich der neuen Zeit an.« Die Geschichtswissenschaft hat inzwischen bestätigt, daß sich die Warenproduktion auf Grund innerer Gesetzmäßigkeiten wirklich nur in Europa und den USA entwickelt hat. Die Länder mit der asiatischen Produktionsweise bekamen sie von außen aufgezwungen.
Schulz klebt nicht verabsolutierend an ökonomischen Faktoren. Er beschreibt das Ende des Mittelalters, den Anbruch der Neuzeit mit der Reihe großer geografischer und technisch-wissenschaftlicher Entdeckungen, wobei er besonders das »Feuergewehr« als Tötungsmaschine und den Buchdruck als maschinelles Kopiergerät der geistigen Produktion hervorhebt. Damit entfalle das Festkleben an Lokaleinsichten, es entstehe eine öffentliche Meinung. »So waren die Feuerwaffe und Presse die ersten Maschinen, welche, im großen angewendet, die gesellschaftlichen Verhältnisse umgestaltet und wesentlich die soziale und politische Stellung der verschiedenen Stände von Grund aus verändert haben«, hält er fest. Marx und Engels wiederholen das später in verschiedenen Variationen.
Schulz bespricht zugleich neben den außerökonomischen auch die infrastrukturellen, die demographischen, die außenwirtschaftlichen Bezüge der volkswirtschaftlichen Ab-

läufe – eine wohltuende Gesamtsicht an Stelle Marxscher Vereinzelungen. Er philosophiert darüber nicht aus dem hohlen Bauch heraus, sondern bringt erstaunlich anschauliches, analytisch aufbereitetes Zahlenmaterial aus vieler Herren Länder, für Landwirtschaft, Handel, Industrie und Bevölkerung, zeigt Ursachen für differierende Produktionsergebnisse der landwirtschaftlichen und gewerblichen Produktion in Europa und Übersee auf, macht auf Intensivierungsfaktoren durch die Wissenschaft aufmerksam, erwägt den Nutzen oder Nachteil staatlichen Einflusses usw.; kurz er liest sich, im Gegensatz zu Marx, der die Darstellung dieser universalen Betrachtung nie geschafft hat, wie ein moderner Autor.
Schulz nennt Beispiele für die sich erstmalig bemerkbar machende Kapitalverflechtung im industriellen, landwirtschaftlichen und gewerblichen Bereich Englands und leitet bereits daraus die Interessenverschmelzung aller Kapitalfraktionen ab, eine Aussage, auf die heute in der Lehre des Marxismus-Leninismus als vorgeblich Marxsche Spitzenweisheit größter Wert gelegt wird, da sie die notwendige Einheitsfront der Arbeiterbewegung auf kommunistischer Grundlage gegen die Einheitsfront des Kapitals beweise. Zutreffend zeigt Schulz das industrielle Leistungsgefälle zwischen England, Frankreich und Deutschland und schätzt richtig ein, »daß die eigentliche große Fabrikation noch von neuem Datum und erst im Beginn ihrer Entwicklung ist«.
Im letzten Drittel seines Grundsatzartikels wirft er direkt das Problem auf, wie sich die dargestellten Veränderungen im »Organismus der Arbeit«, der Basis, auf den Überbau, besonders die Gesetzgebung und Verwaltung, auswirken. Er resümiert, daß man wird »gestehen müssen, daß doch im Ganzen die Legislation nach ihren wesentlichen Bestimmungen stets genötigt war, sich den Veränderungen im Gehalte der Gesellschaft anzupassen«. Marx hat sein theoretisches Verständnis der »Gesellschaft« sehr viel später in Ordnung gebracht, er war völlig in der weltfremden Sicht der Hegelschen Staatsidee befangen, als Schulz dies hier schrieb. Dieser stellt weiter ganz dialektisch-materialistisch – na, auch so was gibt es ohne Marx – fest, daß »bei aller Anerkennung eines Verhältnisses der Gegenseitigkeit und

Wechselwirkung«, doch »weit mehr die Tatsachen des Völkerlebens sich die Gesetze und Regeln desselben geschaffen haben, als daß der umgekehrte Fall eingetreten wäre«. Nun, »marxistischer« geht's nicht mehr! Das ist ja nicht nur historischer, das ist ja gar schon dialektischer Materialismus ... Schulz betont, daß objektive wie subjektive, materielle und ideelle Faktoren, wechselseitig wirkend, im Geschichtsprozeß wirken und ihr Zusammenspiel stets die gesetzmäßige Höherentwicklung der Gesellschaftsordnung herbeigeführt hat. Die »oft so feindselige Stellung der Arbeiter zu den Kapitalisten« – nach Engels hat Marx natürlich auch die Begriffe Kapitalist und Kapitalismus eingeführt – leitet Schulz aus der absoluten und relativen Armut der Proletarier ab, wobei er interessanterweise meint – richtig, im Gegensatz zu Marx! – die absolute Armut könne sich verringern bei gleichzeitiger Vergrößerung der relativen, da mit der Entwicklung der Produktion auch die Bedürfnisse sprunghaft anstiegen.

Für sehr wichtig erachtet der Sozialdemokrat die Untersuchung des Problems, wie sich die kapitalistische Produktion auf die »leibliche und geistige Gesundheit« des einzelnen Arbeiters auswirke, »wie weit die Menschen durch Maschinen oder wie weit sie als Maschinen arbeiten«. Entschiedenen Protest formuliert er gegen die geistige und körperliche Verkrüppelung der Arbeitenden und vor allem gegen die Kinderarbeit. Wir sehen später, wie entgegengesetzt Marx den letztgenannten Punkt behandelt. Weitsichtig beurteilt Schulz die Frauenarbeit in der Industrie, weil dadurch »die Frauen eine ökonomisch selbständigere Haltung gewinnen« und somit »die beiden Geschlechter in ihren sozialen Verhältnissen einander näherrücken«. Deshalb könnten die künftigen Ehen in wachsendem Maße auf Liebesbindungen gegründet und von finanziellen Zweckmäßigkeitserwägungen befreit werden, die Wahl solle fallen »nach freier Neigung des Herzens«.

Er sieht auch das organisationsfördernde, politisierende Element der Fabrik, da die Proletarier, im Gegensatz zum landwirtschaftlichen Produzenten, »in zahlreicher Gemeinschaft arbeiten und dadurch in massenweiser Verbindung erhalten werden«, so daß sie sich »diesem Fabrikherren gegenüber , im gemeinschaftlichen Interesse näher aneinander schließen«. Gemeinsame Interessen und gemeinschaftliche Arbeit brächten so zwangsläufig die Assoziation der Arbeiter, ihre Organisation, hervor.

Schulz sieht in den Gebrechen des frühen unterentwickelten Kapitalismus keinen Anlaß zur Verzweiflung, sondern hält deren Überwindung durch die vereinte Kraft der Arbeiter für möglich. Die staatsbürgerlichen Zustände würden sich dadurch positiv verändern. »Für die Zukunft des Völkerlebens werden die in den Maschinen wirkenden, verstandeslosen Naturkräfte unsere Sklaven und Leibeigenen sein«, wiederholt er. Und nur unter dieser Voraussetzung, fährt er fort, »kann die Idee einer allgemeinen, staatsbürgerlichen Gleichheit, die so fernab von jedem Gedanken an eine verflachende Gleichmacherei liegt« – er meint den Kommunismus Babeufs – »mehr und mehr ins Bewußtsein und Leben treten«. Der Sozialdemokrat Schulz erhebt also die primitive Form der Gleichheitsvorstellung auf jene Grundlage, für die Marx den Begriff des wissenschaftlichen Kommunismus benutzt – wieder eine von Charlies schöpferischen Entdekkungen. Schulz qualifiziert die Gleichheitsvorstellungen. Er setzt anstelle des primitiven Hasses gegen die Besitzer, die man totschlagen und deren Eigentum man zu gleichen Anteilen verteilen müsse, als soziale Größe den Besitz. Marx wiederholt auch das dreißig Jahre später im »Kapital«: Seine Angriffe richteten sich nicht gegen den Unternehmer, das personifizierte Kapital, sondern gegen das soziale System. Das ist etwas, was geistig unterentwickelte Rote-Armee-Fraktion-Banditen bis heute nicht begriffen haben. Bekanntlich hat ja auch Lenin, nach der Hinrichtung seines brüderlichen Terroristen, den individuellen Terror abgelehnt.

Das Fazit bei Schulz, das die später mittels Engelsscher Propagandalüge nach Marx benannte materialistische Geschichtsauffassung postuliert, lautet kurzgefaßt, »daß die Veränderungen im Organismus der materiellen Produktion zugleich die Zustände der geistigen und politischen Kultur nach Form und Inhalt wesentlich mitgestalten müssen.« Das erinnert sehr an die ausgewogenere Behandlung der Thematik in den Altersbriefen bei Engels, während Marx, wie üblich, rabiat verabsolutiert.

Damit beendet Schulz seinen Artikel, während er einleitend in seinem fortsetzenden Buch sein sozialdemokratisches Glaubensbekenntnis formuliert, wonach die Verteilung der ideellen und materiellen Produktionsfaktoren »widernatürlich« wäre, »wodurch in allen Staaten des zivilisierten Europa der größte Teil der Bevölkerung zu Knechtschaft und Verwahrlosung verdammt sei«, weshalb man diesen Menschen den »frischen Genuß des freien und freudigen Schaffens« geraubt habe. So sehr auch die Politiker den »Abgrund des Elends mit papiernen Zwangsgesetzen überkleistern« wollten, »diese Wunden reißen dennoch tiefer und tiefer, und zwischen der proletarischen Masse und den höheren Ständen offenbart sich eine stets bedrohlicher werdende Kluft«. Aha, nicht nur von Proudhon stammt also die Elendstheorie im Marxismus.
»Wird endlich die gegenseitige Entfremdung (auch das ein Schlüsselbegriff bei Marx!) zum zerstörenden Bürgerkriege ausschlagen?« lautet die an die Zukunft gestellte Frage, und die Antwort heißt: »So ist denn dem Eigentum bereits der Krieg erklärt ... sahen nicht England und Frankreich in ihren Koalitionen der Arbeiter, in zeitweiliger Einstellung der Arbeit, in vereinzelten Aufständen und Attentaten, in Plünderungen und Brandstiftungen die Vorposten dieses Krieges?« Schulz sieht die Ursachen dieser Vorgänge des Klassenkampfes gebunden an »eine größere ökonomische Krise, wie sie in unserer zerrissenen Gesellschaft von Zeit zu Zeit wiederkehren und wiederkehren müssen«. Also: Auch der Zusammenhang von periodischen Krisen und revolutionärer Situation ist nicht von Marx entdeckt und erstmals formuliert worden. Dieser brauchte nach der 48er Revolution in England ziemlich lange, um diesen bekannten Zusammenhang zu »begründen«.
Wiederum im Gegensatz zu Marx, der fast bis ans Lebensende die Gewalt als Geburtshelfer des Neuen verabsolutierte und bejubelte, betont Schulz von vornherein, der menschliche Geist solle nicht »an der Möglichkeit einer wissenschaftlichen Lösung, einer friedlichen Erfüllung der sozialen Aufgabe« zweifeln. Selbst wenn die Möglichkeit scheitere, wenn »dennoch eine neue Lehre erst mit blutigen Zügen in das Fleisch der Menschheit eingehauen werden muß«, so würde er, der Sozialdemokrat »sich mit desto mutigerer Zu-

versicht unter die Fahne derjenigen Partei reihen, welcher jenes bessere Recht zur Seite steht, daß, weil es aus den lebendigen Bedürfnissen der Gegenwart entsprungen ist, auch eine Zukunft vor sich hat«.

Zur Gesellschaftswissenschaft bemerkt er, daß ihre »neueren Soziallehren dem schärfer gewordenen Gegensatz zwischen Arbeit und Kapital« entsprungen seien, wobei Proletarier in seiner Sicht besitzlose, nicht vom Staat bezahlte Intellektuelle ebenso wie Arbeiter sind, weil beide vom Verkauf ihrer Arbeitskräfte leben. Es ist dies die angeführte Herdersche Idee, die auch Marx zugelogen wird. Schulz hält fest, daß diese sozialen Ideen das Klassenbewußtsein des Arbeiters, sein »proletarisches Selbstgefühl« entwickelt hätten. Man denke an L'Atelier! Es sei unsinnig, meint er, sich gegen das »dunkel vorschwebende Ziel einer wesentlich veränderten Gestaltung der Produktion und Konsumtion« zu wenden, oder sich gegen das »Ungetüm des Communismus« zu ereifern. Man solle besser nüchtern nach den materiellen Ursachen dieser ideellen Erscheinungen fragen, denn ein Wahn, wie der Kommunismus, werde erst gefährlich, wenn er sich mit der Wahrheit treffe.

Deshalb verlangt Schulz, die Wissenschaft solle sich aus den philosophischen Spekulationen lösen – man denke an die Philosophie der Tat, und wir werden sehen, daß diese Richtung noch mehr namhafte Anhänger hatte – und dafür »größere Aufmerksamkeit als bisher auf die Prüfung von Problemen wenden, die bei den großen Nationen des westlichen Europas aus gesellschaftlichen Zuständen hervorgegangen sind, denen sich auch Deutschland nähert«.

Man sollte es nicht für möglich halten, wie so ganz ohne Marxismus die historischen Abläufe, die Bewegungsgesetze der Geschichte, zutreffend erfaßt und richtig dargestellt werden, wo doch jeder politisch bewußte Krabbelianer in den Kinderkrippen der Deutschen Demokratischen bereits weiß, weil er es mit der marxistisch-leninistischen Muttermilch eingesogen hat, daß nur der Marxismus-Leninismus eine wissenschaftliche Einsicht in die gesellschaftlichen Entwicklungsprozesse erlaubt! Schulz macht entschieden Front gegen die Last der Tradition und verlangt »jeden Zwang und jede Gewöhnung der Schule« abzuschaffen, um »endlich wieder das ganze volle Leben als Lehrmeister anzuerkennen, um zu versuchen, ob sich ihm durch alle Mannigfaltigkeiten seiner Erscheinungen hindurch die einfachen Gesetze der Entwicklung abfragen lassen«. Dieser Absatz klingt so etwa wie die Kritik des XX. Parteitages der KPdSU von 1956 am Dogmatismus der alten marxistisch-stalinistischen Schule. »Abfragen«, also laufend erforschen, will Schulz die Entwicklungsgesetze der sozialen Prozesse, nicht als ewige Wahrheiten verkünden, wie Marx und das Parteilehrjahr der SED.

Die Mängel in der Behandlung der sozialen Frage ergäben sich daraus, meint Schulz, daß man bisher »vorzugsweise nur die materielle Seite der Produktion und Konsumtion ins Auge faßte, ohne das geistige Schaffen und seine gesellschaftlichen Bedingungen genügend zu berücksichtigen«. Daß »*–jede besondere Produktionsweise*« – das ist kaum zu glauben, die Formulierung der Marxschen Formationstheorie von 1859, und zwar wörtlich! – »eine besondere Konsumtionsweise bedingt«, also Produktion und Verteilung organisch zusammengehören – das ist, methodisch, der Aufbau der drei Bände des Marxschen »Kapital«: Produktion, Zirkulation, Gesamtprozeß habe man bisher übersehen und daher auch die »soziale Bedeutung der Individualität« verkannt. Nun, das ist die Schlußfolgerung auch aus Marx' ökonomischem Hauptwerk! In unserem Sprachgebrauch: Schulz fordert, die materielle und geistige Produktion und Aneignung zugunsten des arbeitenden Menschen, für dessen allseitige Entwicklung, vorzunehmen und zu garantieren, und zwar durch sozialreformerische oder notfalls revolutionäre Veränderungen. Dabei wendet er sich gegen das kapitalistische Eigentum, das ausbeuterisch wirkt, spricht sich aber nachdrücklich für das persönliche Eigentum aus. Mehrfach hebt er dabei den »gesetzmäßigen Zusammenhang« dieser sozialen Beziehungen hervor, die wegen der Arbeitsteilung objektiven Charakter trügen. Schulz empfiehlt, man solle übrigens, im Gegensatz zu A. Smith, nicht von der Teilung, sondern von einer Gliederung der Arbeitsprozesse sprechen – eine gute Anregung, da damit alle integrativen Seiten des Produktionsprozesses sofort mit erfaßt werden. Diese gegliederten Arbeitsvorgänge vermittelten die Einsicht, daß die Produktion ein lebendiger, historisch fortschreitender Organismus sei, auf dessen Grundlage auch »das Staatsleben oder die gesamte politische Produktion den allgemeinen Produktionsprozessen folgen« müsse. Im Marxschen Stil heißt das später, daß die materielle Basis den politischen Überbau bestimme und den Veränderungen in der Basis solche im Überbau folgen müssen. Nur im Falle der Sozialismusvorstellungen kippt diese Vorstellung ins Subjektivistische um: Das durch die politische Revolution siegreiche Proletariat muß seine eigene ökonomische Basis schaffen. Marx kehrt die abgeschriebene materialistische Geschichtsauffassung um. Von seiner Machtergreifung an herrscht wieder subjektivistische Willkür, proletarischer Absolutismus.

Deutlicher als in der »Vierteljahrsschrift« zieht jetzt Schulz auch die theoretische Konsequenz aus seiner Analyse, wonach »die Idee einer allgemeinen staatsbürgerlichen Freiheit und Gleichheit« auch ins Leben treten muß, weil sie sich »nach den unabänderlichen Gesetzen der Produktion immer mehr verwirklicht«. Na, Bruder Engels, ist das nicht schon deine »naturgeschichtliche Notwendigkeit«, die Darwinisierung der sozialen Prozesse, die du an Freund Marx in deiner Grabrede so gewaltig preist? Schulz macht seine Auffassung, die später von Marx »Formationstheorie« getauft wird, noch deutlicher, wenn er ausführt, daß von den primitivsten Formen der sozialen Verhältnisse, also der von ihm zutreffend beschriebenen Gentilordnung, der Kommunistischen Urgesellschaft, bis hin zum kapitalistisch werdenden System Europas »dieselbe Stufenfolge, die wir chronologisch in den mehreren Altersperioden der einzelnen Nationen entdecken«, nachzuweisen sei.

Mit diesen Zusätzen präzisiert Schulz seine theoretischen Positionen und bekräftigt sie. Zugleich fügt er im Abschnitt über die »geistige Produktion« ein umfassendes Bild aller Überbauprozesse an; er behandelt Staat und Politik, Religion und Kunst, Literatur und Recht, Philosophie und andere Gebiete in ihrer historischen Entwicklung und ihrer zeitgemäßen Bedeutung. Zutreffend macht er auf die Zurückgebliebenheit der Junghegelianer aufmerksam, indem er die politischen Realitäten besonders Frankreichs dazu konfrontierend heranzieht: »Was aber die Bewegung des philosophischen Gedankens nur langsam und auf weitem Umwege erreicht (man denke an die analoge Wertung von Weitling) hat der praktische Sinn der unteren Klassen schon unmittelbar erfaßt. Das Bedürfnis, für eine neue Gestaltung der Gesellschaft eine positive religiöse Grundlage zu haben, tritt in den neuen sozialistischen und kommunistischen Schriften immer deutlicher hervor.« Er verurteilt dabei den Dünkel des weltfremden Denkens »wie er nicht selten die Jugend erfaßt, die, ohne einen größeren Kurs der Erfahrung durchlaufen zu haben, den ganzen Reichtum des Lebens in dessen Abstraktionen zu erfassen meint«. Das könnte dem nicht nur damals extrem weltfremden Marx direkt ins Stammbuch geschrieben sein. Positiv wertet Schulz die vormarxsche »Philosophie der Tat«, wenn sie als »Tat der fortschreitenden Erlösung und Befreiung des Menschen durch den Menschen« aufgefaßt wird. Marx hat sein abstraktes humanistisches Bekenntnis mit den fast gleichen Worten formuliert. Schulz verlangt von den Nationalökonomen, daß sie den Menschen, nicht den Profit in den Mittelpunkt ihrer Erwägungen rücken. Formell ist das die heutige Hauptthese des irrealen Sozialismus. Sie sollten nicht die Arbeit verabsolutieren, sondern nach deren sozialem Sinn fragen. Den Staat mahnt er, die Arbeiter zu schützen, und er wendet sich gegen eine »eitle und redselige Reflexionspolitik, die nicht die Kraft hat, die ganze Bedeutung der Zeit aus dem Zusammenhang ihrer wichtigsten Erscheinungen herauszugreifen, um prophetisch zu sein, was die Politik, die ihren Namen verdient, stets sein muß«. Er verlangt, die Politik mit wissenschaftlichen Erkenntnissen zu bereichern, damit man die konkrete Wahrheit erfasse und verwahrt sich gegen das später bei Marx ganz typische Durchschnittsgerede. Es müßte die erfinderisch machende Not der Zeit genutzt werden, um die sozialen Prozesse zu meistern. Dabei spielt sich Schulz nie in die Rolle des allgemein allwissenden, konkret durchschnittlichen Quacksalbers Marx hinein. Direkt prophetisch klingen seine Worte im Hinblick auf den Zerfall der junghegelianischen Gruppierung und dem von Marx organisierten Kampf eines Jeden gegen Jeden: »Hat es doch den Anschein, daß die eitlen Weltheilande, junge und alte, zu Dutzenden in allen Gassen predigen werden.« So kam es dann im Rest des Jahrhunderts. Die Marxisten waren eine Sekte unter vielen, die mit der (fast) absoluten Wahrheit handelten. Noch hellseherischer klingen die War-

nungen des Sozialdemokraten Schulz vor den gerade vom Kommunisten Marx so virtuos vorgenommenen »mechanischen Vereinigungen verschiedener Prinzipien«, also: den Idealismus Hegels mit dem Feuerbachschen Materialismus verquirlt, eine Prise Sozialismus-Kommunismus nach französischer Art und einen Schuß englischer Nationalökonomie dazu: Fertig ist der Eintopf Marxismus. Man kann ihn dann noch mit stalinistischem Pfeffer würzen, und die eklektizistische Bettelsuppe ist total ungenießbar.
Als habe er gewußt, was kommt, mahnt Schulz vor dem Schwärmen des Dogmatikers von der Ordnung seiner Dinge, welche die Freiheit als eigentliches Ziel der gesetzmäßigen Entwicklung der Menschheit auf der Grundlage der allgemeinen Produktions- und geistigen Gesetze gefährdet: »Wollte doch Thomas Morus, der Märtyrer seiner freien Überzeugung, in seinen Utopien jede Äußerung über Regierungsangelegenheiten bei Todesstrafe verboten wissen. In analoger Weise kam in den ersten kommunistischen Doktrinen der neueren Zeit ein tyrannischer Preßzwang und Lehrzwang zum Vorschein.«
Da staunt der DDR-Leser und der Sowjetmensch, woher Schulz das wußte. Oder hat er das Elend der deutsch-russischen Ideologie vorausgeahnt?
Fassen wir zusammen: Schulz betrachtet, in dieser Klarheit viellleicht als erster, die Nationalökonomie in weltwirtschaftlichen und welthistorischen Zusammenhängen. Damit liefert er nicht nur inhaltlich, sondern auch methodisch Marx alle Antworten, die dieser namens der – wie Engels sagt – ökonomischen Geschichtsbetrachtung gegeben haben will. In einer Reihe von Punkten grundsätzlicher Art ist Schulz wissenschaftlich, politisch und menschlich reifer als Marx: Er bestimmt das Verhältnis von klassenloser zur Klassengesellschaft, die Beziehung von Revolution und Reform, die Wechselwirkung zwischen Elend und Entfremdung ausgewogener und dialektischer als Marx, der sich auf diese Höhe in bestimmten Fragen nie, in anderen erst am Ende seines Lebens, dahingebracht durch den Willen der Arbeiterbewegung, bequemte. Schulz nimmt mit der sozialistischen Schule der englischen Ökonomie mindestens zugleich die Kritik an der klassischen Nationalökonomie auf, weil sie wohl die stofflich-technische und wertmäßige, nicht

aber die soziale Seite der Produktion zur Genüge in ihre Betrachtungen einbezieht. Angesichts der rückständigen ökonomischen Verhältnisse Deutschlands ist das für die deutsche Gesellschaftswissenschaft eine besonders ehrenhafte Leistung.
Nun ist sehr aufschlußreich, daß Marx sich nicht auf das Niveau von Schulz erhob, obwohl er dessen Ideen nicht nur direkt, sondern indirekt, über Moses Heß, noch zusätzlich vermittelt bekam. Man vergleiche, was Heß vor Marx über die Arbeit und die Entfremdung schreibt: Marx hat auch Heß voll plagiiert. Und Heß seinerseits kannte die Arbeiten von Schulz, denn er ist wütend auf diesen Sozialdemokraten, der sich, von wissenschaftlich gediegener Warte, lustig macht über die ökonomisch zwar unwissenden, dafür aber desto gläubigeren Kommunisten, die mit Heß und später auch Marx das Geld abschaffen wollen, um die Menschheit zu beglücken, weil sie weder die klassische Ökonomie noch die Bewegungsgesetze der Produktion und der Geschichte verstanden hatten – und ihre Nachfolger bis heute nicht, woraus sich letztlich das entscheidende, arbeitsproduktive Zurückbleiben des aufblühenden, zukunftsträchtigen, realen Sozialismus hinter dem sterbenden, faulenden, parasitären usw. Kapitalismus erklärt ...
Neben Schulz hat Marx Engels Studie zur Nationalökonomie kopiert, die lediglich allgemein bekannte ökonomische Ansichten enthielt. Engels weigerte sich in den achtziger Jahren, sie erneut drucken zu lassen, weil sie ihm verfehlt und stümperhaft erschien. Für Marx hingegen war sie eine »geniale Skizze«. Sicher, unter den Blinden ist der Einäugige König! Somit wissen wir, woher der Marxismus, diese ideenlos kompilierte, unorganische »neue Lehre« kommt. Marx hat sie, mit Engels, in der gleichfalls nicht vollständig ausformulierten und gleichfalls nicht gedruckten »Deutschen Ideologie« zusammenhängend dargestellt, bevor sie mit der Abfassung des »Kommunistischen Manifests« begannen. In diesem machten sie die Ansichten von Schulz, Heß und Stein der Welt schlagwortartig bekannt, auf der Grundlage von Arbeitspapieren, die auf zwei Kongressen in London im Jahre 1847 ausgiebig diskutiert worden waren.
Jedoch ist das bisher besprochene Thema, die Entdeckung der materialistischen Geschichtsauffassung, zu wichtig, als

daß man sie im unlogisch gereimten Agitationsbrei des Manifests gleich untergehen lassen könnte.
Es gibt von dem auf dem linken Flügel der Sozialdemokratie anzusiedelnden Publizisten und Historiker Franz Mehring, der später zur kommunistischen Spartakusgruppe gehörte, eine Studie zum »Historischen Materialismus«, 1950 in Berlin neu herausgegeben und mit einem Vorwort des damaligen Ökonomie-Papstes Ölßner, zeitweiliges Politbüromitglied unter Ulbricht, versehen, der beschwört, daß vor allem Lenin und Stalin am meisten zur Weiterentwicklung des historischen Materialismus beigetragen haben. Na, wer denn sonst, Genossen?
Die Weiterentwicklung Ölßners besteht darin, festzustellen, daß im Vollzug der objektiv wirkenden Gesetze des historischen Materialismus »jetzt keine Möglichkeit mehr besteht, die sozialistische Umwälzung in ganz Deutschland auf friedlichem Wege« zu vollziehen, sondern diese nur noch laut SED-Beschluß »durch den revolutionären Massenkampf errungen werden« könne[23].
Lassen wir das pikante Vorwort, das die wissenschaftliche Voraussicht des historischen Materialismus so richtig zeigt, es geht ja um den Text von Mehring. Der ist älter, hat es aber in sich. Professor Brentano, schreibt Mehring[24], habe darauf verwiesen, daß schon die historische Schule der Romantik »an die materialistische Geschichtsauffassung gestreift hat«, und verweist auf Lavergne-Peguilhens »Bewegungs- und Produktionsgesetze«. Der volle Titel, der schon etwas mehr aussagt, lautet: »*Grundzüge der Gesellschaftswissenschaft*. Von M. v. Lavergne-Peguilhen. *Erster Theil*, enthaltend die *Bewegungs- und Produktionsgesetze*. Ein staatswissenschaftlicher Versuch. Königsberg in Preußen 1838«. Die Terminologie ist ganz aktuell. Hierzulande gilt ja Marx überhaupt als Begründer der Gesellschaftswissenschaft. Mehring unterschlägt den vollen Titel, der schon auf diesen Vorläufer von Schulz hinweist ebenso wie das frühe Erscheinungsjahr. Er unterschlägt ferner, daß der Königsberger in einem 2. Teil die Kulturgesetze behandelt, oder, im Klartext, die Trennung von Basis und Überbau bereits vor Schulz und Marx vorgenommen hat. Mehring diffamiert den unbequemen Autor einfach, wie Marx die romantische Schule in den Deutsch-Französischen Jahrbü-

chern insgesamt, als wissenschaftlich unfähig und politisch reaktionär, da sie angeblich nichts weiter wollte, als die Erhaltung der feudalen Herrschaft. Mehring notiert, er habe die Studie gelesen und könne Marxens Urteil nur bestätigen – Punkt, aus, erledigt. Hier fälscht Mehring, daß einem der Atem stockt!

L.-Peguilhen schreibt, nachdem er Sklaverei, Leibeigenschaft und Feudalismus als niedere, den Kapitalismus aber als höhere Stufe der Entwicklung der Gesellschaft charakterisiert hat, die kapitalistische Geldwirtschaft müsse sich durchsetzen, »denn nur mittels derselben kann die höchste innere Freiheit mit der höchsten Produktivität der Arbeit vereinigt werden«[25]. Doch das ist nicht das einzige, was anzumerken ist. Der Autor benutzt lange vor Marx dessen Terminologie des Wechselverhältnisses von Produktivkräften und Produktionsverhältnissen! Er behandelt, gebildet durch die englische Nationalökonomie und gestützt auf Fouriers Einteilung der »Gesellschaftsformationen«, die volkswirtschaftlichen Kategorien perfekt »marxistisch«!

Von den Intellektuellen verlangt dieser Königsberger Wissenschaftler schon Mitte der dreißiger Jahre eine materialistische und dialektische Betrachtungsweise anstelle nutzloser Jenseitserörterungen. Sie sollten sich auf das Diesseits konzentrieren, denn es sei »vornehmlich Hochmuth ... welcher den Gelehrten nicht selten veranlaßte, sich in den Tiefen ebenso zweck- als nutzloser Spekulationen zu ergehen, den ewig unbegreiflichen Bedürfnissen eines künftigen Lebens nachzuforschen, während im Erdenleben noch eine große Zahl von Problemen unerledigt war... Der Glaube an die eigene geistige Überlegenheit, welcher nur zu oft auf Täuschung beruht, führte allgemein zur Verachtung, der Sklaven (darunter versteht er, wie Eduard Gans, auch moderne Fabrik-Sklaven, Proletarier - v. B) und Leibeigenen, wie ihrer produktiven Tätigkeit.«[26]

Er hält eine Umkehrung der historischen Entwicklung – und solche Utopien im Sinne der relativen Geborgenheit mittelalterlicher Systeme verfochten ja bestimmte Sozialreformer, etwa Professor Winkelblech aus Kassel, noch auf wodem Handwerker- und Gesellenkongreß Deutschlands im Sommer 1848 in Frankfurt am Main – für unmöglich, denn das, schreibt er, würde die Gesellschaft ruinieren, be-

dingt schon durch die uneffektive Produktion! Dem weltfremden Stubenhocker Marx mag zu seinen angeführten Ausfällen in den Jahrbüchern auch diese hübsch zutreffende Stelle animiert haben: »Denn das Leben eines Volkes, mag es auch noch so lebendig in seiner Literatur ausgeprägt sein, kann von niemanden aufgefaßt werden, dem, auf sich selbst beschränkt, die überall mehr oder weniger gleichen Triebfedern des eigenen Volkslebens fremd geblieben. Es müssen mithin Altertum und Geschichte bloßen Stubengelehrten notwendig schiefe und unrichtige Resultate liefern.«[27] Er wird aber noch schärfer gegenüber den im Dunsthimmel abstrakter Dogmen schwebenden Theoretikern:
»Ich frage jeden unserer gelehrten Staatswirte auf sein Gewissen, ob er mit dem inneren Wesen einer Tagelöhnerhaushaltung, mit den Bedingungen ihres Bestehens, mit ihren Sorgen und Freuden vertraut ist. Ich frage, ob er die Existenz und Produktionsbedingungen einer kleinen Bauernwirtschaft seinen ernsten Forschungen unterworfen und sie erkannt hat.«[28]
Hier spricht ein Mann, der empirische Forschung, exaktes Tatsachenwissen, konkrete Analysen der Wirklichkeit verlangt, und allen Anhängern der alten Schule den Fehdehandschuh hinwirft. Er fühlt sich wie er selbst sagt, zu Recht als Mitbegründer einer neuen Gesellschaftswissenschaft. Sehr konträr zu Marx, nennt er am Anfang und Ende seines Buches ehrenhaft jene Gelehrten, denen er sein Wissen verdankt, nicht nur die Engländer und Franzosen, sondern auch eine Reihe von Deutschen, darunter auch F. List. Bei dieser Gelegenheit sei daran erinnert, daß Marx und Engels ihren 1844 geäußerten Plan, eine Bibliothek vorzüglicher sozialistischer Schriftsteller herauszugeben, nie realisiert haben. Aus guten Grund – sie hätten sich als ideenlose Abschreiber bloßgestellt.
Es ist ein großes Versäumnis der deutschen Geschichtswissenschaft, die biografische und inhaltliche Erschließung des Werkes der deutschen materialistischen Schule in Ökonomie und Geschichte den eifrigen Fälschern der Institute für Marxismus-Leninismus beim ZK der KPdSU und der SED überlassen zu haben, die daraus weidlich Kapital zur politischen Irreführung nicht nur der akademischen Jugend schlagen.

Die materialistische und dialektische Betrachtung will L.-Pequilhen auch auf die Gesellschaftswissenschaft angewandt sehen, und er fordert dazu auf, in ihr »Methode, Ordnung und Zusammenhang« herzustellen. Sie habe innere und äußere Lebens- und Bewegungsprinzipien zu beachten, die Weltgeschichte als Prozeß der Entwicklung von Mensch und Gesellschaft durch Arbeit, Arbeitsteilung und Sprache zu behandeln, und er selbst demonstriert das vor. Er nennt die wissenschaftlich-technischen Entwicklungen und Entdeckungen – Schießpulver, Buchdruck, Spinn- und Dampfmaschinen – als treibende Produktivkräfte, äußert sich zu den daraus resultierenden höheren Bildungsanforderungen der Industrie gegenüber den Arbeitskräften, definiert die Arbeit als eine gesellschaftliche Notwendigkeit und bestimmt richtig das Verhältnis von Bedürfnisbefriedigung und Produktion.
Vom Staat verlangt er eine ökonomische Regulierung durch Steuer- und Zollgesetzgebung und hält fest, daß die steigende Arbeitsproduktivität »allen Bewegungs- und Productionsverhältnissen« dient[29].
Die Produktivitätssteigerungen führen zu höheren Kulturstufen: Tausch anstelle von Zwang, Kauf anstelle von Tausch. Schon dieser Autor behandelt die Ware-Wert-Geldbeziehungen 1838 auf einem höheren Niveau als 1845 Marx! Er sieht die Probleme der Produktionskosten, der Geld- und Kapitalkonzentration, die negativen Folgen von Konkurrenz und Monopol, die Rolle der Aktiengesellschaften (das wird erst im dritten Band des »Kapital« am Ende des Jahrhunderts angetippt!), die Gefahr von Krisen und definiert den Arbeitslohn, nicht wie Marx nach Ricardo als Preis der Arbeit, sondern, ausgewogener, als Durchschnittsarbeitspreis. Dabei verhält er sich kritisch gegenüber den Klassikern der Ökonomie. Für ihn zählen körperliche und intellektuelle Leistung, Naturkräfte und Staatsorganisation mit zu den »gesellschaftlichen Productionskräften«[30]. Allerdings zitiert er auch, im Gegensatz zu Marx, korrekt Say, der schon gegen Adam Smith feststellte, daß nicht die Arbeit allen Reichtum schaffe. Diese Tatsache kommt ja den Sowjetmarxisten bei der Verschleuderung ihrer Naturreichtümer bis heute sehr zugute. Aber zurück zum theoretischen Marx: Die »gesellschaftliche Produktivkraft« hat ihm

gefallen. Laut »Kapital« produziert der gesellschaftliche Gesamtarbeiter den Mehrwert.

Richtig erläutert L.-Peguilhen auch die Reproduktionskostentheorie der Arbeitskraft und hält fest, daß die vorkapitalistischen Zwangswirtschaften eine höhere Gesellschaftsentwicklung lange nicht aufkommen ließen, die kapitalistische Geldwirtschaft hingegen ein »Elendsübermaß« und die »Fabriksklaverei« mit sich bringe. Den Kapitalismus bezeichnet er als »neue gesellschaftliche Ära«[31]. Ob ich nun Ära, Epoche oder Formation sage, war damals unwichtig, wesentlich ist, welchen Inhalt jeweils die Begriffe haben, und die neue Ära wird von ihm nun so charakterisiert, daß man glaubt Textstellen aus dem »Kommunistischen Manifest« zu hören über die schrankenlose Entwicklung der Produktivkräfte: »Es ist, als seien alle Bande, welche die schlummernden Gesellschaftskräfte bisher gefesselt hielten, plötzlich gelöst.« Kombinations- und arbeitsteilige Prozesse könnten »bis zu schrankenloser Höhe geführt« werden. »*Um eine Gesellschaft zu höhren Entwicklungsstadien zu führen*«, müßten aber auch gebildete Menschen erzogen werden »*und zu diesem Behuf zunächst die Fundamentalbedingung gesellschaftlichen Fortschritts*« eine »*sichere und vollkommene Produktion*« in entsprechendem Ausmaß installiert werden. Danach stellt er fest, »daß jedes Wirtschaftssystem sich in dem Maße der Vollkommenheit nähert, als der Profit nach Maßgabe des Kapitals an Umfang gewinnt, nachhaltig ist und die Steigerung der Produktionskräfte fördert«[32].

Nun, von der Neuen Ökonomischen Politik Lenins bis zu Andropows Forderung, die sowjetischen Betriebe sollten endlich Profit machen, bis hin zur offiziellen Einführung der Kennziffer »Gewinn« (=Profit) im Zuge der Intensivierung volkswirtschaftlicher Prozesse im RGW, hat sich diese, vor Marx formulierte und über ihn hinausgehende Erkenntnis ebenfalls bewahrheitet. Ohne Ausbeutung ging und geht es nicht in einer arbeitsteiligen Gesellschaft. Es fragt sich nur, wie hoch und wie erträglich diese Ausbeutung ist und wie gut oder schlecht die politischen, materiellen und finanziellen Lebensbedingungen für die Lohnabhängigen sind.

Den ökonomisch nicht sehr informierten Leser muß ich um Nachsicht bitten, daß diese Dinge nicht breit erläutert werden, es würde zu viel Platz beanspruchen. Aber der Kern ist, hoffe ich, klar herausgeschält: Selbst der ökonomische Laie kann verstehen, wie es mit der angeblichen »neuen und wissenschaftlichen« Interpretation ökonomischer Zusammenhänge und Tatsachen sowie ihrer Bewegungsgesetze bei Marx aussieht. Seine »Wissenschaft« besteht aus schlecht abgeschriebenem und theoretisch falsch interpretiertem Wissensstoff. Wahrlich, er kann heute nicht einmal, wie andere, den Ehrentitel »Verdienter Plagiator des Volkes« erhalten. Marx hat eben nicht die eine Gesellschaftswissenschaft vorgeblich erst ermöglichende materialistische, auf ökonomischen Bewegungsgesetzen beruhende Geschichtsauffassung entdeckt oder geschaffen. Ihm erschien, wie manchen marxistischen Intellektuellen unserer Tage, die eigene Wirrköpfigkeit und Unwissenheit als großes theoretisches Problem und das Kennenlernen der bereits vorhandenen Antwort darauf als wissenschaftliche Entdeckung, obwohl es sich um individuelle Selbstverständigung handelte.
Und nun, zum Schluß, noch einmal zurück zu Mehring. Dieser zitiert unseren Königsberger Autor wie folgt:
»Vielleicht ist die Gesellschaftswissenschaft als solche bisher so wenig fortgeschritten, weil die *Wirtschaftsformen* nicht genügend unterschieden wurden, weil man verkannt hat, daß sie die *Grundlagen der gesamten Gesellschafts- und Staatsorganisation* bilden. Man hat nicht beachtet, *daß die Produktion, die Produktenverteilung, die Kultur und Kulturverteilung, die Staatsgesetzgebung und die Staatsformen ihren Gehalt und ihre Entwicklung ganz allein aus den Wirtschaftsformen herzuleiten haben*, daß jene hochwichtigen Gesellschaftsmomente ebenso unvermeidlich aus den Wirtschaftsformen und deren angemessener Handhabung hervorgehen, wie das Produkt aus dem begattenden Zusammenwirken der Zeugungskräfte, *und daß, wo Gesellschaftskrankheiten sich kundgeben, diese in der Regel ihren Ursprung in dem Widerspruch zwischen Gesellschafts- und Staatsform finden.*«[33]
Marx, meint Mehring, »scheint ... auf den ersten Blick mit der materialistischen Geschichtstheorie Lav.-Peguilhen ausgeschrieben zu haben«.[34]

So? Ausgeschrieben? Abgeschrieben heißt das auf gut Deutsch! Die Vorgänger von L.-Peguilhen und seine Nachfolger, bis zu W. Schulz, sind die Schöpfer und Repräsentanten der materialistischen Geschichtsbetrachtung in Deutschland. Ich rede nicht von der Traditionslinie seit der Antike oder den westeuropäischen Gelehrten, sondern von den deutschen Zeitgenossen des Karl Marx, die Jahrzehnte vor ihm seine »Entdeckungen« machten. Nicht Marx, sie haben den »Schlüssel der Geschichtserklärung« gefeilt, mit dem sich ja einige, wenn auch nicht alle historischen Schließfächer öffnen lassen. Marx hingegen ist der Schlüsselklau!

Und nun kommt noch ein Gag. Mehring schreibt selbst[35], daß Marx die historisch-romantische Schule, und damit deren namhaften Vertreter L.-Peguilhen, in den Deutsch-Französischen Jahrbüchern vernichtender Kritik unterzogen habe, d. h. im Klartext: Marx hatte selbst Mitte der vierziger Jahre nicht kapiert, wieweit der theoretische Reflex der westeuropäischen ökonomischen, politischen und sozialpolitischen Entwicklung in Deutschland bereits gediehen war. Wir haben das vorne bereits am Beispiel von F. List gesehen.

Aber es kommt noch viel schöner. Mehring fand die ganze Sache äußerst brenzlig, und er holte sich daher vermeintliche Rückendeckung bei F. Engels, den er fragte, ob er oder Marx diese Schriften gekannt habe. Engels antwortete darauf brieflich am 28. September 1892[36], ihm sei die Literatur dieser Schule »nur sehr oberflächlich« bekannt gewesen, sie sei ihm »absolut fremd geblieben«, er beschäftige sich nur »sehr oberflächlich mit ihr« und er verdanke ihr »sicher absolut nichts«. Marx habe diese Richtung sowieso immer verachtet. Warum eigentlich, fragt man sich? Hat er seine »vernichtenden Kritiken« geschrieben, ohne die Autoren gelesen zu haben? Hat er sich allein vom politischen Schlagwort leiten lassen, statt von sachlicher Kenntnis? Oder hat er diese Texte gelesen und war einfach zu blöd, um zu begreifen, welch qualitativen Einschnitt, welche fachlich und methodisch enorme Bereicherung sie für die Gesellschaftswissenschaften brachten? War er hier genauso begriffsstutzig, genauer, unfähig, zurückgeblieben, wie im Falle der Arbeitswerttheorie und des Kommunismus? Und ausgerechnet Friedrich Engels entlarvt nun die Rückständigkeit und Unfähigkeit zu wissenschaftlichem Denken beim großen Entdecker Marx, indem er fortfährt:

»Sollte er aber auch auf Stellen gestoßen sein, wie die zitierte von Lavergne-Peguilhen, so konnten diese damals durchaus keinen Eindruck auf ihn machen, wenn er überhaupt verstand, was die Leute sagen wollten. Marx war damals Hegelianer, für den jene Stelle absolute Ketzerei war, von Ökonomie wußte er absolut nichts, konnte sich also bei einem Wort wie ›Wirtschaftsformen‹ gar nicht einmal etwas denken, und so hätte die fragliche Stelle, selbst wenn er sie gekannt, zu einem Ohr hinein und zum anderen wieder herausgehen müssen, ohne eine merkliche Spur in seinem Gedächtnis zu hinterlassen.«[37]

Sehr schön ist das! Der Dr. Marx verhält sich wie ein pfiffiger unter meinen Studenten, der, durch Fragen in die Ecke gedrängt, die Hände hob und meinte: Hilfe, das Wissen läuft hinter mir her – aber ich bin schneller! Man kann den Engels gar nicht oft genug genießen: Absolut – wußten beide nichts, absolut – verstanden sie nichts, absolut – hat der Marx abgeschrieben, ohne Verstand, na, und wenn nicht von Lavergne-Peguilhen, dann von dessen Nachfolgern W. Schulz und L. v. Stein – dort können wir beweisen, daß er diese Autoren kannte! Oder hat Marx auch Schulz und Stein nicht verstanden? Jedenfalls steht jetzt, durch den Zeugen Engels erhärtet, eindeutig das »wissenschaftliche« Niveau der »wissenschaftlichen Geburtsurkunde« des »wissenschaftlichen Sozialismus«, der Wert des »Manifests der kommunistischen Partei« von 1848 eindeutig fest, noch bevor wir überhaupt auch nur eine Zeile zur Analyse herangezogen haben: Es blieb hinter dem Stand der wissenschaftlichen Erkenntnis der Gesellschaftswissenschaft schon damals zurück.

Allerdings beschäftigt, verständlicherweise, Mehrings Anfrage den alten Engels außergewöhnlich, er wittert Enttarnung: »Die Stelle ist allerdings höchst merkwürdig«, fährt er darum fort. »Ich kenne das Buch nicht, der Verfasser ist mir allerdings als Anhänger der ›historischen Schule‹ bekannt. Das Sonderbarste ist, daß sich die richtige Geschichtsauffassung in abstracto bei denselben Leuten finden soll, die die Geschichte in concreto am meisten mißhandelt haben – theoretisch wie praktisch.«[38]

Engels – der das Buch nicht kennt (!) und auch kein Sterbenswörtchen von Schulz oder Stein sagt – unterstellt dann Lavergne-Peguilhen »totale Blindheit ... sobald es sich um andere Wirtschaftsformen, um die bürgerliche Wirtschaftsform und die ihren verschiedenen Entwicklungsstufen entsprechenden Staatsformen« handelte. Hier haben wir nicht nur das fachliche Unter-Niveau der »Klassiker des Marxismus«, sondern auch ihre unverschämte Unseriösität: Sie wissen von nichts, aber sie beschimpfen prophylaktisch alles unfähig, was nicht in ihren subjektiven Kram paßt! L.-Peguilhen sei ein doktrinärer Verfechter der feudalen Junkerherrschaft, tönt Engels im Brief an Mehring weiter! Nun wissen wir genau, was die eingangs zitierte Biografie unter »wahrhafter Wissenschaft« versteht: Die Klassiker kennen nichts, sie wissen nichts, aber sie urteilen, Marx in den Jahrbüchern, Engels im Brief an Mehring!

Man schüttelt sich: Engels kennt das Buch nicht, in welchem – vgl. Stichwort »neue Ära« – das Gegenteil von dem steht, was er annimmt, und Mehring, gestützt auf Engels' Auskunft, verfälscht die Geschichte der deutschen Geschichtswissenschaft an einem Knotenpunkt von größter Bedeutung!

Engels reduziert – vermutender Weise! – die L.-Peguilhensche »Generalisation wieder auf ihren wahren Gehalt ... daß feudale Gesellschaft eine feudale Staatsordnung erzeuge«[39]. Und als wir, setzt Mehring dann fort, Engels Wunsch gemäß, »jenes Zitat verifizierten und in dem ausgegrabenen Buche von L.-Peguilhen den oben näher dargelegten Zusammenhang fanden, konnten wir ihm nur mit aufrichtigem Danke für seine lehrreiche Auseinandersetzung antworten, daß er aus einem Knochen das ganze feudale Maston richtig rekonstruiert habe.«[40] Es verschlägt einem den Atem ob soviel »Einheit von Wissenschaft und Parteilichkeit«, um den SED-Jargon zu benutzen. Die Kommunisten waren schon immer so.

Man denke an die Zeitumstände, als sich Mehring und Engels so benahmen: Das Erfurter Programm der SPD, beschlossen 1891, war gerade aktuell. Es beruhte auf der vorgeblich marxistischen Geschichtsauffassung, wonach sich der Sozialismus mit naturgesetzlicher Notwendigkeit durchsetzen werde. Was hätte es bedeutet, der Partei, die gerade das Sozialistengesetz zu Fall gebracht hatte, ihr Programm, und damit den Glauben an die Zukunft zu nehmen? Schaut man sich noch an, wie Mehring die entscheidenden Schwachpunkte bei Marx in dessen von ihm verfaßten Biografie schönt, indem er sie verschweigt, muß man an Mehrings Glaubwürdigkeit als Historiker insgesamt zweifeln. Der Wissenschaftler hat die Wahrheit um der Wahrheit willen zu erforschen, sonst wird er zum bezahlten Parteilügner, und das war offenbar auch Mehring.

Nähern wir uns weiter dem »Kommunistischen Manifest«. Wir kommen aus gegebenen Anlaß nochmals auf bekannte Namen zurück. Eduard Gans war nicht nur ein führender Rechtsgelehrter, der Hegels Entwicklungslehre auf sein Fachgebiet anwandte, sondern auch politisch ein äußerst aktiver Mann. Er betätigte sich für die Befreiung Polens von russischer Knechtschaft, sammelte für die verfolgten deutschen Patrioten – wie die Göttinger Sieben – Geld und propagierte immer wieder soziale Reformen zugunsten der arbeitenden Klassen. Er hatte schon nach der Revolution von 1830 in Paris begriffen, daß die bürgerlichen politischen Bestrebungen, der Kampf um die Republik, überlappt werden würde von den sozialen Kämpfen des Proletariats nicht nur um politische Freiheit, sondern um ökonomische Rechte und soziale Sicherheit. Seine Eindrücke faßte er so zusammen: »Ich hatte dem Krater der Revolution einmal in den Schlund geschaut und über seine Feuerströmungen Beobachtungen gemacht. Daß die Zeiten von 1793 nicht zurückkehren würden, war gewiß, denn dazu war die Umwälzung zu regelmäßig verlaufen, die neue Gesellschaft zu jung und die Kräfte der Proletarier noch zu gering.«[41]

Diese Positionen vertrat er vor seinen Studenten, unter diesen saß Marx. Sein »Erbrecht in weltgeschichtlicher Entwicklung« diente im gleichfalls dazu, nachzuweisen, daß objektive Gesetzmäßigkeiten die Völker zu immer freiheitlicherer Höherentwicklung führen, während er den preußischen Staat als einen »vormundschaftlichen« bezeichnete. Diese Charakterisierung paßt auch vorzüglich auf das heutige russische Preußen. Seine Erkenntnisse über die Lage des Proletariats schöpfte Gans vor allem aus den Lehren von Saint-Simon. Für ihn war der wesentlichste, die Entwicklung weitertreibende Widerspruch in Geschichte und Recht, der zwischen den Reichen und den Proletariern. Man vergleiche zwei Zitate, um die »Schöpferkraft« von Marx erneut zu bewundern:

»Wie sonst der Herr und der Sklave, später Patrizier und Plebejer, dann der Lehnsherr und Vasall sich gegenübergestanden haben, so jetzt der Müßige und der Arbeiter.« So Gans in seinen Vorlesungen und Schriften, die gedruckt erschienen, als Marx bei ihm hörte[42].

»Freier und Sklave, Patrizier und Plebejer, Baron und Leibeigener, Zunftbürger und Gesell, standen im steten Gegensatz zueinander. Die ganze Gesellschaft spaltet sich ... in ... Bourgeoisie und Proletariat.« So Marx am Beginn des I. Abschnitts des »Kommunistischen Manifestes«. Man erkennt sofort, wie weit Marx bei allem Abschreiben hinter Gans zurückbleibt: »Lehnsherr« ist umfassender als Baron, besaßen etwa nur Barone Leibeigene? Gans spaltet auch nicht alles in Bourgeoisie und Proletariat, denn: Wo bleiben die Bauern, Handwerker, Händler, Angestellten, also die Masse des Volkes, die von eigener Arbeit lebt? Die verheerenden Folgen der stalinistischen Politik in den Ländern des realen Sozialismus sind bekannt. Aber der wahre Vater aller Werktätigen und zweitgrößte Führer aller Zeiten hat sich nur lupenrein an Marx gehalten: Man muß diese Klassen und Schichten ökonomisch vernichten, schade es der Volkswirtschaft, was es wolle, nach den humanen Problemen wird schon gar nicht erst gefragt! Cornu[43] verweist auch darauf, daß Marx z. B. die Unterscheidung zwischen mittelalterlichen und modernen Ständen, in seiner Kritik an Hegels Rechtsphilosophie von Gans übernahm – ich füge hinzu, was Cornu wegläßt: Ohne auch hier auf die Quelle zu verweisen. Nebenbei: In je fünfzig Lehrveranstaltungen mit Studenten, Fernstudenten und Hörern der Weiterbildung las ich die angeführten Textstellen von Herder, Lavergne-Peguilhen, Schulz, Feuerbach, Gans u. a. vor, und ließ sie historisch einordnen. Die Antwort kam stets prompt: Marx, 19. Jahrhundert. Es gab nicht eine Ausnahme. Die Volksverbildung in der 16. Sowjetrepublik erfüllt ihre Aufgabe zumindest in diesem Punkt perfekt.

Der französische Karl-Marx-Orden-Preisträger Cornu hat sicher auch die Quellen überprüft, aber er bleibt in der Regel auf Mehrings Niveau stehen, retuschiert, beschönigt, interpretiert parteiamtlich. Das muß man auch, wie sollte man sonst einen Orden bekommen? Überprüfung der Quellen ist strafbar. Das führt an die Wahrheit heran, und die wiederum zu erkennen und auszusprechen führt ins Betonloch der Stasi. Dort kann man ungestört darüber nachdenken lassen, was in der marxistisch-leninistischen Gesellschaftswissenschaft der kleine Unterschied zwischen richtig und wahr ist ...

Gans kämpfte für die Wahrheit. Er sah in seinen Hörern die junge Generation, die er nicht nur fachlich, sondern auch politisch auf das Leben vorbereiten sollte, damit eine demokratische und sozialistische Zukunft entstehe. Ohne das Wohlwollen des Staatskanzlers Hardenberg hätte er wohl die lauernden Spitzel in seinen Vorlesungen nicht jahrelang überdauert, aber zwischen dem Vater von Gans, einem angesehenen Bankier, und dem Fürsten gab es nicht nur geschäftliche, sondern freundschaftliche Beziehungen. Wohl jedem ordentlichen Professor der Berliner Universität, der wenigstens einen Fürsten hinter sich hat!

Ewig ging das mit Gans allerdings auch nicht gut. Der Geschichtslehrer Köppen erzählt in Ruges Jahrbüchern[44], anläßlich der dortigen Vorstellung der Berliner Universitätshistoriker, daß Gans seine Vorlesungen dieser Art aus unbekanntem Grund schließlich doch einstellen mußte. Köppen war der Mann, der neben Gans den Studenten Marx im historischen Fach prägte. Umgang hatten sie miteinander im Doktorenclub. Prüft man die Veröffentlichungen Köppens über den Stand der Geschichtswissenschaft, stellt man fest, daß auch er von der ökonomisch-materialistischen Auffassung keine Ahnung hatte, folglich auch Marx nichts davon vermitteln konnte[45].

Für seine Studenten zeichnete Gans den Zustand der arbeitenden Klassen und die Perspektiven ihres Klassenkampfes so: »Man besuche die Fabriken Englands und man wird Hunderte von Männern und Frauen finden die, abgemagert und elend, dem Dienst eines einzigen ihre Gesundheit, ihren Lebensgenuß ... zum Opfer bringen. Heißt das nicht Sklaverei, wenn man den Menschen wie ein Tier exploitiert, und selbst wenn er frei wäre, sonst vor Hunger zu sterben? ... Dieses, daß der Staat für die ärmste und zahlreichste Klasse zu sorgen habe, daß, wenn sie arbeiten will, sie niemals einer ihr angemessenen Beschäftigung entbehren dürfe ... ist ein tiefer Blick in unsere Zeit, und die folgende Geschichte wird auf ihren Seiten mehr wie einmal von dem Kampf der Proletarier gegen die mittleren Klassen der Gesellschaft zu sprechen haben. Das Mittelalter mit seinen Zünften hatte eine organische Einrichtung für die Arbeit. Die Zünfte sind zerstört und können nie wieder errichtet werden. Aber sollte jetzt die freigelassene Arbeit aus der Korporation in die Despotie, aus der Herrschaft der Meister in die Herrschaft der Fabrikherren verfallen? Gibt es kein Mittel dagegen? Allerdings. Es ist die freie Korporation, es ist die Vergesellschaftung.«[46]

Zunächst muß man daran erinnern, daß Marx sich nicht einmal von diesem Lehrer hat beeindrucken lassen. Dann aber, als er auf Karriere über die Arbeiterbewegung setzte, also ein Jahrzehnt nach diesen Vorträgen, plagiierte er Gans. Aus der »freien Korporation« machte er die »freie Assoziation« im Manifest, gleichfalls ein sprachlich hochschöpferischer Akt von mindestens welthistorischer Bedeutung. »Exploitiert« wurde einer seiner liebsten Standardausdrücke. Das soll zur Illustration der politischen Ideen des Professor Gans, aufgehoben im nicht-gans Marxschen Manifest der K.P., genügen. Melodisch-volkstümlich komponiert sollte man als schlaues Füchslein nach der bekannten Melodie des Kinderliedchens dazu singen: Murx, die hast du Gans gestohlen ...

Wer das unzulässig sarkastisch findet, soll bedenken: Zu Beginn seines »ernsthaften« Studiums in Berlin hört und liest Marx die Texte seines wohl einzigen Lehrers, den er verehrt hat, und der ihn prägt, und Gans hat, nach Berichten von Zeitgenossen, erheblich gepfefferter gesprochen als geschrieben, vor allem über die Klassenkämpfe der französischen Revolution von 1789. Den ach so empfindsamen Marx ließ die soziale Frage, die alle Gemüter erhitzte, eiskalt, und das in den Studienjahren, in denen man emotional am ansprechbarsten ist. Man denke an die Briefe des Vaters, dann wird einem einiges klarer. Cornu bezeichnet den jungen Marx zurückhaltend als »weltfremd«. Als der kalte

Verstand dem Marx sagt, es nahe die Zeit mit einer Hochkonjunktur für die Ideen auch des Eduard Gans, gibt er sie halbverdaut im Manifest von sich.
Und nun zu Moses Heß, den Engels in früheren Jahren – später vergaß er zugunsten von Marx und Engels – mit Wilhelm Weitling als Begründer des deutschen Kommunismus bezeichnet hatte. Heß stammte aus einer jüdischen Bürgerfamilie. 1837 begann er sein literarisches Schaffen und versuchte zunächst, der jüdischen Religion eine sozialistische Deutung zu geben. Wie Marx, orientierte er sich philosophisch an Hegel und Feuerbach. Marx, der von Heß alle wesentlichen Ideen und die Gesamtsicht der kommunistischen Glaubenslehre übernahm, wonach die Entwicklung der Gesellschaft gesetzmäßig vom einfachen Urkommunismus zum entwickelten Zukunftskommunismus, unterbrochen durch die ausbeuterischen Gesellschaftsformationen Sklaverei, Feudalismus und Kapitalismus, verlaufe, bekämpfte Heß, seinen zuerst angestaunten und bewunderten Lehrer später als Konkurrenten auf die gehässigste Art und Weise. Heß brachte übrigens auch F. Engels zu kommunistischen Ansichten.
Heß setzte sich für die soziale Revolution, für die Abschaffung des Privateigentums und die Aufhebung des Erbrechts ein – Positionen, die sich alle im Manifest und den 17 Forderungen der K. P. in Deutschland im Jahre 1848 wiederfinden. So sollten in Heß' Vorstellungen die Ursachen der sozialen Ungerechtigkeit beseitigt und eine neue Gesellschaft auf Gleichheit und Harmonie gegründet werden. Die Idee von Heß, daß sich die Klassenbewegung des Proletariats gesetzmäßig aus der historischen Entwicklung ergebe, daß dieses Proletariat eine welthistorische Mission zu erfüllen habe, brachte ihn an die Spitze der sozialistischen und kommunistischen Autoren Deutschlands. Heute, im M-L-Unterricht, hat diese Idee natürlich von Charlie zu stammen. Schließlich handelt es sich um nicht mehr und nicht weniger als die »wissenschaftliche« Ansicht vom gesetzmäßigen Untergang aller pluralistischen Demokratien des Westens und der Weltherrschaft der Russen und Ersatzrussen. Moses Heß hatte sich Cieskowskis Praxis-Philosophie zu eigen gemacht und verstand als Hauptaufgabe des Gesellschaftswissenschaftlers, die gesellschaftliche Entwick-

lung revolutionär zu formen, nicht nur zu interpretieren. Es handelt sich ja nur um einen Aspekt der Ansicht von der welthistorischen Mission des Proletariats, jener angeblich so großen Entdeckung von Marx. Schlagen wir die heutigen Marx-Jubler mit Marx selbst, denn dieser schrieb 1844 in der »Heiligen Familie«: »Wenn die sozialistischen Schriftsteller dem Proletariat diese weltgeschichtliche Rolle zuschreiben...«[47] Ja, so war es. Die sozialistischen Schriftsteller haben das vor dem Kommunisten Marx erarbeitet und geschrieben, alle jene, die er so großmäulig »total kritisiert«. Heß hat diesen wegweisenden Gedanken zugunsten der Besitzlosen, die ja niemals mit Marxisten gleichzusetzen waren oder sind, am prägnantesten ausformuliert. An dieser Stelle gibt Marx auch selbst zu, wie teleologisch und damit unwissenschaftlich seine, gleichfalls von Heß übernommene Geschichtsauffassung ist, die nach religiösem jüdischem Glauben, früher oder später das Paradies, das kommunistische Tischlein-deck-dich produzieren müsse: »Es handelt sich nicht darum, was dieser oder jener Proletarier oder selbst das ganze Proletariat als Ziel sich einstweilen vorstellt. Es handelt sich darum, was es ist, und was es diesem Sein gemäß geschichtlich zu tun gezwungen sein wird. Sein Ziel und seine geschichtliche Aktion ist in seiner eigenen Lebenssituation wie in der ganzen Organisation der heutigen bürgerlichen Gesellschaft sinnfällig, unwiderruflich vorgezeichnet.«[48]

Unwiderruflich, vorgezeichnet – Teleologie in Reinkultur, Genossen Fälscher! Was das Individuum, der einzelne Mensch oder gar alle Menschen einer Klasse denken, fühlen, wollen, ist völlig uninteressant, das ist ja Unfreiheit! Nein: Das Sein zwingt zur Vollstreckung der Heß-Marxschen Diesseits-Religion. Prachtvoll: Genosse Murx als selbsternannter größter Steuermann der Weltgeschichte! Wer hat denn da »unwiderruflich vorgezeichnet«? Welcher blinde Automatismus zwingt denn politisch wozu? Es klingt so ähnlich wie der unwiderruflich fundamentale Glaube an die Vorsehung und an den Endsieg. Der rote Diktator Marx und der braune Diktator Hitler, ideologisch endkonsequenzlich vereint. Muß man sich wundern, daß ein Mann von Format, auf den wir noch zu sprechen kommen, nämlich Karl Liebknecht, Mitbegründer der KPD 1918, diesen

widerlichen Schmarren von Geschichtsphilosophie entschieden und mit scharfen Worten total abgelehnt hat?
Von Heß hat Marx auch seine Revolutionstheorie übernommen, die besagt, daß der Sozialismus nur in den industriell und zivilisatorisch hochstehenden Ländern der Welt, und das hieß damals, in denen Europas, zugleich oder gar nicht siegen könne. Europas Wiedergeburt, so Heß, könne nur durch die Europäische Triarchie, das Zusammengehen von England, Frankreich und Deutschland, erfolgen. Nur so könne die reaktionäre Macht Rußland gebändigt werden. Marx und Engels Ausfälle gegen Rußland und die nicht »geschichtsfähigen« kleineren slawischen Völker bezeugen übrigens einen abenteuerlichen Hang zum großdeutschen Nationalismus, da ging es nicht nur um die Kritik am Feudalstaat des Zaren.
Heß setzte seine Hoffnungen auf diese drei Staaten, weil Deutschland durch die Reformation den Prozeß der geistigen Befreiung eingeleitet und Frankreich die politische Freiheit 1789 realisiert habe. England, ökonomisch am weitesten entwickelt, müsse nun den Anstoß zur sozialen Befreiung des Proletariats geben. Nach diesem Schema prophezeiten Marx und Engels dann, regelmäßig und falsch, die proletarische Revolution zunächst in England, dann in Frankreich und zuletzt in Deutschland. Als sie durch waren, fingen sie die Reihe wieder von vorne an. Erstaunlicherweise hat sich keine dieser drei nationalen Arbeiterklassen an das »unwiderrufliche Vorgezeichnete« gehalten. Ein Teil der deutschen Arbeiterklasse hat im 20. Jahrhundert gegen den Export der marxistischen Revolution mittels Waffengewalt den Aufstand gewagt und ist im Namen des Marxismus durch Russenpanzer 1953 niedergewalzt worden.
Lenin hat die Heßsche Revolutionstheorie, der Marx voll anhing, in Theorie und Praxis total auf den Kopf gestellt. Deshalb bildet, logisch, der Leninismus mit dem Marxismus eine untrennbare Einheit, eben weil Lenin nach dem marxistischen Revolutionsverständnis abenteuerlich geputscht hat. Er nannte das »Modifikationen der üblichen Reihenfolge«[49], und der kürzlich verstorbene Generalsekretär der KPdSU erinnert daran. Sein Beitrag wird, entgegen allen Gepflogenheiten, in der »Einheit«, der theoretischen Zeitschrift der SED, regelrecht versteckt, weder von außen

noch von innen besonders aufgemacht. Grund: Tschernenko bestätigt die früheren Thesen Ulbrichts vom Sozialismus, die Ulbrichts Sturz einleiteten, indem er, gegen die Marx-Engelsche These einer kurzen Übergangsphase erklärt, der entwickelte Sozialismus trage den Charakter einer »Epoche«, bei Ulbricht: den einer relativ selbständigen Formation. Zu deutsch: Alle schwachköpfigen Losungen, den Westen bis 1980 leistungsmäßig zu überholen – SED-Slogan, streng logisch, aus den sechziger Jahren: überholen ohne einzuholen! –, sind gescheitert, ein Ende der Misere des realen Sozialismus ist nicht abzusehen. Der Kommunismus wird im revidierten Programm der KPdSU real auf den Sankt Nimmerleinstag verschoben werden. Tschernenko gesteht dabei noch mehr: »Einige unserer heutigen Probleme und Schwierigkeiten sind historisch gerade damit verbunden, daß bisher noch nicht alle durch diese Modifikation der ›üblichen Reihenfolge‹ entstandenen Aufgaben bis zu Ende gelöst sind.« Im Klartext: Lenin hätte nicht im rückständigsten Bauernland Europas, isoliert, ohne entwickelte Industrie und ohne Proletarier – 1920 hatten sich deren vier Millionen auf eine Million reduziert! – putschen, sondern politisch und ökonomisch ausgereifte Zustände, im demokratischen Rußland der 140 Millionen Bauern nach der Februarrevolution sich entwickeln lassen sollen! Auf seine Weise war Lenin genauso ein doktrinärer, weltfremder Ideologe wie Marx. Andererseits scheute er sich nicht, unter Berufung auf Marx, das Gegenteil dessen zu tun, was jener empfohlen hatte. Wie weltfremd Lenin war, schildert Clara Zetkin in ihren Erinnerungen, gedruckt in der Weimarer Zeit. In der DDR-Ausgabe ist das säuberlich gestrichen. Sie erzählt, wie Lenin sich nach der Niederlage der Roten Armee vor Warschau bei Radek entschuldigt. Dieser hatte vor der Offensive gewarnt, weil die polnischen Arbeiter in ihrem traditionellen Russenhaß die Rote Armee erbittert bekämpfen und schlagen würden. So kam es dann auch. Lenin hingegen hatte postuliert, seine Armee würde jubelnd als Befreier begrüßt werden, nicht nur in Polen, nein, in ganz Westeuropa. Ihm war es ernst mit der Weltrevolution. Man lese Lenins Telegramm an die deutschen Arbeiter in der Novemberrevolution von 1918: »Wählt Liebknecht zum Regierungschef«... Übrigens: Das ist eine sehr schöne Nichteinmischung in die inneren Angelegenheiten. Ich führe das an, um klarzumachen, wie groß der Unterschied zwischen dem »Sein« und dem »tun müssen« der Arbeiter in Polen und Deutschland war und ist.

Wer es nicht selbst erlebt hat, kann sich wahrscheinlich nicht in die geistige Inzucht teleologischer Geschichtsfanatiker hineinversetzen, deren theoretische Beschränktheit mit politischem Fanatismus und paranoidem Saboteursreaktionäremspioteursagentenfimmel korrespondiert. Und was die andauernden Fälschungen der Geschichte angeht: Vorwärts zu neuen Taten, Genossen Berufsschwindler! Nur so kann der Kommunismus nichts aus seinen Fehlern lernen und das beschleunigt seinen Untergang. Die Russen stehen heute da, wo die Römer im 4. Jahrhundert standen, und die sind sogar ohne Geschichtsklitterei untergegangen, wie alle Weltreiche vor und nach ihnen.

Doch nun, nach diesem knappen Ausflug in die Anwendung der Theorie, zurück zu ihrer Geschichte: Das, was Marx als »wissenschaftlichen Kommunismus« vorstellt, ist nichts anderes als die Erkenntnis der Kommunisten Weitling und Heß und des Antikommunisten L. v. Stein, der schon 1842 resümiert hatte: Die kapitalistische Ökonomie erzwingt den Klassenkampf des Proletariats und erzeugt kommunistische Ideen. Als Wissenschaftler bewies Stein bereits damals, was heute langsam zum Allgemeingut der Kommunisten wird: Der Kommunismus ist ökonomisch nicht machbar. Die arbeitsteilige Gesellschaft, damit die Warenproduktion und das Geld sind nicht abschaffbar, ebensowenig wie die Leitungsstrukturen: Die Gesellschaft der Freien und Gleichen muß anders konstruiert werden. Im Gegensatz zu Marx und Engels postulieren heute alle Sowjetkommunisten, daß die Rolle der Partei und des Staates und damit die Diktatur der Minorität, die gesellschaftliche Unfreiheit, wächst und wächst und wächst – wie ein Krebsgeschwür.

Heß hatte, als er Marx ideologisch prägte, die Konzentrationsprozesse in Produktion und Handel sowie die sozialen Folgen des Elends der Proletarier nachgewiesen und auch die von Marx erst 1875 übernommenen Verteilungsprinzipien einer kommunistischen Produktionsweise in deutscher Sprache nachformuliert: Arbeit nach der Fähigkeit, Genuß

nach dem Bedürfnis. Natürlich steht, wie schade, bei Heß und daher auch bei Marx nichts Konkretes über die bedürfnisse: Für jeden die Villa mit Hausdienern von der Stasi, mit Sauna, Swimmingpool etc., für jeden Westauto, Luxusjacht und Jagd, Hubschrauber, Regierungskrankenhaus, Westmedikamente, Westreisen, Dollars und Forumschecks? Moskauer Freunde sagten mir, mit den Bedürfnissen sollte man sich immer nach den Familienkreisen der obersten Greise richten, und jeder Romanow solle von Tellern mit goldgeprägten Schriftzügen der Romanows essen können – na, hoffentlich überleben das die Teller. Romanow selbst hat er politisch ja nicht überlebt.
Aber schon Heß, der Antimarxist, dachte »marxistisch«, daß die enorm gewachsenen Produktivkräfte die materielle Grundlage für die Bedürfnisbefriedigung im Kommunismus abgeben sollten. Er hatte das spätestens vom Sozialdemokraten Schulz abgeschrieben, und Engels schrieb den Heß in seiner Skizze zur Nationalökonomie wieder ab, die Marx als genial in seine ökonomisch-philosophischen Manuskripte übernahm. So kompliziert, Genossen, Patrioten, Volksfreunde, verläuft gelegentlich der geistige Reproduktionsprozeß, mit Akkumulation, Konzentration, Zentralisation. Heß verdichtete auch die allgemein bekannten Vorstellungen vom Elend der Entfremdung, wandte sich gegen die Trennung des Produzenten vom Produkt und wiederholt, daß die kapitalistische Konkurrenz die Quelle allen Übels sei. Der Ausweg liege in der Zukunft, nicht im Heimweh nach dem Mittelalter.
Heß, der mit seinem »Gesellschaftsspiegel« die erste deutsche Zeitschrift herausgab, die sich ausschließlich mit Arbeiterproblemen befaßte, hielt allein das Proletariat zur Umwälzung der sozialen Verhältnisse fähig. Seine Studien über das Kapital und das Geld enthielten Formulierungen, die, mit der sozialistischen Schule der englischen Ökonomie gepaart, Marx die Definition der Ware »Arbeitskraft« gaben, die übrigens L. v. Stein lange vor Marx direkt so nannte. Heß definiert »Geld« als »soziales Blut« im gesellschaftlichen Organismus, den »Geldsack« als Gesetzgeber des modernen Staates, die freie Konkurrenz als Krieg aller gegen alle. Die Anhäufung der Kapitalien weniger stoße die Massen ins tiefste Elend, bald würde die letzte Stunde schla-

gen, denn abgelaufen sei die Uhr der Geldmaschinerie usw., usf. Man hört es richtig murxen, auch wenn es heißt: Der Kommunismus ist der Schluß der Entstehungsgeschichte der Gesellschaft.

Am interessantesten erscheint mir, daß Marx die Lösungsvorschläge für die soziale Problematik von Heß direkt übernommen hat, nicht nur die Sicht der Dinge, also: Abschaffung des Geldes als des Ausdrucks ausbeuterischer Kapitalverhältnisse, Produktentausch statt Kauf und Verkauf. Verärgert nennt Heß W. Schulz, der zutreffend geschrieben hatte, eine Abschaffung des Geldes sei Illusion, dies wäre »ein Kommando an die Weltgeschichte, wieder in den Mutterleib zurückzukehren«, einen »schriftstellernden Witzbold«.[50] Gläubige können es eben nicht aushalten, daß die ökonomischen Realitäten keine irdischen Himmelreiche vertragen. Der »wahre« Sozialist Heß wie der »wahre« Kommunist Marx sind von den schriftstellernden Witzbolden Schulz und Stein bereits zu ihrer Zeit theoretisch, gestützt auf die klassische Nationalökonomie, und praktisch durch die vereinzelten, gescheiterten kommunistischen Experimente in Europa und den USA widerlegt worden. Die totale Widerlegung schuf Lenins gesamtstaatliches Experiment im 20. Jahrhundert und die Praxis des »realen Sozialismus«, doch davon später. Heß wie Marx sind teleologische Utopisten, wobei Marx seinen unbeweisbaren Spekulationen das Etikett »wissenschaftlich« aufgeklebt hat. Er widerlegt sich selbst mit seiner übernommenen materialistischen Ansicht. Nach dieser führt der Weg zu wissenschaftlicher Erkenntnis von der sinnlichen Wahrnehmung zur Abstraktion, die wiederum empirisch an der Praxis geprüft wird. Wo gibt es die empirischen Tatsachen des Kommunismus, daß man sie theoretisch verallgemeinern könnte? Nirgends. Wo gibt es folglich den wissenschaftlichen Kommunismus? Nirgends, nicht einmal in der Theorie. Es gibt weder eine wissenschaftlich begründete Theorie noch eine wissenschaftlich betriebene Praxis in den sowjetkommunistischen Ländern. Natürlich gibt es sie auch nicht bei den Maoisten: Man sehe sich die Leistungskraft der blühenden Oase Taiwan an, wo hinesen leben, und die Zurückgebliebenheit der Volksrepublik. Damit wird auch klar, warum der Marxismus in Asien genauso überlebt ist wie in Europa.

Inseln haben es eben in sich, mögen sie Taiwan, Hongkong, Singapur oder Berlin-West heißen.

Was es von allen Kommunisten und Sozialisten gibt, in Deutschland besonders von Heß, Weitling und Marx, ist eine futurologische Zukunftserwartung, eine Hypothese bestenfalls, aber keine »wahrhaft wissenschaftliche Weltanschauung«. Eigentlich ist schon die Wissenschaft wahr, aber eine wahre Wahrheit, wie der Marxismus-Leninismus, ist natürlich wahrer, zumal wenn das in einer ZK-amtlichen Biografie steht.

Sehen wir uns nun das »Manifest der Kommunistischen Partei« als politisch-futurologisches Fazit des hier grob skizierten Entwicklungsweges des »Marxismus« etwas genauer an. Marxens Rolle in der ersten K.P.D. warhheitsgetreu darzustellen, bedeutet für den realen Sozialismus den Personen- und Persönchenkult zu zerstören, denn der irdische fußt auf dem um den himmlischen Generalsekretär Murx. Die angebliche Unfehlbarkeit des Theoretikers und kurzfristigen Parteichefs Marx garantiert die Unfehlbarkeit der Partei, die wie es so schön falsch im Lied heißt, immer recht hat, und ihrer Päpste, der stellvertretenden Murxe auf Erden. Im klassischen Absolutismus war das einfacher. Da waren die Obrigkeiten »Von Gottes Gnaden, WIR«. Heute herrschen die kommunistischen Götter Marx und Lenin, per Zitat und dessen Verfälschung, realsozialistisch: »Von Moskaus Gnaden, WIR«. Systemkritik am irrealen Sozialismus muß mit der Kritik an der Person und der Ideologie von Marx beginnen. Historisch, haben wir gesehen, ist die Marxsche Weltsicht in Ideologie und Politik und in ihrem Humanismusbegriff hinter Klassik und Aufklärung zurückgefallen. Sie projiziert ökonomisch die Zukunftverfassung des Mittelalters in die Neuzeit. Alles, Arbeitskraft wie Produktion und Absatz, wird geplant. Markt und Konkurrenz werden abgeschafft: darüber hinaus, schlimmer als im Mittelalter, auch noch das Geld. Die Volks- und Weltwirtschaft wird um der Illusion willen, so paradiesischen Überfluß zu erreichen, auf Produktentausch und damit in die wirtschaftliche Steinzeit zurückgeworfen, wo sich wahrscheinlich nicht einmal mehr die modernen Marco Polos Wolff und Beitz zurechtfinden werden, es sei denn, sie studierten eifrig die Berliner Zeitung, den Annoncenteil: Tausche Salzheringe gegen Wollsocke.

Das alles zusammengenommen bringt dann im Überbau die volle Entwicklung des Menschen durch eine unbegrenzte Freiheit und die Abschaffung der Klassen, der Parteien, der Polizei, der Stasi usw. So die Lehre, verkörpert in dem von Marx im Auftrag des II. Kongresses des Bundes der Kommunisten faktisch nur zusammengefaßten und endredigierten »Kommunistischem Manifest«. Dies wird als erstes Dokument des »wissenschaftlichen Kommunismus« gefeiert, dessen ökonomischer Schwachsinn später im »Kapital« ausgewalzt wurde. Wohlgemerkt: Damit meine ich nicht die Kritik an der ersten kapitalistischen Entwicklungsphase der freien Konkurrenz, also am unterentwickelten Frühkapitalismus Europas, dessen Gebrechen heute an den Entwicklungsländern immer noch leicht feststellbar sind. Diese Kritik haben aber andere vor Marx anschaulicher, wissenschaftlicher und vor allem für Arbeiter faßbar dargestellt. Ich meine hingegen die total falschen Ableitungen aus dem »Manifest« und dem »Kapital« für die Gestaltung der sozialistischen Zukunftsgesellschaft.

Historisch ging die Abfassung des Manifests so vor sich: Am 25. Januar 1848 beauftragte die Zentralbehörde des Bundes der Kommunisten ihre Kreisbehörde in Brüssel »dem K. Marx anzuzeigen, daß, wenn das Manifest der Kommunistischen Partei, dessen Abfassung er auf dem letzten Kongreß übernommen, nicht bis Dienstag, 1. Februar d. J., in London angekommen ist, weitere Maßnahmen gegen ihn ergriffen werden. In dem Fall, daß K. Marx das Manifest nicht abfaßt, verlangt die Zentral-Behörde augenblickliche Zurücksendung der ihm vom Kongreß zugestellten Dokumente.«[51] Marx tat sich, wie immer, schwer, die dünne Broschüre abzufassen. Liest man die Quellen, wird klar, daß das Manifest neben dem angeführten geistigen Diebstahl bei den genannten Intellektuellen außerdem nur eine kompilierte Zusammenfassung dessen ist, was die Arbeiter in ihren Bünden, Zeitungen, Bildungsvereinen und Korrespondenzen sowie in Vorentwürfen zu den Kongreßmaterialien erarbeitet hatten[52]. Der I. Kongreß des Bundes hatte am 9. Juni 1847 den Entwurf eines Kommunistischen Glaubensbekenntnisses angenommen, aus welchem, nach

erneuter Diskussion in den Bundesgemeinden – das waren die Ortsvereine – und auf dem II. Kongreß Ende des Jahres das Manifest dann endgültig hervorging.
Einleitend stellt Marx darin im I. Abschnitt fest, daß die gesamte Geschichte vom Klassenkampf geprägt sei. Der Klassenkampfgedanke war niemandem fremd, aber z. B. W. Schulz und M. Heß hatten ihn, zutreffend, für die Gentilordnung ausgenommen. Marx war auch hier einmal wieder nicht auf der Höhe, schon sein Aufmacher war falsch. Und so genial geriet auch alles weitere, so weit es sich um Zutaten von ihm handelte. Und nur die wollen wir uns ansehen. Nach der Klasse kommt er auf den Staat zu sprechen, und das zeigt die Ärmlichkeit seiner historisch-politischen Ansichten. Er, der als reiner Hegelianer im Staat die Verkörperung der sittlichen Idee sah und von ihm alles Heil erwartete, stellt, wieder unzulässig verabsolutierend, nunmehr das Gegenteil fest: »Die moderne Staatsgewalt ist nur ein Ausschuß, der die gemeinschaftlichen Geschäfte der ganzen Bourgeoisklasse verwaltet.« Marx sieht nur die verfassungsrechtliche Seite, nicht die verwaltungsrechtliche. Diese Versimplifizierung der Rolle des bürgerlichen und des kommunistischen Staates, denn, was dem einen recht ist, ist dem anderen billig, wirkt bis in unsere Tage. Diese Formulierung erklärt die Intoleranz, die gewollte Rechtsunsicherheit – man sehe sich die Ergänzungen zu den Gummiparagraphen des DDR-Strafrechts aud dem Jahre 1979 an, veröffentlicht im Gesetzblatt Teil I Nr. 17 vom 2. Juli, wonach jedes harmlose Gespräch mit einem Deutschen von der anderen Seite ins Kittchen führen kann, da die Aufnahme von »Verbindungen« und Übergabe »der Geheimhaltung *nicht* unterliegender Nachrichten« schon als Versuch strafbar sind! Diese mittelalterliche Auffassung der Adepten des Marx bedeutet, daß es keinen gleichen Rechtsmaßstab für alle Bürger, sonder nur willkürliche Bürokratenentscheidungen gibt: Einer darf ins westliche Ausland, ein anderer nicht, einer darf Westliteratur bekommen, ein anderer nicht, einer kann Westverwandschaft empfangen, ein anderer nicht, einer darf ausreisen, ein anderer nicht, einer darf telefonieren, korrespondieren, ein anderer nicht. Das ist so, weil nicht das Recht regiert, sondern das Gesetz, und da wiederum nicht das, was im Gesetzblatt steht, sondern das,

was durch die internen Kanäle von Partei- und Staatsbürokratie angewiesen wird. Es gilt eben die »Diktatur des Proletariats«. Soviel ich weiß, befinden sich die Proleten auch hierzulande in den Fabriken und auf dem Acker. Wahrscheinlich geben sie die terroristischen Anweisungen nach Feierabend, wie könnte sonst das System der Feierabenddiktatur funktionieren?

Die Verhältnisse sind regelrecht schizophren: Im ganzen sowjetischen System ist es so, daß der Parteichef zugleich Staatsoberhaupt ist. Als Parteichef, z. B. hat er gnadenlos die ideologische Ausrottung des religiösen Irrglaubens zu forcieren, als Landesvater hat er seine Christen zu fördern. Als Parteichef hat er gnadenlos den Sozialdemokratismus, Pluralismus etc. auszurotten bis hin zur physischen Liquidierung der anders, evtl. auch oppositionell Denkenden. Als Landesvater hat er die verfassungsrechtlich verbürgte Gewissensfreiheit zu schützen – wie soll ein normaler Mensch das bewerkstelligen? Diese theoretische Fehlkonstruktion des Marx ist eine stetig sprudelnde, durch den inneren Widerspruch gespeiste Quelle für die Ablehnung des Systems durch die Mehrzahl seiner Bürger, weshalb sich anderswo, z. B. bei den Russen, der nationalistische Kitt viel wichtiger erweist, als der marxistische. Nur in der DDR ist das nicht so, weil hier der nationale Kitt nicht kittet, sondern leimt. Deshalb spielt hier der marxistische Kitt eine doppelte Rolle, was nicht heißt, daß damit der DDR-Mensch nicht auch geleimt wäre, siehe Einleitung.

Man soll nicht, wie sozialdemokratische Autoren das tun, entschuldigend sagen, zu Marx' Zeiten sei der Staat eben noch kein Sozialstaat gewesen; Schulz, Heß, Stein, Weitling u. a. sahen sowohl die Verfassungs- also die Machtfrage, wie das Verwaltungsproblem, also die Möglichkeit der Reform durch Erweiterung der Staatsfunktionen. Das eigentliche Problem liegt viel tiefer: Die Völker haben Jahrhunderte gekämpft, gelitten, geblutet, und ihre Besten wurden gekreuzigt und verbrannt, um die Macht der unkontrolliert Herrschenden, die Macht des Absolutismus zu brechen. Die niederländische, englische, nordamerikanische, französische Revolution hatte auch den zurückgebliebenen Deutschen gezeigt, daß man bürgerlich-demokratische Rechte und Freiheiten, Menschen- und Bürgerrechte, durchsetzen kann. Die Aufklärung, die Stürmer und Dränger, die Klassiker der deutschen Geisteswelt haben das uneingeschränkt bejaht, wie die Arbeiter in ihren Geheimbünden, und sie haben es mit der noch heute aktuellen Forderung nach ökonomischer Fundierung der politischen Freiheit verbunden. Marx negiert das alles. Er findet keine Worte für den auszubauenden Fortschritt der politischen Kultur, erreicht durch die klassische Dreiteilung der Gewalt. Sein Rezept lautet: Aufhebung des historischen Fortschritts durch die Diktatur. Der »dialektische Eulenspiegel« Marx, wie ihn Bakunin genannt hat, sei »charakterlich und als Deutscher« immer auf absolute Herrschaftsformen aus gewesen. Marx reflektiert die Zurückgebliebenheit der deutschen politischen Zustände: Anstelle des feudalen Absolutismus will er den proletarischen Absolutismus setzen. Dessen Musterknabe im 20. Jahrhundert wurde Stalin. Stalin war der Marx des 20. Jahrhunderts, ein finsterer, nicht einmal ein aufgeklärter Despot nach klassischem Wahlspruch: ein König, ein Glaube, ein Gesetz.

Der dogmatisch verabsolutierende Stalin lebte geistig vom supergroßen Vereinfacher Marx und dessen Verständnis vom Proletariat. Die Wahrheit ist immer konkret, es gibt nicht »das Proletariat«. Es gab damals alleinarbeitende Handwerksmeister, Gesellen, landwirtschaftliches und industrielles Proletariat. Dieses Proletariat war weder ökonomisch noch sozial gleich, und schon gar nicht hatte es politisch einheitliche, marxistische Ansichten. Die Interessen und Ziele der Proletarier gingen und gehen auseinander, wie ihre Anschauungen: Es gibt Materialisten und Idealisten, Revolutionäre und Reformisten, Christen, Moslems, Buddhisten, Atheisten u. a. – das interessiert den teleologischen Futurologen Marx nicht im geringsten, denn dieses Proletariat muß ja tun, wozu es, dem Sein gemäß, gezwungen sein wird!

Diesem Marxschen Stil entspricht hierzulande die Vermittlung seiner Ideologie, die unsere Studenten, je nach Temperament, langweilt oder wütend macht. Daher lesen sie während dieser Predigten in vernünftigen Büchern, schreiben Briefe, stricken, unterhalten sich oder kratzen in ihre Tischplatten: »Proletarier aller Länder, verzeiht mir! Charlie Murx«.

Marx verabsolutiert – und das ist schon methodisch in der Wissenschaft immer falsch – angesichts der sich durchsetzenden Fabrikorganisation den Begriff des Proletariats. Er wendet ihn auf die zahlenmäßig damals stark anwachsende, heute rapide abnehmende Gruppe der vorwiegend ungelernten Industriearbeiter an, jener Männer, die – auch nur punktuell! – von Weibern und Kindern am Arbeitsplatz verdrängt, »bloßes Zubehör der Maschine« wurden. Marx verabsolutiert ein Durchgangsstadium der industriellen Entwicklung. Er sieht den Frühkapitalismus nicht als vorübergehende Periode, sondern definiert die Arbeiter, die ja schließlich denkende und fühlende Menschen sind, als »eine Ware wie jeder andere Handelsartikel«, als seien sie fatalistisch den sozialen Mißwüchsen der unterentwickelten kapitalistischen Produktion ausgesetzt.
Nach Klasse und Staat kommt der im heutigen Marxismus nicht mehr an dritter, sondern an erster Stelle stehende Begriff der Partei bei Marx, der hier den ausdiskutierten Standpunkt der Arbeiter festschreibt: »Organisation der Proletarier zur Klasse, und damit zur politischen Partei«. Lenins Definition der »Partei neuen Typus« bezeugt, wie Lenin nach der Revolutionstheorie auch entschieden mit der Marxschen Parteikonzeption bricht. Seine schlägt ihr direkt ins Gesicht. Das ist bis heute so geblieben, denn nach Marx sind Klasse und Partei identisch, während sich die »Berufsrevolutionäre«, d. h., die hauptamtlich bezahlten Apparatschiks, immer im Widerspruch und Gegensatz selbst zu den Parteimitgliedern befinden: Sonst wären die Krisen des realen Sozialismus nicht denkbar, und dank sowjetischer Gesellschaftswissenschaft dürfen wir das heute sagen. Und ich füge aus eigener Erfahrung hinzu: Die Partei ist nicht nur ein von Arbeitern gelöster Haufen bezahlter Diktierer und Überwacher, sondern sie zerfällt auch in sich in höchste, hohe, mittlere und untere Beamtenränge, von denen die meisten ständig mit dem Klassenkampf zur Verbesserung ihrer privaten Pfründe beschäftigt sind.
Nach der Partei kommt Marx auf seine Vorstellungen von der Demokratie zu sprechen: »Alle bisherigen Bewegungen waren Bewegungen von Minoritäten oder im Interesse von Minoritäten.« Interessant: Die Sklavenaufstände der Antike, die Bauernkriege des Mittelalters, die nationalen Frei-

heitskriege des 18. und 19. Jahrhunderts – alles Minoritäten! Diese Entdeckung übertrifft noch den fast entdeckten Historischen Materialismus ... Die Kämpfe, die Europa geführt hat, gegen die Horden der Hunnen oder des Dschingis-Khan, gegen die Türken, gegen Napoleon – alles keine demokratischen, Bewegungen zur Rettung von nationaler Kultur und Freiheit? Hätte sich denn, angenommen, unter der Herrschaft der Türken, in Europa die Warenproduktion und damit der historische Fortschritt durchgesetzt?
Hier zeigt sich der elitäre, der auserwählte Marx wie in seinen ungereimten Reimereien. Ihn interessiert kein Volksschicksal. Ihn interssieren die Macher, die Mächtigen, die Gruppe der Herrschenden, zu denen er gerne gehören würde. Dorthin gehört auch sein Habitus, einschließlich Monokel, hierzulande karikaturistische Illustration für hirnrissige Anmaßung einer verkommenen Adelsclique, und sein Eintrag in die Gästebücher seiner Hotels: Privatier. Ja, da war er kein Journalist!
Die Verbeugung vor dem Pöbel ist natürlich zu dessen Täuschung unumgänglich, wenn man ihn für die persönliche Karriere brauchen will. Marx war der allererste Parteiapparatschik: Dienern nach oben, treten nach unten. Verbal sind bei ihm, von Gans übernommen, die Volksmassen die tragenden Kräfte der Geschichte, aber nur in dem Sinne, daß sie die materiellen Lebensgrundlagen für die Macher garantieren. So wird das bis heute ideologisch und praktisch gehandhabt. Es gibt eben das Lumpenproletariat nicht nur, wie Marx formuliert, »als passive Verfaulung der unteren Schichten der alten Gesellschaft«. Das Lumpenproletariat, moralisch verkommen, existiert auch in den obersten Schichten der alten und neuen Gesellschaft. Die leitenden Köpfe der Allgemeinen Deutschen Arbeiterverbrüderung drückten das schon 1848 in ihren Presseorganen klar aus. Diese lebenserfahrenen Arbeiter waren frei von Illusionen. Was würden sie heute zu den Lumpenproletariern in den oberen ideologischen Rängen der SED sagen? Ich will das einmal ganz knapp an einigen Zusammenhängen aus meinen Arbeitsbereichen demonstrieren: Da gibt es in der Sektion Wirtschaftswissenschaften einen Professor, überall in Berlin Dummdey geheißen, so ähnlich schreibt er sich auch. Dieser Mann hat sich durch widerliche, mindestens halbkri-

minelle Manipulationen einen Lehrstuhl erschlichen und mit den theatralischen Titeln Welt- und Außenwirtschaft geschmückt – Disziplinen, die er weder studiert noch erforscht hat, geschweige denn aus der Praxis kennt. Seine Vorlesungen bestehen aus auseinander geschnittenen Seiten des ADN-Wirtschaftsbulletins; nur mit dem wieder richtigen Zusammenkleben hat er gewisse Schwierigkeiten. Gottlob kennt an der Uni kaum einer dieses Bulletin. Er bildet einen Arbeitskreis, läßt dort von Fachleuten »vertrauliche Entwürfe« diskutieren, schreibt dann diese Erörterungen oder solche im Fachbereich protokollarisch auf und läßt sie teilweise drucken, mit eigener Unterschrift, verschweigend, wo das Material herkommt. Er läßt talentierte Studenten, sagen wir, wie die Tochter des derzeitigen Botschafters in Finnland, auch aus fremdsprachiger Literatur, die er nicht lesen, geschweige übersetzen kann, interessante Materialien zusammenstellen und publiziert sie – unter seinem Namen, ohne jeden Hinweis auf das Mädchen. Er hat ein »Plansoll« von 30 – dreißig! - nicht Wochen- oder Monatsstunden, sondern von Jahresstunden (!) in der Lehre zu absolvieren. Was dächten dazu eigentlich die DDR-Arbeiter, wenn sie für 30 Jahresstunden im Arbeiter- und Bauernstaat 42 000 Mark legales Gehalt zwecks theoretischer Propaganda des sozialistischen Leistungsprinzips bezögen, besonders die, die bei vierundvierzigstündiger Wochenstundenarbeitszeit im Monat gerade 350 Mark erhalten? Hinzu kommt, daß nach allen offiziellen Hospitationen, Meinungen des FDJ-Aktivs und aller Kollegen der Unterricht dieses Mannes absolut nichts taugt. Hinzu kommt ferner, ich spreche aus Erfahrung, daß ein ordentlicher Professor mühelos pro Monat 1000 Mark netto hinzuverdient, 72 Wochen vollen Lohnausgleich im Falle von Krankheit hat, der Arbeiter hat sechs Wochen, kurz, für DDR-Verhältnisse lebt er wie Gott in Frankreich.

Warum wird nun ein solcher asozialer Schmarotzer, wird man nicht nur in der DDR fragen, nicht abgelöst, degradiert, umgesetzt, mehr belastet? Nun, das haben seine Kritiker versucht. Was geschieht? Da wird dieser Mann durch den Parteisekretär des Hauses gedeckt. Der will nicht, daß die Parteierziehung – bei Professoren handelt es sich stets um SED-Genossen – seiner Grundorganisation irgendwo

schlecht angesehen wird, das fällt auf ihn zurück. Und er macht Parteisekretär nur, wie er seinen Freunden erzählt, die es genüßlich am Stammtisch weitergeben, weil er Professor werden will über die SED-Kreisleitung, deswegen muß alles stimmen in der Grundorganisation. Dazu leistet er bahnbrechende wissenschaftliche Arbeiten: Er schreibt alles und ausschließlich aus dem »Neuen Deutschland«über den Staatshaushalt ab und läßt den Wisch im Haus, gestempelt mit »streng vertraulich«, zirkulieren. Er sucht Rückendekkung, und wenn es keine Einwände gibt, trägt er dann diese »kollektive Meinung« seinen Studenten vor: die kollektive Meinung des »Neuen Deutschland« (ND) und der Sektion. Das geht dann selbst den weltfremdesten Dogmatikern unter den Professoren auf die Nerven, die nur Marx-Sätze aus dem »Kapital« für ihre Wirtschaftswissenschaft hin- und herdrehen, sie lesen den Wisch und zeigen mit dem Finger drauf: Hast du schon einmal so ein Arschloch wie diesen Gurtz, diesen Wichtigtuer gesehen – ND-Material, nur Zeitungsauszüge, und das streng vertraulich? Und diese Professoren, die sarkastisch sagen, daß sie nicht eine Ableitung aus dem »Kapital« zum Aufbau des Kommunismus für richtig halten, lassen jeden Studenten in der Prüfung an der wirtschaftswissenschaftlichen Sektion durchfallen, der ein Komma von Marx falsch wiedergibt. Arme Studenten, aber die rächen sich, durch Passivität, wie die russischen Kolchosbauern: Durchschnittsnote ist im Marx-Fach drei.
Warum halten sich nun solche Dummdeys und Gurtzes in Massen auf allen Ebenen? Es ist das russische System, das sich durchsetzt, und Dummdey ist fest verankert als permanenter Kolossalschwätzer im Zentralen Haus der DSF. Gurtz schützt ihn daher und weil er ihm gelegentlich Publikationsmöglichkeiten über seine Vielweiberei in einigen Blättchen verschafft; und publizieren muß man, egal was und wo, sonst wird man nie Professor. Na, inzwischen hat er's so geschafft. Und beide werden vor Schaden bewahrt vom Vorsitzenden der Kreisparteikontrollkommission Heu oder Streu, so einen muß man sich nicht merken, der stolz berichtet, daß er lange an der unsichtbaren Front gekämpft hat und weiter kämpft, so daß er allen Kritikern gleich droht, er bringt sie in den Knast. Zur hellen Empörung der Studenten des historischen Instituts sorgte er auch dafür,

daß eine diebische Rückfalltäterin unter den Studenten nicht aus der Partei ausgeschlossen wurde, weil ihr Mann ein Ersatzrusse, Tschekist, bei der Stasi ist, während eine andere studentische Genossin, gleichfalls beim Klauen in der Kaufhalle erwischt, ausgeschlossen worden war, und das heißt, als Ideologin ohne Parteiabzeichen hat sie eine große Zukunft hinter sich gebracht. Welche erzieherischen Resultate kann dieses nicht passiv, wie Marx meint, sondern aktiv verfaulende Lumpenproletariat vorweisen? Nun, alle Absolventen weigern sich, – Historiker, Ideologen der Partei! – angesichts solcher Vorbilder renitent geworden, über die DDR-Geschichte zu forschen und zu schreiben. Lediglich zwei Fernstudenten sind bereit, bis zum Jahre 1949 zu arbeiten, aber nicht weiter. Zugleich kommt der Druck auf den Lehrkörper vom Ministerium für Hoch- und Fachschulwesen: Qualifiziert die Lehrer besser, der Geschichts- und Staatsbürgerkundeunterricht an den Schulen ist skandalös, er bewirkt das Gegenteil des Beabsichtigten beim Schüler, was DDR- und SED-Geschichte betrifft! Seltsam! Im »Neuen Deutschland« hatten doch die beiden zuständigen Minister am Vortage genau das Gegenteil von dem erklärt?

Kann man unter solch entwürdigenden, ehrwidrigen Umständen DDR-Professor bleiben? Meine Lebenserfahrungen haben mir beigebracht, daß man nichts ändern kann, gegen ein Fuder Mist, sagt mir mein mecklenburger Freund immer, wenn ich mich aufrege, ist schlecht anstinken. Also ade, geistiges Murxland. Sehen wir uns nun das Manifestierte weiter an:

»Die proletarische Bewegung ist die selbständige Bewegung der ungeheuren Mehrzahl im Interesse der ungeheuren Mehrzahl«. Eigentlich ist ja klar, daß die Mehrheit, nicht die Interessen der Minderheit vertritt, aber trotzdem: Wann und wo war das Fabrikproletariat die ungeheure Mehrzahl im 19. Jahrhundert? Wußte Marx nicht, wie viele Einwohner Deutschland zählte und wieviel Prozent davon Bauern, Handwerker, Proletarier waren? Nun, Frankreich war ökonomisch weiter entwickelt. Warum war aber selbst da der Kommunistenchef Blanqui, Marx' Vorbild, nach ursprünglich jubelnder Zustimmung zum Wahlgesetz für die Nationalversammlung 1848 plötzlich gegen die Wahlen, je näher

sie kamen? Weil er den Wahlsieg der ungeheuren Mehrzahl der Besitzer vom Lande, der Bauern, sah! Deshalb wollte Blanqui die Wahlen mit allen Mitteln verhindern, die Nichtbesitzenden waren eben im Volk die Minderheit. Die abenteuerliche Fehleinschätzung aber der Mehrheit dieser Minderheit führte 1848 zur blutigen Abschlachtung der kommunistischen Arbeiter in Frankreich, und 1918 zeigt die Revolution in Deutschland die gleiche Erfahrung. Noch krasser wiederholte sich alles 1933. Von der NSDAP tönte es »Heil Hitler«, von der KPD tönte es »Heil Moskau«[53]. Zwischen den Marxisten von links und den Antimarxisten von rechts blieb die soziale Demokratie, die SPD, und die bürgerlich-demokratische Weimarer Republik zugunsten der braunen Diktatur auf der Strecke. Die Sowjetdiktatur siegte erst später.
Die ungeheure Majorität der arbeitenden Menschen im heutigen Deutschland steht hinter der SPD und nicht hinter »Heil Moskau«. Die Geschichte unseres Volkes kennt Leute, die »Heil Frankreich« riefen. Wir wissen, wo sie mit ihrer Republik geblieben sind. Niemand überlebt politisch auf Dauer, der sich in Gegensatz zu Volk und Nation bringt. Die Volksmassen machen letztlich nicht nur ihre ökonomische, sondern auch ihre politische Geschichte, und es ist nicht wahr, daß die Deutschen eine nichtswürdige Nation sind, der an ihrer Einheit und Ehre nichts liege, für die daher die sklavische Unterwerfung unter die Russenknute ein politischer Lustgewinn sei. Für die Ersatzrussen mag das zutreffen, nicht für unser Volk.
Die Kommunisten waren, sind und bleiben in Deutschland die Partei der ungeheuren Minorität. Sie haben ja nicht einmal den Mut, bis heute nicht, mit ihrem wahren Namen Flagge zu zeigen: Kommunistische Partei der DDR. Sie nennen sich demagogisch deutsche Sozialisten und ihr Blatt großmachtchauvinistisch »Neues Deutschland«, dabei ist ihre Führung antinational bis auf die Knochen. Wo ist heute ferner die ungeheure Majorität des Proletariats in Afghanistan, Kampuchea, Angola, Nicaragua, überall dort, wo sich die Führer auf marxistische Lehren berufen? Die marxistische Ideologie ist der Tarnmantel für brutale Weltmachtpolitik, nicht mehr und nicht weniger. Niemand wird in Moskau die Lehren ziehen, obgleich alle sehen, daß die

Frühgeburten der Geschichte mit Hirn- und Herzschäden vor sich hin mickern: Krieg, Krankheit, Hungersnot – alles wie gehabt im verfluchten Kapitalismus ... Und was ist dort, wo die ungeheure Majorität der Arbeiter, wie die elf Millionen Mitglieder der »Solidarität« in Polen, artikulieren, was sie wollen? Nun, Freunde, wir wissen es: Das gesamte polnische Volk, nicht nur seine Arbeiterklasse, besteht leider aus Konterrevolutionären. Womit wir wieder bei Brechts Kommentar zum 17. Juni 1953 wären: Wäre es da nicht besser, die Regierung entließe das Volk, und wählte sich ein neues?

So wie die materielle Vereinfachung sieht auch die geistige bei Marx aus. Für das Proletariat seien, dekretiert er, Moral und Religion »bürgerliche Vorurteile«. Sollte er das nicht lieber den Arbeitern selbst überlassen, welchen ethischen Maßstab sie anlegen möchten? Sollte er nicht lieber die Religions- und Gewissensfreiheit achten? Ist der Hexenwahn überwunden worden, um an Stelle brennender Scheiterhaufen das System GULAG mit Irrenhäusern und Arbeitslagern zu installieren? Warum hat man Solschenyzin erst in Moskau darüber schreiben lassen und ihn dann verjagt?

Meine Studenten erzählten mir, ihre Erfahrungen mit den ethischen Maßstäben seien so: Der leistungsfähigste in der EOS, der charakterlich anständigste, der seine wahre politische Meinung nicht verheimlicht, oder einer, für den die Religion die Maßstäbe setzt, sie alle kommen weder zum gewünschten Studium noch zu einem ansprechenden Arbeitsplatz. Wer das Kreuz an der Halskette, den Aufnäher Schwerter zu Pflugscharen oder den schwarz-rot-goldenen Streifen der deutschen Flagge an seiner Kleidung trägt, zählt in der FDJ, die von hauptamtlichen Apparatschiks geführt wird, als Verräter, wird schikaniert, unter Druck gesetzt, gelegentlich organisiert verprügelt.

»Wir in der Kirche«, erklärte Landesbischof Dr. Hempel, »wünschen uns deshalb für manche Gebiete unseres gesellschaftlichen Lebens handhabbare Richtlinien für die weitere Verwirklichung von Gleichberechtigung und Gleichachtung auch christlicher Bürger.«[54] »Vertrauen zwischen Ihnen und uns«, sagte er dem Generalsekretär der Partei, »wird in dem Maße wachsen, wie es für die Menschen an der Basis erfahrbar wird.«[55] Muß man sich nicht schämen?

Der Bischof sagt das 35 Jahre nach der Staatsgründung! Und wie viele außerhalb der Kirche wünschen sich handhabbare Richtlinien für eine menschliche Behandlung an der Basis? Erstaunlich, daß so etwas jetzt erstmalig im »Neuen Deutschland« steht. Das ehrt Erich Honecker. Vielleicht begreift auch eines Tages Minister Erich Mielke, daß man mit der Unterscheidung zwischen ideologischen Gegnern, die man mit geistigen Waffen, und handelnden Feinden, die man mit Zuchthäusern bekämpfen kann, zum Wohle nicht nur der Gesellschaft, sondern sogar des eigenen Staates besser fährt, als mit der primitiven Vereinfachung des Marx und der Heiligsprechung von Gewalt, Willkür und Terror? Ist denn unseren Herrschenden noch nie aufgefallen, daß sich ein Friedrich und eine Katherina mit Erfolg des Heiligenscheines der Aufklärung bedient haben? Haben sie nie die Lobgesänge der westlichen Freigeister über dieses Rußland und Preußen des aufgeklärten Absolutismus gelesen? Wer hindert Sie, einen solchen Schritt mit Moskau vom Absolutismus zum aufgeklärten Absolutismus zu tun? So schwach ist die DDR nun wieder auch nicht, daß sie das nicht verkraften könnte, und für die UdSSR gilt das auch. Also Genossen, paßt auf, wenn's passiert, und eines Tages der Erich dem Erich sagt, du, hör doch mal zu ..., und spätere Geschichtsnotierer werden vermelden: Beide Eriche waren die Größten. Ach, schön wär's! Überall könnte es dann zum Wohle des realen Sozialismus so richtig stark disteln!!

Zurück von den Träumen zur letztzitierten Manifest-These: Sie offenbart eine ungeheure Anmaßung und Arroganz, die allein schon allen denkenden Lohnabhängigen genügen sollte, um auf den Marxismus-Leninismus zu pfeifen. Übrigens erklärt diese Arroganz – wenn Engels von »jenen Eseln« zu Marx spricht, die glaubten, »mit uns« in einer Partei zu sein, oder wenn er zu Beginn der Revolution 1848 an Marx meldet, in Deutschland hätten die Arbeiter angefangen, Koalitionen zu machen, aber gerade das sei »uns« im Wege[56] – den später einstimmig und statutengemäß erfolgten Ausschluß von Marx und Engels aus der KP seitens der demokratischen Arbeiterkommunisten weitgehend mit. Das erklärt auch, weshalb, abgesehen von einer Gruppe Linksintellektueller, sich niemand in der Arbeiterbewegung

um Marx' Theorie gekümmert hat. Als der »Marxismus«, also der Schulz-Weitlingsche-Hessismus, im Erfurter Programm am Ende des Jahrhunderts theoretisch festgeschrieben war, befand sich die Partei praktisch längst auf Bernsteins Kurs und ist es bis heute, Gott sei Dank, geblieben.
Julius Vahlteich, einer der beachtenswertesten Führerpersönlichkeiten der SPD, hat das ziemlich trocken, aber desto treffsicherer formuliert: »Wie schon gesagt, waren unsere Kenntnisse auf dem Gebiet der Volkswirtschaft gering. Wir wußten nichts vom konstanten und variablen Kapital, d. h., der Terminologie des Marx. Aber das daß Kapital und die Kapitalisten unsere Feinde waren, wußten wir ganz genau, und wir wußten auch, daß wir sie nur durch Machtentfaltung, also durch Organisation, überwinden konnten. Wir wußten nichts vom relativen Mehrwert und hundert anderen ökonomischen Kategorien ..., aber wir waren ganz sicher in der Überzeugung, daß wir von den Unternehmern betrogen und bestohlen wurden und daß die Gesetze dazu gemacht waren, die Handlungsweise zu sanktionieren.«[57]
Steinbergs Frage, wozu diese Arbeiter eigentlich eine Theorie – eine Ideologie, sage ich, im Gegensatz zu ihm – brauchten, kann man sich anschließen. Wahrhaftig: Die Arbeiterklasse bedurfte keiner hundert ökonomischen Kategorien im verhegelten, ihr unverständlichem Sprachgebrauch des Marx, um ihre Klasseninteressen zu erfassen! Das hatte sie lange vor ihm praktisch und theoretisch getan. Die aus dem feudal abhängigen Bauernstand herausgewachsene Arbeiterklasse wußte seit Urväterzeiten Bescheid, daß Ausbeutung unbezahlte Arbeitsleistung für die Herren war: drei Tage Fron, drei Tage für den eigenen Hof – und in der Fabrik setzte sich das fort.
Damit wären wir beim letzten Punkt des I. Abschnitts: »Der Arbeiter wird zum Pauper, und der Pauperismus entwickelt sich noch rascher als Bevölkerung und Reichtum.« Das ist die Vorwegnahme der Verelendungstheorie aus dem »Kapital«. Alle sogenannten wissenschaftlichen, d. h. ökonomisch begründeten Theorien, sind bei Marx politisch vorweggenommen. Das macht sie aber auch nicht zutreffender. Man vergleiche den Lebensstandard und die Lebensqualität der sowjetischen und amerikanischen Arbeiterklasse, um zu sehen, wie die Dinge liegen, oder frage, wie viele Stunden ein

westdeutscher und ein ostdeutscher Arbeiter für hochwertige Konsumgüter arbeiten muß, und man hat den Pauperismus am Geiste des Marx. Heß und Marx würden das durchschnittliche Lebensniveau der heutigen westeuropäischen Industriearbeiterschaft sicher als planmäßig übererfüllten Kommunismus besingen.

Der demokratische Arbeiterkommunist Weitling sah deren paradiesischen, utopischen Kommunismus übrigens realistisch. Er schrieb: »Nichts ist vollkommen unter der Sonne! Nie wird eine Organisation der Gesellschaft gefunden werden, welche für alle Zeiten unabänderlich die beste sein wird, weil dies ein Stillstand der geistigen Fähigkeiten des Menschen, einen Stillstand des Fortschritts voraussetzte, welcher nicht denkbar ist. Daraus aber, daß nichts vollkommen ist, geht ja schon die Notwendigkeit fortlaufender Reformen ... hervor.«[58] Das schreibt ein deutscher Arbeiter, 1849, ein Jahr nach dem »Kommunistischen Manifest«, der keine Muße hatte, den Dialektiker Hegel sechs Jahre lang an der Universität zu lesen! Und Weitling führt, gegen Marx gerichtet, weiter aus: »Der Fortschritt ist ein Gesetz der Natur ... und den Fortschritt zu befördern ist unser aller Sache, und nicht die einer privilegierten Kaste.«[59]

Wahrlich, diese stolzen, selbstbewußten deutschen Arbeiter bedurften der intellektualisierenden Marx-Clique wahrhaftig so wenig, wie ihre französischen Kollegen von L'Atelier! Und, im schroffen Gegensatz zu Marx, der ohne intellektuellen oder moralische Skrupel beim Plagiieren vorging, sagt Weitling, daß ihn Zweifel plagten, seine Kameraden ihm aber Mut zusprachen: »Du, sagten sie, teilst unsere Meinungen, kennst unser Verlangen und unsere Wünsche, wir geben dir die Gelegenheit, also auf, mache dich rüstig an die Arbeit, solange du noch dazu die Kraft in dir fühlst ... Sie arbeiteten für mich, ich arbeitete für sie, hätte ich es nicht getan hundert Andere hätten sich statt meiner dafür gefunden ... *Vorliegendes Werk ist also nicht mein Werk, sondern unser Werk, denn ohne den Beistand der Anderen hätte ich nichts zu Stande gebracht*.«[60]

Er schließt sein Vorwort mit programmatischen Sätzen, und man beachte die Reihenfolge: »Wir sind Menschen, sind Deutsche, sind Demokraten, aber seien wir auch Kommunisten. Wir bezeichnen durch dieses Wort einen Zustand, in welchem alle Glieder der Gesellschaft die Mühen und Genüsse des Lebens gerecht geregelt miteinander teilen, wir bezeichnen dadurch, daß wir selbst der höchsten, nie vollkommen erreichbaren Consequenz dieses Zustandes nachstreben, ja selbst Freuden und Leiden miteinander teilen wollen, wenn diese Möglichkeit gefunden wird.«[61] Die auf dem ersten Blatt dieser Ausgabe seines Buches enthaltene Zeichnung zeigt eine Fahne vor einer Volksversammlung mit der Inschrift: »Demokratisch-communistischer Familienbund«. Das waren, das wollten die demokratischen Arbeiterkommunisten! Die Wurzeln des demokratischen Kommunismus, des heutigen Reformkommunismus oder Eurokommunismus reichen also auch in Deutschland hinter Marx zurück, und das ist eine direkt gegen Marx gerichtete Tradition, ein sozial und demokratisch geprägtes Konzept der Partei-, Staats- und Gesellschaftsauffassung, die Vorwegnahme des Bernsteinschen »das Ziel ist nichts, die Bewegung ist alles«. Bernstein hat das zwar, um das Mißverständnis zu vermeiden, der Sozialismus bedeute ihm nichts, zurückgenommen, aber recht hat er.

Nun zieht sich durch den I. Abschnitt des Manifests die Idee von der Entwicklung und Vergänglichkeit der gesellschaftlichen Ordnung, Ideen, die von der europäischen, auch deutschen Intelligenz vor und nach der französischen Revolution von 1789 erarbeitet und präzisiert worden waren. Total anders als Marx hat die gesamte europäische und deutsche Intelligenz, von Forster in Mainz abgesehen, der mit seiner Anbiederung an die französische Besatzungsmacht und der Mainzer Republik scheiterte, das einseitige, terroristische Prinzip der Diktatur der Jakobiner, die rechtlose, willkürliche, terroristische Gewalt abgelehnt. Willkürlich leben kann jeder, postulierten die Intellektuellen mit Goethe, der Edle strebt nach Ordnung und Gesetz: Rechtsschutz der Persönlichkeit, die Respektierung der Menschenrechte forderten sie, anstatt Terror. Marx steht völlig außerhalb der deutschen Geistestradition. Es ist eine ungeheure Lüge Lenins, zu behaupten, die Marxisten stünden auf den Schultern aller Großen der Weltgeschichte. Marx kann weder die Tradition der deutschen Arbeiterkommunisten noch die der deutschen Intelligenz beanspruchen. Was Rang und Namen hatte in der europäischen Geisteswelt, bejahte die fortschreitende Vervollkommnung der Menschheit, die Idee der gesellschaftlichen Entwicklung von niederen Formen zu höheren, die sich möglichst friedlich, ohne Bürgerkrieg und ohne Krieg in rechtlich gesicherten Verhältnissen, in Freiheit bei Beachtung aller Menschen- und Bürgerrechte vollziehen sollte. Auch die deutsche Intelligenz kämpfte für Glaubens-, Gewissens-, Rede-, Presse- und Versammlungsfreiheit; und nach Auffassung der Nationalökonomen sollten diese Freiheiten durch den sozialökonomischen Fortschritt in Deutschland, durch Deutschlands Einheit, erreicht werden.

Einheit und Freiheit, Freiheit durch Einheit, das waren die sich ergänzenden Kampfparolen der liberalen, demokratischen und der Arbeiterbewegung. Ganz unaktuell sind sie anscheinend auch heute nicht dabei, man bedenke, hatte man anno dazumal rund drei Dutzend Deutschländchen zu vereinheitlichen, während es in spe nur zwei und das zwiespältige Berlin sind – und da zweifelt wer am historischen Fortschritt? Laßt uns doch bei der alten Kampfparole der SED bleiben: Die deutsche Arbeiterklasse wird zusammenfügen, was der Imperialismus gespalten hat! Wir müssen uns nur darüber verständigen, daß der rote Imperialismus gemeint ist.

Und nun wieder rückwärts gefragt: Was steht also Neues in diesem Marx-Manifest? Antwort: Nichts. Es steht nicht einmal auf der Höhe der Erkenntnisse seiner Zeit, im Gegenteil: Es ist hinter die deutsche Klassik und Aufklärung, hinter die klassische Nationalökonomie Englands und hinter den Erkenntnisstand der sozialen Bewegung Frankreichs zurückgefallen. Das Manifest zerstört den klassischen Humanitätsbegriff. Es postuliert die verhängnisvolle Auffassung, wonach die bürgerliche Demokratie eine formale Demokratie sei. Auf Stalins Weisung hat so Thälmann veranlaßt, daß die Weimarer Republik von den Kommunisten mit zerstört wurde. Damit wurde der Weg frei für Hitler. Es war der erste Schritt zum Zweiten Weltkrieg. Stalin selbst zerstörte die bürgerliche Demokratie Polens gemeinsam mit Hitler und teilte sich mit ihm die Beute. Stalin paktierte mit Hitler, schuf ihm freies Hinterland für seinen Krieg, der zur Zerstörung der bürgerlichen Demokratien des Westens führen sollte. Die Ideologie des Marxismus und des Antimarxismus, ideologisch unvereinbar, ergänzten sich politisch ausgezeichnet. Womit einmal mehr der »wissenschaftliche Charakter« der sowjetkommunistischen und ersatzrussistischen Politik bewiesen wäre.

Die Zerstörung der »formalen« bürgerlichen Demokratie, der »Klassendiktatur der Bourgeoisie« war das Glaubensbekenntnis der Stalinisten. Sie beriefen sich, zu Recht, auf Marx. Lenin hatte auf Grund seiner politischen Erfahrungen nach 1917 bereits 1920 vor diesem linken Sektierertum gewarnt. Vorher, auf dem Gründungskongreß der KPD Ende 1918, hatte sein Beauftragter Radek, illegal anwesend, gerade dieses Sektierertum im Kampf gegen die SPD unterstützt. Lenin war, im Gegensatz zum orthodoxen Marxisten Stalin, lernfähig. Die erste deutsche Demokratie, erkämpft von den Arbeitern in der Novemberrevolution, sollte zugunsten einer braunen oder roten Diktatur vernichtet werden. Das gelang gründlich. Als es zu spät war, 1935, verurteilte der VII. Weltkongreß der Komintern diese abenteuerliche Politik der KPD als »linke Abweichung«. Nein, so war das nicht. Die ideologisch und materiell von Moskau abhängigen deutschen »Heil-Moskau«-Rufer befolgten nur Stalins Weisungen, die auf katastrophalen Fehlurteilen beruhten und das Zutrauen in heutige sowjetische Einschätzungen, die – auf derselben Grundlage, vom gleichen Apparat hervorgebracht – genauso falsch sind, nicht gerade stärken.

Hören wir Stalin, was er, nach dem stenographischen Protokoll vor dem ZK und der ZKK im April 1929 von sich gab. »Die Linksentwicklung der Arbeiterklasse« bezeuge, »daß in den Ländern des Kapitalismus die Elemente eines neuen revolutionären Aufschwungs heranreifen.« Daher die Aufgabe, fuhr er fort, »den Kampf gegen die Sozialdemokratie als die soziale Stütze des Kapitalismus und vor allen Dingen gegen ihren ›linken‹ Flügel zu verschärfen ... Daher die Losung der Reinigung der Kommunistischen Parteien von den sozialdemokratischen Traditionen.«[62] Reicht das, um die ungeheure Lüge des ZK der SED, die Sozialdemokraten hätten gegen die KPD gekämpft und so Hitler an die Macht gebracht, weil sie die vorgeblich angebotene Einheitsfront seitens der KPD abgelehnt hätten, einzudämmen? Die KPD hat die Vernünftigen in den eigenen Reihen

hinausgesäubert zugunsten Hitlers und die SPD als sozialfaschistische Partei verunglimpft. Wem das nicht genügt, der lese Stalin weiter, wo er schärfer artikuliert wiederholt, daß der »neue revolutionäre Aufschwung nicht möglich ist, ohne die linken Sozialdemokraten vernichtend zu schlagen«. Man lese Stalin, wie er die KPD regiert, den abgesetzten Thälmann wieder einsetzt, dafür den »Unrat« Brandler und Thalheimer, die ein antifaschistisches, gemeinsames Vorgehen mit der SPD wollten, hinaus»säubert«, wie er nachdrücklich »die Säuberung der deutschen und der tschechoslowakischen kommunistischen Partei von sozialdemokratischen Elementen und Traditionen« verlangt[63]. Wir wissen durch den XX. Parteitag der KPdSU, wie die »Säuberungen« durch die Geheimpolizei ausgeführt worden sind.
Die SED hat den Kampf gegen den Sozialdemokratismus und die »Säuberung« konsequent nachvollzogen. Gott schütze die SPD und Deutschland vor den »potentiellen Grotewohls«, wie sie von hiesigen ZK-Apparatschiks zynisch-genüßlich genannt werden, auf welche die SED ihre Hoffnung setzt, zum dritten und letzten Mal die freie deutsche Arbeiterbewegung zu vernichten. Publiziert etwa auch Hermann Weber völlig umsonst, der die SED-Fälscher mit seinen Quellenveröffentlichungen tödlich getroffen hat? Hierzulande wagt kein Mensch, die Veröffentlichungen Webers, des ehemaligen Dozenten an der Parteihochschule der SED, der den Laden von innen kennt und weiß, auf welche Stelle er schlagen muß, auch nur zu erwähnen! Weber beweist an Hand deutscher, kommunistischer Quellen, wie die KPD Stalins Weisung erfüllt hat und so mithalf Hitler an die Macht zu bringen.
Die stalinisierte KPD ließ sich ferner von Marx' These leiten, daß die Krise – und gar schon die Weltwirtschaftskrise! – das Elend des Proletariats ins Unerträgliche steigern und die proletarische Revolution auslösen werde, daher, »Heil Moskau«, daher die Losung: Sowjetdeutschland, Berlin – das deutsche Moskau, daher die Symbolik, Hammer und Sichel statt Einheit, Freiheit, Brüderschaft! Die KPD folgte der Komintern und diese Marx' »materialistischer« Geschichtsauffassung, die gerade durch die einseitige Verabsolutierung ökonomischer Prozesse gekennzeichnet ist. Die aus der Marxschen »Theorie« geborene »wissenschaftliche

Politik« führte direkt in den deutschen Faschismus. Und mit den Folgen dieser Politik sieht sich Deutschland heute konfrontiert. Wir haben die braune Ideologie dank Antihitlerkoalition überlebt. Mit welcher Koalition überleben wir die rote Ideologie?
Stalin hoffte, auf den Trümmern der westlichen Demokratien sein Weltreich nach Hitler errichten zu können, was ihm, zumindest anteilig, in Deutschland geglückt ist. Nicht die materialistische Geschichtsbetrachtung, sondern der Krieg hat den Marxismus in Europa wie Asien sich ausbreiten lassen. Im friedlichen Wettstreit wird das marxistische Modell untergehen.
Übrigens hat Deutschland mit der richtigen Anwendung der materialistischen Geschichtsauffassung gute Erfahrungen gemacht, als sie dialektisch von Demokraten, nicht dogmatisch von Kommunisten gehandhabt wurde. Die preußischen Reformer und liberalen Beamten praktizierten vor, was L.-Peguilhen und W. Schulz reflektierten. Seit 1818 drängten die Liberalen verstärkt nach einem deutschen Zollverein unter preußischer Führung, um über den gemeinsamen Markt die politische Einheit Deutschlands zu erreichen. Sie ist auch heute wieder mit diesem nicht national, sondern europäisch erweiterten Begriff verbunden. Metternich verkannte diese Entwicklung, er vergaß, daß die Geschichte gelegentlich auch außerhalb diplomatischer Intrigen unter Abwesenheit von Kanzleiakten der Regierungen stattfindet, und so konnte Preußen sich zur Führungsmacht im Deutschen Bund erheben und das Haus Habsburg von den Reichsgeschäften suspendieren.
Friedrich List fand Unterstützung bei jenen preußischen Beamten, deren Weltbild an der Göttinger Universität geformt worden war, wo die englischen Klassiker der politischen Ökonomie hoch in Kurs standen. Man sehe sich die Denkschriften der preußischen Minister an, z. B. die des Finanzministers von Motz vom Juni 1829, der als Gliederungspunkt festlegte: »Politische Einheit – notwendige Folge der kommerziellen«. Das kann man auch gewissen Bremsern des EG-Prozesses unserer Tage empfehlen. Aber Motz stand nicht allein. Minister Graf Bernstorf erklärte in einer Denkschrift vom Februar 1831, wie die ökonomischen Abmachungen Preußen zu größerem politischem Einfluß

brächten. Staatsminister von Bülow, die Gebrüder Humboldt, Freiherr von Stein und selbst Feldmarschall Gneisenau trieben aus diesen Einsichten heraus in den ökonomischen Vereinigungen der Bourgeoisie die Entwicklung voran, einschließlich der Industriespionage in England. Tatkräftig unterstützt wurden sie von ungewöhnlich talentierten Beamten, wie dem Geheimen Finanz-, späteren Oberregierungsrat Beuth, der das zuständige Departement von 1818 bis 1845 leitete.

Na, Brüder und Schwestern, und was tat in diesen Jahren unser Karl Marx, als dessen Enkel sich heute die hauptamtlichen FDJniks in der Deutschen Demokratischen bezeichnen? Er legte den Weg von seinen Windeln bis zu seiner wissenschaftlichen Säuglingsexistenz, genannt philosophisch-ökonomische Manuskripte, zurück, während jene genannten Männer neben vielen die deutsche Geschichte auf der Grundlage der ökonomischen Geschichtsauffassung vorantrieben. Es ist wirklich erstaunlich, daß sich die Weltgeschichte ohne die marxistische, wissenschaftliche Interpretation überhaupt bewegt hat! Vielleicht sollte man doch dekretieren, daß sie überhaupt erst mit Band eins des »Kapital« beginnt? Nun wissen wir's: Die wahren Preußen hatten schon bevor Marx erfuhr, daß es eine Ökonomie und eine materialistische Geschichtsauffassung gab, mehr für diese getan, als alle Kommunisten in Deutschland bis heute. Womit bewiesen wäre, daß, auch so gesehen, das »Manifest der kommunistischen Partei« ein unwissenschaftlicher Murx ist.

Diese preußische Sache ist natürlich theoretisch besonders pikant: Der nach Marx erzreaktionäre, feudale Herrschaftsapparat beförderte mit allen Kräften seinen ideologischen und materiellen Todfeind, die Bourgeoisie – ein toller Klassenkampf! Und somit, von diesem niveaulosen Unterniveau aus, postuliert Marx im II. Abschnitt des »Manifests«, daß er und durch ihn nunmehr die Kommunisten bis ans Ende der Welt vor allen anderen Menschen »theoretisch die Einsicht in die Bedingungen, den Gang und die allgemeinen Resultate der proletarischen Bewegung« hätten. Endlich ein wissenschaftlich gebildeter Hellseher! Da weiß einer, stilistisch aufgedonnert, über die Umstände, den Ablauf und das Ziel einer historischen Entwicklung Bescheid, bevor es

sie überhaupt gibt! Das ist derselbe Autor, der im philosophischen Schub seines eklektizistisch speichernden Hirns die ebenso wahre Formel parat hält, daß reale Erkenntnis nur vom Studium empirischer Tatsachen ausgeht, weil die Wahrheit immer konkret ist. Demzufolge sind die Marxisten die Allgemein-Konkreten. Nun ja, da die »übrige Masse«, die Nichtkommunisten, etwas blöd ist und sowieso nicht weiß, was kommt, wird sie das nicht merken, oder? Für das, was kommt, gibt es die kleine Elite, die Funktionäre, die Berufsrevolutionäre, die Apparatschiks. Die wissen Bescheid, wie der Gang der Dinge sein wird, die wissen, was kommt. Die haben den direkten Draht zu Marx und zum Kreml. Der alte F. Engels war da erheblich skeptischer: »Denn was jeder einzelne will, wird von jedem andern verhindert, und was herauskommt, ist etwas, das keiner gewollt hat«[64], gibt er, älter und weiser geworden, von sich.
Das ist eine sehr gute Beschreibung kompromißfähiger Politik und eine bemerkenswerte Qualifizierung des Ex-Revoluzzers Engels am Ende seiner Tage. Marx kann uns damit nicht dienen. Er war frühzeitig zu verkalkt, um dazu lernen zu können.
Ferner: Geben wir doch einmal Marx recht – setzen wir voraus, die »allgemeinen Einsichten« seien gegeben, nun: Wer dolmetscht diese allgemeinen Gesetze, übersetzt sie ins Konkrete, Anwendungsfähige; wer paßt auf, das nicht falsch gedolmetscht wird, wer ist also im Besitz der absoluten Weisheit, die dem – keinesfalls absolut marxistischen, siehe Menetekel 1933! – Gang der Geschichte entspricht? Keine Antwort, Genossen? Nun, keine Antwort ist auch eine Antwort: Diese allgemeine Gesetzmäßigkeit entpuppt sich als historisches Monster, genährt von der göttlich-ökonomischen Allmacht der Vorsehung, die das Proletariat auf die Höhe der Macht steuert oder in den Abgrund des Faschismus, des Krieges, in die ökologische oder demographische Katastrophe Deutschlands oder in alles zusammen? Wenn es immer verschiedene Möglichkeiten gibt, welche wird zur Wirklichkeit?
Konkreter gefragt: Wer steuert wann, wo, wie, wohin? Nicht das Proletariat, sondern die Kommunisten, wie manifestiert wurde. Wer sind die Kommunisten? Die Partei. Wer ist die Partei? Der himmlische Generalsekretär Murx und

seine ZK-Sekretäre auf Erden, Amen: Persönlicher Machtanspruch, gedeckt durch historische Unfehlbarkeit. Folglich ist eine Kontrolle der Macht nicht nötig und daher der Machtmißbrauch bis zum Völkermord möglich. Folglich ist der widerliche Personenkult möglich, bis hin zur Erbfolge, der proletarische Absolutismus in Reinkultur.
Aber nichts bleibt ohne Gegenwirkung. Der Personenkult, der Machtmißbrauch haben die Widerstandskräfte in der Arbeiterbewegung geweckt, den Marxismus gespalten in Leninisten, Maoisten, Reformkommunisten. Der Klassenkampf setzt sich in der kommunistischen Bewegung fort, vergessen ist die Brüderschaft. Brüderlich stehen sich die kommunistischen Mächte UdSSR und China gegenüber, freundschaftlich die Friedensraketchen aufeinander gerichtet, während sich ihre Kettenhunde in Kampuchea liebevoll wechselseitig die Gurgel durchbeißen. Heraus kommt, was keiner gewollt hat .... Herausgekommen ist, was Marx mit seinem Lieblingszitat so benennt: »Die ganze alte Scheiße«. Das ist das Resümee der marxistischen Theorie und Praxis im 20. Jahrhundert.
Im II. Abschnitt äußert sich Marx nochmals zur bürgerlichen Freiheit, die er auf eine rein ökonomische Größe reduziert, nämlich die der freien Konkurrenz. Das bestätigt nur die Verkrüppelung seines Demokratieverständnisses, welches wir schon kennen, sein völlig ahistorisches, unkultiviertes Denken. Er macht sich stark für die »kommunistische Aufhebung des Schachers«, aber er verschweigt, was an seine Stelle treten soll: Wie sollen die Handelsströme der Rohstoffe, der Investitions- und Konsumgüter gelenkt werden? Wie sollen Anreize zur Produktion, die Leistungswillen voraussetzt, erhalten bleiben, wenn man das Geld abschafft? Wie soll der kommunistische Überfluß produziert werden, damit nicht Unterproduktion, heilloser, zentralstaatlich verwalteter Mangel anstelle des Überfluß-Paradieses tritt?
Hier stoßen wir auf ein grundsätzliches Problem, daß Marx weder im »Manifest« noch im »Kapital« ideologisch gelöst hat, einfach deswegen, weil es unlösbar ist. Hier offenbart sich der utopische Charakter des Kommunismus aller Schattierungen, weil es die weltweit noch immer zunehmende Arbeitsteilung, weil es die notwendige Planung der be-

trieblichen und volkswirtschaftlichen Prozesse niemals gestatten wird, von einer wertmäßigen Planung und damit vom Geld abzugehen. Schön, man kann das Geld, das soziale Blut laut Heß, vom Organismus der Gesellschaft abzapfen. Dann ist die kommunistische Revolte geglückt, aber der Patient tot, siehe NÖP und folgende Experimente, über die später noch mehr zu sagen sein wird.
Alle Welt kennt die bis heute uneinheitliche Haltung der RGW-Länder zum Geld. Seltsam, wo sie doch über die »wahrhaft wissenschaftliche Wissenschaft« des Marx, über sein ökonomisches Hauptwerk, verfügen! Jedes RGW-Land macht seine nationale Wirtschafts- und Finanzpolitik. Einmal für, einmal gegen den IWF, was die Mitgliedschaft angeht, also einmal für, einmal gegen die Konvertibilität, einmal für die einheitliche, einmal für die gespaltene Konvertibilität, einmal für die Einheit von Binnen- und Weltmarkt, einmal dagegen, einmal für den einheitlichen Weltmarkt, einmal für zwei Weltmärkte, den kapitalistischen und den sozialistischen, usw., usf. Da alles, was das Handeln der Menschen bestimmt, zunächst durch ihren Kopf muß, findet sich die Erklärung für das organisierte Chaos auf der Grundlage des einheitlichen Marxismus im Wirrwarr des chaotischen Kopfes von Marx höchstpersönlich. Er, der kaum einmal selbstverdientes, eigenes Geld hatte, hatte dafür eine regelrecht mystische Vorstellung von Gold und Geld.
In seinen ersten Studien dazu beschreibt er es nach Versen von Goethe und Shakespeare, die er ins Ungereimte übersetzt – eine tolle ökonomische Methode. Zwanzig Jahre später bespricht er es im Kapital – und da ist Geld für Marx Kapital, die Wurzel allen Übels. Nach ihm heißt Kommunismus Vernichtung des Geldsystems, wie bei allen kommunistischen Ideologen. Marx und seinen Jüngern kam offenbar nie der Gedanke, daß Geld, doch nicht ganz zufällig, eine uralte Erscheinung ist. Schon Alexander der Große hat es über sein Banksystem in seinem Reich genial eingesetzt. In Lydien wurden schon 700 Jahre v. u. Z. Münzen geprägt, und im dritten bis zweiten Jahrtausend v. u. Z. verwandten Babylonier und Ägypter Silber und Gold in Barrenform. Ein ziemlich alter Kapitalismus, wenn Kapitalismus Geldherrschaft heißt.

Geld ist in allen auf Arbeitsteilung beruhenden Gesellschaften ein unersetzliches Äquivalent, in vergangenen, gegenwärtigen und zukünftigen, weil der Marxsche Vorschlag, wie der aller Kommunisten, die Zeiteinheit anstelle des Geldes zu setzen, hirnverbrannter Schwachsinn ist. Doch auch davon später im einzelnen.

Von der ihm nicht ganz geheuren Ökonomie – er definiert auch den Arbeitslohn falsch – springt Marx im II. Abschnitt zurück zur Ideologie, und ich muß mitspringen, obwohl sich dadurch die Darstellung wiederholt: »Die Arbeiter haben kein Vaterland.« Warum haben dann gerade die arbeitenden Klassen so erbittert die napoleonische Fremdherrschaft bekämpft? Das lag doch gerade erst drei Jahrzehnte zurück, interessierte sich dieser Mann nicht einmal für die jüngste Geschichte Deutschlands, oder was sah er als sein Vaterland an? Aha, als Ersatzproletarier hatte er ja keins. Warum haben sich gerade die deutschen Arbeiter für die Herstellung der Einheit ihres Vaterlandes im 19. Jahrhundert so geschlagen, auf den Barrikaden der Revolution, in den Reichsverfassungskämpfen, in den Kriegen um die Reichseinigung?

Der verächtlichen Bewertung des Landes der Väter schließt sich die geringschätzige Beurteilung des Schicksals der deutschen Nation an. In beiden Fällen, muß man sagen, hat die SED Marx in ihrer vaterlandslosen, antinationalen, antideutschen Politik noch übertroffen. Sie hat, einmalig in der Weltgeschichte, und das will etwas heißen im Urteil aller Zeiten und Völker, die Genialität und Flexibilität ihrer Politik des wahrhaftigen Marxismus in Beton gegeossen. Mit der Mauer demonstriert sie so ihre Fähigkeit, Probleme des deutschen Volkes schöpferisch gegen das Volk zu lösen. Die Mauer durch Berlin und Deutschland ist das einzigartigste, das größte Denkmal für den größten Sohn des deutschen Volkes, wie das ZK den Marx getauft hat.

Im »Manifest« hat sich dieser so geäußert, daß »die nationalen Absonderungen und Gegensätze« in seinem Weltsystem verschwinden werden. Ah ja, deshalb wurden, während in der EG die letzten Grenzkontrollen fallen, auch die sehr spät geöffneten Grenzen zwischen der DDR und Polen wieder geschlossen. Nach den allgemeinen Gesetzmäßigkei-

ten war ja vorauszusehen, daß dies nicht gut gehen könne. Warum man sie da bloß geöffnet hatte?
Und das Schicksal der anschließenden Prophezeiung? »Mit dem Gegensatz der Klassen im Innern der Nation fällt die feindliche Haltung der Nationen gegeneinander.« Natürlich! Das ist die Erklärung für die Schüsse am Ussuri und anderswo. Also, da stimmt entweder am »Manifest« gar nichts, oder die Supermacht ist antimarxistisch. Wie kommt's denn eigentlich, daß es so kommt?
An der Wende zum 20. Jahrhundert besiegte Bernstein auf dem geistigen Schlachtfeld Marx. In der Sozialistischen Internationale standen Rechte und Zentristen infolgedessen gegen die marxistische Linke, repräsentiert durch Rosa Luxemburg, Karl Liebknecht und Lenin. Als Lenin sich ab 1917 daran machte, die linke, marxistische Ideologie in die russische Praxis umzusetzen, stellte sich die theoretische Führerin der deutschen Linken, die Mitbegründerin der KPD, Rosa Luxemburg, entschieden gegen Lenin, ganz im Sinne der Traditionen des demokratischen Arbeiterkommunismus. Rosa Luxemburgs Texte entlarven die Demagogie des »wissenschaftlichen Kommunismus«, jener ominösen »Anleitung zum Handeln« am Beispiel der Praxis Lenins, und entscheidend für die Theorie ist das Urteil der Praxis! Unbeschadet der vernichtenden Kritik von Rosa Luxemburg hämmert die SED-Propaganda unablässig, die leninistischen, auf Marx fußenden Ansichten seien die wegweisende Zukunft der Arbeiterbewegung auch in Deutschland. Rosa Luxemburg schrieb völlig im Gegensatz zum heutigen Marx-Kult. Sie wurde hierzulande nur gedruckt, weil der Westen ihre Schriften vor der SED zitierte, in welcher der »Luxemburgismus« lange bekämpft wurde, was auch erklärt, daß selbst noch in der achtbändigen »Geschichte der deutschen Arbeiterbewegung« von 1966 Luxemburgs Bild in der Ahnenreihe des ersten Bandes fehlt. Sie vermerkte[65]:
»Die stillschweigende Voraussetzung der Diktaturtheorie im Lenin-Trotzkischen Sinne ist, daß die sozialistische Umwälzung eine Sache sei, für die ein fertiges Rezept in der Tasche der Revolutionspartei liege, das dann nur mit Energie verwirklicht zu werden brauche. Dem ist leider – oder je nachdem: zum Glück – nicht so. Weit entfernt, eine Summe

fertiger Vorschriften zu sein, die man nur anzuwenden hätte, ist die praktische Verwirklichung des Sozialismus als eines wirtschaftlichen, sozialen und rechtlichen Systems eine Sache, die völlig im Nebel der Zukunft liegt. Was wir in unserem Programm besitzen, sind nur wenige große Wegweiser, die die Richtung anzeigen, in der die Maßnahmen gesucht werden müssen, dazu vorwiegend negativen Charakters ... welcher Art hingegen die tausend konkreten, praktischen großen und kleinen Maßnahmen sind, die auf jedem Schritt zu ergreifen sind, um die sozialistischen Grundsätze in die Wirtschaft, in das Recht, in alle gesellschaftlichen Beziehungen einzuführen, darüber gibt kein sozialistisches Parteiprogramm und kein sozialistisches Lehrbuch Aufschluß ... Das Negative, den Abbau, kann man dekretieren, den Aufbau, das Positive, nicht. Neuland. Tausend Probleme. Nur Erfahrung (ist) imstande, zu korrigieren und neue Wege zu eröffnen. Nur ungehemmtes schäumendes Leben verfällt auf tausend neue Formen, Improvisationen, erhält schöpferische Kraft, korrigiert selbst alle Fehlgriffe. Das öffentliche Leben der Staaten mit beschränkter Freiheit ist eben deshalb so dürftig, so armselig, so schematisch, so unfruchtbar, weil es sich durch Ausschließung der Demokratie die lebendigen Quellen allen geistigen Reichtums und Fortschritts absperrt ... Die ganze Volksmasse muß daran teilnehmen. Sonst wird der Sozialismus vom grünen Tisch eines Dutzend Intellektueller dekretiert, oktroyiert.
Unbedingt öffentliche Kontrolle notwendig. Sonst bleibt der Austausch der Erfahrungen nur in dem geschlossenen Kreise der Beamten der neuen Regierung. Korruption unvermeidlich ... Niemand weiß das besser, schildert das eindringlicher, wiederholt das hartnäckiger als Lenin. Nur vergreift er sich völlig im Mittel. Dekret, diktatorische Gewalt der Fabrikaufseher, drakonische Strafen, Schreckensherrschaft, das sind alles Palliative. Der einzige Weg zu dieser Wiedergeburt: die Schule des öffentlichen Lebens selbst, uneingeschränkte breiteste Demokratie, öffentliche Meinung. Gerade die Schreckensherrschaft demoralisiert ... Ohne allgemeine Wahlen, ungehemmte Presse- und Versammlungsfreiheit, freien Meinungskampf erstirbt das Leben in jeder öffentlichen Institution, wird zum Scheinleben, in der die

Bürokratie allein das tätige Element bleibt. Das öffentliche Leben schläft allmählich ein, einige Dutzend Parteiführer von unerschöpflicher Energie und grenzenlosem Idealismus dirigieren und regieren, unter ihnen leitet in Wirklichkeit ein Dutzend hervorragender Köpfe, und eine Elite der Arbeiterschaft wird von Zeit zu Zeit zu Versammlungen aufgeboten, um den Reden der Führer Beifall zu klatschen, vorgelegten Resolutionen einstimmig zuzustimmen, im Grunde also eine Cliquenwirtschaft – eine Diktatur allerdings, aber nicht die Diktatur des Proletariats, sondern die Diktatur einer Handvoll Politiker, d.h. Diktatur im rein bürgerlichen Sinne, im Sinne der Jakobinerherrschaft (das Verschieben der Sowjetkongresse von drei Monaten auf sechs Monate!). Ja noch weiter: Solche Zustände müssen eine Verwilderung des öffentlichen Lebens zeitigen: Attentate, Geiselerschießungen etc. Das ist ein übermächtiges, objektives Gesetz, dem sich keine Partei zu entziehen vermag.
Der Grundfehler der Lenin-Trotzkischen Theorie ist eben der, daß sie die Diktatur, genau wie Kautsky, der Demokratie entgegenstellen ... ›Als Marxisten sind wir nie Götzendiener der formalen Demokratie gewesen‹, schreibt Trotzki. Gewiß, wir sind nie Götzendiener der formalen Demokratie gewesen. Wir sind auch nie Götzendiener des Sozialismus oder des Marxismus gewesen ... Es ist die historische Aufgabe des Proletariats, wenn es zur Macht gelangt, anstelle der bürgerlichen Demokratie sozialistische Demokratie zu schaffen, nicht jegliche Demokratie abzuschaffen ... Sozialistische Demokratie beginnt zugleich mit dem Abbau der Klassenherrschaft und dem Aufbau des Sozialismus. Sie beginnt mit dem Moment der Machteroberung durch die sozialistische Partei. Sie ist nichts anderes als Diktatur des Proletariats.
Jawohl: Diktatur! Aber diese Diktatur besteht in der Art der Verwendung der Demokratie, nicht in ihrer Abschaffung ... diese Diktatur muß das Werk der Klasse und nicht einer kleinen, führenden Minderheit im Namen der Klasse sein, d.h. sie muß auf Schritt und Tritt aus der aktiven Teilnahme der Massen hervorgehen, unter ihrer unmittelbaren Beeinflussung stehen, der Kontrolle der gesamten Öffentlichkeit unterstehen ...« Hiermit wird restlos klar, was demokratischer Arbeiterkommunismus und was Diktatur ge-

gen das Proletariat ist. Den demokratischen Arbeiterkommunismus, von Weitling über Luxemburg bis hin zu den heutigen Reformkommunisten, zeichnet, im Gegensatz zur Ideologie des Marx, die Bewahrung der humanistischen Tradition, die Garantie der Menschen- und Bürgerrechte aus. Angelpunkt dieses Verständnisses einer sozialen Demokratie ist die Freiheit der Persönlichkeit:
»Freiheit nur für die Anhänger der Regierung, nur für Mitglieder einer Partei – mögen sie noch so zahlreich sein – ist keine Freiheit. Freiheit ist immer Freiheit der Andersdenkenden. Nicht wegen des Fanatismus der ›Gerechtigkeit‹, sondern weil all das Belebende, Heilsame und Reinigende der politischen Freiheit an diesem Wesen hängt und seine Wirkung versagt, wenn die ›Freiheit‹ zum Privilegium wird.«[66]
Das ist jene Stelle, die Herbert Wehner in seiner Rede vor dem Deutschen Bundestag am 21. Oktober 1949 zitiert[67] und anfügt, daß ein sowjetisches Militärgericht in diesen Tagen vier junge Berliner, Mitglieder der sozialistischen »Falken«, wie üblich zu 25 Jahren Straflager verurteilte, weil sie einige hektographierte Exemplare dieser Äußerung von Rosa Luxemburg verbreitet hatten. Die Deutschen wurden, wie man sieht, durch die Stalinisten nicht nur von Hitler, sondern auch von den führenden Theoretikern der KPD befreit. Diese Jugendlichen wurden, wie üblich, verurteilt, ohne daß sie sich mit ihren Eltern oder einem Rechtsbeistand hätten in Verbindung setzen können[68]. Hatte sich die FDJ oder die SED jemals gegenüber dieser Art von Militaristen dafür eingesetzt, daß Jungsozialisten die Ansichten der Mitbegründerin der KPD für gut finden durften? Wir wissen alle, wie das war und wie es ist. Wie würden wohl die inzwischen zu Tausenden zwangsdemonstrierten Berliner am jährlich begangenen Gedenktag für Rosa Luxemburg und Karl Liebknecht reagieren, wenn ihnen »Karls Enkel« einmal diese Schriften Luxemburgs hektographiert zur Kenntnis brächten?
Die Kritik von Rosa Luxemburg leitete, nach der vorangegangenen Spaltung in die drei Flügel, die Spaltung nunmehr des linken Flügels ein. Daher ist sie historisch von grundsätzlicher Bedeutung und deshalb ausgiebig wiedergegeben worden. Hätte Rosa Luxemburg das Mordkommando der

reaktionären deutschen Truppen überlebt, wäre sie unausweichlich wie führende andere deutsche Kommunisten, deren Namen jahrzehntelang nicht erwähnt werden durften, den Mordkommandos Stalins zum Opfer gefallen, »hinausgesäubert« worden. Heute hat die Kritik von Rosa Luxemburg nicht mehr nur abstrakt-theoretische, sondern weltpolitisch-praktische Bedeutung. Das erhöht ihr Gewicht.
Aus der Geschichte kennen wir die Zerfallsprozesse jeder Ideologie. Luther hatte kaum den einheitlichen Katholizismus zertrümmert, da sah er sich von Calvin und Zwingli bedrängt. Bernstein hatte den orthodoxen Marxismus zertrümmert, Lenin und die Reformkommunisten führten sein Werk fort. Die Erkenntnis ist nicht aufzuhalten, und folglich gilt, daß beständig nur der Wechsel ist. Kein Religionsstifter konnte die Spaltung seiner Nachfahren verhindern. Diese ideologischen Fanatiker bewirken Enormes: Die Folterer des Schah gehen, die Folterer des Khomeni kommen. Die Schinder des Zaren gingen, die eines Stalin kamen. Die Gestapo wurden wir los, die Stasi haben wir an der Gurgel. Seit den Kreuzzügen haben die Ideologien immer nur Blut und Tod, Leid und Elend über die Europäer gebracht. Letztlich haben die Ideologie des Marxismus und des Antimarxismus zur faschistischen und zur stalinistischen Diktatur und somit zum Zweiten Weltkrieg geführt. Soll das Elend der heutigen halb deutsch, halb russischen Ideologie zum dritten Weltkrieg führen? Wird nicht von Kindesbeinen an in der DDR der »Haß auf den Klassenfeind«, wird nicht unablässig »das Feindbild BRD« gepredigt? Bewirkt der marxistische Klassenwahn etwas anderes als der antimarxistische Rassenwahn? Kann man mit Lüge, Hetze und Feindbild ein Klima des Vertrauens, vertrauensbildende Maßnahmen schaffen, die den Frieden sicherer machen sollen in Europa?
Kann man mit der täglichen, haßerfüllten Propaganda vom unausweichlichen, gesetzmäßigen Untergang des Imperialismus, durch Marx und Lenin bewiesen, vom sozialistischen Weltsystem beschleunigt, darauf hinwirken, daß die Militärblöcke aufgelöst, die ABC-Waffen aus Deutschland verschwinden werden? Wer glaubt das eigentlich, und folglich: Was wollen die Russen denn wirklich? Einheit und Frieden in Deutschland und Europa oder Spaltung und

Krieg in Deutschland und Europa? Soll das Afghanistan von heute das Trainingsfeld für Mensch und Waffen für den letzten aller Kriege sein, so wie Spanien Mitte der dreißiger Jahre das Vorfeld des Zweiten Weltkrieges war? Ist der ideologische Wahn, der dem politischen Schwachsinn der unablässigen Überrüstung zu Grunde liegt, denn nicht einmal angesichts der drohenden totalen Vernichtung der Menschheit zu stoppen? Kann sich das Sowjetsystem nicht aus eigener Kraft reformieren, die Menschen- und Bürgerrechte respektieren, die Selbstbestimmungsrechte der Völker achten, der eigenen in der SU wie der fremden außerhalb der Grenzen? Wäre das nicht die erfolgreichste Art der Abrüstung und Friedenssicherung?

Wenn Haß und Feindpropaganda aufhörten, könnte man sicher sein, daß die materiellen Fundierungen des Friedens nicht auf sich warten ließen. So könnte es sein, aber es wird nie so sein. Die marxistische Ideologie ist nicht reformfähig, so wenig wie das ihr entsprechende System. Der gescheiterte Versuch des XX. Parteitages der KPdSU beweist es. Politisch bleibt nur eine Wahl: Man muß die Sowjets durch militärische Stärke zwingen, Frieden zu bewahren. Anders sind Entspannung und Abrüstung nicht zu erreichen. Anders ist das Überleben der Deutschen nicht zu sichern. Wer über Vaterland und Nation anders als Marx denkt, kann das nie vergessen.

Nach der Besudelung von Vaterland und Nation beleidigt Marx die Menschenwürde zutiefst, indem er weiter, im Abschnitt II, schreibt: »Die Ideen der Gewissens- und Religionsfreiheit sprechen nur die Herrschaft der freien Konkurrenz auf dem Gebiete des Gewissens aus.« Wie viele Menschen sind für ihre Glaubens- und Gewissensfreiheit gestorben? Wie viele Opfer hat die Inquisition, die faschistische Gestapo, die Stalinsche Geheimpolizei auf dem Gewissen? Also schafft die freie Konkurrenz ab, kehrt ins finstre Mittelalter zurück, denn: Was Gewissen ist, bestimmt die KP, und die Geheimpolizei sorgt dafür, daß jeder ein blitzsauberes Gewissen hat.

Der finsterste Absolutismus ließ immerhin noch die Aufklärer zu. Er gab den Enzyklopädisten sogar Papier und Druckerlaubnis, etwas, was hierzulande unbegrenzt verhindert wird, denn der proletarische Absolutismus macht keine solchen Mätzchen. Seit seiner Installierung durch die Russen erließ er Einfuhrverbote gegen Zeitungen und Bücher aus dem Westen, gerade so wie die adeligen deutschen Anrainer an der französischen Grenze nach 1789 verfuhren: keine westliche Ideologie, wer sie verbreitet, kann sitzen. Es gibt nicht nur geeignete Löcher in Bautzen.

Woher stammt diese ungeheure Furcht vor dem geistigen Erbe der Menschheit? Warum diese Angst vor empirischen Tatsachen, Zusammenhängen, kritischen Anmerkungen, anderen Lebensauffassungen? Es ist einfach das zu beantworten. Der Kern des marxistischen Systems ist Lüge in Ideologie und Praxis. Es kann nur erhalten werden, wenn der leiseste Hauch der Wahrheit ferngehalten wird. Es handelt sich um die seit Jahrhunderten in Rußland herrschende Mentalität des Absolutismus, einer wahnwitzigen Angst vor den fortschrittlichen Ideen des Westens. Die ochsenköpfige Furcht der Herrschenden ist begründet, ihre Gegenwehr letztlich zwecklos. Die Kommunikationsströme sind nicht zu unterbinden. Der wissenschaftlich-technische Fortschritt arbeitet allseitig gegen das ideologische Mittelalter der Russen und der Ersatzrussen.

Nichts wird helfen, weder die Gemeinschaftsantennen auf den Wohnblöcken, die Berufsverbote für Stasi-Leute, Polizisten, Armeeangehörige usw. für den Fall, man kann ihnen Westfernsehen nachweisen. Die »Säuberung« der Bibliotheken wird so wenig helfen, wie der Versuch, den Wissenschaftlern selbst ihre privaten Bestände an Westliteratur wegzunehmen. Per Knopfdruck kann sich jedermann die gewünschte politische Westinformation holen. Die wissenschaftliche Information, die Literatur erfordert, wird selbst Hochschullehrern vorenthalten. Das erklärt mit, warum der reale Sozialismus immer zehn Jahre in Wissenschaft und Technik hinter dem Westen herhinkt. Das System ist schizophren.

Dabei ist, laut Lenin, »der Marxismus allmächtig, weil er wahr ist«. Das Wahre scheint er aber nicht zu sein. Zumindest muß das die Obrigkeit denken, die ihren standhaften Anhängern verbietet, sich durch Westkontakte zu infizieren. Tun sie es, werden sie zumindest politisch geköpft. Der Tod heilt alle Krankheiten. Immerhin: auf dem heutigen Opernplatz vor der Humboldt-Universität werden keine

Bücher mehr verbrannt. Die dessen würdig sind, wandern in den Reißwolf. Die Autoren werden nicht mehr auf Scheiterhaufen gegrillt. Es gibt subtilere Methoden, ihnen das Leben zur brennenden Hölle zu machen. Niemand ist schlimmer, als der denkende Gedankenverbrecher, wenn er zum Ideologiezerbrecher wird, und wir Deutsche hatten schon immer Schwierigkeiten mit der Gedanken- und Gewissensfreiheit und dem wahren Glauben.
Unsere Ur-ur-ahnen schlugen sich im Gefolge der Reformation vorgeblich um die wahre Ideologie dreißig Jahre wechselseitig und mit dem Beistand der damaligen Supermächte tot. Dann schloß man den ideologischen Frieden. Versteht heute noch ein Protestant oder Katholik, worum sich die ideologischen Querelen damals drehten? Und nun noch eine Anmerkung zur Gewissens- und Religionsfreiheit als »Produkt der freien Konkurrenz«. Das ist nicht zur Zynismus, das ist, historisch eingeordnet, auch Dummheit:
Wann hatte sich die freie Konkurrenz in Europa bemerkbar gemacht, wann durchgesetzt? Nehmen wir die niederländische bürgerliche Revolution als Ausgangs- und die Vollendung der deutschen im 19. Jahrhundert durch Bismarck als Endpunkt, dazwischen die englische und französische, dann ist wohl klar, daß der Kapitalismus der freien Konkurrenz als Abschnitt zwischen 1789 und 1871 zu sehen ist, wo die kapitalistische Warenproduktion in Europa endgültig über den Feudalismus siegte. Und da muß man den fleißig stümpernden Marx und seine heutigen Interpreten daran erinnern, daß die Europäer, besonders die Deutschen, schon im tiefsten Feudalismus 1555 den Religionsfrieden zu Augsburg und ein Jahrhundert später die Friedensverträge von Münster und Osnabrück 1648 schlossen.
Der Westfälische Frieden löste vor allem die konfessionellen, die ideologischen Probleme im Heiligen Römischen Reich Deutscher Nation, es gab Glaubens- und Gewissensfreiheit lange vor der freien Konkurrenz. Für das überwiegend feudale Europa – die Niederlande und die Schweiz schieden ja 1648 aus dem Reichsverband aus, wofür sie der junge Engels wegen ihres »Abfalls vom Reich« noch am Anfang seiner journalistischen Tätigkeit bestraft sehen wollte – begann die Ära des Absolutismus, in welcher auch die bürgerliche Ideologie zunehmend toleriert wurde. Wann wird

die sogenannte östliche Staatengemeinschaft Europas sich politisch-ideologisch wenigstens auf die Höhe und die staatsmännische Weisheit der fürstlichen europäischen Mächte des ausgehenden Mittelalters stellen können? Von den Russen ist da nichts zu erwarten. Die haben ihren orthodoxen Glauben seit über 1000 Jahren nicht refomiert, die werden auch nie die marxistisch-leninistische Diesseitsreligion modernisieren.

Wann wird der reale Sozialismus seinen Religionsfrieden schließen? Wann werden die Generalsekretäre der kommunistischen Parteien sich endlich auf die menschliche Höhe eines um Jahrhunderte zurückliegenden Niveaus erheben und jeden, der nicht als Untertan das Glaubensbekenntnis seines Landesherren ertragen will, ungeschoren, ungeschunden und ohne diskriminierende Behandlung auswandern lassen? Und zwar so, wie es schon unter zivilisierten Menschen des Mittelalters üblich war, nach ruhiger Ordnung seiner Angelegenheiten, nach dem Verkauf seiner Habe, nach festen, rechtlichen Grundsätzen und nicht nach Drangsal und Willkür, die bis zur Gefährdung der physischen Existenz geht? Nicht nach jahrelangem Warten in Ungewißheit oder nach Zwangsumsiedlung innerhalb der DDR, und dann Rausschmiß in Stunden, usw. usf., sondern Ausreise nach den Regeln, die schon vor 400 Jahren in Deutschland praktiziert wurden! Erhebt euch, Genossen, steht endlich auf den Schultern bester deutscher Tradition! Von welchem Vorbild haben die »Tschekisten« der DDR ihre barbarischen Praktiken? Von einem deutschen mit Sicherheit nicht! Wann wird man solche Menschenrechte, fast vor einem halben Jahrtausend in Deutschland festgeschrieben, den Mecklenburgern und Brandenburgern, den Thüringern und Sachsen, natürlich auch den eingesachsten Rest-Schlesiern wieder zugestehen, in einer Weltzeit, in welcher der letzte Steinzeitstamm auf Papua-Neuguinea und die letzten Kanaken ihr Selbstbestimmungsrecht erhalten? Oder sollen hierzulande die Leibeigenschaftspraktiken der Russen in Ewigkeit herrschen?

Also, Genosse Murx, sag's mal den deinen bei ihrer nächsten Generalversammlung: Selbst die fanatischste Gegenreformation respektierte bereits im Feudalismus die Glaubens- und Gewissensfreiheit. Als sie im Sommer des Jahres

1600 die kaiserlichen Kammergutarbeiter, 90 Prozent der Bevölkerung des Salzkammerguts waren davon betroffen, zwangsweise rekatholisieren wollte, erließ sie am 21. Juli den Befehl an alle Salzarbeiter, entweder katholisch zu werden oder auszuwandern: Entweder-Oder, das ist doch ein Wort!

Das sogenannte »Neue Deutschland«, das welthistorisch einmalige »Zentralorgan« der SED, publiziert gelegentlich Historisches. Am 2./3. Februar 1985 äußerte es sich zum Augsburger Religionsfrieden mit der Auskunft: Cuius regio, eius religio. Mehr zu sagen, hielten die Zitatierer nicht für angebracht. Die Historiker hingegen räuspern sich da schon etwas mehr, wenn auch nicht ganz historisch über alle Modalitäten, zur Glaubens- und Gewissensfreiheit und zur Auswanderung: »Auch galt die freie Wahl des Glaubensbekenntnisses – bezogen auf den als Religionsfrieden bekannten Reichstagsabschied vom 25. August 1555 – nur für die Reichsstände, während deren Untertanen sich der Entscheidung des jeweiligen Landesherren zu fügen hatten oder widrigenfalls auswandern sollten.«[69]

So sieht die deutsche Tradition aus, die Marx völlig mißachtet hat, und das erklärt, warum Lenin, der Russe, in diesem Punkte Marx nicht revidiert hat, sondern hier vollen Anschluß ohne jede »Weiterentwicklung« fand, im Gegensatz zu anderen Teilen der Marxschen Ideologie: Marx' Denken ist undemokratisch, es ist absolutistisches, rückständiges, zaristisches Denken. Die Russen hatten es nie mit den humanistischen Ideen der Aufklärung in angewandter Form zu tun, daher fanden Lenin und Stalin den Marx in diesem Punkt völlig brauchbar. Die Neostalinisten tun das heute auch in der DDR. Nur gut, daß, im Gegensatz zum »Manifest«, die herrschenden Ideen einer Zeit niemals nur »die Ideen der herrschenden Klasse« sind.

Diese Aussage ist regelrecht schwachsinnig, ahistorischer geht es nicht mehr. Nehmen wir die Zeit von Marx: Der Adel, herrschend, setzt die Hauptanliegen der oppositionellen Liberalen um, siehe Zollverein, siehe Bismarcks Reichseinigung! Und wie formierte sich die Opposition in Frankreich vor 1789? Wohl mit den Ideologien der Feudalen? Und warum denkt heute das arbeitende Volk in der DDR ideologisch so ganz anders, als die unproduktive Klasse der

Partei, Staats- und Stasibürokraten, so daß diese nicht nur die Betonmauer, sondern auch die juristische Mauer der verschärften Strafrechtsbestimmungen errichten und den großen Totschlagknüppel der »ideologischen Diversion« gegen die Deutschen in Ost und West anwenden müssen? Und sie wollen noch mehr: Jetzt soll die völkerrechtliche Mauer, die Aufhebung des Rechtes in der BRD über die Staatsbürgerschaft, die dritte Sperrlinie zur restlosen Spaltung unserer Nation werden. Keiner soll sagen, er habe das nicht gewußt, man lese das »Neue Deutschland« vom 30. Januar 1985, Seite 5, Außenpolitik: Die Ausübung der Personalhoheit eines Staates ... Langsam läßt die SED den Rest der nationalen Maske fallen! Hatten diese Ersatzrussen nicht mit Stalin geschworen, die Hitler würden kommen und gehen, der deutsche Staat aber bliebe? Hatten sie nicht erklärt, die Russen hätten mehrfach in internationalen Abkommen, zuletzt in denen von Potsdam, also 1945, die deutsche Einheit unverbrüchlich garantiert? Damals befanden sie sich ideologisch noch in Übereinstimmung mit dem Volk zumindest in der nationalen Frage. Heute kann keine Rede mehr davon sein. Der Rest der Gemeinsamkeit zwischen Herrschenden und Beherrschten ist in der DDR zerbrochen, die Saat zu sich verschärfenden Konflikten durch die Regierer gelegt.
Marx schließt den II. Abschnitt des »Manifests« mit der Bemerkung, daß die politisch Herrschenden »alle Produktionsinstrumente in den Händen des Staates, d.h. des als herrschende Klasse organisierten Proletariats zu zentralisieren« hätten. Der DDR-Arbeiter erzählt, reagierend auf diese Stelle, die er von der Schulung her kennt: Also, mein amerikanischer Kollege steht früh um fünf auf, haut sich sechs Eier in die Pfanne, fährt in seinem großen Wagen in die Fabrik und läßt sich ausbeuten. Mein westdeutscher Kollege haut sich vier Eier in die Pfanne, fährt mit seinem kleinen Auto in die Fabrik und läßt sich ausbeuten. Ich haue mir zwei Eier in die Pfanne, schwinge mich aufs Fahrrad, strampele mich in die Fabrik und – regiere mit. Das ist eine zutreffende Illustration zur zentralen SED-Losung: Plane mit, regiere mit. Der große Abstrahierer Marx kriegt's hier ganz konkret, denn nirgends ist bei ihm klar: Wie ist der Staat, wie die Klasse, »organisiert«. Wie regiert

wer, wer sucht ihn aus, wer kontrolliert ihn, wer löst ihn ab? Bestimmt das Volk oder der Apparat? Wird frei diskutiert, kritisiert, gewählt oder nur applaudiert?
Allerdings wird Marx am Ende des »Manifests« fast konkret. Er faßt sein politisches Konzept für die bevorstehende Umwälzung in zehn Punkte zusammen. Greifen wir uns nur ein Problem heraus, um zu sehen, ob Marx nun, nach all dem theoretischen Unsinn, vielleicht doch brauchbare politische Ideen hatte. Wie hat er also die Bauernschaft, die Hauptkraft der anstehenden antifeudalen Revolution, die absolute Masse der Bevölkerung Deutschlands, politisch behandeln wollen?
Zunächst behandelt er ihre Probleme nicht zusammengefaßt in einem Punkt, sondern zerstreut. Lesen wir uns das zusammen, dann kommt heraus?
»Expropriation des Grundeigentums und Verwendung der Grundrente zu Staatsausgaben.«
Was heißt das? Enteignung aller? Will man damit die Klein-, Mittel- und Großbauern für die Revolution auf die Barrikaden treiben? Wie spinnert muß eigentlich einer sein, der meint, die Bauern schlagen ihr Leben in die Schanze um Grund und Boden nicht zusätzlich zu erhalten, sondern zu verlieren? Warum knüpft er nicht an die Sorgen der Bauern an, fordert eine revolutionäre Maßnahme zu ihren Gunsten, eine radikales Zuendebringen der preußischen Reformen, Erlaß der Rückzahlung der Auslösegelder o.ä., etwas, was der Landmann als eigenes Interesse begreift, etwa Aufteilung des feudalen Besitzes zugunsten der Bauern? Lenin hat klassisch auch mit dieser These des Marxismus, der sogenannten Bündnispolitik, gebrochen: Er übernahm nicht von Marx, sondern von den Volkstümlern und Sozialrevolutionären deren Bauernprogramm. Stalin führte das Marx-Konzept hingegen durch, mit dem Ergebnis, daß durch die stetige Leistungsverweigerung der russischen Bauern der rote Imperialismus ohne goldgelben imperialistischen Weizen bis heute nicht leben kann.
Hat Marx vielleicht den Bauern das Eigentumsrecht garantiert? Nein, er dekretiert: »Abschaffung des Erbrechts« – wiederum eine anfeuernde Losung, für die Bauernsöhne ganz besonders und für die Alten, die, ohne Sozialversicherung, ja schließlich vom Vererbten, vom Altenteil, ihren Le-

bensabend bestreiten mußten. »Urbarmachung und Verbesserung der Ländereien nach einem gemeinschaftlichen Plan.« Soll das nun etwa genossenschaftliche Produktion bedeuten? »Errichtung industrieller Armeen besonders für den Ackerbau«. Soll das nun wieder landwirtschaftliche Lohnarbeiter, also Staatsgüter, bedeuten? In der DDR heißt es ja immer bei den unsinnigsten Parolen und Aktionen sarkastisch: Nun, die Genossen werden sich was dabei gedacht haben. Von dem Marx wird man das wohl doppelt und dreifach sagen dürfen, denn er hat recht behalten mit den industriellen Armeen: Einsatz aller Studenten und Oberschüler sowie der Armee und aller bückfähigen Einwohner für die Kartoffel- und Rübenernte in der DDR, alle Jahre wieder.

Denn auch das ist klassisch, weil vor der »Armee« steht: »Gleicher Arbeitszwang für alle.« Wer ordnet den Zwang an, den heilsamen? Die Zentralbehörde. Sie macht die wichtigste Arbeit, zwingt alle anderen, orwellisiert den Laden. Es handelt sich hier um die primitivsten kommunistischen Vorstellungen nicht von Blanqui, sondern von dessen Vorläufern. Allerdings verlangt Marx nicht, wie diese, und da zeigt sich eben sein wahrhaft fortschrittliches Denken, die Zerstörung der Städte als Zentren der Macht, des Geldes und des Lasters …

Man kann die politischen Vorstellungen des Marx in der Kernfrage der Revolution nur als abenteuerlich bezeichnen, er war etwa das, was er seine Gegner schalt, ein »breimäuliger Faselhans«. Das war nicht nur volksfremd, das war schon volksfeindlich. Hier liegt, neben dem Schwachsinn nicht einer Bündnis-, sondern einer Feindpolitik gegenüber den Bauern, einer der katastrophalsten Denkfehler des Marx vor, derjenige der Industrialisierung der Landwirtschaft. Die Kommunisten und Sozialisten vor ihm hielten schon die Fabrik für unmenschlich, aber Marx plädierte für die sinnlose Zerstörung einer naturgegebenen Produktions- und Lebensweise, die dem Menschen eben Gottlob nicht zum Anhängsel der Maschinen machte.

Was wäre denn heute, hätte Stalin die familiären Bauernwirtschaften Rußlands nicht zwangsweise zerstört, sondern mit technischem Gerät passabel ausgestattet? Die UdSSR besäße einen Überfluß an Nahrungs- und Genußmitteln wie die EG und wäre nicht auf deren subventionierte Exporte angewiesen. Sie könnte ihre verhungernden Verbündeten in Äthiopien und anderswo mühelos miternähren. Was wäre denn mit den katastrophalen ökologischen Zuständen im realen Sozialismus, wenn jeder Bauer seine Bodenkrume nicht durch überschwere Russentechnik ruinieren, sondern pfleglich behandeln würde? Über die Hälfte der landwirtschaftlichen Nutzungsfläche der DDR ist schadstoffverdichtet. Es treten Ertragseinbußen von 10 bis 40 Prozent auf! Dafür muß Getreide gegen Devisen importiert werden. Die boden- und pflanzengerechte landwirtschaftliche Technik der DDR muß in die Sowjetunion exportiert werden: So zahlt das Volk wieder doppelt. Hätte, bei Einsicht in die »gesetzmäßige Entwicklung«, die ruhmreiche Partei nicht sehen müssen, daß jede Nation den Bauern der Zukunft als Bewahrer der Natur, als Hüter der Erde, des Wassers und der Wälder braucht? Haben alle weisen Generalsekretäre der kommunistischen Parteien in den Ostblockstaaten nicht begriffen, daß es erhebliche Unterschiede zwischen einer sozialen Umwälzung und der wissenschaftlich-technischen Entwicklung gibt? Läßt das daran glauben, daß da bei Marx schon in den Definitionen einiges durcheinander geht? Weil, z. B., die sozialen Spannungen die Triebkraft Klassenkampf erzeugen, die Triebkraft Klassenkampf aber keinen wissenschaftlich-technischen Fortschritt erzeugt, sondern der vor allem auf Grund wissenschaftlich-technisch-ökonomischer Konkurrenzsituationen produziert wird, von Faktoren also, die durch die soziale Revolution zu deren Nachteil eleminiert würden? Weitertreibend, entscheidend sind die inneren Widersprüche. Der reale Sozialismus hat sie durch Eigentumswechsel vernichtet und dafür äußere, administrativen Druck, an ihre Stelle gesetzt: Nach der Mißhandlung der Wissenschaft der zweite entscheidende Fehler des Systems; Fehler, welche die dauernde wissenschaftlich-technische und produktivitätsmäßige Unterlegenheit gegenüber den kapitalistischen Industrieländern erklären. Die Marxschen Dogmen halten das pulsierende Leben der Wirtschaft in eisernen Klammern, schädigen die Arbeitenden Jahr für Jahr um viele Milliardenwerte, wirken wie die Religion des Islam extrem fortschrittsfeindlich.

Trotzdem gibt es doch wahrlich westliche Diplomaten und Publizisten, die sich beeindruckt zeigen von der Landwirtschaft der DDR. Haben sie sich einmal gefragt, was das zu Lasten der gesamten Volkswirtschaft gekostet hat, MAS, MTS, Stallanlagen, Silos, infrastrukturelle Anlagen, kurz: Wie überteuert war und ist die sinnlose Überzentralisation? Haben sie sich außer in den Vorzeige-Objekten wirklich einmal umgesehen? Haben sie bemerkt, wie ätzende Güllebäche das Grundwasser verseuchen? Wie die ausgebrachte Gülle die Wiesen verätzt, daß dort weder Gras noch Kraut, keine Blume mehr wächst, sondern schilfartige Halme, die, geschnitten und siliert, den Rindern als Futter dienen und so die Fleisch- und Milchqualität erschreckend drücken? In den Molkereien verdirbt oftmals ein hoher Prozentsatz der angelieferten Milch, qualitativ hochwertige Käsesorten können der schlechten Milchqualität wegen vielfach nicht mehr produziert werden.
Riesige Verluste entstehen durch die großflächigen Monokulturen, durch überlange Transportwege, durch die sogenannte moderne Technik, die nicht modern genug ist: Die wenigen Mähdrescherfahrer des E 512, die jetzt endlich mit einem Bordrechnersystem ausgerüstet sind, retten pro Ernte vier bis fünf Tonnen Getreide, die sonst verlorengingen! Man multipliziere das und vergleiche es mit der Menge importierten Futtergetreides!
Früher sagten die Bauern im Mecklenburgischen, das Vorwerk frißt den Verdienst. Das waren zwei bis drei Kilometer Arbeits- und Transportweg mit dem Pferdefuhrwerk. Heute werden die Bauern dreißig bis vierzig Kilometer mit Bussen durch die Landschaft gekarrt, verlieren kostbare Zeit, und dann dürfen sie, desinteressiert, auf fremdem Boden pflügen, säen und ernten: Abbau des Gegensatzes zwischen Stadt und Land nannte das Marx. Trennung von Tier- und Pflanzenproduktion mittels Spezialisierung nennt das die heutige Zentralbehörde. Sie trennen das Tier von der Pflanze – wie klug! Wann trennt man diese Zentralbehörde von ihrem Futternapf?
Dieses System beschert den Bauern eine Arbeitszeit in drei Schichten, inclusive »rollender Schicht« auch am Wochenende. Welch ein Vorteil gegenüber der früheren Tradition einer erhöhten Anspannung der Kräfte im Sommer, einer

relativen Ruhe im Winterhalbjahr! Was ist der eigentliche Hintergrund für das Versagen der Landwirtschaftspolitik im RGW? Es ist die Ideologie des Murx. Russen und Bulgaren experimentierten mit »neuen Schritten auf den Wegen zum Kommunismus«. Die DDR-Bauern, genug gebeutelt mit Lyssenko und Mitschurin, mit Rinderoffenställen und Quadratnetzpflanzverfahren usw. usf., wehrten sich wiederum vergeblich. Die Spezialisierung um jeden Preis, koste es, was es wolle, wurde aus ideologischen Gründen und der angestammten Unterwürfigkeit wegen durchgesetzt. Ergebnis: Jetzt, nach wiederum ungeheuren Verlusten, wird der Kurs wieder gewechselt, wie gehabt. Das Qualitätsmerkmal der SED-Politik lautet ja überhaupt: Rinn in die Kartoffeln, raus aus die Kartoffeln ... Das »Neue Deutschland« hat daher bereits wieder entdeckt, nachdem das ZK dies erforscht und beschlossen hatte, daß Weidenanpflanzungen an Bächen und Flüssen die Uferbeschädigungen bei Hochwasser mindern und man mit einfachen Stauwehren Wasser auf die Wiesen leiten kann, weil dann das Gras besser wächst!

Früher wußten die Bauern sogar nicht nur, daß ohne Wasser keine Pflanze wächst, sondern, z. B. auch, daß ein Kuhmaul die billigste und schärfste Sense ist. Im realen Sozialismus bleiben die richtigen Rindviecher alle angepflockt im Stall: sowjetische Erfahrung! Sie fressen Silage, energie- und technikaufwendig, teuer produziert, statt Gras und Heu: sowjetische Erfahrung! Sie werden krank und steril, das macht nichts, sie werden gesund gespritzt, so daß man Fleisch nur noch auf Rezept kaufen dürfte: egal, sowjetische Erfahrung! Wer zwingt eigentlich die DDR-Funktionäre, von der rückständigsten, leistungsschwächsten Landwirtschaft der Welt regelmäßig alle Ursachen dortiger Katastrophen zu übernehmen? Sollten sie ihre Bauern nicht lieber zum Studium auf die Grüne Woche in Berlin-West lassen, wo gezeigt wird, was Spitzenniveau ist? Allerdings scheitert das wieder daran, wie mir einer, der's wissen muß, gesagt hat, daß die DDR-Bauern nicht wissen, wie man S-Bahn fährt ... Übrigens: Da es dank OPEC und SU in der DDR nicht mehr genügend Diesel gibt, werden die Viecher wieder auf die Weide gelassen. So widersprüchlich ist die Ökonomie: Die reduzierten Ölmengen, von den Sowjets gegen Westmark

verscherbelt, verhelfen den wirklichen Hornochsen in der DDR wieder zu größerer Freiheit.
Die DDR hätte, bei einer Entwicklung einer bäuerlichen Familienwirtschaft wie in der Europäischen Gemeinschaft, mit boden- und pflanzengerechter Technik, die zur Produktion hoher Überschüsse vor allem auch qualitativ einwandfreier Produkte führt, Milliarden über Milliarden an Investitionen gespart und sich keine ökologischen Katastrophen schlimmsten Ausmaßes organisiert. Sie hätte die erbärmliche Infrastruktur ihres Gebietes auf ein vorbildliches Niveau bringen oder sonst etwas Sinnvolles mit den für die Landwirtschaft verschleuderten Mitteln anstellen können.
Es ist wie in der Industrie: Seitdem die Weltwirtschaftskrise und die Umstellung auf intensive Reproduktion die Funktionäre zwingt, dafür zu sorgen, daß mit Material und Energie sparsamer gewirtschaftet wird, erfahren die staunenden DDR-Bürger, daß ihr Zuwachs an Nationaleinkommen zur Hälfte aus Einsparungen besteht. Nehmen wir die – natürlich gefälschte – Statistik beim Wort: Wer ist dann verantwortlich für die Milliarden, die Jahr für Jahr bei der extensiven Wirtschaftsstrategie zum Schaden des arbeitenden Volkes verschlampt worden sind? Wie hoch ist der Schaden, der durch die vermurxte Wirtschaftspolitik der SED dem Volk zugefügt worden ist? Das gilt nicht nur für Industrie und Landwirtschaft, sondern für alle Bereiche. In der Landwirtschaft wird das am augenscheinlichsten, wenn man sich das Produktivitätsgefälle zwischen staatlicher, genossenschaftlicher und individueller Wirtschaft ansieht.
Setzt der RGW weiterhin wie bisher auf die Weisung von Marx, »Vereinigung der Betriebe von Ackerbau und Industrie«, auf die »Beseitigung des Gegensatzes von Stadt und Land«, wird sich die Krise des realen Sozialismus rapide verschärfen. Was werden, fragt man sich, die Sowjets tun, wenn ihnen in absehbarer Zeit die Devisen fehlen, weil Westeuropa alternative Energiequellen entwickelt? Womit bezahlen sie ihre künftigen Getreideimporte? Wie gehen sie mit den künftigen Aufständischen in Hungergebieten um? Kappen sie alle Verbindungen nach dort, wie in den zwanziger Jahren? Lassen sie dann fünfzig, statt fünf Millionen Menschen, verhungern? Der letzte RGW-Gipfel hat erstmalig beschlossen, daß die kleinen Ostblockstaaten Nahrungs-

güter an die SU zu liefern haben. Aber die kleinen Länder müssen ihrerseits auch importieren! Vielleicht aber helfen doch noch die Wunderwaffen des Lyssenko: Getreidehalme, stark wie Telegrafenmaste – und so weit auseinander wie sie.

Also halten wir fest: Das »Kommunistische Manifest« ist ein abenteuerliches Putschprogramm, ohne einen Hauch Verständnis für die reale Situation des 19. Jahrhunderts und gegen die absolute Masse des deutschen Volkes, die Bauernschaft, gerichtet. Es ist zugleich eine perfekte Anleitung zum praktischen Ruin der Landwirtschaft im realen Sozialismus.

Zur Abrundung der Charakterisierung des politischen Niveaus von Marx sei ergänzt, daß kurze Zeit nach diesen zehn Punkten des »Manifests« die siebzehn Forderungen der KP erschienen, die, unter dem Einfluß der Arbeitermitglieder der Zentralbehörde, in vielen Punkten realistischer abgefaßt sind, aber keineswegs so, daß sie die Bauern aktiviert hätten. Nicht nur der theoretische, auch der politische Marx ist ein Versager, ein ideologischer Rohrkrepierer. Hier kann man klarmachen, daß er von der »wissenschaftlichen Geschichtsbetrachtung«, seiner vorgeblichen Entdekkung, keine Ahnung hatte: Wie hätte er sonst sozialistische Maßnahmen für eine bürgerlich-demokratische Umwälzung in Deutschland vorschlagen können? Wie hätte er sonst Forderungen formuliert, welche die klassenmäßige Hauptkraft dieser Revolution, die Bauernschaft und das Bürgertum, zurückstoßen mußte? Dieser Mann hatte keine Verbindung auch nur zu einer Klasse des deutschen Volkes. Er hatte keine Ahnung, was Arbeiter, Bauern und Demokraten dachten, fühlten, wollten, obwohl alle ihre ausformulierten, konkreten Programme hatten. Marx war ein spintisierender Intellektueller, ohne Heimat, ohne Vaterland; zerfressen von Haß gegen Juden und Deutsche, geeignet nur zur Zerstörung, destruktiv, ein klassenfremdes, »halbgebildetes« Element, wie die demokratischen Arbeiterkommunisten es formulierten, als sie ihn nach der Revolution aus der KP ausstießen.

Das politische Programm für die deutsche Revolution, die siebzehn Forderungen, hat er wohl mit Engels unter Einwirkung eines verfrühten Siegesrausches formuliert, als er sich als Kaiser von Wien und Engels als König von Preußen sah, denn die Nachrichten aus Deutschland versprachen den totalen Sieg der Revolution. Klaffender kann der Widerspruch zwischen angemaßter wissenschaftlicher Einsicht in die objektiven Gesetzmäßigkeiten des Geschichtsverlaufs und dem politisch-taktischen Handeln gar nicht demonstriert werden, wie es in den zehn Punkten und den siebzehn Forderungen geschehen ist[70].

Natürlich waren die Bourgeoissöhne Marx-Engels nicht bereit, für ihre Forderungen den Kopf hinzuhalten. Sie blieben im Rheinland, im Schutz des bürgerlichen Rechts, im Schutz der Klassendiktatur der Ausbeuter, und suchten sich als leitende Redakteure der »Neuen Rheinischen Zeitung« materiell und ideell eine Position zu erobern, obwohl sie wußten, daß das Schicksal der deutschen Revolution sich in Berlin und Wien entscheiden mußte. Diese historischen Abläufe werden wir, unter dem Aspekt der Entwicklung des Bundes der Kommunisten, später verfolgen. Zunächst müssen wir uns noch mit dem III. Abschnitt des »Kommunistischen Manifests« befassen.

Hier äußert sich Marx über seine ideologischen Vorgänger, denen er pauschal vorwirft, unfähig zu sein, »den Gang der modernen Geschichte zu begreifen«. Wie genial er ihn begriffen hatte, haben wir eben an seinem Revolutionskonzept gesehen. Dann stellt Marx gegen seine Widersacher, die er als kleinbürgerliche Ideologen betrachtet, eine Prognose, die ideologisch und ökonomisch bis heute die verheerendsten Auswirkungen hat. Er prophezeit, wie üblich total verabsolutierend, daß das Kleinbürgertum, also Bauern, Handwerker, Händler, Gastwirte, Dienstleistende, »gänzlich verschwinden« werde, und damit ihre ideologischen Interessenvertreter. Die im realen Sozialismus jahrzehntelang betriebene ökonomische Ausrottung dieser Zwischenschicht, die damit verbundene Vernichtung einer in Jahrtausenden organisch gewachsenen wirtschaftlichen Infrastuktur ist Quelle stetiger ökonomischer und somit politischer Ärgernisse, Schwierigkeiten und wirtschaftlicher Verluste größter Dimension, die in der Systemauseinandersetzung äußerst negativ zu Buche schlagen.

Die kapitalistischen Konzerne wissen, warum sie sich eine breite Schicht von Zulieferern erhalten. Der bürgerliche Staat weiß, warum er Handwerker, Händler, kleine und mittlere Unternehmen fördert: Sie sind die unerläßlichen Öltropfen in der Riesenmaschinerie der Volkswirtschaft. Ihr ökonomischer, ökologischer und sozialer Nutzen kann gar nicht hoch genug veranschlagt werden. Marx und seine gleichfalls hirnrissigen Nachäffer wissen das nicht. Gegenwärtig, nach jahrzehntelanger Zerstörung der leistungsfähigen Handwerker- und Dienstleistungsbetriebe aus Gründen ideologischer Verbohrtheit und ökonomischen Schwachsinns, jetzt, wo die Lage in diesem Bereich unerträglich geworden ist, werden die Träger dieser ökonomischen Infrastruktur langsam wieder aufgepäppelt. Nebenbei ergibt sich für die jahrzehntelang als Klein- und Spießbürger gescholtenen Kleingärtner und Siedler die Aufwertung zu verdienten Patrioten des Volkes. Not bricht nicht nur Eisen, sondern sogar die marxistische Ideologie: Lasset uns hoffen.

Zwischendurch wollen wir festhalten: Marx hatte in seinem »Manifest« der »Anleitung zum Handeln«, weder ein makro-, noch ein infrastrukturelles, noch ein mikroökonomisches Konzept, das im 19. oder im 20. Jahrhundert brauchbar gewesen wäre. Ökonomisch, wiederholen wir Engels, wußte er absolut nichts. Deshalb ist die Ökonomie des IrreSoz heute nicht nur Nichts, sondern Nichtser.

Und wieder trifft sich hier Lenins Interessenlage mit Marx: Das zaristische Rußland kannte keine mikroökonomische Struktur, fast so wenig wie die UdSSR heute. Der ideologische Schwachsinn des Marx konnte dort von Anfang an als hohe Theorie zur Bemäntelung einer ökonomisch uneffektiven Praxis dienen. Das ist die wirkliche »untrennbare Einheit des Marxismus-Leninismus«. Rußlands Wirtschaft bestand vor der Herrschaft der Marxisten vor allem aus selbstgenügsamen Bauernhöfen. So konnte Lenin, gestützt auf Marx, propagieren, das Kleinbürgertum müsse vernichtet werden, denn der Kleinbetrieb erzeuge täglich Kapitalismus, bedrohe ökonomisch und mentalitätsmäßig den noch schwachen Sozialismus.

Die ökonomischen Milliardenschäden, die diese Denkweise in einem Industrieland angerichtet hat, kann in der DDR täglich jeder in Augenschein nehmen. Jedes dritte Hausdach ist hierzulande undicht, schreibt die »Junge Welt«, überall verfallen die Wohnungen in den Obergeschossen; die zu ebener Erde liegenden Geschäfts- oder Ladenräume sind bis heute verrottet. Die KWV-Häuser verkommen im wahrsten Sinne des Wortes, da wird dreißig Jahre lang weder eine Dachrinne repariert noch ein zerfallender Schornstein in Ordnung gebracht. Die Mieten sind Reklamepreise, spottbillig. Für diese Einnahmen kann niemand Werterhaltung betreiben. Mit Pfennigbeträgen könnte wertvoller Wohn- oder Nutzraum erhalten werden. Sie sind nicht da. Wenn aus Pfennigbeträgen Millionenschäden geworden sind, werden mit Milliardenkosten neue Betonklötze auf fruchtbares Ackerland gesetzt, wo eigentlich Futtermittel wachsen sollten, um Devisen zu sparen. Wer zahlt? Der Staat. Von wem nimmt er das Geld? Vom Arbeiter und Bauern. Was sie an Miete sparen, geben sie volkswirtschaftlich wieder verzehnt- bis verhundertfacht aus, da sie ja Eigentümer sind: effektivste Effektivität!

Die Wohnungskalamität, gepaart mit Dienstleistungs-, Reparatur- und Ersatzteilmisere, macht die Bevölkerung latent renitent, und der Stasiüberdruck, Mißstimmung zu unterbinden, bringt beträchtliche Teile der Bevölkerung politisch auf den Siedepunkt. Alles zusammengenommen erzeugt die chronische Ausblutung durch Republikflucht. Wie wäre es, wenn Stasi und Grenztruppen, statt auf Menschenjagd zu gehen, Ersatzteile und Baumaterialien produzierten und überall dienstleistend reparierten? Nach der (fast) ersten Entdeckung des Marx würde somit das Sein positiv verändert, und damit entfielen alle negativen Reflexe im Bewußtsein, oder? Die Bundesbürger würden zu Hauf nach hier übersiedeln, der zweitmächtigste Kapitalismus bräche zusammen, selbst die Karnevalisten im kurfürstlichen Schloß zu Mainz würden freudig erregt »Heil Moskau« statt »Helau« donnern, und keiner würde mehr sagen, armes Deutschland, denn wir wären reich.

Ich wünsche den Ungarn Erfolg, die den Mut haben, andere, wenn auch nicht problemlose Wege zu gehen und auch den Chinesen, die zum Nikolaustag 1984 in ihrer KP-Zeitung verkündeten, daß die Wirtschaftstheorie des Kulturrevolutionärs Marx in die Mottenkiste gehört und man die moderne Gesellschaft des 21. Jahrhunderts nicht auf Dogmen gründen könne, sondern eine moderne Volkswirtschaft auch modern leiten müsse. Wie sähen uns eigentlich Naturwissenschaftler an, wenn wir von ihnen verlangten,

ihre Wissenschaft solle sich auf die Erkenntnisse eines Alchimisten stützen, der mittelalterliche Weisheiten im 19. Jahrhundert verkündet hat?
Die fünfzigjährige makroökonomische Fehlorientierung auf Abschaffung der industriellen Warenproduktion, die fünfzigjährige Fehlorientierung auf Beseitigung der mikroökonomischen bäuerlichen und handwerklichen kleinen Warenproduktion, die aus der fünfzigjährigen Fehlorientierung resultierende Vernachlässigung der Infrastruktur haben hauptsächlich dazu geführt, daß die UdSSR und die Ostblockstaaten bis heute nicht an das Leistungsniveau des entwickelten Kapitalismus herangekommen sind. Marx persönlich trägt, wie seine blinden Gläubigen, die Verantwortung dafür. Rum und Ehre allen murxenden Ideologen!
Da das Leben aus tausend Kleinigkeiten besteht, und andererseits viel Wenig ein Viel machen, sei dem Leser, der in einer anderen Welt lebt, noch einiges Abstraktes konkret faßlich gemacht: Ein ortsansässiger Handwerker geht über die Straße, um eine Schraube in der Waschmaschine anzuziehen. Der reale, ökonomisch desorganisierende Sozialismus erfordert dafür einige Telefonate natürlich zu den Sprechzeiten oder schriftliche Bestellungen. Das gilt selbst für Gaststätten. Unmöglich? Da werfen Sie demnächst doch einmal einen Blick ins Restaurant am Handelshochhaus, direkt am Bahnhof Friedrichstraße! Nicht daß Ihnen, verehrte Westler, etwa spontan einfällt, Sie möchten für sich und Ihre Gespielin einen Tisch für morgen abend bestellen, Schluß damit, Sie leben in einer geplant verplanten Gesellschaft: Für alles feste Zeiten!
In diesen festen Zeiten kommt dann der Monteur, aber nicht stundenmäßig eingegrenzt, nein: Mittwoch oder Freitag, zwischen sieben und neunzehn Uhr. Also nimmt der zahlende Kunde Urlaub. Hat man Glück, geht der Urlaub drauf. Wenn unser Monteur angekommen ist, hat er für hundert Kilometer umweltfeindliches Benzin verfahren, denn bleifreies gibt es im puren Fortschritt nicht. Hat er sein Benzinkontingent schon vorher verfahren, kommt er nicht. Dann hat man doppelt Urlaub. Allerdings, die Arbeiterklasse weiß sich immer zu helfen. Die Monteure kaufen dann privat Sprit und verrechnen mit betrieblicher Zustimmung diese Kosten als Überstunden. So ist bewiesen, daß

die regierungsamtliche Einsparung an Sprit durch den Betrieb erbracht wurde. Dafür zahlt dann die Regierung hohe Prämierungen an den Betrieb. So regiert jeder mit, besser eine Diktatur des Proletariats, als gar keine Ordnung.
Oder, da man zwecks Spriteinsparung Transporte oder Taxifahrten nicht über die Kreis- oder Bezirksgrenzen hinaus machen darf: Man bezahlt einen pfiffigen Fahrschullehrer ordentlich und kann als Lehrfahrt dem Bruder die übriggebliebenen Baustoffe in die Gärtnerei bringen lassen. Alle diese prachtvollen Menschen, die den Planbürokraten täglich auf der Nase herumtanzen und das Funktionieren trotz der Funktionäre möglich machen, sagen: Dumm dürfen wir sein, aber wir müssen uns zu helfen wissen.
Oder, man bekommt Telegramme, drei, vier, fünf – immer mit anderen Terminen, daß Kalksandsteine angeliefert werden, in der Nachtschicht. Man sitzt vier Nächte umsonst auf der Baustelle. Die achttausend Steine kommen dann, unangemeldet, am hellen Vormittag, wenn niemand zu Hause ist und werden nicht auf die Baustelle, sondern auf die Straße gekippt. Auch das fördert ungemein die Arbeitsproduktivität. Wer wohl für diese organisierte Mißwirtschaft den Namen »Planwirtschaft« erfunden hat? Rein gar nichts kann man planen! Da muß ein Anhänger des schwarzen Humors gewirkt haben. Oder, die Presse greift das Thema Arbeitsbummelei auf, wie, sagen wir, am 16./17. Februar 1985 in der »Berliner Zeitung«. Den vor Jahren ausgebürgerten Wolf Biermann versuchte das »Neue Deutschland« öfters zu diskriminieren, er habe die Arbeiter bezichtigt, Faulenzer zu sein. Heute liest jeder, was es da mit der Arbeitsdisziplin für Probleme gibt, in der BZ. Nur daß zur gleichen Zeit die Arbeiter bei RFT halbtags formal beschäftigt sind, d.h. Skat spielen, weil keinerlei Material da ist, schreibt die Presse nicht. Wie soll der Arbeiter auf Minuten achten, wenn die Leitung, das System, Tage und Wochen vergeudet? Nichts geht über das organisierte Chaos! Einer wartet auf Kupfer, einer auf Mörtel, einer auf Schalbretter, einer auf Kabel, einer auf Technik, einer auf Sprit – gearbeitet kann nicht werden, und das in einer Gesellschaft, die angeblich zu wenig Arbeitskräfte hat!
Doch zurück zu unserem Monteur: Er kommt, sieht sich um, sagt: Nein, den Herd kann ich nicht machen, z.Z. gibt

es keine solchen Kochplatten. Es geht nichts über die ökonomische Geschichtsauffassung, mit zwei Pfund Ideologie läßt sich der Ofen tatsächlich nicht reparieren!
Aber die Führung arbeitet hartnäckig an den Verbesserungen, und es gibt sie, sie stehen in der Zeitung, Jahr für Jahr. Vor zwanzig Jahren konnte ich beim Straßenbahnbetrieb im Ort reinschauen und sagen, 200 Meter hinter meinem Grundstück verrotten eure Schienen, ich brauchte ein paar Meter als Träger. Na bitte, sagten die Kollegen, bezahle, es wird zugeschnitten und hingebracht. Heute geht das so vor sich: Ich fahre, um ein solches Stück Schrott für Bauzwecke zu bekommen, siebzig oder hundertfünfzig Kilometer nach Fürstenwalde oder Frankfurt/Oder, dort wird der Schrott zentral erfaßt. Der Plan sieht das vor. Er sieht nicht vor, Schrott an Ort und Stelle zu verkaufen und dafür eine Quittung an den zentralen Schrotthaufen zu senden als Nachweis, daß der Plan der Schrotterfassung erfüllt und die Prämie entsprechend gesichert ist. Papier, Genossen, wäre doch Bürokratie! Also erfüllt der individuellen Prämie zu liebe den Schrottplan! Macht nichts, wenn ihr auch nur leicht angerostetes Stabeisen mit abliefert! Das schafft zwar wieder Ausfallstunden beim Bau, aber die Prämie für den Parteisekretär und Betriebsleiter stimmt! Es macht nichts, wenn normales Schreibmaschinenpapier mit durch den Reißwolf, unbeschrieben, versteht sich, gedreht wird – Hauptsache, die SERO-Prämien stimmen! Früher, als nach Tonnenkilometern für den Fahrer der LKW die Prämie bezahlt wurden, ließen diese den Diesel ab und im Boden versickern, nach russischem Vorbild, denn aus der schöngeistigen Literatur der Brüder wußten sie, wie man es macht ... Im Berliner Stadtwald, zu jeder Jahreszeit befahrbar, verrottet selbsteingeschlagenes Holz – aber mit Devisen kaufen wir Holz aus Skandinavien ...
Es handelt sich bei all diesen Schlampigkeiten um systemimmanente Wirtschaftskriminalität, die der Arbeiter, Bauer und Handwerker in erster Linie zu bezahlen hat. Es geht dabei nicht nur um individuelle Problemchen: Wenn die Russen keine Ersatzteile für ihre Technik liefern, und der halbe Fuhrpark auf dem Bau steht still: Wie soll da eine kontinuierliche Produktion möglich sein? Aus Millionen volkswirtschaftlicher Kapillaren versickert so tagtäglich das

Vermögen des arbeitenden Volkes in den Sumpf einer unfähigen Partei- und Staatsbürokratie, die nach dem ideologischen Dogma leitet. Dieses ideologische Dogma, die Verbreitung der Lehren des Marx, ist »das Herzstück der Parteiarbeit«. Hier liegen die tiefsten Ursachen für das Igel-Hase-Spiel zwischen Sozialismus und Kapitalismus. Aber das darf nicht gesagt werden, weil die Wahrheit parteifeindlich ist. Und weil das nicht gesagt werden darf, kann es nicht geändert werden. So müssen für die tiefsten inneren Gründe der Schlampigkeiten und der Unfähigkeiten des Systems äußere Gründe erfunden werden, die Sabogenten müssen herhalten. Dann kommt die Stasi und beschützt die lieben Ost-Guten vor diesen West-Bösen. Die DDR-Gutesten holen dann alles wieder auf: durch Überstunden, Wochenendeinsätze; durch Aufbauschichten, mit finanziellen Zuschlägen, produktionsverteuernd, inflationstreibend, aber, sozialismusfördernd. Die Methoden des ökonomischen Selbstmordes produzieren politische Destabilisierung, und dagegen hilft nur die Diktatur der Stasi gegen das Proletariat: Ein verheerender Kreislauf, denn gegen die Stasi hilft wiederum nur die Republikflucht …

Doch zurück zu den wahren kleinbürgerlichen Sozialisten im »Manifest«, die Marx so beurteilt: »Dieser Sozialismus zergliedert höchst scharfsinnig die Widersprüche in den modernen Produktionsverhältnissen. Er enthüllte die gleisnerischen Beschönigungen der Ökonomen. Er wies unwiderleglich die zerstörenden Wirkungen der Maschinerie und der Teilung der Arbeit nach, die Konzentration der Kapitalien und des Grundbesitzes, die Überproduktion, die Krisen, den notwendigen Untergang der kleinen Bürger und Bauern, das Elend des Proletariats, die Anarchie in der Produktion, die schreienden Mißverhältnisse in der Verteilung des Reichtums, den industriellen Vernichtungskrieg der Nationen untereinander, die Auflösung der alten Sitten, der alten Familienverhältnisse, der alten Nationalitäten.«

Wenn, könnte man fragen, dieser Sozialismus das alles schon geleistet hat – wo ist dann die neue Qualität der Kapitalismuskritik bei Marx?

Nach dieser Betrachtung fällt Marx über die deutschen Sozialisten her. An seiner nationalen Konkurrenz, an all den »Schöngeistern und Halbphilosophen« – hätte er nicht gleich Pintscher schreiben sollen – läßt er kein gutes Haar. Sehen wir uns doch einige dieser humanistischen und frühsozialistischen Ideen an, weil Marx so tut, als hätte es vor ihm in Deutschland gar nichts Fortschrittliches im Denken gegeben: Schon in der Frühaufklärung entwickelte z. B. Edelmann, Vorläufer Lessings, in der Gesellschaftstheorie eine Konzeption, »deren Vorbild er in der urchristlichen Gemeinde fand und in der Gütergemeinschaft sowie wirkliche Demokratie herrschen sollte«[71]. Friedrich der II. gewährte Edelmann, der in seinen oppositionellen Zirkeln bürgerliche und bäuerlich-plebejische Kräfte um sich gesammelt hatte, in Berlin Asyl, während dessen Bücher 1750 auf kirchlichen Befehl in Frankfurt/Main verbrannt wurden. Der Bund der Geächteten und der Gerechten, aus dem der Bund der Kommunisten hervorging, war stark von diesem deutschen Sozialismus geprägt, die Gruppen nannten sich »Gemeinden«.

Lessing, auch so ein Schöngeist, entwickelte nach Edelmann mit Gellert u. a. Mitstreitern im Kampf gegen den Standesdünkel und die verlogene Moral der Herrschenden das Bild eines tugend- und arbeitsamen, zum Mitgefühl fähigen Menschen. Die von Marx derart höhnisch abgefertigte Humanitätsidee bezieht sich nicht nur auf die sozialistische Strömung seiner Zeitgenossen, von denen er abschrieb, er nennt nicht nur die »Philosophie der Tat«, sondern er benennt auch die deutschen »Philosophen und Literaten des 18. Jahrhunderts« ausdrücklich!

Auch Lessing stellte, im Gegensatz zu Marx, allgemeinmenschliche Normen in den Mittelpunkt seines Schaffens, am deutlichsten sichtbar in seinem Trauerspiel »Miß Sara Sampson«. Klopstocks »Messias« verkörperte hundert Jahre vor dem in den Forderungen der KP erhobenen Anspruch auf die unteilbare Republik Deutschland als deutsches Nationalepos die Forderung nach einem gemeinsamen Patriotismus aller Deutschen. Man vergleiche die geistige Armut des Marx mit dem geistigen und politischen Ideenreichtum der Stürmer und Dränger, mit denen die Aufklärung gesamtdeutsche, nationale Züge annahm. Diese Bewegung um Herder und Goethe wie auch um den »Göttinger Hain« wollte revolutionierend, volksverbunden wirken.

Bereits Herder übertrug den Entwicklungsgedanken von den natürlichen auf gesellschaftliche Prozesse, er formulierte Gesetzmäßigkeit und Widerspruch im historischen Prozeß, lange vor Hegel, länger vor Marx. Daher auch seine vorne zitierte Forderung, Philosophie und Proletariat sollten sich verbinden. Also: Keine »Schöngeisterei« war das, sondern Analyse und Darstellung realer gesellschaftlicher Interessen. Hier kam das Volk zu Wort: seine Nöte, seine Träume, sein Wollen wurde hier artikuliert. Und, im Gegensatz zu Marx: Das deutsche Volk bestand bei allen Dichtern und Denkern niemals aus nur einer Klasse, und eine Klasse niemals aus nur einer Fraktion! Hier war kein antihumanistisches Demokratiedefizit, kein Platz für staatsterroristische Diktaturen von Minderheiten!
Deutlich verwies Schiller darauf, daß es die Volksmassen sein mußten, die perspektivisch die feudalen Verhältnisse zu beseitigen hätten. Die Rolle der Volksmassen machte dann Marx zum Angelpunkt der politischen Interpretation des sogenannten Historischen Materialismus. Es war und ist bis heute hierzulande seine fundamentale Entdeckung: Ob er wohl »Die Räuber« oder »Kabale und Liebe« rein zufällig vorher gelesen hatte?
Kant verlangte im Vorfeld der bürgerlichen Umwälzung in Frankreich von Königsberg aus eine gerechte, vernünftig gestaltete menschliche Ordnung als Bund gleicher und freier Individuen. Er nahm Weitlings und Bernsteins Kritik an Marx' utopischem Kommunismus vorweg, weil er den gesellschaftlichen Idealzustand lediglich als Orientierungsgröße, nicht als Realzustand ansah: »Nur die Annäherung zu dieser Idee ist uns von der Natur auferlegt.«[72] Kant formulierte auch die Hoffnung auf einen »allgemein weltbürgerlichen Zustand« in diesem Sinne.
Nach ihm sah Hegel angesichts des »herrlichen Sonnenaufganges« der französischen Revolution von 1789 diesen Zustand heranreifen, und er prägte den Entwicklungsgedanken angesichts dieser historischen Vorgänge nunmehr voll aus: Natur, Geschichte, Geist waren in stetiger Veränderung und Entwicklung begriffen, und das galt für die gesamte Menschheitsentwicklung. Auch Goethes »Faust« atmet diesen Optimismus, den Fortschrittsglauben, womit, trotz aller Tragik des einzelnen, eine optimistische

Zukunftserwartung für Menschheit und Menschlichkeit verbunden ist. Diese Haltung bestimmte auch Goethes Glauben an die Zukunft Deutschlands, an die Vereinigung der Deutschen zur Nation, zur Herstellung der Einheit des deutschen Vaterlandes trotz aller staatlichen Zerrissenheit und fremdländischer Einmischung. So sagte er am 13. Dezember 1813 zu Heinrich Luden: »Uns einzelnen bleibt inzwischen nur übrig, einem jeden nach seinen Talenten, seiner Neigung und seiner Stellung, die Bildung des Volkes zu mehren, zu stärken und durch dasselbe zu verbreiten nach allen Seiten und wie nach unten, so auch, und vorzugsweise, nach oben, damit es nicht zurückbleibe hinter den anderen Völkern, sondern wenigstens hierin voraufstehe, damit der Geist nicht verkümmere, sondern frisch und heiter bleibe, damit er nicht verzage, nicht kleinmütig werde, sondern fähig bleibe zu jeglicher großen Tat, wenn der Tag des Ruhms anbricht.«

Russen und Ersatzrussen sollten wir überdies immer wieder in Erinnerung rufen, was ein heute wenig bekannter Mann, Karl-Friedrich Dahrdt, der Führer des in ganz Deutschland weitverzweigten Geheimbundes »Deutsche Union«, 1787 in seiner Schrift »Über die deutsche Pressefreiheit und ihre Grenzen« als Fazit festhielt: Menschenrecht geht über Fürstenrecht – eine sehr aktuelle Position im Kampf gegen den proletarischen Absolutismus.

Marx kannte natürlich diese Traditionen und wußte, wie sie in der deutschen Arbeiterbewegung geschätzt wurden. Engels machte später seltsamerweise darauf aufmerksam, daß die »Halbphilosophen« als eine Quelle des Marxismus anzusehen seien. Deutsche, Philosophen wie Arbeiterphilosophen, wurden mit keinem Wort positiv bei Marx im Manifest erwähnt, selbst der Autor der ersten Programmschrift des Bundes der Gerechten, Weitling, fehlt, obwohl Owen, Fourier und Saint-Simon als »kritisch-utopische Sozialisten und Kommunisten « ausdrücklich genannt sind. Klar: im 19. Jahrhundert eliminierte Marx den demokratischen Arbeiterkommunisten Weitling, im 20. Jahrhundert Ulbricht Rosa Luxemburg aus der Ahnengalerie. Marx kann nicht umhin, den »Utopisten« im entsprechenden Abschnitt des Manifests zu bestätigen, daß sie seine spätere Ideologie »über die zukünftige Gesellschaft, z. B. Aufhebung des Gegensatzes von Stadt und Land, der Familie, des Privaterwerbs, der Lohnarbeit; die Verkündung der gesellschaftlichen Harmonie, die Verwandlung des Staates in eine bloße Verwaltung der Produktion – all diese Sätze drücken bloß das Wegfallen der Klassengegensätze aus« voll inhaltlich dargelegt hatten. Nicht nur die Kritik am Alten, auch die Ausmalung des Neuen war also von den Vorgängern geschaffen. Kann man sich selbst besser als Plagiator entlarven?

Was sagt denn Marx anders aus? Er reduziert die z. T. phantasievollen Ausgestaltungen der Zukunft, nötig, um die Arbeiter überhaupt zu interessieren und zu fesseln, auf einige dürre Abstraktionen, abgenagte Gedankenknochen ohne Fleisch, mit denen sich agitatorisch kein Hund hinterm Ofen hervorlocken läßt. Die Schlaraffenland-Elemente des vormarxschen Kommunismusbildes erfüllten hingegen einen handfesten propagandistischen und organisatorischen Zweck. Marx stempelt sie daher als »utopisch«. Immerhin: Was die Utopisten predigten, schrieben, propagierten, wurde begierig aufgenommen und z. T. durchexperimentiert. Von Marx' elender Philosophie und philosophischem Elend nahm kein Proletarier Notiz, so wenig wie später vom »Kapital«; und die Führer der deutschen Sozialdemokratie ließen seine dritte Ruhmestat, die Randglossen zum Gothaer Programm, unerörtert ablegen – das war der reale Einfluß des Marx, ein Sektierer unter vielen Sektierern.

Der IV. Abschnitt im Manifest ist als letzter den praktischen politischen Problemen gewidmet: »Auf Deutschland richten die Kommunisten ihr Hauptaugenmerk, weil Deutschland am Vorabend einer bürgerlichen Revolution steht und weil ... die deutsche Revolution also nur das unmittelbare Vorspiel einer proletarischen Revolution sein kann.« Das ist wirklich die Höhe der historischen Höhe, auf der die »wissenschaftliche Auffassung« von der Geschichte bei Marx stand: Er verwechselt die sozialökonomischen Zustände und die politischen Möglichkeiten absolut. Die Führer der proletarischen Revolution, das mußten Marx-Engels sein, wozu wären sie sonst in den Bund eingetreten und hätten manifestiert?

Historisierender Dilettantismus, Größenwahn und Subjektivismus sind nicht zu übersehen: Marx und Engels an der

Spitze von einigen hundert Bundesmitgliedern gegen die drei Dutzend deutschen Staaten mit ihren ca. drei Dutzend Millionen Einwohnern, um die kommunistische Revolution der absoluten Minorität mit Gewalt und Terror durchzusetzen. Die deutschen Arbeiter begriffen das. Sie warfen Marx und Engels aus der KP hinaus, als diese nach der Revolution ihre putschistische Konzeption eingestehen mußten. Die Ereignisse nahmen folgenden Verlauf: Das abenteuerliche, politisch wie theoretisch haarsträubende Revolutionskonzept des Marx versagte in der bürgerlichen Revolution von 1848/49 völlig. Es spielte nirgendwo eine Rolle. Der Bund der Kommunisten wurde mit diesem Konzept nirgends für voll genommen, er ging in den revolutionären Wogen einfach unter. Marx sah das und löste die erste marxistische Partei einfach auf, da er meinte, nun, wo die Revolution die Pressefreiheit erkämpft hatte, sei eine geheime Propagandagesellschaft nicht mehr nötig. Die Partei des Proletariats war ihm schnurz, weil sie ihn nicht zum Kaiser Germaniens gemacht hatte. Als Chefredakteur der »Neuen Rheinischen Zeitung« sah er außerdem seine Existenz gesichert. Marx und Engels saßen, isoliert von der proletarischen Massenbewegung, als Journalisten in Köln und schworen allen ihren Bundesverkündigungen ab. Als sich die Allgemeine Deutsche Arbeiter-Verbrüderung im August 1848 zur nationalen Arbeiterorganisation konstituiert hatte, suchten sie erneut Anschluß. Die politischen Konjunkturritter Marx und Engels verstanden es immer, auf von anderen gesattelten Pferden zu reiten.

Die deutschen Arbeiter bauten daher, gegen Marx-Engels gerichtet, im September 1848 eine neue Zentralbehörde des Bundes der Kommunisten in London auf. Sie wollten an ihrer organisatorischen Eigenständigkeit festhalten. Ihren Emmissären gelang es aber auch nicht, den Bund in Deutschland zu reorganisieren. Ein Jahr später, als die Revolution niedergeschlagen und Marx wieder in London war, wurde die Leitung der erneuerten Zentralbehörde Marx übertragen. Noch im März 1850 verfaßten Marx und Engels eine Ansprache an den Bund, in der sie den Schlußteil ihrer Verkündung am Ende des »Manifests« wiederholten: Die proletarische Revolution stehe im sofortigen Anschluß an die bürgerliche in Deutschland auf der Tagesord-

nung – wohlgemerkt 1850, als die demokratische Volksbewegung restlos zerschlagen und weit und breit keine revolutionäre Kraft mehr auszumachen war! Sie hatten noch immer nicht dazugelernt, trotz aller Niederlagen.
Von März bis November 1850 erschienen sechs Hefte einer von Marx und Engels herausgegebenen »Neuen Rheinischen Zeitung, Politisch-ökonomische Revue« in Hamburg. Sie propagierten darin erstmalig den Begriff der »permanenten Revolution« sowie die zentrale Kategorie »Diktatur des Proletariats«. Auch dieser Begriff stammt nicht von Marx[73]. Marx zitiert in der »Revue« die französischen Sozialisten und Kommunisten mit ihren Revolutionslosungen: »Die rote Republik, das ist die Diktatur«, und »Sturz der Bourgeoisie! Diktatur der Arbeiterklasse?«. Dieser Begriff wurde überall öffentlich verwandt. Marx beschreibt Blanquis Kommunismusvorstellungen als »die Klassendiktatur des Proletariats«[74]. Es genügt, festzuhalten, daß die Blanquisten mit den Chartisten in der »Weltgesellschaft« vereint waren, um von Marx nochmals bestätigt zu bekommen, daß die »marxistische « Terminologie selbst im Schlüsselbegriff der Revolutionstheorie nicht von Marx stammt. Hätte er wenigstens diesen Begriff geprägt, hätte er mindestens im »Manifest« stehen müssen.
Die verkürzte, heute überall im Marxismus-Leninismus gängige Formel »Diktatur des Proletariats« taucht bei Marx in der »Revue« nicht auf, wie es schlicht falsch im Vorwort zu MEW, Band sieben, vom IML beim ZK der SED behauptet wird. Dort wird alles so dargestellt, als habe Marx den heute zentralen Begriff geprägt und definiert, desgleichen die Bestimmungen der Bündnispolitik, die Marx aber, nach eigenen Worten, auch aus französischen Pamphleten hat. Nun, vergewissern wir uns doch auch noch aus zweiter Hand: In der in der »Revue« veröffentlichten Artikelserie über die Klassenkämpfe in Frankreich sei erstmalig, sagt Engels, die historische Aufgabe des Proletariats in einer »streng wissenschaftlichen« Formel ausgedrückt worden. Mit dieser Formel meint er die »Diktatur des Proletariats«. Weiß Engels wirklich nicht, wo sie Marx abgeschrieben hatte? Fand die französische Revolution samt ihren Losungen nun vor oder nach dem Erscheinen der »Revue« statt? Hatte Marx als Hellseher vielleicht die Geschich-

te der französischen Klassenkämpfe beschrieben, bevor sie über die historische Bühne gegangen waren?

Engels macht seine Ausführungen in einer 1895 zu den »Klassenkämpfe« erschienenen Einleitung, wo man auch nachlesen kann, daß in der wissenschaftlichen Geburtsurkunde des Marxismus, dem »Kommunistischen Manifest«, die Theorie nur in »großen Umrissen« angewandt (!) worden sei. Na, damit sind wir nicht zufrieden, aber doch zufriedener.

Aus dieser Lage heraus ist verständlich, weshalb die Arbeiter im Bund beim Ausschluß von Marx-Engels betonten, es bestünden keine theoretisch-prinzipiellen, sondern lediglich taktische Meinungsverschiedenheiten. Marx bestätigt das noch ungewollt 1853 in seinen »Enthüllungen über den Kommunistenprozeß zu Köln«, wenn er schreibt, daß in Frankreich »der Angriff auf die bestehende Regierung mit dem Angriff auf die Bourgeoisie unmittelbar zusammenfiel«. Er hatte also wieder einmal seine Revolutionserwartung geographisch verschoben, aber keinesfalls aufgegeben. Den deutschen Arbeitern hatte er schließlich jahrelang gepredigt, das »Schmettern des gallischen Hahnes« werde die proletarische Umwälzung auch in Deutschland einleiten.

Ab Sommer 1850 begriffen Marx-Engels, daß ihre Revolutionsspielereien Unsinn waren. Sie trugen das den Arbeitern im Bund zaghaft vor. Diese Arbeiter verstanden nun ihren großen Führer gar nicht mehr. Hatte der nun die »Einsicht in den Gang der Dinge«, wie vermeldet, oder war er ein Scharlatan? Denn schließlich hatten Marx-Engels nicht nur in der Märzansprache des Bundes, sondern danach auch in der »Weltgesellschaft revolutionärer Kommunisten« die Revolution in Permanenz gepredigt. Als die dortigen Blanquisten, also Marx' französische Vorbildkommunisten, ihren deutschen Genossen im Bund beipflichteten, es sei richtig gewesen, daß sie den Marx-Engels gefeuert hätten, löste Marx die »Weltgesellschaft« auf, wie vorher in Deutschland den Bund. Er verstand zu regieren, aufzulösen und zu gründen, da war er wirklich schöpferisch und fast demokratisch. Wer sich widersetzte, wurde aufgelöst – »hinausgesäubert« hieß das später beim Spezialdemokraten Josef Wissarionowitsch.

Die absolute Majorität der deutschen, demokratischen Arbeiterkommunisten in London stellte den Ausschluß von Marx-Engels in ihrer Ansprache vom 1. Oktober 1850 in Verbindung mit der Entwicklung nach der Revolution korrekt so dar:

»Die Zentralbehörde an den leitenden Kreis.
Brüder!
Wir sind benötigt, Euch über Begebenheiten Bericht zu erstatten, die sich in unserem Bund zugetragen haben und die, obgleich sie im Augenblicke höchst unangenehm sind, doch wie wir die feste Überzeugung haben, für die feste Organisation der Proletarierpartei in Zukunft von dem größten Vorteil sein werden. Nach der Revolution von 1848 zeigten die Führer der Volkspartei, denen man unbedingtes Zutrauen schenkte und denen die Arbeiter bis dahin unbedingt gehorcht hatten, teils Unfähigkeit, das Interesse des Volkes zu befördern, teils begingen sie offenen Verrat an unserer Sache; sie wurden beseitigt. Die kommunistische Partei nun, indem sie nach wie vor die Notwendigkeit einer festen Organisation erkannte, glaubte nicht, daß sie sich ferner unter die Botmäßigkeit von Chefs stellen könnte, wie dies früher geschehen war. Das Volk muß in jeder Beziehung selbständig werden, um sich emanzipieren zu können. Diesem war jedoch eine gewisse Anzahl Leute – Journalisten und Halbgelehrte – schnurstracks entgegen; ihre Absicht ging dahin, die Stelle der beseitigten Führer einzunehmen und das Volk nach wie vor am Gängelbande zu führen, mit anderen Worten, die sog. Partei der Intelligenz wollte herrschen. Was diese imstande gewesen ist zu tun, zeigt uns der 13. Juni 1849 in Paris, zeigen uns die Vorfälle bei der Vernichtung des allgemeinen Stimmrechts in Frankreich. Diese Leute sind gut zum Schreiben, verhindern aber jede Tätigkeit und Einigung, sobald sie an der Spitze eines organisierten Bundes stehen. Die französischen Arbeiter haben dies erkannt und sowohl in Frankreich als auch hier in London sich von der ihnen drohenden Knechtschaft befreit, indem sie die bloß schreibenden Elemente aus ihrer Organisation entfernt haben.
Ganz ähnlich wie in Frankreich haben sich die Verhältnisse in der deutschen kommunistischen Partei gestaltet, Journa-

listen und Halbgelehrte haben sich an die Spitze der Organisation gestellt, noch mehr, sie haben behauptet, daß sie allein diese Organisation bildeten. In ihren Augen waren die Arbeiter Nullen, die nur dadurch Wert erhielten, daß erstere denselben als Einheit voranstanden. Solange sich die Arbeiter diese Stellung gefallen ließen, erteilte man ihnen alles Lob, sobald sie jedoch anfingen, den blinden Gehorsam zu verweigern, waren sie Kerls, Esel, Schwamm, Pack. Hier in London ist, seitdem Marx, Engels usw. sich hier befinden, der früher so kräftige und fest organisierte Arbeiterverein und Kreis London völlig desorganisiert worden, indem man die Personen über die Sache stellte und jeden auf alle erdenkliche Weise verfolgte, der nicht unselbständig genug war, um unbedingt in das Horn dieser Leute zu blasen. Die ersten persönlichen Angriffe gingen gegen Willich, dessen Popularität, die er durch sein Auftreten in Deutschland, Besançon und der letzten deutschen Revolution sich bei den Arbeitern erworben hatte, um jeden Preis vernichtet werden sollte – die sog. intelligenten und schreibenden Leute wollten keinen Mann der Tat neben sich dulden. Es handelte sich hier um nichts weniger als das Prinzip – denn darin waren Willich und alle Arbeiter mit Marx, Engels usw. vollständig einverstanden – es waren reine Persönlichkeiten. Marx hat dies selbst öfters erklärt, indem er dabei natürlich die Schuld auf Willich zu schieben suchte. Die Intrigen, welche sowohl im Arbeiterverein als im Bund gegen Willich stattfanden und die durch Leute wie (Ferdinand) Wolff, Liebknecht, Haupt usw., deren besondere Aufgabe schien, zu hetzen und die Partei zu spalten, und die zu dem Ende ein vollständiges Spioniersystem organisiert hatten, noch vermehrt wurden, können wir unmöglich alle aufzählen; wir werden aber hoffentlich in kurzer Zeit imstande sein, Euch mündliche Mitteilungen hierüber machen zu lassen. – Genug, sowohl im Bund als im Arbeiterverein fielen die heftigsten Szenen vor, die mehrmals auf dem Punkte standen, in allgemeine Prügeleien auszuarten. Daß unter solchen Umständen weder der Bund noch der Arbeiterverein zunehmen konnte, versteht sich von selbst; im Gegenteil, eine Menge alter tüchtiger Mitglieder bekamen einen Ekel an diesem Zustand und zogen sich zurück. Als Schapper nach London kam, fand er schon am ersten Abend Gelegenheit zu bemerken, mit welchem Haß man gegen Willich auftrat, und als er hiergegen Vorstellungen machte, wurde er augenblicklich von der Clique mit eben derselben Gehässigkeit verfolgt. Endlich trat bei nachfolgendem Vorfall ein vollständiger Bruch ein, indem die hiesigen Arbeiter und Flüchtlinge mit einer fast an Einstimmigkeit grenzenden Majorität erklärten, nicht länger mehr mit diesen Leuten zusammenbleiben zu können. Der Vorfall ist folgender: Willich wurde im Flüchtlingskomitee, dessen Mitglied er war, auf eine Weise verletzt, daß er seinen Austritt aus demselben anzeigen zu müssen glaubte. Er hat den übrigen Mitgliedern des Komitees dies in der Sitzung erklärt, und als er am nächsten Tage seinen Austritt im Arbeiterverein anzeigte, fiel man mit unbeschreiblicher Wut über ihn her, verdrehte seine Worte, schimpfte über jeden, der nicht unmittelbar zugunsten Marx' und Engels' sprach, so daß es ganz nahe daran war, daß diese Leute sich eine körperliche Züchtigung von seiten der Arbeiter zugezogen hätten, und die Gesellshaft trennte sich in der größten Aufregung. Indem Marx und Engels fortliefen, hielten sie noch Schapper die Fäuste vor das Gesicht und riefen außer sich: ›Dir werden wir dies gedenken!‹ Diese Drohung wurde von den Arbeitern mit allgemeinem Gelächter beantwortet. Am folgenden Tage traf Willich einen gewissen Hain, welcher Euch genugsam bekannt ist und der bei seiner Ankunft in London ersterem mit Tränen in den Augen um den Hals gefallen war und ihn als einen teuren Freund begrüßt hatte. Die Unterhaltung drehte sich natürlich um die Szene des vorhergehenden Abends, und Willich, der mit einem Freunde zu sprechen glaubte, protestierte mit starken Ausdrücken gegen die Verdrehung seiner Worte, indem er sie als Lüge bezeichnete. Sobald Willich weg war, hatte Hain nichts Eiligeres zu tun, als zu Marx hinzustürzen und ihm die Unterhaltung mit Variationen wiederzuerzählen. Man beschloß nun, Willich um jeden Preis und mit allen Mitteln zu beseitigen. Wie dieses geschehen sollte, zeigte sich in der zwei Tage später stattfindenden Sitzung der Zentralbehörde. In dieser Sitzung wurde die Unterhaltung zwischen Willich und Hain zur Sprache gebracht und von Marx, Engels, Schramm usw. verlangt, daß Willich den oben erwähnten Ausdruck ›Lüge‹ zurücknehmen solle. Da Willich sich hierzu nur unter der Bedingung bereit erklärte, daß sie die Möglichkeit eines Irrtums ihrerseits zugäben, sprang Schramm gegen ihn auf, schimpfte ihn Kanaille und drohte ihm ins Gesicht zu speien, wenn er sich nicht mit ihm auf Pistolen schlage usw. Kurz, die Provokationen waren derart, daß die unzweideutige Absicht daraus hervorging, Willich zu einem Duell zu nötigen. Willich erklärte: ›Du willst es, ich werde mich mit Dir schießen‹, und verlangte hierauf die augenblickliche Entfernung Schramms aus der Sitzung der Zentralbehörde wegen seines unwürdigen Benehmens. Schramm entfernte sich. In Begleitung einiger französischer Freunde und des Bürgers Techow ging Willich zum Zwecke des Duells nach Ostende. Hier waren die Behörden und die Polizei durch eine Privatkorrespondenz aus London im ›Precurseur‹, in welchen auch die deutschen Flüchtlinge erwähnt wurden, benachrichtigt, daß Ledru-Rollin in diesen Tagen in Ostende mit französischen Refugies und Demokraten einen Kongreß abhalten wolle; ebenso waren in Ostende ein preußischer Prinz und eine Anzahl preußischer Offiziere gegenwärtig. Willich entging mit seinen Feinden der Verhaftung nur durch schnelle Abreise nach Antwerpen. Hier fand das Duell statt. Schramm erhielt eine Kugel an den Kopf, nachdem er zuerst auf Willich geschossen, denselben aber gefehlt hatte. Als er wieder zur Besinnung kam, streckte Schramm die Hand entgegen und erklärte, er habe durchaus keinen persönlichen Haß gegen ihn, er habe sich nur aus Parteirücksichten mit Willich geschlagen. Als er ferner die Stellung Willichs auf dessen Aufforderung in der Partei anerkannte und nur behauptete, derselbe habe Fehler gemacht, schlug Willich in die dargereichte Hand ein. Dies verhinderte aber weder ihn noch seine Koterie, später in London die abscheulichsten Verleumdungen über den Hergang des Duells auszustreuen. Aus dem Ganzen ging hervor, daß Schramm daran gewagt wurde, um Willich durch das Duell oder Verhaftung zu beseitigen.

Wir kommen nun auf den Bund zurück. In der Sitzung der Zentralbehörde, wo Schramm den Willich forderte, war beschlossen worden, diese ganze Sache vor die Generalversammlung des Kreises London zu bringen, wobei Marx noch bemerkte: ›Ihr könnt machen, was ihr wollt, wir werden doch die Majorität haben.‹ Die Sitzung der Generalversammlung wurde jedoch unter allen möglichen Ausflüchten verschoben, wahrscheinlich in der Hoffnung, daß Willich nicht mehr aus Belgien zurückkommen werde. Nach der Rückkunft Willichs wurde, da von der Majorität der Zentralbehörde noch keine Anstalten zur Berufung der Generalversammlung gemacht wurden, die größte Majorität der Bundesmitglieder dies jedoch energisch verlangte, um endlich einmal aus dieser unsere ganze Organisation gefährdenden Stellung herauszukommen, der Sitzungstag durch die Kreisbehörde bestimmt. Die Majorität der Zentralbehörde, welche leicht erkennen konnte, daß sie völlig das Vertrauen der Arbeiter verloren hatte, beschloß nun, durch eine diplomatische Wendung die ganze Sache auf ein anderes und, wie sie glaubt, auf ein für sie günstigeres Feld zu bringen. Diese Majorität besteht aus Marx, Engels, Schramm und drei hier ansässigen verheirateten Arbeitern, Heinrich Bauer (Schuhmacher), Eccarius (Schneider), Pfänder (Maler). Auf welche Weise diese drei Leute bewogen wurden, mit Marx, Engels und Schramm zu stimmen, vor denen H. Bauer noch vor kurzer Zeit bei mehreren Gelegenheiten Marx und Engels öffentlich als Lumpen erklärt hatte, wird Euch mündlich mitgeteilt werden, da man sonst hierüber allein einige Bogen vollschreiben müßte.

Als Schapper nach London kam und sah, daß an die Stelle des Prinzips Personen getreten waren, daß mit auswärtigen Mitgliedern nur persönliche und nicht mehr Bundesbriefe gewechselt wurden, daß durch die beständigen persönlichen Intrigen nichts mehr für die Organisation des Bundes geschah und derselbe in Gefahr stand, dadurch gänzlich zu verfallen, stellte er in der Sitzung der Zentralbehörde den Antrag, dem Kreis Köln die oberste Leitung des Bundes zu übergeben und durch denselben in kürzester Zeit einen Bundeskongreß zusammenberufen zu lassen. Dieser Antrag wurde mit dem Bemerken beseitigt, daß in Köln keine Kräfte zur Leitung des Bundes seien und daß man im jetzigen Augenblicke unter keiner Bedingung die Macht aus den Händen geben dürfe. Erst in einer der darauffolgenden Sitzungen wurde auf den wiederholten Antrag der Minorität beschlossen, einen Bundeskongreß für den 20. Oktober d. J. zusammenzuberufen, weitere Anträge hingegen, so viele Kräfte als möglich aus Deutschland zu demselben hinzuzuziehen, von der Hand gewiesen. Es ist daher klar, daß der jetzige Beschluß der Majorität der Zentralbehörde, die oberste Leitung des Bundes dem Kreis Köln zu übertragen – wie Euch bereits mitgeteilt worden (ist) –, ganz eigene Motive haben muß. Diese Motive sind, die Londoner Arbeiter durch die Zentralbehörde in Köln aus dem Bund entfernen zu lassen, da sie dort Einfluß genug zu besitzen glauben, um ihre Persönlichkeiten allein geltend zu machen. In Erwägung nun, daß unter den angegebenen Umständen energische Maßregeln notwendig sind, in Erwägung, daß eine feste Organisation des Bundes sobald als möglich hergestellt werden muß, damit bei der nächsten Proletarier-Revolution in Frankreich und Deutschland nicht allein Opposition gemacht und Zeitungen geschrieben werden, sondern die deutschen Proletarier ihre Angelegenheit in die Hand nehmen und zur Herrschaft gelangen, was, wenn es nicht geschieht, unsere eigene Schuld sein würde; in Erwägung, daß Marx und Engels sich eine Anzahl junger Halbliteraten zu persönlichen Anhängern heranbilden, die sie durch Träume von künftiger politischer Macht fanatisieren, durch welche sie den Bund zu beherrschen suchten; in Erwägung, daß Marx und Engels den Bund in dieser Weise zu einem Mittel persönlicher Macht zu organisieren suchen und andererseits ihn überall vollständig vernachlässigen, wo derselbe ihnen nicht unmittelbar nützlich ist, beweist das Jahr 1848 in Köln, wo sie ihre Stellung als Zentralbehörde-Mitglieder ihre Stellung als Redaktoren der Neuen Rheinischen Zeitung aufopferten; in Erwägung endlich, daß die sog. schriftstellerische Koterie zwar außerhalb des Bundes für unsere Sache von Nutzen sein kann, innerhalb desselben aber jede Organisation, jede Einigung, jedes Handeln unmöglich macht, hat der Kreis London, bestehend aus 40 Mitgliedern, einstimmig folgende Beschlüsse gefaßt:

1. die bisherigen Mitglieder der Zentralbehörde sind ihrer Funktion enthoben;
2. die Bürger Marx, Engels, Schramm, Wolff, Seiler, Liebknecht (Student), Pieper (Lehrer bei Rothschild), Pfänder, H. Bauer und Eccarius sind aus dem Bunde ausgeschlossen;
3. bis zur Ordnung der Bundesangelegenheiten auf dem am 20. Oktober stattfindenden Kongreß werden mit der

obersten Leitung des Bundes beauftragt: Schärttner aus Hanau, Oswald Dietz aus Wiesbaden, Gebert (früher Vorsteher des leitenden Kreises in der Schweiz), Willich, Schapper, Fränkel und Lehmann. (Die vier letzteren bildeten die Minorität der früheren Zentralbehörde.)

Indem wir Euch diese Beschlüsse mitteilen, ersuchen wir Euch, dieselben in den unter Eurer Leitung stehenden Gemeinden bekanntzumachen und uns sobald als nur irgend möglich über den Zustand Eures Kreises Bericht zu erstatten.

Wir erwarten ebenfalls, daß Ihr alles aufbietet, damit der am 20. Oktober d. J. stattfindende Bundeskongreß recht zahlreich beschickt werde.

Brudergruß und Handschlag.«[75]

Die Führer seien, schrieb später August Bebel in seiner Studie über Fourier, in revolutionären Zeiten »nur Werkzeuge, nicht Macher, und sie werden beiseite geworfen, sobald sie sich zu Machern aufwerfen, die Bewegung für sich und nach eigenem Gutdünken statt im Interesse der Besitzlosen zu benutzen suchen«. Soweit Bebel. Außerdem: Wie man sieht, hat Stalins Vorgehen gegen die eigenen Zentralbehörden sein Vorbild. Bei Marx ging es noch mit der Kugel an den Kopf ab. Bei Stalin saß die Kugel nach der Folter, die alle Geständnisse erpreßte, im Kopf.

Marx bestätigte den Kern der zitierten Information, als er zehn Jahre später dazu schrieb: »Zur Vervollständigung der Geschichte des Bundes bemerke ich noch: Am 15. September 1850 fand eine Spaltung im Schoße der Zentralbehörde statt. Ihre Majorität, mit Engels und mir, verlegte den Sitz der Zentralbehörde nach Köln, wo seit langem der leitende Kreis für Mittel- und Süddeutschland bestand und sich außer London das bedeutendste Zentrum intellektueller Kräfte vorfand.«[76] Im Klartext: Marx übergab, statutenwidrig, sich gegen die Arbeiter stellend, wozu er auch noch aus dem Arbeiterverein austrat, seine Clique in Köln, am vorherigen Sitz seiner »Neuen Rheinischen«, die Funktion der Zentralbehörde. Bruch der Statuten ist bis heute in allen KP triftigster Grund für den Ausschluß. Im stalinistischen System bedeutete das oft auch das Todesurteil.

Die Statuten des Bundes der Kommunisten, angenommen vom II. Kongreß am 8. Dezember 1847, hatten im Artikel 22 festgelegt, daß die Mitglieder der Zentralbehörde »von der Kreisbehörde des Ortes, an den der Kongreß ihren Sitz verlegt hat« gewählt werden. Sie waren nach Artikel 25 dort der demokratischen Kontrolle durch die Mitglieder unterworfen »und von ihren Wählern jederzeit absetzbar«. Der Putschist Marx hatte in der deutschen bürgerlichen Revolution versagt. Gegen die Statuten der deutschen Arbeiter putschte er mit zunächst scheinbar besserem Erfolg, aber er zertrümmerte so die erste KPD in zwei sich bekämpfende Bünde. Die Statuten waren nicht abänderbar durch die Zentralbehörde, sondern, nach Artikel 30, nur durch den Kongreß. Dieser sollte jährlich tagen und dabei neben dem Rundschreiben »ein Manifest im Namen der Partei« erlassen.

Das »Kommunistische Manifest« von 1848 war also im Selbstverständnis der demokratischen Arbeiterkommunisten keine Geburtsurkunde des Marxismus, nicht die Begründung einer »Theorie in Umrissen«, um Engels zu wiederholen, sondern eine politische Willensäußerung des Geheimbundes. Die Zentralbehörde war dabei feststehenden demokratischen Spielregeln, nicht aber dem »Marxismus« untergeordnet. Um Machtmißbrauch und Personenkult zu unterbinden, legte der Artikel 35 noch ausdrücklich fest: »Die Zentralbehörde hat im Kongreß Sitz, doch keine entscheidende Stimme.« Die Bosse waren da noch, im Gegensatz zu heute, Gleiche unter Gleichen. Von der Gleichheit lebte schließlich die kommunistische Ideologie.

Ein Jahr später, Ende 1848, gab es, wie angeführt, eine neue Zentralbehörde in London, auf die Marx und Engels keinen Einfluß hatten. Diese Zentralbehörde erneuerte auch die Statuten, die Parteiverfassung. Und nun kommt das historisch hoch Interessante: Diese Statuten sind, im Gegensatz zu den von Marx-Engels bestimmend geprägten des Vorjahres, nicht in marxistisch-kommunistischer, sondern in arbeiterkommunistischer, sprich, sozialdemokratischer Form verfaßt. Sie sind nicht auf die kommunistische Weltrevolution, sondern auf eine gesamtnationale Arbeiterpartei zugeschnitten. Nach der Aussage Rösers, eines verantwortlichen Bundesmitgliedes, kamen diese Statuten so kurz nach

dem Gründungskongreß des Kommunistenbundes zustande, weil Marx im Sommer 1848 in Köln den Bund eigenmächtig aufgelöst hatte.
Marx hat diese Statuten erbittert bekämpft und neue gefordert. Warum? Das wird sofort deutlich, wenn man die Texte vergleicht: Statuten des Bundes der Kommunisten vom 8. 12. 1847, Artikel 1: »Der Zweck des Bundes ist der Sturz der Bourgeoisie, die Herrschaft des Proletariats, die Aufhebung der alten, auf Klassengegensätzen beruhenden bürgerlicher Gesellschaft und die Gründung einer neuen Gesellschaft ohne Klassen und ohne Privateigentum.«
Bundesstatuten der revolutionären Partei, vom November-Dezember 1848, Artikel 1: »Der Zweck des Bundes ist die Einführung einer einigen, unteilbaren, sozial-demokratischen Republik.« Hier ist der Beweis: Wohl unter dem Einfluß ihrer französischen Genossen hatten die deutschen Arbeiter begriffen, daß die soziale Demokratie eine höhere Stufe in Theorie und Praxis der internationalen Arbeiterbewegung war als der rückständige Marx-Kommunismus!
Auf der Grundlage dieser Statuten wurden durch die nichtmarxistische Zentralbehörde neue Mitglieder in Deutschland geworben, darunter auch Martens in Hamburg, eine Schlüsselfigur der deutschen Arbeiterbewegung – die nicht Marx diente!
Das Statut von 1848 bekräftigt, daß die Mitglieder der Zentralbehörde wie die anderen Funktionäre jederzeit absetzbar sind und die Zentralbehörde im Kongreß Sitz, aber keine entscheidende Stimme hat, kurz: Die Arbeiter pochten Marx-Engels gegenüber zu Recht auf die Einhaltung demokratischer Spielregeln. Und nun geschah noch etwas Interessantes: Als Marx-Engels, statutenwidrig, sich der Vollversammlung der Arbeiter in London nicht stellten und die Leitung des Bundes an ihre Kumpanei in Köln übertrugen, was zeigt, daß Marx die Arbeiter für unfähig hielt, die Partei zu leiten, die Intellektuellen hatten das Recht darauf, beauftragten sie die Kölner zugleich, neue Statuten abzufassen. Das war alles andere als zufällig.
Diese neuen Statuten wurden dann im Dezember 1850, also wenige Monate nach dem Ausschluß von Marx-Engels aus der KP, von den Kölner Anhängern des Marx an die unteren Parteigliederungen versandt. Marx hatte erklärt, es

müßten die »theoretischen Schwächen« der gültigen Statuten – modern: der Sozialdemokratismus – ausgemerzt werden. Den neuen Kölner Statuten gab Marx seine volle Zustimmung. Kein Wunder, sie waren nach seinen Weisungen fabriziert worden, und er korrigierte wörtlich aus denen von 1847 wieder den »Sturz der Bourgeoisie« hinein[77].
Trotzdem enthielt die Kölner Fassung schon im ersten Punkt einen unverkennbaren Seitenhieb auf Marx, indem erstmals erklärt wurde, der Bund sei »geheim und unauflöslich«, sonst aber sind sie den persönlichen Diktaturgelüsten des Marx auf den Leib geschnitten. Sie installieren das Krebsgeschwür der kommunistischen Parteien, die Möglichkeit des Personenkultes und des Machtmißbrauchs, nicht als Ausnahme, sondern als systemimmanente Regel. Alle demokratischen Organisationsprinzipien des deutschen Arbeiterkommunismus waren aus ihnen entfernt worden. Sie prägen noch heute auch das Wesen der SED: Kommandos kommen nur von der Zentralbehörde. Die Partei ist voll durchmilitarisiert. Wer geistig meutert, Kritik übt, wird praktisch-politisch erschossen. Freie politische Diskussion selbst in der Partei ist unmöglich. Was diskutiert wird, wird befohlen. Die unteren Einheiten haben lediglich über die Erfüllung der Befehle zu berichten.
Die Vorrechte des ZK, pardon, der Zentralbehörde, lauten in den Kölner Statuten – da haben wir's wieder, jeder schädliche Murx kommt aus dem Westen! – jetzt dahin, daß deren Mitglieder nach Artikel 9 nicht wie bisher und wie alle anderen Funktionäre jederzeit, sondern nur noch durch den Kongreß absetzbar sind! Die Zentralbehörde war künftig nach Artikel 11 nicht mehr den Arbeitern an Ort und Stelle, sondern »nur dem Kongreß Rechenschaft schuldig«. Derartig ließen sich Marx-Engels gegen einen nächsten Rausschmiß seitens der Basis absichern.
Völlig neu war der Artikel 17 und direkt auf die stattgefundenen persönlichen Machtkämpfe des Marx kontra Arbeiterschaft zugeschnitten: »Streitigkeiten unter einzelnen Mitgliedern derselben Gemeinde entscheidet endgültig die Gemeinde, desselben Kreises die Kreisgemeinde, verschiedener Kreise die Zentralbehörde; persönliche Klagen über Mitglieder der Zentralbehörde gehören vor den Kongreß.« Richtig, klug, weise! Der himmlische Generalsekretär kann

nur vor dem himmlischen Parteitag angeklagt werden. Wer bestimmt die himmlische Tagesordnung? Der himmlische Generalsekretär. Oh Nikita, wenn du wüßtest!
Warum fällt mir jene Fabel ein, nach welcher im Tierreich die Gras- und Fleischfresser Frieden und einen brüderlichen Bund schlossen? Keiner sollte mehr verfolgt oder gefressen werden, alle sollten frei und gleich sein. So war's am Sonntag, als der Pakt geschlossen wurde. Ab sofort waren alle gleich. Ab Montag waren die Fleischfresser schon wieder gleicher. Nicht aber die Schweine, behaupten böse Zungen.
Nun: diese Kölner Statuten erlangten keine praktische Bedeutung. Es kam zu keinem Kongreß mehr, der sie bestätigt hätte. Als historisches Dokument zur Entlarvung des Marx sind sie indes von unschätzbarem Wert.
Die Wurzeln des Personenkultes liegen im Marxismus. Seine Auswüchse und verheerenden Folgen für die kommunistische Weltbewegung der heutigen Tage – siehe XX. Parteitag der KPdSU, siehe maoistische Kulturrevolution, siehe Familienwirtschaft in Korea und Rumänien etc., siehe Reformkommunismus – sind bei Marx ideologisch und organisatorisch vorfabriziert worden. Nur: Für Marx war es die einfache Spaltung eines Geheimbundes von einigen Hundert Mitgliedern und Sympathisanten, über deren politisches Schicksal ein halbes Dutzend Leute befanden. Heute ist der Kommunismus parteiamtlich und staatlich weltweit gespalten in Marxisten-Leninisten, Maoisten und Reformkommunisten. Die Reformationszeit der kommunistischen Ersatzreligion ist angebrochen. Kommt es zum ideologischen Religionsfrieden? Er müßte ja nicht in Augsburg oder im Westfälischen geschlossen werden. Aber wir sahen: Nicht einmal auf der welt- und allerschütternden Karl-Marx-Konferenz der KP/DDR war das möglich. Manchmal rächen sich charakterlose Schuftereien eben erst nach mehr als hundert Jahren – aber sie rächen sich. Gerissene Taktierer vermögen sich mit ehrlosen Methoden zeitweise Vorteile zu verschaffen, prinzipiell sind sie immer, früher oder später, die Verlierer der Geschichte. Der Zweck heiligt keinesfalls die Mittel. Ruchlose Mittel entehren den heiligsten Zweck. Soweit die sehr traurige Geschichte um die sehr unwissenschaftliche Geburtsurkunde des fast wissenschaftlichen, murxistischen Kommunismus.

Wenden wir uns nun seinem Hauptwerk, dem ersten Band des »Kapital« zu. Er erschien zwanzig Jahre nach diesen Geschichten um das »Manifest der Kommunistischen Partei«.

Teil II

Das ökonomische System des Marxismus: Ökonomische Ideologie und Praxis

1. Der erste Band des »Kapital« von 1867

Jetzt sollen Marx-Fans nicht vor-urteilig zusammenzucken und meinen Text aus Protest weglegen. Ich lasse mir ja von ihnen das Gegenteil beweisen, denn wer verliert gerne seinen Glauben, der das Leben so schön einfach machte? Also: Jetzt geht es an die Wurzel! Es geht um die vorgeblich kapitale Hauptleistung des Karl Marx, die von so vielen gepriesen und von kaum einem je gelesen wurde und wird: »Das Kapital«.

Wir haben im Teil I dieser Studie gesehen, was an der philosophisch-historischen »ersten wissenschaftlichen Leistung« des Marx, der materialistischen Geschichtsauffassung, mit der dem Kapitalismus der sofort bevorstehende Untergang prophezeit war, dran war: Nichts. Wir wenden uns jetzt dem zu, was die »zweite große wissenschaftliche Leistung« gewesen sein soll, der ökonomischen Theorie, um zu sehen, was das war, und wir werden sehen: Nicht nur nichts, sondern noch weniger.

Im Gegensatz zu den professionellen Marx-Jublern[1] stellte der alte Engels am 21. Februar 1888 in der Vorbemerkung zu seiner Broschüre »Ludwig Feuerbach und der Ausgang der klassischen deutschen Philosophie« trocken fest, er und Marx hätten erst 1845 ihre materialistische Geschichtsauffassung in der »Deutschen Ideologie« zur »Selbstverständigung« niedergelegt aber nicht publiziert: »Der Abschnitt über Feuerbach ist nicht vollendet. Der fertige Teil besteht in einer Darlegung der materialistischen Geschichtsauffassung, die nur beweist, wie unvollständig unsere damaligen Kenntnisse der ökonomischen Geschichte noch waren.«

Am 23. Oktober 1884 hatte Engels im Vorwort zur ersten deutschen Ausgabe von Marx' »Das Elend der Philosophie. Antwort auf Proudhons ›Philosophie des Elends‹« festgehalten, daß diese Schrift »im Winter 1846/47, zu einer Zeit, wo Marx über die Grundzüge seiner neuen historischen und ökonomischen Anschauungsweise mit sich ins reine gekommen war«, entstand. Damit ist klar: Erst 1847 stand der Marxismus in Grundzügen, also unfertig, fest. Marx war mit sich subjektiv ins reine gekommen, nicht objektiv mit der Wissenschaft. Das schaffte er nie, da er zeitlebens Agitator und Ideologe blieb, aber nie Wissenschaftler wurde. Er hat keine grundlegenden Gesetzmäßigkeiten erkannt, sondern er hat diese grundlegend verkannt.

Hören wir nochmals Engels, was er zu den ökonomischen Positionen von Marx in der Einleitung zur deutschen Ausgabe von dessen Lohnarbeit und Kapital am 30. April 1891 mitzuteilen wußte: »In den vierziger Jahren hatte Marx seine Kritik der politischen Ökonomie noch nicht zum Abschluß gebracht. Dies geschah erst gegen Ende der fünfziger Jahre. Seine vor dem ersten Heft ›Zur Kritik der Politischen Ökonomie‹ (1859) erschienenen Schriften weichen daher in einzelnen Punkten von den seit 1859 verfaßten ab, enthalten Ausdrücke und ganze Sätze, die, vom Standpunkt der späteren Schriften, schief und selbst unrichtig erscheinen.“ Engels, der die oben angeführte Schrift nun verändert herausgibt, sagt ferner:

»Meine Änderungen drehen sich alle um einen Punkt. Nach dem Original verkauft der Arbeiter für den Arbeitslohn dem Kapitalisten seine *Arbeit,* nach dem jetzigen Text seine *Arbeitskraft*. Und wegen dieser Änderung bin ich Auskunft schuldig. Auskunft den Arbeitern, damit sie sehen, daß hier keine bloße Wortklauberei vorliegt, sondern vielmehr einer der wichtigsten Punkte der ganzen politischen Ökonomie.«

Engels erläutert dann, daß die klassische Ökonomie den Wert einer Ware nach der zu ihrer Produktion notwendigen Arbeit, ihren Produktionskosten, bestimmt hatte und der Wert der Arbeit, also die Kosten für die Reproduktion des Arbeiters, von ihr genauso bestimmt worden sind.

»Was die Ökonomen als die Produktionskosten ›der Arbeit‹ angesehen hatten, waren die Produktionskosten nicht der Arbeit, sondern des lebendigen Arbeiters selbst . . . Die klassische Ökonomie hatte sich in eine Sackgasse festgerannt. Der Mann, der den Weg aus dieser Sackgasse fand, war Karl Marx.« Und was der Arbeiter verkaufte, fährt En-

gels fort, war nicht seine Arbeit, sondern er »verkauft seine Arbeitskraft. Diese Arbeitskraft ist aber mit seiner Person verwachsen und von ihr untrennbar . . . Was die Ökonomen die Produktionskosten der Arbeit nannten, sind eben die des Arbeiters und damit die der Arbeitskraft.«
Aha. Die klassischen Ökonomen wußten nicht, wovon sie sprachen? Sie haben nicht gewußt, daß die Produktionskosten des Arbeiters die seiner Arbeitskraft sind? Sie nahmen wohl an, die geistigen und körperlichen Kräfte der Menschen existierten imaginär außerhalb ihres Körpers? So verquer kann nur ein verhegelter Kopf denken. Doch sehen wir uns das näher an!
Wir wollen, was die englische Ahnenreihe der Entdecker der Ausbeutung, des Mehrwertes, der Arbeitskraft, die gekauft und verkauft wird, angeht, dem hochstapelnden Engels etwas auf die Sprünge helfen. Ganze 350 Jahre vor Marx schrieb Thomas Morus in seiner 1516 in Löwen erschienenen »Utopie“, in deutscher Sprache schon 1524 verfügbar und von Reclam 1976 zuletzt herausgebracht, und aus dieser subversiven DDR-Ausgabe zitiere ich, daß es einen Überfluß an Gütern geben wird – aus diesem Überfluß entspringt in Marxens utopiaischer Manier der Kommunismus, das Leben nach Bedürfnissen –, wenn der reiche Nichtstuer, der »doppelt soviel von den Produkten verbraucht, die die *Arbeitskraft* anderer liefert«, auch zur nützlichen Arbeit eingesetzt würde.
Nun kann Engels hier nicht wieder schreiben, der Marx habe den Rodbertus, Verzeihung, den Morus, gar nicht gelesen, denn Marx zitiert diesen Starjuristen, Lordkanzler und Heiligen der Römischen Kirche, der genau wußte, wie die politökonomischen Geschäfte gingen, verdiente er doch bis zu 100 000 Goldmark jährlich, als Kronzeugen für die »blut- und schmutztriefende« Geburt des Kapitals in der ursprünglichen Akkumulation im ersten Band seines geisttriefenden »Kapital«. Morus leitet den Marx aber noch besser an, indem er ihn auch noch auf die staatliche Regelung des Preises der Ware Arbeitskraft hinstößt mit den Worten: »Ja, an einigen Orten verrichten die Sträflinge keine Arbeit für die Öffentlichkeit, sondern wenn ein Privatmann Lohnarbeiter braucht, so mietet er die *Arbeitskraft* einiger beliebiger von ihnen auf dem Markt für den betreffenden Tag

und zahlt dafür einen festgesetzten Lohn, nur etwas weniger, als er für freie Lohnarbeit würde zahlen müssen.« Da lieferte Morus dem Marx neben dem kapitalistischen Privatmann, der die Lohnarbeiter ausbeutet, auch noch die ganz unmarxistische Theorie des doppelt freien Lohnarbeiters mit . . .

Morus schalt, daß diese Gemeinschaftsordnung den »Müßiggängern und Schmarotzern« alles gibt, »dagegen für die Bauern, Köhler, Tagelöhner, Fuhrleute und Schmiede«, also die Arbeiter- und Bauernklasse, »ohne die überhaupt kein Staat bestehen könnte«, keinerlei Vorsorge für Krankheit und Alter gewährt, was schäbig ist, denn: »Sie nützt die *Arbeitskraft* ihrer besten Lebensjahre aus . . .« Und er liefert das Rezept zur Heilung, von Marx gleichfalls übernommen, gleich mit: Das Geld muß abgeschafft werden, um den Reichen die Lust und den Spaß am »unrechtmäßig erworbenem Besitz« zu nehmen, um zu verhindern, daß sie sich »die angestrengte Arbeit aller Armen so billig wie möglich« erkaufen.

Und so sieht der Kommunismus aus, wenn mit dem abgeschafften Geld die Geldgier verschwindet: »Welch schwere Last von Verdrießlichkeiten ist dadurch abgewälzt, welch reiche Saat von Verbrechen mitsamt der Wurzel ausgerissen! Wer weiß nämlich nicht, daß Betrug, Diebstahl, Raub, Streit, Unruhe, Zank, Aufstand, Mord, Verrat und Giftmischerei, die jetzt durch tägliche Bestrafungen mehr geahndet als eingeschränkt werden, mit der Beseitigung des Geldes absterben müssen und daß außerdem Furcht, Unruhe, Sorgen, Anstrengungen und durchwachte Nächte in demselben Augenblick wie das Geld verschwinden werden? Ja, die Armut selbst, der einzige Zustand, wie es scheint, in dem Geld gebraucht wird, würde augenblicklich abnehmen, wenn man das Geld überall völlig abschaffte.«

Gemeinschaftliche Beschaffung des Lebensunterhaltes unter Ausschaltung jedes Geldverkehrs ist die Kurzformel von Thomas Morus und Charlie Murxus. Morus sagt resümierend ganz klar, daß »Privateigentum und Geld« Gerechtigkeit und Gleichheit in Frage stellen.

Es mehrwertet und arbeitskraftet in dieser politkomischen Sicht des Morus, wenn gesagt wird, daß die Ausbeuter und die Drohnen von der Arbeit anderer leben, die sie bis aufs

Blut aussaugen, und das die Reichen selbst mit gesetzlicher Hilfe des Staates den Armen vom Verdienst abzwacken.
Die Abschaffung des Geldes und die Einführung der Arbeitspflicht als Verfassungsgrundsatz, in der DDR-Verfassung verankert, konnte Marx noch von Morus übernehmen. Für den 6-Stunden-Tag und die gepriesene ideologische Toleranz reichte ihm wahrscheinlich die Tinte zum Abschreiben nicht mehr. Da muß sein Faß leer gewesen sein, bevor er das notieren konnte. Das macht aber nichts. Dafür sitzen wir heute in der Tinte!
Nun aber weiter in der englischen Ahnenreihe:
Im Band I des »Kapital« zitiert Marx unter »Kauf und Verkauf der Arbeitskraft« Th. Hobbes: »Der Wert eines Mannes ist wie der aller anderen Dinge gleich seinem Preis: das will besagen, so viel, wie für den Gebrauch seiner *Kraft* gezahlt wird«, geschrieben: 35 Jahre vor Marx, von diesem wie alles Enthüllende in die Fußnote verbannt. Die Gleichsetzung von Arbeit und Arbeitskraft war Marx aus der klassischen Ökonomie so in Fleisch und Blut übergegangen, daß er sie noch im Kapitel X des »Anti-Dühring« bedenkenlos benutzt[2]. Diese Arbeit erschien 1878! In ihr erklärt Engels auf einigen Seiten vor dem von Marx verfaßten X. Kapitel gerade nochmals, wie wichtig die Unterscheidung zwischen Arbeit und Arbeitskraft war, da sie die Mehrwerttheorie ermöglicht hätte, sie sei das »epochemachendste Verdienst des Marxschen Werks«[3]. Auf diese epochemachende Sackgasse verweist Engels unermüdlich und verteidigt seinen Freund – »Marx, der zuerst entwickelt hat, daß und warum die Arbeit keinen Wert haben kann!«[4]
Zuerst entwickelt, Eigenleistung, wissenschaftlicher Neuwert – da haben wir es wieder, das Problem des Marx. Hatte er den Begriff der Arbeitskraft von Moses Heß? Der benutzte ihn lange vor Marx. Hatte er ihn von Hobbes, siehe oben, den muß er doch gelesen haben, da er ihn zitiert, oder? Hatte er ihn von den englischen Ökonomen, den Sozialisten und Kommunisten, die aus Ricardos Werttheorie revolutionäre Konsequenzen im Hinblick auf Ausbeutung, Mehrwert, Arbeitskraft zogen? Wer will, mag suchen, er wird finden. Ich konzentriere mich hier zunächst einmal auf den Deutschen Lorenz von Stein, um Marx endgültig bloßzustellen, denn Marx hat ja behauptet, Stein habe ihn pla-

giiert, Rodbertus habe ihn, Marx, plagiiert, usw. usf. – alle haben den armen Charlie geplündert, wenn man ihm glauben wollte, nur: Alle die genannten Autoren publizierten vor Marx . . .

L. v. Stein hat nicht nur die materialistische Geschichtsauffassung vertreten, die Marx verseichtigend bei ihm und W. Schulz kopiert hat, sondern auch die Erkenntnisse formuliert, die nach Engels nun epochemachend aus der Sackgasse führten. Marx hat Stein voll plagiiert: Wir haben von Engels eben gehört, daß Marx erst Ende der fünfziger Jahre mit seiner ökonomischen Betrachtung fertig war, aber:

Von 1849 bis Mitte Mai 1950 erschien von L. v. Stein in Kiel ein dreibändiges Werk zur Geschichte der sozialen Bewegung in Frankreich[5]. Bekanntlich hatte Stein mit seinem Bestseller über den französischen Sozialismus und Kommunismus schon 1842 in Deutschlands geistiger Welt für Furore gesorgt. Der Rest des Marxismus, der nach der Leistung des Sozialdemokraten W. Schulz ökonomisch noch übrigbleibt, besteht aus Steinismus:

Stein hatte die soziale Bewegung von 1848 in Frankreich bereits 1842 richtig vorausgesagt. Er sagte sie voraus auf Grund seiner Feststellung von objektiven Bewegungsgesetzen der Gesellschaft und nennt nun, 1849, »das *Gesetz der sozialen Bewegung* wichtiger als die Tatsachen des Sozialismus und selbst der sozialen Revolution«. Er denkt nicht wie andere, »die, weil sie mit ihren Gedanken einen Weg durch das Labyrinth der Dinge gefunden haben« glauben, »daß sie sogleich den Schlüssel zum großen Rätsel in den Händen halten«, aber, so sagt er bescheiden angesichts seiner beeindruckenden Leistung, er habe »es denn versucht, jenes *Gesetz* zu finden und ihm seinen Namen und seinen Inhalt zu geben«[6]. Da ist Marx, wenn auch wie üblich wieder leicht verspätet, genau handelt es sich um einen Rückstand von achtzehn Jahren, doch rabiater, denn er postuliert im Vorwort zur ersten Auflage des ersten Bandes seines »Kapital«: ». . . es ist der letzte Endzweck dieses Werks, das *ökonomische Bewegungsgesetz* der modernen Gesellschaft zu enthüllen«. Abgesehen davon, daß der Endzweck meist der letzte sein soll, ist die Terminologie enthüllend: Siehe Buchtitel Schulz, siehe Stein – von allen anderen hier abgesehen.

Das für Schulz wie für Stein die ökonomische Bewegung die primäre war in Wechselwirkung mit den politischen Klassenkämpfen stand schon zu jener Zeit fest, als Marx noch antiproletarische Artikel schrieb. »Der wahre Fortschritt menschlicher Erkenntnis beruht nie auf einzelnen Erkenntnissen, er geschieht immer nur durch Entdeckung der *großen allgemeinen Gesetze* und durch das Bewußtsein ganzer Völker, welche dieselben in sich aufnimmt.«
Der Klassenkampf, fährt Stein fort, wird »der arbeitenden, kapitallosen Klasse der Gesellschaft, welche von der kapitalbesitzenden abhängig ist«, die Macht oder die Machtbeteiligung einbringen und genutzt werden, »die Lage dieser durch die Natur der bloßen Arbeit notwendig abhängigen Klasse zu einer unabhängigen, materiell freien zu machen«. Dies sei die Problematik der sozialen Revolution und der Inhalt der vielstrapazierten »sozialen Frage«, die »nie durch Einen Menschen, viel weniger durch ein Buch gegeben wird«. Stein glaubt an eine Lösung, glaubt an »diese Zeit mit ihrer schönen Harmonie aller edelsten menschlichen Kräfte«[7].
L. v. Stein macht klar, daß es in politischen Revolutionen immer um Macht und Besitz geht und sagt vom Kapitalismus: »Neben dem erwerbenden Kapital steht daher noch die bloße, reine persönliche Fähigkeit zum Erwerbe. Diese ist die Arbeitskraft, welche jeder Persönlichkeit als solcher inne wohnt . . . Das erwerbende Kapital seinerseits, indem es über die einzelne Arbeitskraft des Besitzers hinausreicht (das ist im 19. Jahrhundert völlig richtig gesehen, da der Unternehmer meist sein eigener Konstrukteur, Leiter und Kaufmann zugleich war) bedarf der Arbeitskraft derer, welche nicht schon selber ein Kapital besitzen. So entsteht sofort ein natürlicher und organischer Zusammenhang.«[8] (bei Marx: »organische Zusammensetzung« zwischen Kapital und Arbeit.) Wir dürfen doch annehmen, daß Marx die gesperrt gedruckte, hervorgehobene Arbeitskraft, seine epochemachende, sackgassenauflösende Erfindung, nicht übersehen hat?
Und der Mehrwert? Indem er den Akkumulationszwang des Kapitals definiert, führt Stein aus: »Das Größerwerden jedes Kapitals aber beruht, wie sein Entstehen, auf der Arbeit; und zwar natürlich dadurch, daß der Überschuß des

Wertes und Preises der Produkte über die Verwendungen und Kosten als *Gewinn* zum Kapital geschlagen wird. Der Hauptgegenstand der Kosten ist nun eben der Arbeitslohn. Je größer daher der Arbeitslohn, desto kleiner, und je geringer der Arbeitslohn, desto größer ist der Gewinn des Kapitals, mithin auch sein Wachstum. Jener Wettkampf der Kapitalien untereinander, in welchem jedes größer zu werden trachtet, und den wir die *Konkurrenz* oder *Mitwerbung* nennen, führt daher notwendig dahin, den Arbeitslohn so *niedrig* als möglich zu stellen. Es ist vollkommen unverständlich, dem erwerbenden Kapitale daraus einen Vorwurf machen zu wollen; es ist seine Natur, so und nicht anders zu handeln.

Dieser möglichst niedrige Arbeitslohn hat nun seine Grenze an dem Bedürfnis des Arbeiters; er verschlingt aber notwendig den Gewinn, den der Arbeiter machen könnte, und legt ihn zum Kapitale des Unternehmers, statt ihn dem Arbeiter zu überlassen. Der Gewinn, der bei jeder Verbindung eines Kapitals mit der Arbeit zu einem bestimmten Erwerb, oder bei dem Unternehmen gemacht wird, geht daher allein auf das Kapital über. Wenn ihn der Arbeiter machte, würde der Kapitalist ihn nicht machen. So treten Kapital und Arbeit aus ihrer Harmonie heraus, und es entsteht der Widerspruch zwischen den beiden großen Klassen der auf den Erwerb gebauten Gesellschaft.

Dieser Widerspruch hat seinen bestimmten Charakter. Der Gewinn ist das *Interesse* des Kapitals, die Bestimmung des kapitallosen Arbeiters. *Das Interesse des Kapitals tritt daher im Gegensatz zur Bestimmung der Arbeit.*«[9] Und er fährt fort: »*Wer kein Kapital hat, kann zu keinem gelangen.* So wird aus der besitzenden und nichtbesitzenden Klasse ein besitzender und nichtbesitzender *Stand;* Besitz und Besitzlosigkeit fixieren sich in den *Geschlechtern,* und die Ordnung der Gesellschaft wird zu einer festen und abgeschlossenen.« Stein rückt nunmehr die Freiheit der Persönlichkeit als Maßstab seiner Analyse in den Blickpunkt des Lesers und erklärt die kapitalistische Wirtschaftsordnung als ». . . einen Widerspruch mit der Idee der Freiheit, indem sie die Entwicklung der menschlichen Gemeinschaft an einem bestimmten Punkt festbannt, und aus der ihrem Prinzip nach freien Gesellschaft eine *tatsächlich unfreie* macht. Sie

schließt daher nicht bloß die Nichtbesitzer vom Erwerbe des Kapitals aus, sondern sie macht die kapitallose Arbeit vom arbeitenden Kapitale, die Nichtbesitzer von den Besitzenden *abhängig*. Diese Abhängigkeit ist als dauernde eine Abhängigkeit des *arbeitenden Standes von dem besitzenden.«*[10]
Stein nennt den Mehrwert also »Überschuß des Wertes« über die Lohnkosten. Nach Marx ist Mehrwert der Wert, der mehr wert ist, als der Wert der Arbeitskraft wert ist. Der Wert der Arbeitskraft findet seinen Preis im Geldausdruck des Wertes – folglich im Arbeitslohn. Wo ist der Marxsche Neuwert beim Mehrwert? Oho, er ist Stein-Wert, nichts geht über die Erkenntnis vom steinernen Mehrwert! Dabei macht Stein keine Spur von Wichtigtuerei um diese sachliche Feststellung, er sagt lediglich, daß er bekannte Thesen der Volkswirtschaftslehre wiederholt!
Der Nichtgenosse Prof. Dr. Stein definiert in einem klaren Deutsch jedem Arbeiter verständlich und folglich massenwirksam, die organische Zusammensetzung des Kapitals und weist nach, daß die Arbeitskraft des Arbeiters den Mehrwert und das Kapital schafft. Er wendet das Wertgesetz der klassischen Ökonomie voll an, Wert und Preis sind divergierende Größen!
Wir sehen, auch bei der zweiten fast allgewaltigen Entdekkung walten die bekannten Umstände: Die übliche sprachliche Umformulierung als wissenschaftlicher Höchstwert des Marx-Murx. Nebenbei liefert Stein auch die ganze Kapital- und Lohntheorie des Marxismus mit. Er macht außerdem unmißverständlich klar, daß die besitzenden Klassen auch im Kapitalismus die Staatsgewalt fest in den Händen haben und der Ausweg für das Proletariat nur lauten kann: soziale Reform oder soziale Revolution.
Noch bevor Marx in seinen »Klassenkämpfen« die französischen Lehren der Revolution von 1848 als Losungen von der Diktatur des Proletariats aufgreift, schreibt Stein: »Es ist daher unausbleiblich, daß mit dem Auftreten der Herrschaft des Proletariats eine Gewaltherrschaft entsteht ... Die wirklich gelungene soziale Revolution führt stets zur Diktatur ... Sie erklärt sich für die selbständige Staatsgewalt, und bekleidet sich mit dem Recht, der Aufgabe und der Heiligkeit derselben ... Und indem diese Diktatur über der Gesellschaft steht, nimmt sie alsbald den Charakter je-

ner Macht an, die ihrer Natur nach über die Gesellschaft erhoben ist.«[11] Nicht nur Rosa Luxemburgs vernichtende Kritik an Lenins und Trotzkis Diktatur bestätigt Steins Prognosen.

Den Ausweg aus der Misere des Proletariats sieht Stein weder im Sozialismus noch im Kommunismus, sondern in der sozialen Demokratie.

In seinem zweiten Band setzt Stein als Gliederungspunkt vor die Behandlung des politischen Überbaus die Behandlung der ökonomischen Basis. Bevor er über den Kommunismus, den Sozialismus und die soziale Demokratie als geistige und politische Strömungen schreibt, untersucht er deren materielle Grundlagen. Schon seine Gliederung spricht Bände gegen Marx, und sie lautet u. a.: Die industrielle Gesellschaft, ihre Herrschaft und ihr Gegensatz. Die Entstehung der Herrschaft des Kapitals und der Kapitalbesitzer. Das Proletariat. Die Entstehung des industriellen Arbeiterstandes. Das Lohnverhältnis. Der Pauperismus, sein eigentliches Wesen und seine Folgen.

Sehen wir uns jene Passagen besonders an, die uns bei der Klärung unseres Anliegens weiterbringen.

Stein gibt zunächst eine dem Laien verständliche Einführung in die »Volkswirtschaftslehre«. Er definiert die Warenproduktion und erklärt die Abhängigkeit der Proletarier vom Kapital. Dabei nennt er, allein auf einer Seite, in den ersten beiden Absätzen, die ungeheure Entdeckung des Marx, die Arbeitskraft, fünfmal hintereinander![12] Stein definiert zugleich die Fähigkeit, sei sie nun geistig oder körperlich, als Ware, d. h. als »Ware Arbeitskraft« des Marx: »Sowie die Industrie entsteht, nimmt der *Wert* aller Dinge einen anderen Charakter an. Die Industrie befriedigt die Bedürfnisse, aber sie weckt sie auch. Um die dadurch zum Bedürfnis werdende industrielle Ware kaufen zu können, müssen daher auch die Stoffe zu Waren werden, die man verkauft. Das Maß, in welchem ich aus einem Stoffe oder durch eine *Fähigkeit* eine Ware zum Verkaufe machen kann, bildet damit das *Maß* ihres Wertes. Dieser Wert findet seinen Ausdruck im *Gelde*. Durch die Industrie und durch den mit ihr verbundenen Handel muß mithin jeder seinen Besitz nach *Geldwert* berechnen. Das Geld wird das Medium des ganzen Güterlebens.«[13] Klar erkennt er auch schon die Rolle des

Geldes: »Das *Geld* ist also das Element, das allerdings stets vor der Industrie da ist und stets seinen Einfluß hat, das aber erst in der Industrie *das Bedingende für das ganze industrielle Güterleben ist*. Dieser Satz ist mit seiner hohen Wichtigkeit in der Volkswirtschaftslehre durchaus nicht hinreichend anerkannt; die Lehre vom Gelde ist bis jetzt noch eine Lehre von den Münzen, höchstens vom Geldverkehr. Was eigentlich das Geld ist und bedeutet, erkennt man erst durch den Begriff der *Industrie*.«[14] Er geht auf das Geldkapital und die Verbindung von Bank- und Industriekapital ein, stellt Staats-, Giro- und Kreditbanken dar, um zu resümieren, daß „das Geldkapital, das Kapital im engern Sinne« in der »volkswirtschaftlichen Gesellschaft«[15] zur herrschenden Macht wird: »Wo aber erst ein Kapital entstanden ist, da gibt dasselbe auch ohne alle Arbeit eine gesicherte Existenz und eine geachtete gesellschaftliche Stellung; es ist, gerade wie einst der Grundbesitz des Lehnswesens, die Quelle des *arbeitslosen Einkommens*. Es ist daher der Hauptfaktor, die erste Bedingung aller irdischen Genüsse aller persönlichen Entwickelung; es gibt allein Sicherheit der Existenz, der Unternehmung, der Aussicht in die Zukunft.«[16]

Stein bespricht die Arbeitsteilung und die »Entfremdung«, verweist auf die Rolle des Durchschnittspreises und darauf, daß die Kapitalbesitzer über das ganze Güterleben herrschen und nennt die industrielle Gesellschaft eine »Kapitalgesellschaft«. Als Fazit hält er fest und entlarvt sich somit wirklich als ein sehr frühreifer »Marxist«: »Darum wird jede Anstrengung allmählich käuflich und damit der Mensch selber am Ende verkäuflich.«[17] Von hier hat Marx sein Verdikt: »Im Kapitalismus wird alles zur Ware«, d. h. alles ist käuflich.

Der Abschnitt über die »beherrschte Klasse in der industriellen Gesellschaft« wimmelt von späteren »Marxismen«, vielfach fast oder direkt wörtlich: Über die juristische Freiheit und ökonomische Unfreiheit des Arbeiters, über die doppelte Konkurrenz, über die »Sklaverei im Namen der Freiheit« usw. Direkt hervorgehoben sei für unsere Interessenlage nochmals die Einschätzung, daß »die Arbeitskraft der einzige Besitz des Arbeiters und mithin auch sein einziger Schutz gegen die Verarmung ist. Die Arbeitskraft ernährt und erhält ihn und seine Familie, der Durchschnitts-

lohn ist die Durchschnittshöhe seines Konsums. *Solange* nun daher diese Arbeitskraft ungebrochen und wirklich tätig ist, solange befindet sich der Arbeiter auch ohne Ersparnis an Kapital wohl. Allein sobald diese Arbeitskraft entweder aufhört, oder sobald sie nicht mehr beschäftigt ist, so tritt für den Arbeiter *sofortige Verarmung* ein, die durch das Zehren von dem, was günstige Zeiten hätten erübrigen sollen, nicht aufgehalten wird. Denn die günstigen Zeiten bestehen eben nur in der täglichen Befriedigung des Bedürfnisses durch die tägliche Arbeit.
Wenn es demnach Gründe gibt, die in der Natur des Arbeiterstandes oder in den Verhältnissen der Industrie unabänderlich liegend, die Arbeitskraft des Arbeiters entweder ganz vernichten oder temporär unbeschäftigt lassen, so folgt, daß die Verarmung und die Armut eine *unvermeidliche Begleiterin* der industriellen Gesellschaft und ein *perennierendes Übel* in dem *industriellen Arbeiterstande sein wird.*«[18]
Hier zeigt sich, wie differenziert ein Sozialwissenschaftler vorgeht – er behandelt anschließend noch ausführlicher die Kategorie »Verelendung«, auf welche Marx, sie verabsolutierend, alle seine »revolutionären« Hoffnungen seiner »Verelendungstheorie« setzte. So wendet Stein sich auch einmal direkt gegen Engels: »Es haben wohl einige, wie Engels, die Lage des Arbeiters überhaupt als Pauperismus schildern, und damit teils das Mitleiden, teils die Überzeugung für ihre Ansichten gewinnen wollen.«[19] So ist dies aber nicht: Wer Arbeitskraft und Arbeit hat, ist kein Pauper.
Allerdings läßt Stein bei aller Differenziertheit der Bewertung keinen Zweifel an seiner lauteren Gesinnung, wenn er über die Fabrikdistrikte schreibt: »Die Arbeit, die Quelle aller Kraft, alles Segens, kehrt ihre göttliche Natur in der Industrie um – sie wird zur Feindin ihrer eigenen Mutter, der Arbeitskraft! . . . Die neuere Zeit hat hier furchtbare Entdeckungen gemacht . . . daß . . . ein Verbrauch von Menschen, und zwar ein Verbrauch von Arbeitenden zugunsten des Kapitals stattfindet.«[20] »Die neuen Quellen des Reichtums verwandeln sich durch einen seltsamen Zauberbann zu Quellen der Not . . . In dem Maße, wie die Menschheit die Natur bezwingt, scheint der Mensch durch andere Menschen oder durch seine eigene Niedertracht unterjocht

zu werden . . .« So Marx, 6 Jahre nach dieser Veröffentlichung von Stein am 14. April 1856 in einer Rede in London!
Lorenz von Stein würdigt dann am Ende seiner volkswirtschaftlichen Darlegungen die sozialen und politischen Ansichten von Adam Smith, der erklärt hatte, »die Arbeit ist das Erzeugende und müßte darum das Herrschende sein“, und daß »die bürgerliche Regierung . . . in der Tat nur für die Verteidigung der Reichen gegen die Armen«[21] eingerichtet sei. Für den Kapitalismus hält dann Stein als widersprüchliche, gegensätzliche Grundlage seiner Entwicklung fest, daß, da »in jeder Gesellschaft die Besitzenden den Nichtbesitzenden gegenüberstehen“, die künftige europäische, und damit auch deutsche Zukunftserwartung bestimmt sei von »der Tatsache, daß Kapital und Arbeit als Kapitalisten und Proletariat einander entgegentreten«[22].
Was diese Zukunftserwartung angeht, gibt Stein weder den Sozialismus- noch den Kommunismusutopien eine Chance, weil beide im Widerspruch zu den objektiven Gesetzen der sozialen Entwicklung stehen. Steins Hoffnungen richten sich auf einen freiheitlichen Sozialstaat, auf die volle Gleichberechtigung von Kapital und Arbeit, auf ökonomisch-materielle Fundierung der politischen und persönlichen Freiheit.
So wird klar, warum Engels die Ideen dieses respektablen Wissenschaftlers und Mannes von nobelem Charakter »Faseleien«, schalt, und wir wissen nun noch etwas genauer, woher der Marx seine Faseleien hat. Allerdings genügt es noch nicht, damit das »epochale« Hauptwerk »Kapital« beiseite zu legen. Umfeld und Inhalt müssen wir noch abklären.
Mitte September 1850 schrieb ein Anhänger von Marx an diesen aus Köln: ». . . schon lange waren wir gespannt auf die Herausgabe Deiner Nationalökonomie. Ich erlaube mir nun die Frage an Dich, ob Du das Manuskript nebst Deinen Bedingungen an uns schicken wolltest, wir würden es sofort bei Becker drucken lassen und für die Verbreitung sorgen. Es wird von sehr großem Wert für die Propaganda sein«[23].
Marx schickte einige alte Artikel aus seiner »Rheinischen Zeitung«! Das und der Brief widerlegt eindeutig die Fälschung in der Biographie der Russen, zitiert im Teil I, wo-

nach die Zensur verhindert hätte, daß Marx' »Nationalökonomie« bereits vor der Revolution hätte gedruckt werden können. Weder Mitte der vierziger Jahre noch Mitte 1850 besaß Marx ein druckfähiges Manuskript über ökonomische Probleme, sondern nur einige unsystematisierte Schmierzettel, und entsprechend war sein theoretisches Niveau.

Seine wenigen Freunde mußten von da an nochmals 17 Jahre warten. Dann erschien Mitte September 1867, in einer Auflage von tausend Exemplaren, der erste Band von »Das Kapital«. 1885 gab Engels den zweiten und 1894 den dritten Band heraus. Von 1844 bis 1894 hatten die beiden Ersatzklassiker gebraucht, um ihre Nationalökonomie darzustellen – ein viertel Jahrhundert für den ersten Band, ein halbes für das fast komplette Werk! Erinnern wir uns nochmals an das Arbeitstempo anderer wirklicher Klassiker: Der Theoretiker Smith brauchte zehn Jahre, der Praktiker Ricardo zwei Jahre, um die klassische Ökonomie Englands zu begründen, nicht, um sie abzuschreiben. Den Inhalt seiner 1859 veröffentlichten Schrift »Zur Kritik der politischen Ökonomie« resümierte Marx außerdem noch im ersten Kapitel des ersten »Kapital«-Bandes.

Als letzter der Junghegelianer kam Marx zum Sozialismus, zur materialistischen Geschichtsauffassung. Als letzter unter den Sozialisten und Kommunisten Englands kam er, nach Stein, auch über die Schule Ricardos zur Ausbeutung der Arbeitskraft durch das Kapital, zum Mehrwert: Marx ist ein ewig Verspäteter.

Er wußte das, zumindest noch 1852, als er schrieb: »Was mich nun betrifft, so gebührt mir nicht das Verdienst, weder die Existenz der Klassen in der modernen Gesellschaft, noch ihren Kampf unter sich entdeckt zu haben. *Bürgerliche Geschichtsschreiber hatten längst vor mir die historische Entwicklung dieses Kampfes der Klassen, und bürgerliche Ökonomen die ökonomische Anatomie derselben dargestellt«*[24]. Das »weder« hätte er sich besser gespart und das »noch« durch »und« ersetzen können, aber es wird wohl auch so klar, wie das »Manifest« und das »Kapital« einzuordnen sind: Kompiliertes Material, schlecht verstandener, unvollständig wiedergegebener Erkenntnisstand der Volkswirtschaft und der Geschichtsschreibung, kein Neuwert, keine eigenständige, wissenschaftliche Leistung, sondern Agitation, Propaganda, Ideologie! »Was ich neu tat«, fährt Marx in seinem Brief fort, »war nachzuweisen:

1. daß die Existenz der Klassen bloß an bestimmte historische Entwicklungsphasen der Produktion gebunden ist.« Jawohl. Das stimmt, aber leider nur fast: Deshalb ist schon der erste Satz im »Manifest« falsch von Schulz abgeschrieben;
2. »daß der Klassenkampf notwendig zur Diktatur des Proletariats führt«. In der Serie über die französischen Klassenkämpfe schreibt er wohl deshalb, daß er diese Losungen von Blanqui hat, und ich zitierte sie außerdem in Teil I von der Weltgesellschaft und dem Londoner Arbeiterverein;
3. »daß diese Diktatur selbst nur den Übergang zur Aufhebung aller Klassen und zu einer klassenlosen Gesellschaft bildet". Hier kommen nun alles Kommunisten ins Spiel, von den deutschen besonders Heß und Weitling, die alle genau die gleiche Aussage machten – die Übergangsperiode einbegriffen. Im Teil I zitierte ich, wie bescheiden Marx in den vierziger Jahren diese Verdienste um die »welthistorische Mission« nicht sich, sondern den »sozialistischen Schriftstellern« zugeschrieben hatte. Seine eigenen »Verdienste« steigerten sich progressiv, je weiter er sich zeitlich von den wahren Begebenheiten entfernte.

Was den Kommunismus angeht: Diese Ansichten, bestenfalls futurologischer Qualität, letztlich abgeschrieben bei Blanqui, hat Marx in der Artikelserie »Die Klassenkämpfe in Frankreich 1848 bis 1850" in der »Neuen Rheinischen Zeitung. Politisch-ökonomische Revue« 1850 publiziert. Wenn ein »Beweis« für eine nicht existierende Tatsache erbracht wird, ein wissenschaftlicher zumal, ist das mehr als Wissenschaft . . .

Was das Bewegungsgesetz angeht: Siehe Lavergne-Peguilhen, Schulz, List, Stein; und die englischen Ökonomen folgen nun noch. Marx bestaunte deren klassische, sozialistische und kommunistische Ökonomie: Niemals bestaunte er die Wirtschaftspolitik des englischen Königshauses, das diesen Theoretikern eine fundierte Erfahrungswissenschaft bot. Bereits seit dem 12. Jahrhundert wurde die ökonomi-

sche Entwicklung des Landes von dort entscheidend gesteuert; klug, umsichtig und vorausschauend brachte man mit einer erfolgreichen Politik, der total unmarxistischen Synthese von Königstum, Adel und bürgerlicher Demokratie England an die Spitze aller Nationen. Pfui, schämen sollten sie sich, diese Engländer, nicht weil sie heute ihren ganzen Abfall in die Nordsee kippen, nein, sondern weil sie total gegen die einzig wahre Wissenschaft des Murxismus, gegen die feststehenden objektiven Gesetzmäßigkeiten des Geschichtsverlaufes verstießen, die Charlie doch gerade erst im 19. Jahrhundert in ihrer Mitte so richtig voll erfaßt hatte!
Hingegen der schottische Engländer Adam Smith begann hundert Jahre nach der bürgerlichen Revolution zu wirken. Wahrscheinlich muß die politische Führung im realen Sozialismus noch hundert Jahre ökonomische Dummheiten machen, bevor ihr ein neuer Smith beschert wird, denn Marx hat auch den Adam vermurxt. Der unwissenschaftliche Heiligenschein, der um das »Kapital« funzelt, es in das Licht einer »Bibel der Arbeiterklasse« taucht, verhindert ideologisch und theoretisch, daß der Führung im realen Sozialismus ein Licht aufgeht, ein ökonomisch-politisches. Je intensiver sie auf das marxistisch-kommunistische Ziel zusteuert, in desto weitere Ferne rückt es: Siehe die bevorstehende Neufassung des Programms der KPdSU. Der Ziel-Mittel-Konflikt wird, wegen der marxistischen Ideologie, im realen Sozialismus immer größer. Er kann erst gelöst werden, wenn man Marx nicht als Wissenschaftler, sondern als letzten Aufguß der utopischen Systememacher sieht: Sein Ziel ist ökonomisch nicht machbar, weil seine Mittel gegen alle ökonomischen Gesetze, besonders das Wertgesetz, verstoßen. Allerdings werden sich weiterhin nicht die politischen Mittel der Diktatur, sondern die objektiven Größen der ökonomischen Erfordernisse der industriellen Warenproduktion auch des irrealen Sozialismus durchsetzen. Dieser zeigt tagtäglich, daß eine herrschende Bürokratenclique, die dank der Anleitung durch Murx unfähiger als die kapitalistische Herrschaftsstruktur ist, Wissenschaft und Hochtechnologie, Produktivität und Effektivität, Leitung und Leistung, Produktion und Austausch bei gleichzeitigem Umweltschutz nicht schnell und qualitativ genug zu entwickeln vermag.

Der »sterbende Imperialismus« schleppt den realen Sozialismus mittels sagenhafter Kredite und Umschuldungen, mittels staatlicher und privater Lebensmittelhilfen durch Weltwirtschaftskrisen und Hungerkatastrophen. Die Bundesrepublik tut dies im IDH und durch den dritten Milliardenkredit, der, zu verschärften Zinssätzen gewährt, die ganze Propaganda des 9. ZK-Plenums von Ende 1984, als Nachricht in der Tagesschau am gleichen Tag mit einem Satz erwähnt, zusammenbrechen ließ: Richtig, die DDR ist so erfolgreich, daß sie schon gar nicht mehr weiß, wohin mit dem Westgeld, her mit den unüblich hohen Konditionen! Die Rohöllieferungen der Westdeutschen an die Ostdeutschen gegen VE bringen nochmals durch die in der DDR erfolgende Veredelung und Rücklieferung fast eine Milliarde – gegen Devisen konnte kein Öl mehr auf westlichen Märkten gekauft werden, da die Devisen dafür seit Jahren alle nicht mehr da sind. Hinzu kommen der Swing, einseitig, Jahr für Jahr durch die DDR in Anspruch genommen, die festen Zuwendungen aus dem Bundeshaushalt usw. Ein Drittel der kleinen RGW-Staaten ist, wie ein Drittel der Entwicklungsländer, zahlungsunfähig gegenüber den kapitalistischen Industrieländern – wo bleibt da die Überlegenheit der neuen Ordnung?
Die Kommunisten feiern nun gerade das »Kapital« als die theoretische Quelle ihrer gesamten und ganz besonders ihrer Wirtschaftspolitik. Die Bevölkerung der DDR meint allerdings, die Ersatzrussen hierzulande hätten sich vergriffen, und das »Elend der Philosophie« erwischt, weil Marx den Westgoten das Kapital vermacht hat – schließlich kam er aus Trier.
Marx hat, weltfremder Stubengelehrter der er war, in der Wirtschaftswissenschaft nie durchgesehen. Seit Mitte der vierziger Jahre hatte er in Mini-Zirkeln von Arbeiterbildungsvereinen darüber Vorträge gehalten. In eine breite Öffentlichkeit hätte er sich nicht wagen dürfen. Man sehe sich seine ökonomisch-philosophischen Manuskripte an und vergleiche sie mit dem, was z. B. Moses Heß damals aus den ökonomischen Quellen geschöpft und zu dieser Zeit publiziert hatte!
Geld ist da nach Marx »die allgemeine Hure«, offenbar eine total neue ökonomische Kategorie, oder »der allgemeine

Kuppler der Menschen und Völker«. Er übersetzt da Passagen aus Goethes »Faust« und Shakespeares »Timon von Athen« ins Ungereimte. Geld ist »die allgemeine Verwechslung und Vertauschung aller Dinge, also die verkehrte Welt« – folglich, so lautet die bei Marx pseudowissenschaftlich verbrämte Schlußfolgerung wie die all seiner Vorgänger, muß aus der verkehrten kapitalistischen Welt die kommunistische, richtige Welt gemacht werden, in der es kein Geld mehr gibt. Ja, da muß Marx nicht nur das Geld verwechselt haben!

Die Wertgesetz-Problematik, die mit Ware/Wert/Preis/Geld zu tun hat, ist keine speziell kapitalistische, sondern eine uralte Erscheinung in der Menschheitsgeschichte, und, was wichtiger ist, sie wird es bleiben, weil die Arbeitsteilung bleiben und weltweit, auch systemübergreifend, sich vertiefen wird. Folglich werden die Funktionen des Geldes national wie international an Bedeutung gewinnen.

Die mystifizierte »Erklärung« des Geldes ist im »Kapital« verschwunden. Nun, Marx hatte ja Gelegenheit, nicht nur bei Stein darüber nachzulesen, denn wie dieser läßt auch er zufällig den industriellen Kreislauf des produktiven Kapitals mit dem Geld beginnen, seiner individuellen Note wegen natürlich einige Jährchen später als Stein. Trotzdem ist Marx in bezug auf die Ableitung von Geldfunktionen für den Kommunismus ein Mystiker geblieben. Er verabsolutiert und verteufelt, fetischisiert Geld als Inkarnation des Kapitals, anstatt zu begreifen, welch unersetzbares inhaltliches und technisches Instrument für die Regulierung der ökonomischen Beziehungen sich die Menschheit mit dem Geld geschaffen hat. Er verabsolutiert als gelernter Dogmatiker alle sozialen Beziehungen, indem er sie letztlich auf Geld zurückführt. Wenigstens hätte er als philosophisch Gebildeter vom Methodischen her beachten müssen, daß alle Verabsolutierungen falsch sind. Aber wie sagten die Arbeiter, als sie ihn rauswarfen aus ihrer KP? »Halbgebildetes Element«. Immerhin hat bereits Alexander der Große in seinem Weltreich eine klügere Geldpolitik betrieben, als sie der Eiferer Marx oder seine realsozialistisch praktizierenden Jünger heutzutage betreiben: Der RGW hat nicht einmal Konvertierbarkeit im eigenen System, geschweige in der

Welt, obwohl die Russen das Abkommen von Bretton Woods mit erarbeitet, aber dann nicht unterzeichnet haben. Es gibt unter den durch Marx derart verbildeten Kommunisten bis heute keine einheitliche theoretische Auffassung, geschweige denn eine einheitliche Wirtschaftspolitik nach außen. Marx »Weltgeldtheorie“ ist z. B. durch die Sonderziehungsrechte des IWF, die veränderte Rolle des Goldes, die Steuerungsprozesse der Weltbankgruppe und des GATT, wertlos geblieben wie sie es immer war. Und die Sowjets wissen heute, 40 Jahre nach Betton Woods, noch immer nicht, was sie wollen, und statt zu kaufen und zu verkaufen drehen sie den Welthandel auf Steinzeittechniken zurück: Tausche Salzhering gegen Chips.

Die Ideologie verstellt den Blick auf empirische Tatsachen und verhindert rationelle Lösungen, aber Auswege werden wenigstens gesucht: siehe Ungarn, Polen, China u. a. Diese Länder machen außenwirtschaftlich alle eine andere Politik als die SU, und das nicht nur in ihrer Stellung zum IWF; nur Murxland Deutschland-Ost steht treu zum Heiligen Reich, aber trotzdem: Es lebe die unzerstörbare Einheit und Geschlossenheit aller kommunistischen Länder und die Führerrolle der SU!

Wer das für sarkastisch hält, sehe sich doch bitte im ersten Band des »Kapital« die sechsundfünfzig Zeilen des Marx über das Weltgeld an und frage sich, wozu das im 19. oder 20. Jahrhundert gut sein soll? Da steht allgemeinkonkretes Blablabla, wie: »Die Wechselkurse steigen und fallen jede Woche, zu gewissen Zeiten des Jahres stellen sie sich hoch gegen eine Nation, und zu anderen Zeiten stellen sie sich ebenso hoch für sie.« Ja, so ist es! Frühling, Sommer, Herbst und Winter, sind, zu gewissen Zeiten, des lieben Gottes Kinder! Die Wut kann einen dabei packen, wenn man bedenkt, wie viele kostbare Studienzeit an diesen Quark von »Kapital« gewandt wird! Keine Analyse, keine Antwort auf ein Warum, Wieso, Weshalb, Weswegen, und das hier Zitierte steht als erläuternde(!) Fußnote für die bloße Erwähnung des Wechselkurses im Text! Eigentlich sollte das für denkende marxistische Ökonomen wirklich reichen, den Kurs zu wechseln . . .

Marx zitiert überhaupt nur fleißig, eine fachliche Meinung hat er nicht. Er trifft stets nur eine ideologische Ableitung, und zwar immer dieselbe: Der Kapitalismus stirbt. Das ist der »allmächtige Marxismus, weil er wahr ist«, pflegte Lenin dazu zu sagen, und deshalb setzte er auch hinzu: Er ist eine »Anleitung zum Handeln«. Nun, wir sahen am Beispiel Bretton Woods, wie das Heilige Land alle Bruderländer angelitten hat!

Nun hatte Marx allerdings wirklich vor, die offenen Fragen alle aufzuarbeiten. Er wollte wenigstens so viele Themen erschließen, wie seine klassischen Vorgänger. Sein erster Plan von 1857, also nach etwa 13jährigem Studium, sah für das »Kapital« sechs Bücher zu folgenden Themen vor: Kapital, Grundeigentum, Lohnarbeit, Staat, Außenhandel, Weltmarkt und Krisen. Diese sechs geplanten Bände reduzierte er nach weiteren fünf Jahren auf eines, auf das »Kapital im allgemeinen«, wie er an Kugelmann im Dezember 1862 schrieb. Wieder fünf Jahre später bestand der Plan aus vier Büchern, den Produktions-, Zirkulations- und den Gesamtprozeß und einer Geschichte der Theorie: Marx hat davon gerade das erste geschafft, Engels die beiden anderen fertiggestellt, aber zum vierten ist auch er nicht mehr gekommen. So also sieht es aus, das gewaltige wissenschaftliche Erbe, gewaltig bruchstückhaft, wahrhaftig eine Anleitung zum bruchhaften Handeln.

Typisch ist, daß Marx schon von der Anlage her seine Ökonomie »theoretisch« auffaßte, d. h. bei ihm, sie auf eine abstrakt-bedeutungslose, inhaltsleere, ideologische Formel zu bringen, deshalb nicht von der Anwendung der Theorie in den gestrichenen Bänden vom Staat, Außenhandel, Weltmarkt! Damit blieb die Theorie insgesamt auf der Strecke, verendet als Ideologie, lebensfremd, unbrauchbar für die Praxis; keine Anleitung zum Handeln, sondern nur ungedeckter Wechsel auf die geweissagte kommunistische Zukunft. Seine Prophezeiungen sind inzwischen durch die historischen und ökonomischen Tatsachen nachprüfbar. Sie widerlegen ihn gründlichst, in der kommunistischen Weltbewegung, im realen Sozialismus, im Kapitalismus. Er »bewies« ökonomisch das, was schon andere besser vor ihm bewiesen hatten und kein vernünftiger Mensch je bestritt: Das alles in der Geschichte der Menschheit in Bewegung, Veränderung und Entwicklung ist – welch gefährliche Prognose für den Status quo in Deutschland! – und dies für die

Eigentumsverhältnisse wie für die wechselnden politischen Klassen- und Machtverhältnisse ebenfalls gilt. Solche entscheidenden, zukunftsprägenden Produktionsverhältnisse hingegen wie die Börse oder die AG, hat er kaum wahrgenommen. Nichts hat er vom Monopol, vom Staatsmonopol, vom multi- und internationalen Monopol, von nationalen, supranationalen und globalen Steuerungs- und Regulierungsmechanismen in der heutigen kapitalistisch-pluralistischen Welt des demokratischen Westens auch nur geahnt.

Alsdann: Was hat dieser Marx konkret geliefert? Hören wir seinen treuen Adlatus Engels, was dieser zum Zustand und zur Qualität des Haupt- und Lebenswerkes von Karl Marx zu sagen hat; er schreibt im Vorwort zu Band II des »Kapital«: »Das zweite Buch des ›Kapital‹ druckfertig herzustellen . . . war keine leichte Arbeit. Die große Zahl der vorhandenen, meist fragmentarischen Bearbeitungen erschwerte die Aufgabe. Höchstens eine einzige (Manuskript IV) war, soweit sie ging, durchweg für den Druck redigiert . . . Die Hauptmasse des Materials war . . . nicht sprachlich fertig ausgearbeitet; abgefaßt in der Sprache, worin Marx seine Auszüge anzufertigen pflegte: nachlässiger Stil, familiäre, oft derbhumoristische Ausdrücke . . . es ist Niederschrift der Gedanken in der Form, wie sie sich jedesmal im Kopf des Verfassers entwickelten. Neben einzelnen, ausführlich dargestellten Partien andre, gleich wichtige nur angedeutet; das Material illustrierender Tatsachen gesammelt, aber kaum gruppiert, geschweige verarbeitet; am Schluß der Kapitel, unter dem Drang zum nächsten zu kommen, oft nur ein paar abgerißne Sätze als Marksteine der hier unvollendet gelaßnen Entwicklung; endlich die bekannte, dem Verfasser selbst manchmal unleserliche Handschrift.«

Und im Vorwort zum dritten Band des Werkes erklärt Engels: »Bei der Herausgabe des zweiten Buches, 1885, meinte ich, das dritte würde wohl nur technische Schwierigkeiten machen, mit Ausnahme freilich einiger sehr wichtiger Abschnitte. Dies war in der Tat der Fall; aber von den Schwierigkeiten, die grade diese, die wichtigsten Abschnitte des Ganzen, mir bereiten würden, davon hatte ich damals keine Ahnung . . . Für das dritte lag eben nur ein, noch dazu äußerst lückenhafter, erster Entwurf vor. In der Regel waren die Anfänge jedes einzelnen Abschnitts ziemlich sorgfältig ausgearbeitet, auch meist stilistisch abgerundet. Je weiter man aber kam, desto skizzenmäßiger und lückenhafter wurde die Bearbeitung, desto mehr Exkurse über im Lauf der Untersuchung auftauchende Nebenpunkte enthielt sie, wofür die endgültige Stelle späterer Anordnung überlassen blieb, desto länger und verwickelter wurden die Perioden, worin die in statu nascendi (im Entstehungszustand) niedergeschriebenen Gedanken sich ausdrückten . . . Und nun zum einzelnen. Für den ersten Abschnitt war das Hauptmanuskript nur mit großen Einschränkungen brauchbar. Für Kap. 3 fanden sich eine ganze Reihe unvollständiger mathematischer Bearbeitungen . . . Von Kap. 4 fand sich nur der Titel vor. Da aber der hier behandelte Punkt: Wirkung des Umschlags auf die Profitrate, von entscheidender Wichtigkeit ist, habe ich ihn selbst ausgearbeitet, weshalb das ganze Kapitel im Text auch in Klammern gesetzt ist. Es stellte sich dabei heraus, daß in der Tat die Formel des Kap. 3 für die Profitrate einer Modifikation bedurfte, um allgemein gültig zu sein. Vom fünften Kapitel an ist das Hauptmanuskript einzige Quelle für den Rest des Abschnitts, obwohl auch hier sehr viele Umstellungen und Ergänzungen nötig geworden sind . . . Die Hauptschwierigkeit machte Abschnitt V . . . Hier liegt also nicht ein fertiger Entwurf vor, nicht einmal ein Schema, dessen Umrisse auszufüllen wären, sondern nur ein Ansatz von Ausarbeitung, der mehr als einmal in einen ungeordneten Haufen von Notizen, Bemerkungen, Materialien in Auszugsform ausläuft . . . Mir blieb nichts übrig, als die Sache in gewisser Beziehung übers Knie zu brechen, mich auf möglichste Ordnung des Vorhandenen zu beschränken, nur die notdürftigsten Ergänzungen zu machen. Und so wurde ich Frühjahr 1893 mit der Hauptarbeit für diesen Abschnitt fertig . . . Mit Kap. 30 aber fing die eigentliche Schwierigkeit an. Von hier an galt es, nicht nur das Material von Belegstellen, sondern auch den jeden Augenblick durch Zwischensätze, Abschweifungen usw. unterbrochnen und an andrer Stelle, oft ganz beiläufig, weiter verfolgten Gedankengang in die richtige Ordnung zu bringen . . . Kap. 31 war wieder mehr im Zusammenhang ausgearbeitet. Aber nun folgt im Manuskript ein langer Abschnitt, überschrieben: ›Die Konfusion‹, bestehend aus lauter Auszügen ... namentlich über Geld und Kapital, Goldabfluß, Überspekulation etc. zusammengestellt ... Hier sind ... so ziemlich alle damals gangbaren Ansichten über das Verhältnis von Geld und Kapital vertreten, und die hier zu Tage tretende ›Konfusion‹ über das, was auf dem Geldmarkte Geld und was Kapital sei, wollte Marx kritisch und satirisch behandeln. Ich habe mich nach vielen Versuchen überzeugt, daß eine Herstellung dieses Kapitels unmöglich ist; das Material, besonders das von Marx glossierte, ist da verwandt worden, wo sich ein Zusammenhang dafür vorfand. ...

Endlich der siebente Abschnitt lag in vollständiger Niederschrift vor, aber nur als erster Entwurf, dessen endlos verschlungene Perioden erst zerlegt werden mußten, um druckbar zu werden. Vom letzten Kapitel existiert nur der Anfang. Hier sollten die den drei großen Revenueformen: Grundrente, Profit, Arbeitslohn entsprechenden drei großen Klassen der entwickelten kapitalistischen Gesellschaft – Grundeigentümer, Kapitalisten, Lohnarbeiter – und der mit ihrer Existenz notwendig gegebne Klassenkampf als tatsächlich vorliegendes Ergebnis der kapitalistischen Periode dargestellt werden.«

Brauchen wir außer dem Kronzeugen Engels noch einen anderen? Ich denke, es ist nicht nötig. »Das Kapital« ist »die Konfusion«. Der Getreue hing in kindisch-naiver Verehrung an dem großen Ewig-Studierer, der genießen durfte, was Engels, der die Penne nicht geschafft hatte, deswegen selbst verwehrt geblieben war. Jahrelang hatte Marx die Universität belagert und war ein Dr. phil., während Engels nach der kaufmännischen Lehre immer an den »hündischen Kommerz« gebunden blieb. Für Engels fing der Mensch eben erst beim Dr. an, für andere Preußen beim Leutnant.

Vehement verteidigt Engels im Vorwort zum zweiten Band Marx auch gegen den Vorwurf, Marx habe ein Plagiat an Rodbertus begangen, weil dieser bereits 1842 – das ist für Marx wirklich ein schlimmes Jahr, Stein und nun noch Rodbertus! – überlegener als Marx die »staatswirtschaftlichen Zustände“, also die volkswirtschaftlichen Gegebenheiten, einschließlich des Mehrwertes, behandelt habe. Engels kommt auch im Vorwort zum dritten Band darauf zurück, aber es hat ihm auch schon 1884, im Vorwort zur ersten

deutschen Ausgabe von Marx' »Elend der Philosophie«, keine Ruhe gelassen, gegen Rodbertus zu polemisieren. Ich habe vorne am Fall Lavergne-Peguilhen demonstriert, was eine Verteidigung dieser Art wert ist.
Nun: Rodbertus ist nicht allein in seinem Vorwurf, Marx habe ihn »ganz hübsch« benutzt, »freilich, ohne mich zu zitieren«[25]. Meyers schreibt in seinem »Emanzipationskampf des vierten Standes«, daß Marx »nachweisbar . . . den größten Teil seiner Kritik«[26] aus Rodbertus' Publikationen geschöpft habe. Man lese Stein, um zu begreifen, daß Marx, lediglich den Stand der Erkenntnis auch der deutschen Volkswirtschaftslehre wiedergegeben hat, zu der auch Rodbertus sein Scherflein Neuwert beigetragen hatte!
Überaus erstaunlich ist die Tatsache, daß der krankhaft streitsüchtige Marx, obwohl er die schwerwiegenden Anschuldigungen kannte, vor ihm habe Rodbertus viel kürzer und klarer gesagt, woher der Mehrwert komme, auf diese Beschuldigung nicht öffentlich geantwortet hat. Warum wohl? Warum hat er in der »Neuen Rheinischen« den Abgeordneten und Minister, in der Fachliteratur aber nie den Ökonomen angegriffen? Nein, dreimal braucht man da nicht zu raten!
Engels' Verteidigung in Sachen Mehrwert ist angelegt wie im Falle des historischen Materialismus: Der Marx wußte nichts, las nichts, kannte Rodbertus nicht, sah sich die Bücher nie an, sah sich die Tübinger Fachzeitschrift nie an . . . Nur die konkrete Anschuldigung kannte er und äußerte sich privat, nicht öffentlich, dazu, so Engels, wenn Rodbertus »weiter nichts behaupte, so könne dies ihm, Marx, schon recht sein; und daß Rodbertus seine eigene Darstellung für die kürzere und klarere halte, dies Vergnügen könne er ihm auch lassen«[27].
Kann man seinen Augen trauen? So verhält sich Marx zu seiner »Hauptleistung«, zu dem, was Lenin den »Eckpfeiler« des Marxismus nannte? Warum? Weil er wußte, was er wo abgeschrieben und, wortakrobatisch umformuliert, zur eigenen vorgeblichen Leistung hochstilisiert hatte! Er überließ es Engels, zu retten, was zu retten war, und Engels erwies dem Marx einen Bärendienst: Ich konfrontiere jetzt die verschiedenen, unvereinbaren Aussagen von Engels zu Rodbertus. Die erste bezieht sich jeweils auf sein Vorwort

zum »Elend der Philosophie", die zweite auf sein Vorwort zum Band II. des »Kapital«. Die erste ist 1884, die zweite 1885 geschrieben.

Der jährliche »Fortschritt« in der Fälschung ist zu beachten:

1. »Sie« – gemeint ist die sozialistisch-kommunistische Interpretation der Ricardoschen Werttheorie, Grundlage der Mehrwerttheorie bei Marx – »hat in *vielen Fällen zu Einsichten in den Ursprung und die Natur des Mehrwertes* geführt, die *weit über Ricardo hinausgehen, so* unter anderem *bei Rodbertus.«*
2. Rodbertus hatte »in seinem Mehrwert ... nur einen Gemeinplatz wiederentdeckt«.

1. »Für die Zeit, wo Rodbertus ›Zur *Erkenntnis* etc.‹ erschien, *war es unbedingt ein bedeutendes Buch.«* Es steht »auf gleicher Höhe wie die Leistungen seiner besseren englischen Vorgänger«. Eigentlich stehen ja wohl die besseren höher, oder? Aber es steht da noch etwas auf tieferer Höhe:
2. »Was Rodbertus sonst ökonomisch geleistet hat, steht« – bezogen auf den »Gemeinplatz« des Mehrwertes – »auf demselben Niveau«. Es ist schon schlimm, Frederick, wenn man nicht nur alt, sondern auch senil wird!

Erinnern wir uns daran, daß Engels Mehring mitteilte, daß Marx »keine Ahnung« von Volkswirtschaft hatte! Aber die Wissenschaft war inzwischen nicht stehengeblieben: Im Vorwort zum »Kapital« behauptet Engels, Marx habe auch die Geldtheorie und den Arbeitslohn erstmals wissenschaftlich abgehandelt, was nur beweist, daß auch Engels offenbar weder Bücher noch Fachzeitschriften las, kurz, so wenig wie Marx auf dem Niveau der Fachdisziplin war, sondern isoliert vor sich hin schmorte.

Selbst gesetzt den Fall, Marx habe ohne Rodbertus, Stein, Schulz, Lavergne-Peguilhen etc., etc. seinen Band vom »Kapital« verfaßt, weil er direkt von Ricardo zu seinen Schlußfolgerungen gekommen ist, wie Engels behauptet – was beweist das? Daß er, gemessen an anderen, wieder einmal mehr ein Spätzünder war, der bahnbrechende Erkenntnisse für sich nicht reklamieren kann.

Übrigens: Man faßt sich an den Kopf, daß der alte Engels noch stolz darauf ist, daß nicht Marx, sondern er, nach dessen Tod, die Bücher erst aufschneiden muß, in denen neues zum Thema steht, welches Marx bearbeitet! Schon methodisch war der Mann demnach ein ganz toller Wissenschaftler, und auch hieran kann man sehen, wie recht Bakunin hatte, diesem Marx vorzuwerfen, daß er die Sache des Proletariats »kompromittiert . . . durch seine ungeheure Eitelkeit, seinen gehässigen und unfreundlichen Charakter und seine Neigung zur Diktatur innerhalb der Partei der revolutionären Sozialisten«[28].

Gehen wir noch, der Vollständigkeit halber, die Traditionsliste der Nationalökonomen wegen des Mehrwertes durch. Rodbertus hatte, lange vor Marx, den Mehrwert richtig als »unbezahlte Arbeit« definiert, und Marx zitiert Rodbertus, den er nach Engels gar nicht kannte, wie Engels eine andere Stelle von diesem, wo Rodbertus ausführt, der Mehrwert entstehe, »weil der Arbeitslohn nur einen Teil des Wertes des Arbeitsproduktes beträgt«[29]. Und wie definiert Engels den Mehrwert? *Marx sage nur,* schreibt er, *»daß der Mehrwert aus unbezahlter Arbeit besteht,* was eine einfache Tatsache ist«[30]. Wenn Marx, wie Engels feststellt, seinen Auszug aus Rodbertus Schriften »ironisch« gemeint hat: Wieso nimmt Engels dann dieselbe »ironische« Feststellung bei Rodbertus als Ironie, bei Marx als Wissenschaft? Armer Murxismus!

Und, um das Kraut restlos fett zu machen: Im angeführten »Kapital“-Vorwort schreibt Engels: »Daß dagegen Marx, auch ohne Rodbertus Hilfe, schon damals sehr gut wußte, nicht nur woher, sondern auch wie ›der Mehrwert des Kapitalisten entspringt‹, beweisen die ›Misére de la Philosophie‹, 1847, und die 1847 in Brüssel gehaltenen und 1849 in der ›Neuen Rheinischen Zeitung‹ veröffentlichten Vorträge über Lohnarbeit und Kapital«[31]. Nun schaue man sich bitte an, was ich am Beginn des II. Teiles aus dem Vorwort zu Lohnarbeit und Kapital von Engels wiedergegeben habe! Und außerdem hören wir zusätzlich von ihm am Ende seines Vorwortes zum »Elend der Philosophie«: »Es ist wohl kaum nötig, darauf aufmerksam zu machen, daß die in dieser Schrift gebrauchte Ausdrucksweise nicht ganz mit der des ›Kapital‹ stimmt. So wird hier noch von der *Arbeit* als Ware, von Kauf und Verkauf der Arbeit gesprochen, statt der Arbeitskraft.«

Das ist nicht nur die Höhe, das ist der Gipfel! Marx wußte auf der Grundlage der allgemein bekannten volkswirtschaftlichen Ansichten bereits alles über den Mehrwert, bevor er seine epochal sackgassenmachende ökonomische Theorie überhaupt formuliert hatte! Er wußte das schon »sehr gut«, als er die »Ware Arbeitskraft« noch gar nicht kannte! Engels, Engels – wenn du noch Mitglied wärst, müßtest du jetzt schon wieder aus dem Bund ausgestoßen werden wegen theoretisch restloser Entlarvung des Charlie Murx! Denn: Marx lehnte zur damaligen Zeit nicht nur die Mehrwert-, sondern auch die Werttheorie von Ricardo ab!
Aber – woher wußte Rodbertus über den Mehrwert Bescheid? Er wußte es im Kern von Adam Smith und dessen Nachfolgern, und die fußten auf Morus, 16. Jahrhundert, dreieinhalb Jahrhunderte vor Marx! Sie haben Profit, Rente und Zins aus der unbezahlten Arbeitsleistung, der »Surplusarbeit« abgeleitet, also jener Arbeit, die über die zur Erwirtschaftung der von Engels so bezeichneten »Produktionskosten« des Arbeiters notwendigen Arbeitsleistung hinausgeht. Mehrarbeit schafft Mehrprodukt und damit mehr-Wert. Das sind schon hohe Abstraktionsebenen im theoretischen Modell zur Erklärung der industriellen Produktionsweise, geläufig allen Ökonomen vor Marx. Aus diesen Abstraktionen macht Marx die Super-Abstraktion »Mehrwert« mittels der »Arbeitskraft«. Woher er diese hat, haben wir bei Stein, gleich fünffach gesperrt gedruckt, bereits gesehen. Man muß schon ein verhegelter Haarspalter oder ein ideologischer Fanatiker sein, um zu glauben, dies sei nun eine neue Wissenschaft, denn: Mit Mehrwert und Wert kann man konkret sowieso überhaupt nichts anfangen. Konkret wird es erst, wenn ich frage, wie das industrielle, das landwirtschaftliche und das Bankkapital ihren realen Profit oder ihren Gewinn machen. Und das haben die Ökonomen vor Marx zu erklären gewußt! Folglich: Für die Wirtschaftspraxis war alles klar. Murx kam auch hier zu spät. Um überhaupt noch etwas dazu zu sagen, verhegelte er den Profit zum Durchschnittsprofit, aber auch das war nichts Neues. Es war eine gesicherte Erkenntnis vor Marx, daß gleich große Kapitale etwa gleich große Profite bringen. Dabei erklärt Marx diesen Vorgang unzulässig einengend – siehe auch die vorne zitierte Kritik von Engels zu diesem

Problem. Also nicht einmal da sah er durch, wo selbst die Praktiker mit den Theoretikern konform gingen.
Marx sieht nur die Konkurrenz zwischen und innerhalb der Volkswirtschaftszweige. Er sieht nicht die auf dem Weltmarkt, die Konkurrenz durch Qualität, Service, der Kreditkonditionen; erwähnt nichts vom Monopolprofit, worüber andere bereits publiziert hatten usw., kurz gesagt, auch da ist er nicht auf der Höhe der üblichen Erkenntnis. Vielleicht hätte er die Tübinger Zeitschrift und die Fachbücher doch lesen sollen?
Aber er las ja die englische Fachliteratur! Als Marx gerade den Windeln entronnen war, schrieb in dieser im Jahre 1821 ein anonymer Autor, daß das Mehrprodukt bezahlt werde »aus der Arbeit anderer«, und Marx führte das im Kapital an. Und da wir wissen, wie schön Engels bloßstellt, wollen wir es noch einmal hören, denn er sagt zu dieser zitierten Stelle: »Unser Pamphlet ist *nur der äußerste Vorposten einer ganzen Literatur,* die in den zwanziger Jahren die Ricardosche *Wert- und Mehrwerttheorie* im Interesse des Proletariats *gegen die kapitalistische Produktion kehrt«*[32].
Schönen Dank, Herr Bourgeoisie-Kommunist, um mit Weitling zu sprechen!
Ich denke, das Phänomen, daß Marx und Engels dort, wo sie lebten, niemals Einfluß auf die Arbeiterbewegung gewannen, nie für voll genommen wurden, hängt damit zusammen, daß man in England die Geschichte der ökonomischen Theorie kannte, und es so nie möglich war, Marx als theoretische Leuchte hochzujubeln. Marx war bitter enttäuscht, daß der erste Band seines »Kapital« in England nicht einmal einer Besprechung für wert befunden, geschweige zu seinen Lebzeiten gedruckt wurde. Marx hatte nach der Revolution zu Beginn der fünfziger Jahre vorübergehend Einfluß auf die Führer des linken Flügels der Chartistenbewegung gehabt. Diese schrieben daher eine Art marxistisches Programm mit dem Ergebnis, daß der Chartismus als mächtigste, erste proletarische Massenbewegung der Welt Ende der fünfziger Jahre völlig am Ende war.
Nun meint Engels, daß die Mehrwerttheorie von Marx »wie ein Blitz aus heiterem Himmel eingeschlagen hat, und das in allen zivilisierten Ländern«[33], während die Mehrwerttheorie von Rodbertus – aha, hat der doch eine? – wirkungslos ver-

pufft sei. Wahrscheinlich handelte es sich um einen Kugelblitz, der ziemlich lange herumkugelte. Es dauerte nämlich volle vier Jahre, bis die ersten tausend Exemplare des ersten Bandes des »Kapital« endlich in allen zivilisierten Ländern abgesetzt waren. Die Wissenschaftler müssen sich also direkt weltweit darum geschlagen haben!
Von den Freunden und Parteigängern oder ehemaligen Gefährten äußerten sich Engels, Dietzgen, Schweitzer, Feuerbach, Ruge und Freiligrath, von den Gelehrten Dühring, von den Publizisten Lange. So hatte es eingeschlagen, 1867! Freiligrath traf Marx mit einem Hammer, als er diesen brieflich wissen ließ: »Ich weiß, daß am Rhein viele Kaufleute und Fabrikbesitzer sich für das Buch begeistern. In diesen Kreisen wird es seinen eigentlichen Zweck erfüllen – für den Gelehrten wird es nebenbei als Quellenwerk unentbehrlich sein«[34].
Also ein einziger deutscher Gelehrter, nämlich der Privatdozent Dühring, hat auf den Blitz reagiert, aus den Kreisen der Fachleute kam ansonsten das Urteil, Marx habe als Autodidakt ein volles Menschenalter der Wissenschaft verschlafen. Niemand hielt es für nötig, auf dieses Niveau theoretisch einzugehen. Ein russischer Freund von Marx, Lopatin, Mitglied des Generalrates der I. Internationale, brachte den Band 1872 in Rußland heraus, da ihn die Zensur für nicht geeignet hielt, auf die Arbeiter einzuwirken. Wo ist bis heute der Arbeiter, der diese, seine sogenannte »Bibel«, lesen würde? Sie lasen sie auch damals nicht. Bestenfalls lasen sie Lassalle oder Dührings »Kapital und Arbeit", vor Marx' »Kapital« erschienen, denn selbst August Bebel nannte Dühring einen ausgezeichneten sozialistischen Theoretiker, und der Vater von Karl Liebknecht dachte ebenso.
Dühring aber hatte vernichtende Kritik am Band I des »Kapital« von Marx geübt: Von einem fragmentarisch-doktrinären Versuch, von Sektenscholastik, Chinesengelehrsamkeit und Anmerkungspolyhistorie war da die Rede, von Geheimniskram und Vorstellungsarabesken. Ganz massiv griff Dühring den Marx wegen dessen schon bekannter Verabsolutierungssucht und der fatalen Überbewertung des Ökonomischen an: »Es fehlt die leitende Idee, daß die politischen Formationen auch ihrerseits die wirtschaftlichen Gestaltungen bestimmen«, schrieb er, und bezichtigte daher Marx ei-

ner »fehlgreifenden Ideologie«. Bernstein berichtet uns in seinem Buch über die Berliner Arbeiterbewegung darüber, wie Dühring den Marx »von links« attackierte.
Dühring bewies, daß Marx ratlos vor den Anforderungen der Arbeiter stand, wenigstens etwas Genaues über die Zukunft ihrer Bewegung zu sagen, daß seine Positionen sich in rohen Schlagwörtern – nicht einmal eigenen, muß man hinzufügen, wenn man an den Blanquismus denkt – völlig erschöpften, eben, weil er keinerlei kreative Phantasie besaß, um herauszufinden, wie ein künftiges Wirtschafts- und Sozialsystem zu gestalten sei. Versteht man jetzt besser, warum Bebel sich daran machte, Fourier für die SPD zu entdecken? Dessen Utopie steckt voller Anregungen für die Gestaltung des sozialistischen Alltags, sie regt zur Kreativität an, während Marx' rohe Schlagwörter, als Losungen von Transparenten und Wänden grinsend, dreist und nervtötend die realsozialistischen Bürger täglich beglücken.
Dühring schlug, im preußischen Berlin, eine scharfe Klinge gegen die »Kathedersozialistien und Schwiegerprofessuren«, übrigens: Seine erste Attacke führte er gegen Wagner, ordentlicher Professor in jenem Hause, in dem heute Dummdey haust, und zwar gerichtlich: Wagner hatte eine Arbeit Dührings mit eigener Unterschrift versehen und publiziert – es gab einen Skandal. Trösten Sie sich, Fräulein Doernberg: Es ist alles schon mehrfach dagewesen!
Entschieden griff Dühring auch den preußischen Staat an, ja, er verteidigte öffentlich die Pariser Kommunarden in Berlin!
Er genoß nicht nur Achtung, sondern Verehrung unter der Arbeiterschaft und der jungen Intelligenz. So kam es, daß niemand unter den Theoretikern und Praktikern der Arbeiterbewegung in Deutschland die kapitale Leistung von Marx für eine solche hielt, es sei denn, für eine kapitale Fehlleistung. Das führte dazu, daß Freund Engels ausflippte. Nachdem das ein Jahrzehnt so gegangen war, schrieb er am 24. Mai 1876, es würden »bald die Lassalleaner die klarsten Köpfe sein« im Gegensatz zu den Eisenachern. Nun schlug Engels zu und schrieb im Jahr danach im »Vorwärts« seinen »Anti-Dühring« in Fortsetzungen. Das war die erste zusammenfassende Darstellung des Marxschen Eklektizismus, aus dem man die elitäre Interpretation Platons, den

bürokratisch-zentralistischen Ton Campanellas', die versimplifizierende Diktaturtheorie Blanquis ebenso heraushören kann wie die demokratisch-humanistischen, »reformkommunistischen« Töne eines Thomas Morus, je nachdem, auf welche Zeiten und welche Zusammenhänge man setzt.
Engels widerfuhr mit seiner Serie wenig Erfreuliches. Auf dem Parteikongreß von 1877, wiederum in Gotha, wurde verlangt, den Abdruck der Angriffe gegen Dühring zu unterbinden. August Bebel taktierte dafür, indem er vorschlug, man solle Engels Angriffe in Broschürenform herausgeben und Dühring das Recht der Gegendarstellung in gleichem Umfange einräumen. Aber das gründlich zu besprechen, wäre ein Kapitel für sich, was uns vom vorwiegend ökonomischen Anliegen abbrächte. So verlassen wir die Polemik, die Engels mit den deutschen Gelehrten hatte. Die andere, die er besonders mit einem italienischen Professor führt, ist auch erheiternd. Er verbricht sie im Vorwort zum dritten Band des »Kapital« 1894 und kommt auf den historischen Materialismus zurück, zu welchem ein Wissenschaftler aus Padua sachlich festgestellt hatte, eine Plejade von Fachleuten habe diesen lange vor Marx entwickelt. Engels appelliert an die italienischen Sozialisten, ihrem Professor »die gestohlenen Pfauenfedern herabzureißen«, denn Marx habe 1845 entdeckt, daß »überall und immer die politischen Zustände und Ereignisse ihre Erklärung finden in den entsprechenden ökonomischen Zuständen«[35]. Also hier handelt es sich um eine reine Entdeckung, keine unfertige, wie in den anderen Vorworten, und um 1845, nicht um 1847. Wir wollen es uns ersparen, nochmals alle guten deutschen Geister anzurufen, die jetzt losgelassen werden müßten, um Marx »die gestohlenen Pfauenfedern herunterzurupfen«.
Engels kreidet in seinem Vorwort »dem Italiener« an, daß er Marx als einen bewußten »Sophisten, Paralogisten, Aufschneider und Marktschreier« hingestellt habe, alles sehr schön treffende Wendungen, weil »Marx jedesmal, wenn er festsitzt, dem Publikum von einem Abschluß seiner Theorie in einem folgenden Band vorschwafelt, den er, wie er selbst sehr gut weiß, *weder liefern kann noch will.«* Das ist äußerst interessant. Hatte Marx, in Erkenntnis des wirklichen wissenschaftlichen Problems, überhaupt nicht mehr vorgehabt,

Band II und III des Kapitals zu veröffentlichen? Woher hat Professor Loria diese Annahme? Oder ist es mehr, eine brieflich oder mündlich gegebene Information? Ich weiß es nicht, aber sie könnte erklären, warum Marx die Bände nicht abgeschlossen und sich auch mit Rodbertus nicht angelegt hat in der einen Kernfrage seiner übernommenen Kapitalismuskritik. Denn Marx hat, das ist die zweite Kernfrage, soweit er definitiv positiv wurde, eine total falsche Antwort als Ableitung aus dem »Kapital« für den Aufbau des Kommunismus gegeben. Wir kommen noch darauf zu sprechen.

Dann sagt Engels etwas über Loria, was Marx und ihn selbst treffend kennzeichnet: »Unbegrenzte Keckheit, gepaart mit aalglattem Durchschlüpfen durch unmögliche Situationen, heroische Verachtung gegen erhaltene Fußtritte, rasch zugreifende Aneignung fremder Leistungen, zudringliche Marktschreierei der Reklame, Organisation des Ruhms vermittelst des Kameraderieklüngels – wer reicht ihm in alledem das Wasser?«[36]

Und der Italiener« erbost ihn weiter so sehr, daß er 1895 extra eine »Ergänzung und Nachtrag zum III. Band des Kapital« schreibt. Wütend nennt er Loria ein »Wichtelmännchen«, einen »Esel« usw. – man sieht, das Vokabular, das die deutschen Arbeiterkommunisten beim Ausschluß von Marx/Engels aus der Partei postulierten, ist das alte geblieben, aber wie sagt unser altes deutsches Sprichwort: Wer schimpft, hat immer recht!

Was erbost Engels so? Loria hatte ganz einfach gefragt, was Marx anders behauptet habe »als in verkehrter Form den Satz der orthodoxen Ökonomen zu wiederholen, daß der Wert, zu dem die Waren verkauft werden, nicht im Verhältnis steht zu der auf sie verwandten Arbeit«. Und Engels zitiert Loria weiter, der erklärt, daß Marx am Anfang seines Werkes sagte »der Austausch könne zwei Waren nur gleichsetzen kraft eines in ihnen enthaltenen gleichwertigen und gleich großen Elements, nämlich der in ihnen enthaltenen gleich großen Arbeitsmenge«. Nun, am Ende seines Werkes, nachdem Engels den dritten Band des »Kapital« herausgebracht habe, behaupte Marx, »die Waren tauschten sich aus in einem ganz anderen Verhältnis als in dem der in ihnen enthaltenen Arbeitsmenge«[37].

Loria fragt nun, wann es je »einen größeren theoretischen Bankrott« gegeben habe, und: »Wann ist jemals ein wissenschaftlicher Selbstmord mit größerem Pomp und mit mehr Feierlichkeit begangen worden?«[38]
Nun wird Engels, weil ihm die Luft ausgeht, besonders höflich und nennt Loria einen »südländischen Cagliostro«, der es dem »plumpen Nordländer Marx« gegeben habe. Aber am Anfang seines Nachtrages zum dritten Band schreibt Engels, daß es nötig sei, »einzelne wichtige Ergänzungen des 1865 geschriebenen Textes auf den Stand der Dinge von 1895 nachzutragen«[39]. Was hat da Marx, fragt man sich, eigentlich von 1865 bis zu seinem Tode 1883 getan an seinem Hauptwerk? Warum hat er die Fehler nicht ausgemerzt und den »Nachtrag« selbst vorgenommen? Hat er nicht gekonnt oder hat er nicht gewollt? Wie auch immer: Engels widerlegt sich und Bruder Marx einmal mehr im gleichen Atemzug. Wir können's zufrieden sein!
Es ist verständlich, daß er schäumte, wenn er bei Loria lesen mußte: »Ist es wirklich wahr, daß Marx geschrieben hat, mit der Absicht der Veröffentlichung, dieses Gemenge von zusammenhanglosen Noten, die Engels mit pietätvoller Freundschaft zusammengestellt hat? . . . Ist es in der Tat gewiß, daß Marx jenes Kapitel über die Durchschnittsprofitrate veröffentlicht haben würde, worin die seit soviel Jahren versprochene Lösung sich reduziert auf die trostloseste Mystifikation, auf das vulgärste Phrasenspiel? Es ist mindestens erlaubt, daran zu zweifeln«[40]. Vergleicht man Engels' eigene Darlegungen, die ich breit wiedergegeben habe, über den Zustand des sogenannten »III. Bandes« wird klar, wie recht Loria hatte. Aber Engels war doppelt getroffen, denn Loria erwidert auf seinen Spott über den Ursprung der materialistischen Geschichtstheorie, daß, »wenn nicht bereits Aristoteles sie angedeutet, so habe Harrington sie doch schon 1656 unzweifelhaft proklamiert und sie sei entwickelt worden von einer Plejade von Geschichtsschreibern, Politikern, Juristen und Ökonomen lange vor Marx«[41].
Ja, so ist das. Der südländische Professor weiß eben als Profi Bescheid wie seine deutschen, englischen und französischen Kollegen. Engels etikettiert Loria, den er »illustren« nennt, als Vulgärökonomen. Vulgärökonomen waren alle europäischen Wissenschaftler, alle Fachleute aus

Theorie und Praxis, die den nicht gans-vulgären Marx zutreffend kennzeichneten oder berechtigt ignorierten. Den theoretischen Heiligenschein des Marx konnte Engels zwar nicht dem Bund der Kommunisten, aber in der späteren sozialdemokratischen Bewegung einigen Parteifunktionären aus Deutschland und Rußland vortäuschen, denen der Kampf ums nackte Überleben keine Zeit ließ, wissenschaftliche Literatur zu wälzen, nicht aber den selbständig denkenden, kritisch forschenden Intellektuellen Westeuropas. Die analysierenden Profis aus den historischen, philosophischen und volkswirtschaftlichen Disziplinen hatten Marx schon zu seiner Zeit ausgiebig entblößt. Sie ließen ihn links liegen, weil er unter aller Kritik war in dem, was Engels als Wissenschaft bei ihm ansah. Die russischen Analphabeten mußten natürlich glauben, was ihnen obrigkeitlich vorgeschwafelt wurde. Soweit die russische Intelligenz heute an das Tatsachenmaterial herankommt, was sehr schwierig ist bei der Sperrliteratur, die selbst die Parteipresse erfaßt, wird sie zu Dissidenten. Aber fürs kommunistische Seelenheil schädliche Tatsachen werden in den Ostblockländern von der Geheimpolizei fürsorglich den denkenden Köpfen vorenthalten und dort, wo man die kritischen Meinungen nicht bekehren kann, zieht man den Kopf mit der Meinung aus dem öffentlichen Verkehr. Welch ein humanistischer Fortschritt! Der blutige Josef, aus geburtstäglichem Anlaß im »Neuen Deutschland« auf Weisung des Allerhöchsten persönlich in zwar nicht blüten-, aber persilscheinweißer Generalissimusuniform abgebildet, was dazu führte, daß die Telefone in der Redaktion angesichts der Protestanrufe heißliefen, ließ bekanntlich den Kopf mit der Meinung ganz abnehmen.
Brüder und Schwestern im vergoldeten Westen: Hämmert mit allen Mitteln und auf allen Wegen Tatsachen, Tatsachen, Tatsachen in die Hirne des Ostens! Der Krieg der Hirne wird ja vom Osten gefordert und gefördert, führt ihn nicht so lotterig und ungenügend, nehmt endlich den ideologischen Klassenkampf als Kehrseite der friedlichen Koexistenz ernst! Schließlich fallen immer wieder Schwärmer auf die Visionen und Traumtänzereien des Charlie Murx und seiner politischen Ausbeutung durch eiskalt rechnende Zyniker der Macht herein!

Doch geben wir Marx zu seiner »ökonomischen« Verteidigung doch auch selbst das Wort! Er schrieb am 22. Februar 1858 über seine Grundrisse der Kritik der politischen Ökonomie, die zehn Jahre später das erste Kapitel für das »Kapital« abgaben, an Ferdinand Lasalle: »Hätte ich Zeit, Ruhe und Mittel, das Ganze auszuarbeiten, ehe ich es dem Publikum übergäbe, so würde ich es sehr kondensieren, da ich von jeher die Methode der Kondensation geliebt.« Die Berufsmarxisten haben bei ihm bisher immer nur die materialistisch-dialektische Methode entdeckt, wie nachlässig! Die Kondensmethode à la Murx löst doch alle Wissenschaftsmilchprobleme! Sie besagt schon allerhand über die ökonomischen Qualitäten der Marx-Ökonomie! Man fragt sich übrigens, was der Mann – hauptberuflich freiwillig arbeitslos – eigentlich getrieben hat, daß er nie Zeit fand, ordentlich zu arbeiten. Noch deutlicher beschreibt Marx das Produkt seiner intensiven Qualitätsarbeit ein Vierteljahr später, in einem Brief vom 31. Mai 1858, an Engels: »Der Teufel ist nämlich, daß in dem Manuskript (was gedruckt ein dicker Band wäre) alles wie Kraut und Rüben durcheinandergeht.« Schade, daß Loria diesen Brief nicht gekannt hat! Nur: Der Teufel war, daß es in Marx' Kopf wie Kraut und Rüben durcheinanderging, denn: die Sprache ist die materielle Wirklichkeit des Gedankens – oder?
Das also war der Erkenntnisstand des Marx nach vierzehnjährigem Studium der Ökonomie, eine ungenügende Selbstverständigung! In dieser Zeit hätte Ricardo sein Hauptwerk siebenmal fertiggestellt und gedruckt gehabt! Marx fing an, es umzuarbeiten, war aber damit nicht zufrieden, er meisterte die Probleme einfach nicht, denn hier ging es erstmals nicht um agitatorisch-politisches BlaBla, sondern um ernsthafte Probleme der allgemeinen Volkswirtschaftslehre, und so schrieb er denn, ein verunsichertes, armes Würstchen, an den brillanten Stilisten Lassalle, nochmals am 12. November 1858 einen kläglichen Brief: »Ich strebe nicht nach eleganter Darstellung, sondern nur danach, in meiner Durchschnittsmanier zu schreiben . . .« Nun, damit wollen wir uns zufrieden geben, weil ja auch die Masse unserer Studenten im Fach M-L sagt, wozu bei diesem Murx anstrengen, die drei ist die eins des kleinen Mannes! Die Klage über die »Mittelmäßigkeit« der Noten im M-L ist die Klage aller

Leitungen in Partei- und Staatsapparat der DDR. Es liegt am Fach, nicht nur an der Vermittlung!

Dann aber trumpft Marx doch auf, und nun bringt er aber den Engels mächtig in Schwulitäten, Freund Frederick, der ja nicht alle Briefe kannte, bekommt Schwumse; denn Marx behauptet in diesem Brief gegenüber Lassalle, daß diese, seine Studie *»zum erstenmal eine richtige Ansicht der gesellschaftlichen Verhältnisse wissenschaftlich«* verbreite. Engels und nachfolgende Lobpreiser: Korrigiert euer Geschichtsbild vom Marxismus! Nichts war da mit 1845/46, 1847, 1848, mit der »Deutschen Ideologie«, dem »Elend der Philosophie«, dem »Manifest« wissenschaftlich los! Euer Meister sagt es glasklar: 1858 hatte er die Gesellschaftswissenschaft erfunden! Ob man künftig Engels' Vorworte auch als Sperrliteratur führt? Ansonsten wollen wir vergessen, daß diese großartige, erstmalige Gesellschaftswissenschaft von Anfang an »wie Kraut und Rüben durcheinanderging«.

Da nun alles durcheinandergeht, und der Marx dem Engels widerspricht, haben natürlich auch die Russen diese Schlampigkeit in ihrer Propaganda. Im Vorwort zu den Grundrissen, 1953 in der DDR erschienen, stützt sich das IML Moskau auf Engels' These, daß Marx »seine« Mehrwerttheorie vor 1848 formuliert und gegen Proudhon verwandt habe. In der Marx-Biographie, dreißig Jahre später in der DDR erschienen, aus der wir schon allerhand Verlogenes vernommen haben, sei nun auch Wahres angeführt. Da halten die Sowjets die Interpretation von Marx für richtig: »Die zweite Entdeckung, die Begründung der Mehrwerttheorie, sollte er erst am Ende der fünfziger Jahre machen«[42]. Warum heißt eigentlich die Story von den »Klassikern« nicht »Märchen aus Zweitausendundeinerhalbennacht«?

Natürlich hatte Marx gegenüber Lassalle in dem angeführten letzten Brief auch eine Entschuldigung bereit für sein durchschnittliches Mittelmaß. Er ließ ihn wissen, daß seine »dumpfe, hölzerne Schreibmanier . . . einer kranken Leber eigen« sei. Manche schreiben mit Kopf, Herz und Hand, aber man kann es auch mit einer Schreibmaschine oder der Leber versuchen. Der Marxismus ist schließlich allmächtig.

Was sagt er denn nun ökonomisch? Wie wird denn die kapitalistische Warenproduktion gesteuert? Fassen wir den Inhalt der drei Bände des »Kapital« zusammen:
Die produktive Arbeit schafft den Wert und den Mehrwert. Dieser teilt sich auf in den Gewinn der industriellen, landwirtschaftlichen Handels- und Bankkapitalisten. Sie machen Profite, die sich aus unbezahlter Arbeitsleistung ergeben. Nun verhindert die Konkurrenz, daß jeder Kapitalist einen individuellen Profit macht, denn auf dem Markt schwanken die Preise um den Wert, weil es differierende Preisangebote gibt. Die Preise werden von Angebot und Nachfrage beeinflußt. Es entstehen somit Durchschnittspreise und Durchschnittsprofite. Extra- und Monopolprofite auf Grund wissenschaftlich-technischer u. a. Überlegenheiten werden früher oder später durch die nachziehenden Konkurrenten wieder nivelliert. Das Kapital strömt investitionsmäßig immer in Volkswirtschaftszweige, die hohen Gewinn versprechen. Bei daraus resultierender Marktübersättigung schlägt das Pendel des Profits zurück, man drosselt die Produktion und sucht neue Kapitalanlagesphären. Auf diese Weise hält sich die anarchistische, nicht geplante Volkswirtschaft im Gleichgewicht. Der Marktmechanismus gewährleistet die betriebliche, zweigliche und volkswirtschaftlich notwendige Proportionalität für die individuelle und produktive Konsumtion. Auftretende Disproportionalitäten werden auf dem Markt durch Krisen ausgeglichen. Krisen reduzieren das Überangebot durch Preisverfall, auf dem Arbeitsmarkt durch Lohnsenkungen, der Kreislauf von Geld, Arbeitskraft und Kapital beginnt von neuem.
Das ist alles, was in den drei Bänden steht, und das ist absolut nichts Neues, gemessen am Stand der Volkswirtschaftslehre zur Mitte des 19. Jahrhunderts. Das war allen Fachleuten spätestens seit 1776 bekannt, als Adam Smith' »Reichtum der Nationen« erschienen war, Marx hingegen entdeckte seine eigene Unwissenheit, und Engels blies sie »epochemachend« auf.
Adam Smith hatte bereits klar festgestellt, daß die Arbeit und die Naturreichtümer die Quellen allen Reichtums sind. Er erkennt die ökonomischen Verhältnisse als soziale Klassenverhältnisse, obwohl er nicht zu den Historikern zählt, denen Marx diese Entdeckung fälschlich zuordnet. Die

französischen Historiker fußten auch auf den Erkenntnissen der englischen Nationalökonomen. Smith hatte Wert/Mehrwert/Profit/Durchschnittsprofit genauso begriffen wie die Funktionen des Geldes. Er hat definiert, daß der Profit aus Ausbeutung, aus unbezahlter Arbeit stammt und hat die Höhe des notwendigen Arbeitslohnes nach den schwankenden Kosten für die Subsistenzmittel der Arbeiterfamilien bestimmt. Klar verurteilte er, bei aller positiven Wertung der Produktivkraftentwicklung, die sozialen Schwachstellen der frühen, noch unterentwickelten Industriegesellschaft, indem er schrieb, daß »eine Gesellschaft sicherlich nicht blühend und glücklich sein kann, wenn ihr weitaus größter Teil arm und elend ist«[43].

Teile der Arbeiterklasse litten, zu Smith' wie Marx' Zeiten und so wie heute in den Entwicklungsländern, mehr an der Unterentwicklung des Kapitalismus als an dessen System.

Man kann noch darauf verweisen, daß auch Smith Vorgänger hatte, die er selbst hoch schätzte, wie Petty und Mac Culloch. Beide hatten schon das von Engels dem Marx so hoch angerechnete und nie verstandene Wertgesetz und die Arbeitswerttheorie formuliert. Allerdings haben Professor Dr. Smith als Theoretiker und Ricardo als Praktiker das theoretische Gebäude der Nationalökonomie gemeinsam geschaffen.

David Ricardo analysierte zwischen 1814 und 1817, als Marx noch nicht geboren war. Er zeigte den ökonomisch bedingten Klassengegensatz zwischen Kapital und Arbeit noch genauer auf. Er nannte die Arbeiter im Anklang an die Sklaverei »lebende Werkzeuge« und gab ihrem hervorragenden Vertreter, dem demokratischen Arbeiterkommunisten Owen, dessen Ideen später Weitling aufgriff, einschließlich der Vorstellung der Einführung von Zeiteinheiten anstelle des Lohnes und Geldes, Geld aus eigener Tasche, um durch dessen genossenschaftliche Selbsthilfe das materielle Elend der englischen Arbeiter lindern zu helfen.

Auch Marx gab in Belgien Arbeitern Geld aus dem Vermögen seiner Frau – nicht für genossenschaftliche Hilfsprojekte, sondern für politische Putschversuche.

Ricardo forderte mit Nachdruck gerade für die Arbeiter die Rede-, Presse- und Versammlungsfreiheit. Er entwickelte auch die Arbeitswerttheorie weiter und wandte sie auf die

Geldtheorie an. Auch die Kategorien Arbeitslohn, Profit und Rente baute er weiter aus. Außenwirtschaftlich schuf er die Theorie der komparativen Kosten für die internationale Arbeitsteilung, die noch heute ihr Gewicht hat usw. usf. Dabei betonte auch Ricardo nachdrücklich den objektiven Charakter der ökonomischen Gesetzmäßigkeiten, und die klassische Nationalökonomie der Engländer, das wollen wir nicht vergessen, regte somit die weitere Ausarbeitung der materialistischen Geschichtsbetrachtung gerade in Deutschland kräftig an. Smith und Ricardo waren, im Gegensatz zu Marx, keine weltfremden Stubenhocker. Sie waren über ihre berufliche Tätigkeit und ihre exzellenten Freundeskreise, denen die besten Köpfe ihres Landes aus Politik, Wirtschaft und Wissenschaft angehörten, aus erster Hand unterrichtet – sehr im Gegensatz zur Zwei-Mann-Inzucht Marx-Engels. Die wahren Klassiker hatten Stoff in Hülle und Fülle aus der Praxis. Sie konnten theoretisch verallgemeinern und brauchten nicht ideologisch zu spintisieren, denn: Marx hat die Ideologie des Blanquismus mit den Theorien der klassischen Ökonomie verquickt, Kraut und Rüben auch hier durcheinander gebracht, ideologische französische Soziallehren auf die ökonomische Unterlage Deutschlands willkürlich aufgepfropft. Weder Theorie noch Ideologie war, bleiben wir in der Landwirtschaft, auf seinem eigenen Mist gewachsen. Da wuchs gar nichts Originelles. Während die Klassiker die Existenz des Wertgesetzes für alle Ewigkeiten, solange industrielle Produktion besteht, zu Recht postulierten, weissagte Marx zu Unrecht die Abschaffung der Warenproduktion, des Wertgesetzes, des Preises und des Geldes. Er leitete, im Gegensatz zu den Klassikern, »seine kommunistischen Forderungen« aus »dem notwendigen, sich vor unseren Augen täglich mehr und mehr vollziehenden Zusammenbruch der kapitalistischen Produktionsweise« ab[44], sagt Engels dazu aus. Zusammen-, besser: auseinandergebrochen ist zwischenzeitlich die Ideologie des Marxismus, und die marxistischen Volkswirtschaften hinken hinter der kapitalistischen Produktionsweise in allen entscheidenden politischen und ökonomischen Parametern hinterher. Bei den sozialen ist das anders. Smith und Ricardo hatten lange vor Marx auch ihre Anteilnahme an den Leiden des entstehenden Proletariats bewiesen. Ihre Nachfolger bauten schon in der ersten Hälfte des 19. Jahrhunderts, also fünfzig Jahre vor Marx, die sozialen und gesellschaftskritischen Komponenten ihrer Lehre aus.

Hier muß ich einfügen, daß die Parteipropaganda immer behauptet, die Quellen des Marxismus – die klassische deutsche Philosophie, die klassische englische Ökonomie, die französischen Lehren des Kommunismus – seien bürgerliche Theorie, seine Bestandteile aber proletarische Ideologie. Diese Behauptung ist unwahr. Aus der klassischen Ökonomie kann man keine kommunistischen Soziallehren ableiten. Wahr ist, und das wird vertuscht, daß die englischen, französischen und deutschen Sozialisten und Kommunisten den »Marxismus« produziert haben. Marx hat somit nicht einmal in seinen ideologischen Ableitungen aus Geschichtsphilosophie und Nationalökonomie gedanklichen Neuwert vorzuweisen, geschweige denn in der Theorie!

Hatte die klassische englische Ökonomie vor allem die Rolle der Produktion und der Zirkulation bei der Entstehung des Nationalreichtums untersucht, so wandten sich die sozialistisch-kommunistischen Nachfolger Ricardos vor allem der Frage zu, wie man die Verteilung des Reichtums gerechter handhaben könne. Sie kamen dabei, als Vorläufer der Labourbewegung, besonders scharfsinnig auf die Mehrwerttheorie zu sprechen, es seien besonders genannt Bray, Gray, Hodskin und Thompson. Diese Männer verteidigten in einer jedem Arbeiter verständlichen Fassung die ökonomischen Interessen der arbeitenden Klassen gegen den Machtmißbrauch des Kapitals. Selbst ein sowjetischer Kollege stellt fest, sie hätten »die Hauptkonsequenz aus dieser Theorie zum logischen Ende«[45] geführt, was ja wohl heißt, daß es Marx nicht mehr tun konnte! Überall diese verkappten Russendissidenten! Es steht schlimm um Meister Charlie Murx.

Nun erklärt Marx selbst beispielsweise, daß Hodskin »die Natur des Kapitals richtig gefaßt«[46], und ich füge hinzu: lange vor Marx publiziert und publik gemacht hat! Marx führt, an gleichem Ort, auch noch den Kommunisten Bray an: »Die Arbeiter haben bisher dem Kapitalisten die Arbeit eines ganzen Jahres im Austausch für den Wert eines halben Jahres Arbeit gegeben – und daher entsprang die Ungleichheit der Macht und des Reichtums, die jetzt ringsum existieren.« Noch immer Fragen zur angeblichen Mehrwerttheorie des Marx? Bitte:

Hodskin, der glänzendere, viel differenziertere und realistischere Ansichten zur ursprünglichen Akkumulation, zur Akkumulation des Kapitals, zur gesellschaftlichen Gesamtarbeit etc. als Marx vertritt, die, wären sie im realen Sozialismus anstelle von dessen Formulierungen beachtet worden, der Gesellschaft viele Schwierigkeiten und den Menschen manches Leid erspart hätten, dieser Hodskin legt also dem Marx auch noch dessen »zweite Entdeckung« wörtlich in den Mund: »Arbeit, die Schöpferin allen Reichtums, ist keine Ware«[47]. Das steht, wohlgemerkt, in Marx-Auszügen über Hodskin! Und Marx hatte noch mehr abgeschrieben; aus jener anderen, anonymen, eingangs zitierten Quelle: *»Wenn ihr Arbeit eine Ware nennt, so ist sie doch nicht einer Ware gleich . . .«,* und er fügt an: *»Was auf den Markt gebracht wird, ist in der Tat nicht labour, sondern der labourer.* Was er dem Kapitalisten verkauft, ist nicht seine Arbeit, sondern der temporary use of himself als a working power«[48]. In der Tat: Nicht nur Stein oder Rodbertus, auch die englischen Kommunisten sprachen von der Arbeitskraft – wo stammt denn nun die epochale Entdeckung her, Spätentwickler Engels? Von Marx mit Sicherheit nicht!

Wem das alles noch nicht genügt, lese die von Ricardo zitierten Worte von Destutt de Tracy nach: »Da es sicher ist, daß unsere körperliche und geistige Fähigkeit allein unser ursprünglicher Reichtum sind, ist der Gebrauch dieser Fähigkeiten eine gewisse Art Arbeit«[49]. Damit wären wir bei einer Position, die in der zitierten anonymen Schrift von 1821 den unbekannten Autor sagen läßt, daß der haarspalterische Streit in der Ökonomie daher rührt, daß Worte von verschiedenen Personen in verschiedenem Sinne gebraucht werden.

Ferner: Marx bestätigte in seinen Auszügen zur Mehrwerttheorie auch Say, daß dieser eine »gewaltige Entdeckung« machte, als er schrieb, »daß sich Waren nur mit Waren kaufen«, nicht die Arbeit, sondern die Arbeitskraft demzufolge eine Ware ist. Neben Stein, Rodbertus u. a., die »Arbeitskraft« voll ausschrieben, zumal gesperrt, entdeckte das Marx also noch bei Hodskin, Say und dem Anonymus:

Folglich war Marx der gewaltigste Entdecker, geben wir doch Engels ausnahmsweise auch einmal recht . . .

Zu seiner Selbstverständigung, nicht zur Veröffentlichung – hatten wir das nicht schon einmal? – schreibt Marx über diese anonyme Schrift ferner: »Dies kaum bekannte Pamphlet enthält einen wesentlichen Fortschritt über Ricardo hinaus. Er bezeichnet dierekt die surplus value oder Profit, wie Ricardo es nennt (oft auch als surplus produce) oder interest, wie der Verfasser des Pamphlets es heißt, als surplus labour . . .«[50] Marx vermerkt für sich ferner, daß dies schon bei Smith und Ricardo, allerdings nicht so klar und nicht so absolut, gesagt wurde. Mehrwert wird ganz eindeutig als unbezahlte Mehrarbeit definiert, seine Formen werden angesprochen. Die lügt Engels im »Kapital«-Vorwort auch Marx als Entdeckung zu. Als ob den Ökonomen nicht klar gewesen wäre, daß man mehr Wert entweder auf extensivem oder intensivem Wege produzieren könne! Diese primitivsten Selbstverständlichkeiten kann nur ein spintisierender Intellektueller in den Rang einer Theorie erheben, obwohl Marx ja im Kapitel 14. des ersten Bandes des »Kapital« seine Haarspaltereien über den absoluten und relativen Mehrwert selbst wieder aufhebt, ganz im Sinne jener dialektischen – besser wäre zu sagen sophistischen – Eulenspiegelei, derer ihn Ruge generell bezichtigte, mit der man bekanntlich alles und nichts beweisen kann.

Was bleibt überhaupt vom »Eckpfeiler« der marxistischen Theorie? Das alte Liedchen, andersherum vom Teil I: Den hast du Gans nicht gestohlen – sondern den Nationalökonomen englischer und deutscher Herkunft! Marx gibt in den Notizen zu seiner Selbstverständigung zu, daß schon der Verfasser des anonymen Pamphlets allen Mehrwert auf Mehrarbeit zurückführt und die allgemeine Form des Mehrwerts, unbeschadet seiner konkreten Formen von Profit, Grundrente und Geldzins, »interest of capital« nennt. Das ist unwissenschaftlich! Mehrwert ist wissenschaftlich! Schließlich macht er aus Mehrarbeit und Mehrprodukt Mehrwert! Der Engländer spricht »slang«, Marx kauderwelscht verhegelt, das ist Wissenschaft, obwohl der englische Autor schreibt, man solle den Wirrwarr beenden, indem man sprachlich den Inhalt der Begriffe säuberlich tren-

ne – was er getan hat, und was Karl Marx schon im Kindergarten hätte erfahren können, falls er ihn besucht hätte.
Halten wir fest: Mehrwert ist unbezahlte Arbeit – laut klassischer Ökonomie, laut sozialistischer und kommunistischer Ökonomie, laut deutscher Staatswissenschaft, und wird produziert durch die ausgebeutete Arbeitskraft: Wie immer, Marx kapiert als letzter und erhebt den Anspruch, erster zu sein. Von hinten her war er es wirklich, aber das macht nichts. Wir im realen Sozialismus sind immer vorn, und wenn vorn hinten ist, sind wir mit Murx hinten vorn.
Geplagt vom schlechten Gewissen, verrät Marx in seinem Band I des »Kapital« kein Wort darüber, woher er seine Weisheiten hat. Engels versucht das im zweiten Band dieses Mach-Mit-Werkes zu vertuschen, indem er ausführt, Marx habe im ersten Band Hodskin etc. zitiert. Das stimmt, aber: Die Zitate sind dort so entstellt, daß die Wahrheit ins Gegenteil verkehrt wird. Eben nahmen wir zur Kenntnis, welche Bewertung Marx Say äußerst positiv in seiner Selbstverständigung gab. Wer will, nehme Band I des »Kapital«, schlage im Personenregister Say auf und lese dann im veröffentlichten Text nach. Say wird in gut einem Dutzend Fußnoten, nie im Text, erwähnt, und wie? Man höre und staune: »Dieser Jammermensch, der die Halbheiten und Böcke A. Smiths in absolutallgemeine Phrasen auflöst«, habe sonst »Trivialitäten« formuliert. »Say, der sich verfaselt«, »die Fadaisen des Say« usw. Ein schönes Selbstportrait der rotzigen Arroganz, der fiesen Unlauterkeit des Marx! Haben Bakunin oder Loria übertrieben? Höchstens untertrieben!
Aber es reicht noch nicht. Der Berufsplagiator Marx bezichtigt Say des Plagiats, in bewährter Weise, wie gehabt, beschimpft er die, von denen er seine Kernsätze abgeschrieben hat, nach der alten Methode, haltet den Dieb:
»Die Art, wie er ihre (der Physiokraten, v. B.) zu seiner Zeit verschollenen Schriften zur Vermehrung seines eigenen ›Wertes‹ ausgebeutet hat, zeigt folgendes Beispiel: Der berühmteste Satz des Monsieur Say ... ›man kann Produkte nur mit Produkten kaufen‹ ... (geschrieben zur Selbstverständigung: Waren!) lautet im physiokratischen Original ... ›Erzeugnisse lassen sich nur mit Erzeugnissen bezahlen‹ «[51]. Also: Erzeugnis, Produkt, Ware gegen Ware – es

lebe die Ware Wissenschaft, der Ware-Wissenschaftler Murx, der Ware-Murxismus. Alles Ware ist warlich verkommen und warlich käuflich!
Falls unbekannt: Marx beginnt seine Analyse im »Kapital« mit der Ware, und ihrer Wertform, und er behauptet, seit zweitausend Jahren habe niemand in der Menschheit verstanden, die Rätsel der Ware und ihres Wertes zu lösen – ER habe das getan. Man staunt ehrfürchtig: Wie sich die Menschheit zweitausend Jahre ohne wahre Warenproduktion, ohne Kauf und Verkauf, ohne Marx überhaupt hat zurechtfinden können?
Es ist noch nötig, nach der Darstellung der ökonomischen »Leistung« des Marx seine politischen und sozialen Ableitungen aus dem »Kapital« darzulegen: »Je größer der gesellschaftliche Reichtum, das funktionierende Kapital, Umfang und Energie seines Wachstums, also auch die absolute Größe des Proletariats und die Produktivkraft seiner Arbeit, desto größer die industrielle Reservearmee. Die disponible Arbeitskraft wird durch dieselben Ursachen entwikkelt, wie die Expansivkraft des Kapitals. Die verhältnismäßige Größe der industriellen Reservearmee wächst also mit den Potenzen des Reichtums. Je größer aber diese Reservearmee im Verhältnis zur aktiven Arbeiterarmee, desto massenhafter die konsolidierte Überbevölkerung, deren Elend im umgekehrten Verhältnis zu ihrer Arbeitsqual steht. Je größer endlich die Lazarusschicht der Arbeiterklasse und die industrielle Reservearmee, desto größer der offizielle Pauperismus. *Dies ist das absolute, allgemeine Gesetz der kapitalistischen Akkumulation*. . . . daß im Maße wie Kapital akkumuliert, die Lage des Arbeiters, welches immer seine Zahlung, hoch oder niedrig, sich verschlechtern muß. Das Gesetz endlich, welches die relative Überbevölkerung oder industrielle Reservearmee stets mit Umfang und Energie der Akkumulation in Gleichgewicht hält, schmiedet den Arbeiter fester an das Kapital als den Prometheus die Keile des Hephaestos an den Felsen. Es bedingt eine der Akkumulation von Kapital entsprechende Akkumulation von Elend. Die Akkumulation von Reichtum auf dem einen Pol ist also zugleich Akkumulation von Elend, Arbeitsqual, Sklaverei, Unwissenheit, Brutalisierung und moralischer Degradation auf dem Gegenpol . . .«[52]

Ein Kommentar zu dieser »Verelendungstheorie«, von der Marx die soziale Revolution erhoffte, ist überflüssig. So etwas qualifiziert sich von selbst. Wieso regiert hier ein »absolutes Gesetz«, wo Marx doch generell »bewiesen« hat, daß soziale Gesetze immer nur tendentiell wirken? Oder: Man frage einen Gewerkschafter, was er z. B. von dieser schwachsinnigen »Lohntheorie« hält? Die politische Schlußfolgerung zieht Marx so: »Die Zentralisation der Produktionsmittel und die Vergesellschaftung der Arbeit erreichen einen Punkt, wo sie unverträglich werden mit ihrer kapitalistischen Hülle. Sie wird gesprengt. Die Stunde des kapitalistischen Privateigentums schlägt. Die Expropriateurs werden expropriiert.«[53] Damit sich die wahren Marxisten hierzulande von all dem nicht irritieren lassen, will ich abschließend zitieren, was »Linie« ist:
»Solange es Kapitalisten und Arbeiter in der Welt gibt, ist kein Buch erschienen, welches für die Arbeiter von solcher Wichtigkeit wäre«[54], dekretierte Friedrich Engels zum »Kapital«.
»Im ›Kapital‹ begründet Karl Marx die zentrale Kategorie des historischen Materialismus, die ökonomische Gesellschaftsformation«[55], proklamierte das ZK der SED, und Ulbricht hob dabei noch hervor, daß die materialistische Geschichtsauffassung, wie Lenin betonte, somit aus einer Hypothese zu einer wissenschaftlichen Theorie wurde. Mein Gott, Walter! Jetzt verschiebt sich ja die von Marx endgültig auf 1858 angesetzte Wissenschaft nochmals um neun Jahre nach hinten! Ob sich der Waldimir denn dabei etwas gedacht hat?
Was Marx sich bei der Expropriation der Expropriateurs gedacht hat, wollen wir uns jetzt ansehen. Es handelt sich um seine einzige konkrete Anleitung zum Handeln. Diese Weisheiten stehen in der Kritik zum Gothaer Programm der deutschen Sozialdemokratie.

2. Die ignorierten Randglossen zum Gothaer Vereinigungsparteitag der deutschen Sozialdemokratie von 1875

Die »Randglossen« stellen neben dem Manifest und dem Kapital das wichtigste Dokument des Marxismus dar. Mir geht es hier nicht um die politischen Aspekte, die lediglich eine Wiederholung der bekannten Thesen zur Diktatur des Proletariats sind, sondern um die Vorhersagen, die Marx über die Errichtung des Kommunismus macht. Er habe, heißt es parteioffiziell, hier »erstmals den Gedanken von den zwei Phasen der kommunistischen Gesellschaft«[56] formuliert.

Nun, alles was er da nennt – die Übergangsperiode, die erste sozialistische und zweite kommunistische Phase, die Abschaffung des Privateigentums und des Geldes, die vorübergehende Ausgabe von »Arbeitsnoten« anstelle des Geldes – alles das kann man nachlesen bei Owen und Weitling, bei Fourier und den Simonisten. Marx nannte alle diese Leute, wie schon 1841 L. Reybaud, Utopisten. Übernommen hat er, einschließlich des Formationsbegriffes, von ihnen aber alles, was ihm brauchbar schien, und blieb so auch Utopist. Die heutigen Marxisten behaupten immer noch, die Utopisten seien unwissenschaftlich gewesen, weil sie nicht hätten sagen können, wie die neue, kommunistische Gesellschaftsformation zu errichten sei. Marx hingegen habe wissenschaftlich den Weg gewiesen, den der Diktatur des Proletariats. Ohne jede Diktatur hat die Arbeiterbewegung, z. B. in Schweden, ein sozialdemokratisches Modell geschaffen, mit einer persönlichen Freiheit und einem Lebensstandard, um welchen die Arbeiter, die unter der Diktatur leben, ihre schwedischen Kollegen nur beneiden können. Doch bleiben wir historisch: Warum übte Marx Kritik an den deutschen Sozialdemokraten?

1875 erfolgte in Deutschland die Vereinigung zwischen der

Sozialistischen Deutschen Arbeiterpartei und dem Allgemeinen Deutschen Arbeiterverein oder den »Eisenachern« und den Lassalleanern. Die Eisenacher unter Bebel, Liebknecht, Auer, Geib und Bracke neigten in ideologischer Hinsicht mehr zu Marx als zu Lassalle, der, als die Debatten über die Vereinigung der beiden Parteien in ihr entscheidendes Stadium traten, bereits ein Jahrzehnt tot war. Marx sah nun seine Chance, den toten Lassalle, den großen Widersacher, vor dem er, als er lebte, nur gekrochen war, da Lassalle ihn finanziell unterstützte und ihm geistig überlegen war, programmatisch aus der deutschen Arbeiterbewegung auszuschließen. Die niederträchtige, selbst antisemitische Häme, die Marx und Engels in ihren Briefen über Lassalle ausgegossen hatten, trat nun öffentlich in theoretisch verkleideter Form hervor. Marx hatte nie verwunden, daß Deutschlands Arbeiter sangen: Der Bahn, der kühnen folgen wir, die uns geführt Lassalle!

Lassalle hatte in Deutschland alles gewagt, derweil Marx im sicheren Schutz der englischen Demokratie klugscheißerische Kommentare von sich gab, wie gehabt, als er im juristisch bürgerlich gesicherten Rheinland als Chefredakteur saß und darauf wartete, daß andere für ihn die Kastanien in Berlin aus dem Feuer holten.

Und nun, als Marx seine Randglossen zum Gothaer Parteiprogramm schrieb, geschah etwas sehr Bemerkenswertes: Obwohl die Eisenacher Führer, darunter der Marx-Freund Wilhelm Liebknecht, nur mit einigen Passagen des Entwurfs nicht einverstanden waren, brüskierten sie Marx total. Sie legten den Begleitbrief an Bracke, beigelegt der Übersendung der Randglossen, zu den Akten ohne auch nur ein Wort darüber zu verlieren. Das zeigt, wie selbst die »marxistisch« denkenden Führer über den »Klassiker« Marx dachten! Wieder, wie bei seinem Ausschluß aus der KP, wurde Marx, selbsternannter Sektenchef unter anderen Sektenchefs, von der Bewegung des Proletariats nicht beachtet.

Erst 1891 wurde die Kritik von Marx bei der Vorbereitung des Erfurter Parteitages in der »Neuen Zeit«, der Wochenschrift der deutschen Sozialdemokraten, veröffentlicht. Engels, nicht die Führung der Partei, machte sie publik, nachdem Marx tot war und die theoretischen Köpfe der Partei

durch persönlichen Umgang und wegen finanzieller Unterstützung auf Engels eingeschworen waren. So setzte sich der Marxismus theoretisch im Programm der deutschen Sozialdemokratie durch. Praktisch galt er gottlob nie etwas.
Als Engels die Randglossen veröffentlichte, tilgte er die unsachlichsten Ausdrücke des Marx. Er verbesserte den Politiker Marx, wie er den autodidaktischen Ökonomen verbessert hatte. Marx hatte übrigens in seinem Brief an Wilhelm Bracke vom 5. Mai 1875 auch angekündigt gehabt, daß er und Engels nach dem Vereinigungsparteitag sich von dem Programm distanzieren würden. Da die Führung der Sozialdemokratie sich davon überhaupt nicht beeindruckt zeigte, unterließ es Marx, seine Ankündigung wahr zu machen. Man hatte ihn schwer gedemütigt: Niemand in Deutschland akzeptierte den selbsternannten Führer aller Werktätigen. Wie kam einer, außerhalb der Partei, des Landes und des Volkes stehend, überhaupt dazu, den deutschen Arbeitern ihr Programm vorschreiben zu wollen? Der deutschen Arbeiterklasse war die Fernsteuerung West im 19. genau so suspekt wie die Fernsteuerung Ost im 20. Jahrhundert. Für die KPD galten 1946 die Marxschen Prinzipien und Taktiken von 1875, als sie sich zur Vereinigung mit der sowjetzonalen SPD unter Grotewohl anschickte. Die Vereinigungs-Kritik des Marx steht auch heute noch bei der SED deshalb hoch im Kurs, weil sie, hinsichtlich der vielen kleinen potentiellen Grotewohls in der SPD von heute, welche die Westabteilung des ZK glaubt, ausgemacht zu haben, annimmt, die Geschichte könne sich wiederholen. Marx ging es 1875, wie der KPD 1945, darum, das sozialdemokratische Ideengut des Ferdinand Lassalle restlos zugunsten der kommunistischen Ansichten des Marx auszumerzen. Diese bringt er in seiner Kritik am Gothaer Programm wie folgt zum Ausdruck[57]:
Er schreibt im Abschnitt I, »daß der Mensch, der kein anderes Eigentum besitzt als seine Arbeitskraft, in allen Gesellschafts- und Kulturzuständen der Sklave der anderen Menschen sein muß«, die sich zu Eigentümern der gegenständlichen Arbeitsbedingungen gemacht haben. Er kann nur mit ihrer Erlaubnis arbeiten, also nur mit ihrer Erlaubnis leben. Das stimmt. Es stimmt vor allem im irrealen Sozialismus, denn da gibt es nur einen einzigen, allmächtigen, konkur-

renzlosen Arbeitgeber: den Staat der Partei. Die Partei verfügt unkontrolliert über alles. Ausreisewilligen wird die Arbeit entzogen. Somit sind sie asozial und einsperrungswürdig. Haben sie Glück, bekommen sie ihre Freiheit gegen Westmark zurück. Ob Marx an diese Freiheit gedacht hat, als er in jungen Jahren meinte, alles müsse sich um die Freiheit des Menschen drehen?

Das Wichtigste an der Programmkritik besteht darin, daß Marx hier erst- und letztmalig konkret über die kommunistische Organisation der Verteilung des erarbeiteten Volksvermögens, über den Aufbau einer neuen Gesellschaftsordnung, spricht. Seine Anleitung lautet so: »Innerhalb der genossenschaftlichen, auf Gemeingut an den Produktionsmitteln gegründeten Gesellschaft tauschen die Produzenten ihre Produkte nicht aus; ebensowenig erscheint hier die auf Produkte verwandte Arbeit als Wert dieser Produkte, als eine von ihnen besessene sachliche Eigenschaft, da jetzt, im Gegensatz zur kapitalistischen Gesellschaft, die individuellen Arbeiten nicht mehr auf einem Umweg, sondern unmittelbar als Bestandteile der Gesamtarbeit existieren.«

Wenn man das übersetzt, so heißt es: Marx spricht von Produkten, nicht von Waren, d. h., die Gebrauchswerte werden nicht verkauft, sondern direkt, ohne Geld, verteilt, der Markt ist ein Umweg. Das ist klar. Unklar ist, ob er von genossenschaftlicher Produktion, also einer Art Arbeiterselbstverwaltung oder von zentraler Staatsplanung spricht. Auf diesen Erguß des Marx berufen sich die KPdSU wie die jugoslawische KP bei ihrem divergierenden Wirtschaftsmodell zu Recht gleichermaßen. Hier wird die allgemeine Prognose aus dem »Kapital«, die Vernichtung der kapitalistischen Warenproduktion und die Abschaffung des Geldes, präzisiert, und so hat sie Lenin und sein Oberster Volkswirtschaftsrat auch zwischen 1917 und 1920 erfolgreich zum totalen Ruin der russischen Volkswirtschaft angewandt; denn hören wir Marx weiter: »Womit wir es hier zu tun haben, ist eine kommunistische Gesellschaft, nicht wie sie sich auf ihrer eigenen Grundlage entwickelt hat, sondern umgekehrt, wie sie eben aus der kapitalistischen Gesellschaft hervorgeht, also in jeder Beziehung, ökonomisch, sittlich, geistig, noch behaftet ist mit den Muttermalen der alten Gesellschaft, aus deren Schoß sie herkommt. Demgemäß erhält der einzelne Produzent – nach den Abzügen – exakt zurück, was er ihr gibt. Was er ihr gegeben hat, ist sein individuelles Arbeitsquantum. Z. B. der gesellschaftliche Arbeitstag besteht aus der Summe der individuellen Arbeitsstunden. Die individuelle Arbeitszeit des einzelnen Produzenten ist der von ihm gelieferte Teil des gesellschaftlichen Arbeitstags, sein Anteil daran. Er erhält von der Gesellschaft einen Schein, daß er soundso viel Arbeit geliefert (nach Abzug seiner Arbeit für die gemeinschaftlichen Fonds), und zieht mit diesem Schein aus dem gesellschaftlichen Vorrat von Konsumtionsmitteln soviel heraus, als gleich viel Arbeit kostet. Dasselbe Quantum Arbeit, das er der Gesellschaft in einer Form gegeben hat, erhält er in der andern zurück. Es herrscht hier offenbar dasselbe Prinzip, das den Warenaustausch regelt, soweit er Austausch Gleichwertiger ist. Inhalt und Form sind verändert, weil unter den veränderten Umständen niemand etwas geben kann außer seiner Arbeit und weil andrerseits nichts in das Eigentum der einzelnen übergehn kann außer individuellen Konsumtionsmitteln. Was aber die Verteilung der letzteren unter die einzelnen Produzenten betrifft, herrscht dasselbe Prinzip wie beim Austausch von Warenäquivalenten, es wird gleich viel Arbeit in einer Form gegen gleich viel Arbeit in einer andern ausgetauscht.«[58]

Übersetzen wir: Der Arbeiter erhält kein Geld mehr, sondern einen Schein, siehe viele Autoren, zuletzt Owen, Weitling, die dasselbe sagen, und siehe Lenin, der es praktiziert! Auf dem Schein ist die Zeiteinheit vermerkt. Hier haben wir die totale ökonomische Unfähigkeit des Marx, was die deutschen Ökonomen veranlaßte, zu sagen, er habe ein Jahrhundert ökonomischer Wissenschaft verschlafen. Man kann getrost 200 Jahre aufstocken, denn: Zeit ist nicht Zeit. Zeit als Wertmaß ist etwas anderes als eine bloße Zeiteinheit. Marx hat vom Wertgesetz nie etwas verstanden.

In einer pluralistischen Basis wird, bedingt durch die Konkurrenz, die Zeit verdichtet. Damit wird der Zeitaufwand und somit der Wert je Gebrauchswert tendenziell gesenkt. Bei voller Ausnutzung der Arbeitszeit, bei sorgfältiger Produktionsvorbereitung, bei Kontinuität des Produktionsprozesses etc. wird eben in gleicher Zeit eine höhere Effektivität erzielt als bei Schlamperei und Unlust der Arbeitskräfte.

Feststellen läßt sich wirkliche Leistung aber nur auf dem Markt, über den Preismechanismus. Der leistungsfähigste Produzent kann am billigsten anbieten, die Preise drücken, die Konkurrenz evtl. ausschalten oder einschränken. Und gerade diesen Mechanismus läßt Marx durch die vereinheitlichte ökonomische Besitzstruktur vernichten. An Stelle objektiv wirkender ökonomischer Gesetze tritt daher die planende Bürokratie, die planmäßig versagt. Der Marxismus produziert im realen Sozialismus gegen die Bewegungsgesetze der industriellen Produktion, die Marx unverstanden abgeschrieben hat. Der gesellschaftliche Arbeitstag besteht eben nicht wie Marx schreibt, aus der Summe der individuellen Arbeitsstunden, sondern aus der in dieser Zeit sehr unterschiedlich erbrachten Leistung! Schon Saint-Simon hatte als Prinzip für den Sozialismus das gefordert, was Marx als Leitmotiv des Sozialismus: »Jeder nach seinen Fähigkeiten, jedem nach seiner Leistung« formulierte. Nur: Leistung ist, bei Abschaffung von Geld und Preis, nicht meßbar. Niemand im realen Sozialismus denkt heute mehr daran, etwa nach Marx zu verfahren, und das Geld abzuschaffen, wie das zunächst in der SU, und später in anderen sozialistischen Ländern versucht wurde. Auch so gesehen ist Marx längst tot, je mehr er ideologisch belebt wird.
Ein Arbeiter zieht eben nicht mittels »Schein« aus dem Warenlager heraus. Der ganze wissenschaftliche Kommunismus ist nur ein sehr schöner Schein! Es »herrscht hier offenbar« ein ganz anderes Prinzip, als Marx es lehrt, denn eine Stunde ist einer Stunde gleichwertig in Sekunden und Minuten, aber nicht in Arbeitsleistung und Wert!
Da aber der Wert festgesetzt werden muß, denn wie soll man sonst auf allen Ebenen planen, tritt im realen Sozialismus subjektive Willkür an Stelle volkswirtschaftlicher realer Größen. Hier liegt der springende Punkt, der erklärt, warum der siegreiche Sozialismus in den Hochtechnologien und der ökonomischen Leistungskraft hinter dem sterbenden Imperialismus, dessen schönen Tod hierzulande viele gerne haben möchten, dauernd zurückbleibt und an die Arbeitsproduktivität der kapitalistischen Industrieländer nicht herankommt. Der Ziel-Mittel-Konflikt in der ökonomischen Ideologie des Marx liegt klar auf der Hand. Der reale Sozialismus ist ökonomisch halbkastrierter Staatskapitalis-

mus: Formal existiert, gegen die Lehre von Marx, die Warenproduktion und das Geld, aber real werden die Geldfunktionen und das Wertgesetz abgewürgt: Die Preisbildung erfolgt administrativ. Das ganze Dilemma sämtlicher Liberalisierungs-, Verbesserungs- und sonstiger ökonomischer Wellen beruht auf dem unhaltbaren ideologischen Prinzip des Marx. Die Story wird so weitergehen, man wird stets dem entwickelten Staatskapitalismus des Westens hinterherlaufen, wie gehabt seit 1917 und 1945. Der reale Sozialismus wird ohne ideologische Reform keine ökonomische auf die Beine bringen. Rückständiges Denken bedingt Rückstand auch in der Ökonomie.

Das »Inhalt und Form« der ökonomischen Gesetze im Sozialismus verändert werden, sah Marx; aber nicht, daß sie bis zur Unkenntlichkeit entstellt werden. Er dachte eben ideologisch, nicht theoretisch. Dabei fällt er in die angeblich Uralt-Theorie zurück und spricht von »Arbeit«, statt von seiner epochalen »Arbeitskraft«. Vielleicht war er gar kein richtiger Marxist?

Im II. Abschnitt finden wir bei Marx jene Passagen, die schon falsch in seinem »Kapital« standen und nun, nachgealtert, nicht gerade besser geworden sind, »daß also das System der Lohnarbeit ein System der Sklaverei . . . ist, die im selben Maß härter wird, wie sich die gesellschaftlichen Produktivkräfte der Arbeit entwickeln, ob nun der Arbeiter bessere oder schlechtere Zahlung empfängt.« Schließt den DGB, Kollegen, und macht den EGB dicht! Es ist die alte Leier seit Mevissens Artikeln in der »Rheinischen Zeitung«. Von 1842 bis 1875 hat Marx auch hier nichts dazugelernt, er bleibt bei der Verelendung: Es ist ein absolutes Elend!

Nun gab es unter den Programmpunkten auch einen, der wohl die schlimmste Form des Elends bekämpft wissen wollte: das Elend der Kinderarbeit. Die Arbeiter forderten deren Verbot. Was sagte Marx dazu? Er stellte sich auf den preußisch-deutschen Rechtsboden: »Hier war absolut nötig, die Altersgrenze anzugeben. Allgemeines Verbot der Kinderarbeit ist unverträglich mit der Existenz der großen Industrie . . .« Ja, man lese diesen ungeheuerlichen Satz des wahren Freundes aller großen und aller kleinen Menschen ruhig noch einmal! Hätte das die Parteiführung vielleicht doch den Delegierten zur Kenntnis bringen sollen? Vielleicht hätte sich dann die Veröffentlichung dieser schändlichen Sätze 15 Jahre später als geschrieben, aus Anlaß der Erfurter Programmdebatte, erübrigt? Vielleicht hätten die Delegierten des Vereinigungsparteitages es begrüßt, wenn Marx ihnen mitgeteilt hätte, in Anwendung seiner »Theorie« habe er seine Töchter zwecks Ausbeutung von Kindesbeinen an in die Fabrik seines Freundes Engels geschickt? Oder galt das nur für Proletenkinder und nicht für die Kinder der Baroness von Westphalen, wie Frau Marx auf ihre Visitenkarten zu drucken pflegte? Die Arbeiter, dozierte Marx weiter, äußerten hehre, fromme Wünsche. Das Verbot der Kinderarbeit, »wäre reaktionär«, da, bei Regelung der Arbeitszeit und Arbeitsschutz die »frühzeitige Verbindung produktiver Arbeit mit Unterricht eines der mächtigsten Umwandlungsmittel der heutigen Gesellschaft ist.« Der Kulturrevoluzzer Marx mit seinem Stoßtrupp von Minderjährigen, er lebe hoch!

Sehen wir uns noch die »Berichtigungen« des Marxschen ideologischen Steckenpferdes an, denn er spricht in seiner Programmkritik nunmehr nicht schlechthin von der Diktatur, sondern von der »revolutionären« Diktatur des Proletariats in der Übergangsperiode vom Kapitalismus zum Sozialismus, welche die staatliche Unterdrückung der Bevölkerung absterben lassen soll.

Ja, danach richten sich die heutigen Murxisten auch, so wie beim Geld und überhaupt allen Rezepten: Sie erklären, daß die Rolle des Staates weiterentwickelt und ausgebaut und bedeutender wird, und auch die der Partei wächst, und wächst, also: Sie haben Marx auch hier schöpferisch angewandt und die Praxis ins Gegenteil der Ideologie verkehrt.

In der »Kritik« würdigt Marx übrigens wiederum auf seine unüberbietbare Weise die humanistische Tradition der Gewissensfreiheit: »Jeder muß seine religiöse wie leibliche Notdurft verrichten können, ohne daß die Partei ihre Nase hineinsteckt.« Das wird im realen Sozialismus real eingehalten. Die Partei hält sich raus. Da steckt nur die absolut parteilose Geheimpolizei ihre Nase hinein, siehe letztes aufsehenerregendes Beispiel, den Mord am polnischen Priester Popieluszko.

Nach dieser Passage wiederholt Marx jene Thesen, die bewirkten, daß französische Sozialisten und Kommunisten in den »Deutsch-Französischen Jahrbüchern« nicht mitarbeiteten, weil in seinen Augen »die bürgerliche ›Gewissensfreiheit‹ nichts ist außer der Duldung aller möglichen Sorten religiöser Gewissensfreiheit.« Wir sehen: Auch hier nichts dazugelernt. Versimplifizierung und Verabsolutierung werden groß geschrieben, in der Jugend wie im Alter. Religiöses Denken, ein unveräußerliches Menschenrecht, fordert er abzuschaffen. Seine Vorstellungen von der Freiheit des Gewissens sind skandalös und primitiv.

Hier setzt auch Rosa Luxemburgs Kritik an Lenin ein, der in diesem Punkt wie Marx dachte und handelte: Freiheit ist immer Freiheit des Andersdenkenden! Und Karl Liebknecht lehnte die Geschichtsphilosophie von Marx schlicht und rundweg völlig ab. Wir haben im 20. Jahrhundert an der Wiege der KPD dieselbe Grundhaltung der Marx-Kritiker wie im Bund der Kommunisten in der Mitte des 19. Jahrhunderts. Im 19. Jahrhundert galt die Kritik vorwiegend dem persönlich-diktatorischen Herrschaftsanspruch von Marx, im 20. Jahrhundert galt sie der praktizierten marxistischen Diktatur durch Lenin. Wie sich die führenden Köpfe der deutschen Arbeiterbewegung zwischen diesen Markierungspunkten verhielten, zeigte ihre demonstrative Zurückweisung der Marxschen Kritik am Gothaer Programm und ferner: Wesentlich dürfte hier besonders August Bebels Haltung zu den Parteiprinzipien von Marx sein, die bekanntlich in den letzten, personenkulteinführenden Statuten der Marxschen Splittergruppe des Bundes der Kommunisten formuliert wurden.

Im Zentralen Parteiarchiv des ZK der SED befindet sich[59] der Nachlaß des langjährigen Funktionärs der Hamburger Arbeiterbewegung, Joachim Friedrich Martens, mit dem Aufdruck: Kein Veröffentlichungsrecht. Er beinhaltet auch einen bislang unveröffentlichten Brief Bebels an Martens vom 20. Oktober 1867. Bebel erklärt darin seine Auffassungen zum demokratischen Organisationsprinzip und teilt als vertraulich gekennzeichnet mit, er habe anstelle des »Ausschusses« in Leipzig einen »Vorort« installiert, der in der Lage sei, *die Leitung zu kontrollieren*. Das »Vorort«-Prinzip geht auf die demokratische Organisationsstruktur der von dem demokratischen Arbeiterkommunisten Stefan Born ge-

führten Allgemeinen Deutschen Arbeiterverbrüderung zurück, deren ZK bis 1850 gleichfalls in Leipzig wirkte.
Das ist wichtig: Schon aus »Voreisenacher« Zeiten, als der ständige Ausschuß des Vereinstages die Geschäfte der späteren Sozialdemokratischen Arbeiterpartei, der Eisenacher, führte, grenzte sich Bebel von den Organisationsprinzipien des Marx ab, obwohl er ein Jahr vor diesem Brief an Martens der ersten Internationale beigetreten war. Bebel verankerte das demokratische Organisationsprinzip auch in den Statuten der Eisenacher Partei. Er ließ auch eine Kontrollkommission bilden, um »Eigenmächtigkeiten« der führenden Funktionäre zu verhindern. Wiederum sollten die Mitglieder am Ort die Kontrollkommissionen wählen, und diese hatte das Recht, die Führung abzusetzen – wie in den Statuten der demokratischen Arbeiterkommunisten vor Marx!
Es gibt noch andere interessante, unveröffentlichte Dokumente im Nachlaß Martens. So schreibt Johann Philipp Becker, 1849 Führer der Volkswehr in Südwestdeutschland, ab 1860 Parteigänger von Marx, er vertrieb den »Vorboten«, das deutschsprachige Organ der IAA, am 31. Januar 1873 aus Genf an Martens: »Die künftigen Generationen stellen eben logischerweise neue, über unsere heutigen Begriffe stehende Ideale auf, und wird der geistige und sittliche Kampf je länger, je intensiver werden. Im ewigen Weg nach dem Himmelreich liegt das Himmelreich!«
Man glaubt, den Wilhelm Weitling von 1849 oder Eduard Bernstein am Ende des Jahrhunderts zu hören – diese Männer waren alle realistischer in ihren politischen Idealen als der Utopist Marx. Heute werden sie, wie Bebel, Liebknecht und Luxemburg, alle von der kommunistischen Parteipropaganda vereinnahmt, um eine ins Schema passende Kontinuitätslinie zu konstruieren – ausgenommen Bernstein.
In der DDR erreicht die Verfälschung einen Gipfel, wenn es um die Persönlichkeiten von Karl Liebknecht und Rosa Luxemburg geht. Die SED betrieb unter Ulbricht eifrig die Bekämpfung des »Luxemburgismus« als eine Abart des Sozialdemokratismus. Unterschätzte sie nicht die Rolle der Partei, war also Anhängerin der Spontanitätstheorie? Hatte sie nicht die Akkumulationstheorie des Marx und Lenin wegen seiner Willkürherrschaft kritisiert? Die Traditionslinie der

SED in Portraits wurde so noch 1968 durch Marx, Engels, Bebel und Karl Liebknecht dargestellt. Inzwischen ist das anders, nicht nur mit den Preußen und ihren Friedrichs oder dem janusgesichtigen Luther, dem Bauernfeind, nein, auch mit Rosa Luxemburg. Alljährlich gibt es eine organisierte Wallfahrt zu den Gräbern von Karl und Rosa, an der Spitze läuft, soweit es laufen kann, das Politbüro des ZK.

Wir wissen, wie demokratisch Rosa Luxemburg gedacht hat. Wie dachte nun Karl Liebknecht, ihr Kampfgefährte und Mitbegründer der Partei? Von ihm stammen folgende zusammenfassende Bewertungen des Marxismus, die sich auf die materialistische oder ökonomische Geschichtsauffassung beziehen. Liebknecht schrieb unter dem Titel: »Studien über die Bewegungsgesetze der gesellschaftlichen Entwicklung«; wobei uns die »Bewegungsgesetze« ja schon sehr vertraut vorkommen:

»Die materialistische Geschichtsauffassung – kritische Zusammenfassung

Sie ist nicht ›materialistisch‹, hat keinen materialistischen Faden an sich, wenigstens nicht im eigentlichen, im philosophischen Sinn; höchstens einen Anklang an den Materialismus in vulgär-moralisierendem Sinn. Nicht einmal das!! Denn auch die Ideologien aller Sphären und die Überschußsphäre haben ihre ›wirtschaftlichen Verhältnisse‹, ›ökonomische Basis‹, ›soziale Struktur‹, ›Feudum‹.

Auch die ›materialistische Geschichtsauffassung‹ ist in der Hauptsache eine psychisch-intellektuelle; d. h., die Faktoren, die sie als wesentlich betrachtet, sind in der Hauptsache psychisch-intellektuelle.

Sie ist nicht ›ökonomisch‹.

Sie geht nur von der Ernährung und Fortpflanzung als Basis aus, läßt die Schutz- und Überschußsphäre außer acht.

Ernährung setzt sie = Arbeit, obwohl auch Schutz-, Sexual- und Überschußsphäre Arbeit (Produktion usw.) benötigen.

Das Wirtschaftliche ist zu eng und schief aufgefaßt.

Der ›ideologische Überbau‹ ist ungenügend, ja falsch definiert. Die Beziehung zwischen Ideologie und ›wirtschaftlichen Verhältnissen‹ ist mißverstanden.

Die Ideologien sind falsch abgegrenzt, da sie auch das zu ›wirtschaftlichen Verhältnissen‹, ökonomischer Basis und sozialer Struktur und selbst zu Feudum, selbst zu Ernährungs- und Sexualsphäre Gewordene noch als Ideologie betrachtet, obwohl das so Definierte das psychisch-geistige Element, das mit dem nackt-stofflichen zusammengehört, sei es dualistisch, sei es monistisch, wie ›Körper‹ und ›Seele‹; den so geistig-psychischen Inhalt, das geistig-psychische Wesen der sozial regulativen Faktoren darstellend. Was ist ›materialistisch‹ selbst an diesen sozial-regulativen Faktoren, an den wirtschaftlichen Verhältnissen? Sie haben durchweg neben dem stofflichen ein geistig-psychisches Wesen, durch das sie erst auf die menschliche Gesellschaft bezogen werden, durch das allein sie soziale Erscheinungen sind.

Im Wesen des ›Sozialen‹ liegt bereits das nichtmaterialistische Element eingeschlossen.

In ihren letzten Modifikationen (durch Engels) ist die Theorie wiederum so unbestimmt, so allgemein geworden, daß sie ihr charakteristisches Gepräge verliert – ganz wie in der Definition meines Vaters.«[60]

So sah der lebenserfahrene Praktiker Liebknecht das Erbe von Marx. Zusammen mit Luxemburg hätte er niemals die Stalinisierung, die totale Vermurxung der KPD, zugelassen. Wir sind wieder bei Marx, sagte Rosa Luxemburg auf dem Gründungsparteitag der KPD Ende 1918, unter seinem Banner – aber was das für ein Banner im positiven Sinne war, wußte sie so wenig wie Liebknecht. Marx stand nur für die seit der Chartistenbewegung programmatisch klare Forderung: Die arbeitenden Klassen müssen die politische Macht erobern. Rosa Luxemburg bewertete Marx völlig unvoreingenommen, ja, sie sprach sogar von der »Rumpelkammer des Marxismus«[61]. Im Gegensatz zu Lenin, der sich zunächst dogmatisch an Marx klammerte, sah sie die Dinge, wie sie waren.

Trotz aller angeblichen »Wissenschaft« des Marx waren die führenden Köpfe der KPD im 20. Jahrhundert schlecht gerüstet. Das betraf auch ihre Mitkämpfer. Sie »besaßen unklare Vorstellungen darüber, wie man zum Sozialismus gelangt. Das mußte sich ebenso hemmend auf die Entwicklung der Revolution auswirken wie die Politik der opportunistischen Kräfte«[62], schrieb das »Neue Deutschland« zum 66. Jahrestag der Novemberrevolution. Mitunter steht Wahres auch im Zentralorgan des ZK der SED. Man kann halt – noch nicht – alles fälschen. Sie hätten nur noch zu schreiben brauchen, daß die total unklaren und unmöglichen Vorstellungen von den so sehr gepriesenen Klassikern des Marxismus kamen.

Wenden wir uns nunmehr der Frage zu, wie Lenin in der Praxis mit den Anleitungen von Marx zurecht gekommen ist und wie die heutige Praxis des realen Sozialismus mit der verqueren ökonomischen Ideologie zurecht kommt.

3. Lenins Anwendung der Marxschen Ideologie für den Aufbau des Sozialismus und deren Widerlegung durch die Praxis

»Die Klassiker des Marxismus-Leninismus sahen in der maschinellen Großproduktion mit einer organischen Arbeitsteilung und einer entsprechenden, ineinandergreifenden Technologie die dem Sozialismus adäquate technische Basis. Das war die in der Theorie vorgezeichnete Perspektive. Doch in der Praxis haben die sozialistischen Revolutionen bisher noch in keinem einzigen Land einen solch idealen Zustand der gesamten Volkswirtschaft vorgefunden.«[63]
So vornehm läßt sich die Mißachtung der »Theorie« des Marx durch den Praktiker Lenin und die Stalinisten nach 1945 auch erklären. Parteiamtlich lautet das aus der Sicht nicht eines Mitgliedes, sondern des ZK der KPdSU heute so: »Bei seinen Überlegungen über die Besonderheiten unserer Revolution kam Lenin in seiner letzten Arbeit zu dem Schluß, ›daß bei allgemeiner Gesetzmäßigkeit der Entwicklung in der gesamten Weltgeschichte einzelne Etappen der Entwicklung, die eine Eigentümlichkeit entweder der Form oder der Aufeinanderfolge der Entwicklung darstellen, keineswegs auszuschließen, sondern im Gegenteil anzunehmen sind‹ – ›Modifikationen der üblichen historischen Reihenfolge‹. Unter der ›üblichen Reihenfolge‹ verstand er das Erreichen eines solchen Entwicklungsniveaus der Produktivkräfte und der Kultur, das für die Schaffung des Sozialismus erforderlich ist. Ein solches Niveau hatte das alte Rußland, wie Lenin feststellte, im vollen Sinne des Wortes nicht erreicht. Der Sieg der Großen Sozialistischen Oktoberrevolution machte unser Land sofort zum fortschrittlichsten Land in politischer Hinsicht. Die Modifikation der historischen Reihenfolge entsprechend dem Leninschen Gedanken bestand darin, daß die Arbeiter und Bauern zunächst die Macht erobert hatten, um dann auf dieser Grundlage

die materiell-technische Rückständigkeit zu überwinden und die Produktivkräfte des Landes auf das Weltniveau zu bringen. Einige unserer heutigen Probleme und schwierigkeiten sind historisch gerade damit verbunden, daß bisher noch nicht alle durch diese Modifikation der ›üblichen Rehenfolge‹ entstandenen Aufgaben bis zu Ende gelöst sind. Ihre vollständige Lösung wird der Entfaltung der Vorzüge des Sozialismus in allen Bereichen des gesellschaftlichen Lebens, dem allmählichen Übergang zum Kommunismus breiten Raum geben.«[64]

Halten wir fest: In keinem Land hat die Praxis des realen Sozialismus der marxistischen Ideologie entsprochen. Wenn uns das von der KPdSU gesagt wird, glauben es auch gläubige Neostalinisten der SED. An Marx glauben sie trotzdem, das ist dialektisch gedacht. Ich habe selbst lange genug in diesem geistigen Gefängnis gelebt und verstehe das.

Im Zusammenhang mit der Diskussion um das neue Parteiprogramm der KPdSU werden erstaunlich offene Debatten geführt und Tabus, wenn nicht voll gebrochen, so zumindest doch kritisch erörtert. »Zu diesen Themen gehört auch die Frage gesellschaftspolitischer Krisen in der Entwicklung sozialistischer Länder.«[65]

An die Spitze dieser Krisen wird dabei die politische Krise in Sowjetrußland gestellt, die ihren Höhepunkt im Kronstädter Aufstand erreichte. Es handelte sich um einen inneren Konflikt. Die »Diktatur des Proletariats« mußte militärisch die Arbeiter- und Bauernsöhne unterdrücken, vor Standgerichte stellen und erschießen, wie vor ihr der Zar – vier Jahre nach der sogenannten Großen Sozialistischen Oktoberrevolution!

Wieso konnte es dazu kommen? Der Kronstädter Aufstand war keine isolierte Erscheinung, Streiks, Demonstrationen, Bauernaufstände waren an der Tagesordnung. Warum?

Nicht weil Lenin die Anleitungen des Marx aus der Kritik am Gothaer Programm mißachtete, sondern weil er sie beachtete, kam es zum blutigen Konflikt zwischen der Partei und den Volksmassen! Gerade das aber wird auch heute noch verleugnet: Schuld war nicht die unmögliche Ideologie des Marxismus, Schuld hatte nicht die Partei, sondern die unverständigen und faulen Volksmassen. Hören wir dazu einen sowjetischen Autor, in dessen Artikel die gesamte bis-

herige Diskussion über diese Problematik kulminiert: »Eine Rolle spielte hier auch die ›Kriegskommunismus‹-Konzeption von der Entwicklung der Revolution und der Erreichung ihrer Ziele. Dazu heißt es bei Lenin: ›Wir, die wir von der Welle des Enthusiasmus getragen waren, die wir den Volksenthusiasmus – zunächst den allgemeinen politischen, sodann den militärischen – geweckt hatten, wir rechneten darauf, daß wir auf Grund dieses Enthusiasmus auch die ebenso großen (wie die allgemeinen politischen und die militärischen) ökonomischen Aufgaben unmittelbar lösen würden.‹ Das heißt, man glaubte, imstande zu sein, ›den unmittelbaren Übergang zur kommunistischen Produktion und Verteilung zu vollziehen‹. Diesen Übergang verband man mit folgenden Maßnahmen: Verstaatlichung möglichst aller Formen wirtschaftlicher Tätigkeit; Zentralisierung der wirtschaftlichen und der politischen Leitung; Enteignung der Bourgeoisie, einschließlich der ländlichen; Zwangseinsatz der Arbeitskräfte,einschließlich der Mobilisierung von Arbeitskräften für die Schlüsselbereiche (Militarisierung der Arbeit), allgemeine Arbeitspflicht und andere Formen unbezahlter Arbeit; Konzentration des gesamten Mehrprodukts in den Händen des Staates; Nivellierung der materiellen Lage und Übergang zu einem gleichmacherischen Naturalsystem der Verteilung durch den Staat; Beschränkung der Rolle ökonomischer Stimuli auf ein Minimum. Das war – wenn man so will – das sozialökonomische Modell des ›Kriegskommunismus‹. Dieses auf den Übergang zum Kommunismus ausgerichtete Modell war keineswegs eine voluntaristische Erfindung der Bolschewiki, sondern Ausdruck der Bestrebungen der revolutionären Massen des Landes – des städtischen Proletariats und der Dorfarmut. Die ›Kommunisierung‹ wurde vor allem von unten betrieben und forciert, während Lenin auch in dieser Periode wiederholt dazu aufrief, das Tempo der Nationalisierung, der Bildung von Kommunen usw. zu verlangsamen.«[66]
Wir werden, wenn ich die anderen Quellen zitiere, sehen, wie verlogen diese Darstellung ist. Natürlich sah der »Kriegskommunismus« überall militärische Führungsmethoden vor, solange Krieg und Bürgerkrieg herrschten, aber keineswegs war dies das Typische an dieser Politik, sondern der direkte Übergang zum Kommunismus sollte durchge-

setzt werden! Marx hatte die proletarische Revolution schon siebzig Jahre vor Lenin in Deutschland gewollt – wieso hätte Lenin sie nicht wollen sollen? Und nun kann unser sowjetischer Autor doch nicht die Fragwürdigkeit dieses kommunistisch-sein-sollen des Experiments umgehen: »Diesem Modell ist ein gewisser Utopismus eigen. Das hat auch Fidel Castro, der in den sechziger Jahren ähnlichen Ansichten Tribut zollte, selbstkritisch festgestellt. Das Ziel – der direkte Übergang zum Kommunismus ohne Zwischenetappen – war offenbar zu hoch angesetzt, es entsprach nicht den realen, vor allem nicht den ökonomischen Möglichkeiten des Landes, dem Kulturniveau und der sozialpsychologischen Bereitschaft der Bevölkerungsmehrheit. Auch in Vietnam behinderte die Beibehaltung von Methoden des ›Kriegskommunismus‹, wie die vietnamesischen Genossen selbst einschätzten, objektiv die ökonomische Entwicklung. Ähnliche Widersprüche bestehen gegenwärtig auch in anderen wirtschaftlich schwach entwickelten Ländern, die den sozialistischen Entwicklungsweg gewählt haben.
Übrigens hat Lenin . . . vermerkt, ›daß es anscheinend ein Gesetz gibt, das von der Revolution fordert, über das hinauszugehen, was sie bewältigen kann‹.
Dieser Utopismus entsprang hauptsächlich einem revolutionären ›Romantizismus‹ der Massen . . .«[67]
Im Klartext heißt das: Da in der KPdSU niemals die Wahrheit über die Neue Ökonomische Politik, die eigentlich die Alte Ökonomische Politik heißen müßte, publiziert worden war, stolperten einige von Lenins Nachfolgern in dieselben Fehler, bis an den Rand der Selbstvernichtung gehend. Heute wird das korrigiert, die Russen können die übereilt-sozialistischen Experimente bestimmter Entwicklungsländer ökonomisch nicht mehr absichern.
Plötzlich dürfen die inneren Krisen des realen Sozialismus beim Namen genannt werden, als Warnung an die ohne Rücksicht auf objektive und subjektive Voraussetzungen putschenden Abenteurer gewisser Staaten. Dabei folgten auch die Kubaner, Vietnamesen u. a. den einzig konkreten, direkten Weisungen des Marx und Engels, denn beide betrachteten die Übergangsperiode als sehr kurz und waren schon dafür, in der sozialistischen Phase Arbeitsgeld, also Zeitgutscheine, und Produktenverteilung einzuführen. Es

ist seltsam, daß die analphabetischen Massen der Russen das alles so genau wußten. War das der »führenden Rolle« der Partei zuzuschreiben? Oder war die Partei dem Ansturm der kommunistischen, aufständischen Massen wehrlos ausgesetzt und konnte sie gar nicht führen? Rätsel über Rätsel. Gehen wir der Reihe nach, um sie zu lösen; und der »gewisse Utopismus« wird sich als vollendete Utopie des Marx herausstellen!

Lenin, kein nachgeordneter Funktionär, verlangte die »Aufhebung der warenwirtschaftlichen Organisation der Volkswirtschaft und Ersetzung durch eine gemeinschaftliche, kommunistische Organisation, in der nicht mehr der Markt, sondern die Produzenten selbst, die Gemeinschaft der Arbeiter, Regulator der Produktion ist«[68]. Das ist haargenau die Position von Marx. Das Wertgesetz als Regulator der anarchistischen soll der geplanten Produktion weichen, das setzt gemeinschaftliche statt private Besitzverhältnisse voraus. Warenproduktion, lehrte Lenin, ist immer kapitalistische Produktion – man beachte methodisch: die gleiche, haltlose Verabsolutierung wie bei Marx! – oder geht in sie über[69]. Daher forderte Lenin sofort nach seinem im Widerspruch zur marxistischen »Revolutionstheorie« stehenden Putsch, den Produktenaustausch einzuführen, d. h. Kauf, Verkauf, Handel und Geld abzuschaffen, vor allem, um industrielle gegen landwirtschaftliche Erzeugnisse zu tauschen. Deshalb ordnete er schon Ende Oktober 1917 an, die Bevölkerung zwangsweise in sogenannten Konsumgenossenschaften zu erfassen[70].

Lenin erwartete, wie Marx, von der Aufhebung der Warenproduktion einen sprunghaften Aufschwung der Produktivkräfte und somit die sofortige materielle Überlegenheit der neuen Ordnung über den Kapitalismus. Was eintrat, war die ökonomische Katastrophe. Nach drei Jahren war sie unübersehbar. Der antikapitalistische Revolutionär Lenin, der gerade die Diktatur gegen das Proletariat und die Bauernschaft Rußlands errichtet hatte, wie Rosa Luxemburg richtig schrieb, entdeckte plötzlich, sich zum größten Konterrevolutionär qualifizierend, daß das System des Staatskapitalismus, wie es sich besonders in Deutschland unter den Bedingungen des Ersten Weltkrieges entwickelt hatte, also die imperialistische Kriegs- und Zwangswirtschaft,

eigentlich das bessere Modell als das des Deutschen Marx für Rußland wäre: »Ich sage, daß der Staatskapitalismus die Rettung für uns wäre . . . weil der Staatskapitalismus etwas zentralisiertes, durchgerechnetes, kontrolliertes und vergesellschaftetes ist, und gerade das fehlt uns ja«[71], schrieb er nach dem Brester Frieden. Soweit war nun Lenin mit Marx gekommen: Die Diktatur des Proletariats mußte eingeführt werden, um den Staatskapitalismus in Rußland zu installieren! Hätte man das nicht billiger haben können? Die Diktatur des Proletariats diente plötzlich dazu, den gestürzten, unterentwickelten russischen Kapitalismus perfekter, auf deutscher Grundlage, wieder herzustellen – kann man sich Idiotischeres denken? Wie fragte Loria? Wann hat es einen größeren theoretischen – und, fügen wir an, praktischen! – Selbstmord gegeben? Von hier an ist der unüberwindbare Gegensatz zwischen Ideologie und Praxis des irrealen Sozialismus existent.
Zugleich mit diesem »Ausweg« pries Lenin die solide Arbeitsmoral der nichtrevolutionären Arbeiter Westeuropas und stellte sie der nach 1917 – na, so was? – miserablen Arbeitsmoral der russischen Arbeiter gegenüber[72]. Dieses Problem existiert bekanntlich bis heute. Ursache dafür ist nicht die Faulheit der russischen Arbeiter oder Bauern, sondern ein politisches System, das geist-, nerv-, willens- und leistungstötend ist und vom Volk als ausbeuterische Diktatur empfunden wird, die man am besten mit permanenter Leistungsverweigerung in Industrie, Landwirtschaft, Transportwesen und dem Dienstleistungssektor bekämpft. Früher entstanden revolutionäre Krisensituationen durch die höhere Entwicklung der Produktivkräfte. Die realsozialistische Unordnung verdankt heute ihre Krisen nicht der Leistungssteigerung, sondern der Leistungsverweigerung.
Lenin verlangte zugleich energisch, von den bürgerlichen Spezialisten zu lernen. Das klingt so, wie die kürzlich vom ZDF gesendeten Gespräche des sowjetischen Plankommissars mit dem früheren Bundeswirtschaftsminister, in denen der Russe, angesichts der totalen Verlotterung der sowjetischen Landwirtschaft wünschte, es möchten doch Deutsche, die richtigen aus der BRD, Spezialisten, Geräte, Technik, Saatgut und Vieh schicken, damit aus Land und Mist Rußlands doch noch etwas werden könnte! Hat die Welt

jemals einen größeren Rückschritt gesehen als den größten historischen Fortschritt?
Lenins Eingeständnis, man habe eben kein Konzept – oh Murx, wie weh das tut! – und müsse von den Massen lernen[73], »von unten, auf Grund der Erfahrung«, ist deutlich genug. Im Gegensatz zu zeitgenössischen Autoren scheint Lenin der Meinung zu sein, der Utopismus sei von oben ausgegangen und die Massen korrigierten ihn, oder, Kollege Ambarzumow?
Man lese beim Korrespondenten des »Berliner Tageblattes“, Paul Scheffer, bei den Russen als Vermittler heikler politisch-ökonomischer Geschäfte hoch angesehen, einmal nach, wie Lenin da lernen mußte: Die russischen Bauern banden seine Steuereintreiber, die Kommissare, zwischen Bretter und zersägten sie langsam oder kastrierten sie, die Vertreter der neuen Obrigkeit. Sie schnitten ihnen die Hoden ab und schickten sie, etikettiert als »Eier«, ausgewiesen als die verhaßte »Naturalsteuer«, an das Landwirtschaftsministerium in Moskau. Angesichts dieser Zustände mußte dort der dümmste Apparatschik dazulernen!
Derart brutal und bestialisch gingen die Bauern mit denen um, die ihnen eben Frieden und Land versprochen hatten? Warum? Weil die Wirtschaftspolitik der Bolschewiki schlimmer als die zaristische war! Und nicht nur die Bauern, auch die Arbeiter, in Übereinstimmung mit ihren Betriebsleitungen, wandten sich gegen die zentrale Leitung, sabotierten offen deren unsinnige Anweisungen, um den Wahnsinnskurs der Aufhebung der Warenproduktion zu stoppen. Vor allem galt der Widerstand den Weisungen des Obersten Volkswirtschaftsrates. Dieser trieb die totale Nationalisierung rücksichtslos voran. Marx war, nicht nur in den Forderungen während der Revolution von 1848/49, sondern ebenso später, immer auch für die totale Nationalisierung der Bauernwirtschaften, des Grund und Bodens insgesamt eingetreten. Er war gegen jedes genossenschaftliche Prinzip. Nun, das konnten die Bolschewiki nicht wagen, sie ignorierten Marx' Programm in diesem Punkt, aber im handwerklichen, händlerischen und industriellen Bereich verfuhren sie, wie Marx angelitten hatte ... Der Oberste Volkswirtschaftsrat verstaatlichte alles. Er schaffte die Steuern ab, die Kosten für Dienstleistungen wie Strom und Miete, auch

Fahrkarten kosteten nichts mehr, und produzierte somit ein abenteuerliches Staatshaushaltsdefizit und eine sagenhafte Inflation, denn: Ausgaben machte der Staat über Ausgaben, aber er nahm nichts mehr ein! Ob Lenin das »Geldumlaufgesetz« des Marx nicht gelesen hatte oder ob das etwa gar auch nichts taugte? Das abenteuerliche Haushaltsdefizit bestärkte Lenin erst recht, das Geld ganz abzuschaffen! Logisch: Schaffe ich das Geld ab, gibts gar kein Defizit mehr. Logisch: Der Tod heilt alle Krankheiten!
Alles wurde durch Zwang erfaßt, registriert und verteilt. Der Lohn wurde auf das Truck-System zurückgeworfen, die Arbeiter erhielten Naturalien statt Geld usw., usf., kurz: Lenins Weisung, den Kapitalismus in seiner ökonomischen Form, der warenproduzierenden Gesellschaft, zu vernichten, wurde restlos ausgeführt. Das organisierte Chaos war perfekt. Die Produktion brach total zusammen. Von den ca. vier Millionen Arbeitern des zaristischen Rußland blieben etwa noch eine Million übrig. Über die Hälfte aller Industriebetriebe mußte geschlossen werden. Die Arbeiter konnten an keiner Straßenecke mehr Wurst, Brot, Schnaps und Zigaretten kaufen, denn der kapitalistische Handel war selbstverständlich abgeschafft und der sozialistische hatte sich nicht zu etablieren: Es wurde verteilt, zugeteilt, nicht gehandelt.
Die Partei selbst befand sich wie die Wirtschaft und Gesellschaft in einem Zustand totaler Verkommenheit. In seinem Artikel über »Die Krise der Partei« stellte Lenin fest: »Die Partei ist krank. Die Partei wird vom Fieber geschüttelt.« Es ging um die Korruption und Bereicherung der Parteimitglieder, der höheren auf Kosten der niederen, der niederen auf Kosten der Arbeiter. Daher ließ Lenin vor dem X. Parteitag im Februar 1921 alle Arten von Lebensmittelsonderrationen kürzen, und der Parteitag beschloß »einen entschiedenen Kampf gegen den Mißbrauch der Stellung und der materiellen Vorteile durch Parteimitglieder« sowie den »Kurs auf die Gleichstellung der Parteimitglieder in materieller Hinsicht«[74]. Lenin ließ, je nach Lage, zwischen dreißig und sechzig Prozent der Genossen hinauswerfen. Gott, wäre ein solcher Vorgang heute eine Wohltat für die SED! Nur müßten es da neunzig Prozent sein, und davon achtundneunzig Prozent von der Staatsunsicherheit.

Halten wir fest: Die »wissenschaftliche Politik« des Sozialismus, für das industrielle Proletariat extra erfunden, vernichtete das Proletariat, die KP und die Ergebnisse der sozialistischen Umwälzung und installierte dafür den Staatskapitalismus, der bis heute die UdSSR und das Weltsystem des realen Sozialismus prägt. Der angewandte Marxismus scheiterte in der Revolution des 19. wie des. 20. Jahrhunderts!

Halten wir fest: Nicht nur für das Proletariat, auch für die Bündnispartner der Arbeiter, die Bauern, brachte der angewandte Marxismus die Katastrophe. Schon seine allgemeine Wirtschaftspolitik zerschnitt alle ökonomischen Fäden zwischen Dorf und Stadt, und daran scheiterte er in erster Linie. Die Kontrollabteilungen zur Unterbindung des Schwarzmarkthandels zwischen Stadt und Land mußten aufgelöst und für zehn Millionen Goldrubel Lebensmittel aus dem Westen importiert werden. Das geschah, nachdem der X. Parteitag Lenins Vorschlag akzeptiert hatte, der lautete: »Laßt uns unsere Politik gegenüber der Bauernschaft revidieren.«[75] Dabei hatte Lenin die spezielle »Theorie« des Marx zur Bauernfrage von vornherein mißachtet und die Landwirtschaftspolitik, das Dekret über den Boden, auf Grund der von den Sozialrevolutionären zusammengefaßten Wähleraufträge der Bauern an diese ausgearbeitet. Wäre er auch hier Marx gefolgt, hätte er sein Abenteuer nicht überlebt.

Halten wir fest: Weder in der Revolutions- noch in der Bündnispolitik hat sich Lenin an die Ideologie des Marxismus gehalten. Soweit er sich an Marx' Anleitungen hielt, gefährdete er seine »Revolution« und das Bündnis der Klassenkräfte, auf dem sie beruhte. *Die Praxis zeigt: Der Marxismus ist eine lebensfremde, für die Interessen des Volkes schädliche und feindliche Ideologie.* Nur: Die Russen haben es gut. Lenin, gefeiert als »Fortsetzer« des Marxismus, hat ihnen die Möglichkeit gegeben, restlos mit Marx zu brechen und einen eigenen Weg eines ökonomisch wie politisch pluralistischen Sozialismusmodells zu gehen, eine Art sozial stabilisierten Staatskapitalismus, ohne Arbeitslosigkeit, mit steigendem Wohlstand für Arbeiter und Bauern zu schaffen.

Wer aber befreit die einzige und größte aller DDRen vom Kamerad Murx? Wie verheerend Marx für die arbeitenden Klassen Rußlands wirkte, sagten die Offiziellen: Man lese u. a. Lenins Rechnung, die er 1921 vor den Delegierten der Sowjets Allrußlands aufmachte! Man lese die bolschewistischen Quellen über die Hungerkatastrophe, die grauenhaften Zustände in jenen abgeschnürten, auf Befehl isolierten Landstrichen, zu denen auch die großen deutschen Siedlungen an der Wolga gehörten. Dreißig Millionen Hungernde gab es nach den offiziellen Statistiken. Offiziell sind »nur« fünf Millionen von ihnen verhungert – durch Krieg und Bürgerkrieg? Nein! Wegen der katastrophalen ökonomischen Politik à la Marx, wie Lenin zugab.
Das Proletariat war – nach offiziellen Angaben – in den Jahren von 1917 bis 1920 fünfmal, die Bauern zweimal ärmer geworden als unter dem Zaren. Kein Bauer war mehr daran interessiert, die Felder zu bestellen, wofür? Er mußte alles abliefern und bekam kein Geld. Je arbeitsamer er also war, desto mehr wurde er bestraft, und dem Arbeiter ging es ebenso. Das war die innere, entscheidende, wesentliche Ursache der Katastrophe: Die praktische Wirtschaftspolitik nach der Anleitung des Marx. Die deutsche Wissenschaft hatte in Rußland ein hohes Ansehen, und war der Marx mit seiner »Wissenschaft« nicht einer, der den namenlosen Lenin groß machen konnte?
Zum Verfall der Produktion trug auch die galoppierende Inflation bei, denn zwiespältig bestanden verschiedene Systeme nebeneinander, man versuchte teilweise noch oder wieder, mit Geld Ordnung in die Wirtschaft zu bringen. Auf dem Schwarzmarkt handelte man einen zaristischen Goldrubel gegen 200 000 Sowjetrubel, als man ab 1922 die Staatsbank wieder eingeführt hatte. Krestinskij bezifferte auf dem erwähnten Sowjetkongreß den Notenumlauf Sowjetrußlands auf zehn Trillionen Papierrubel! Für diese wahnsinnige Emissionspolitik zeichnete das Finanzministerium verantwortlich. Hatte nicht auch der Marx praktisch wie theoretisch beträchtliche Schwierigkeiten mit dem Geld? Ab 1922 brachte jeder neugedruckte Rubelschein eine »Wertsteigerung« von zehntausend auf den alten Schein mit sich. Erst als man nach streng zaristischen Erfahrungen und Praktiken den Goldrubel wiedereinführte, konnte man nach

Jahren wieder erträgliche Verhältnisse schaffen. Inflation, so gewisse sowjetische Bücher, dieses Wort kannte man in Sowjetrußland nicht . . . Es wurde erst bekannt durch die große deutsche Inflation in den zwanziger Jahren . . . Die marxistische Wirtschaftspolitik hauste unter den arbeitenden Menschen Rußlands schlimmer als Krieg und Bürgerkrieg. Wie sah sie nun konkret personell aus, diese Diktatur gegen das Proletariat? Wer wandte Marx gegen wen an?
Der Oberste Volkswirtschaftsrat, das Hauptinstrument dieser Diktatur, hatte ca. neunhundert Mitarbeiter. Gemessen an heutigen Staatsbürokratien ist das nicht viel. Davon waren acht Prozent Arbeiter und neunzehn organisierte Kommunisten – Heilige Diktatur des Proletariats, wenn das Marx erlebt hätte! Also vier Fünftel aller Spezialisten des Obersten Volkswirtschaftsrates waren parteilos: Oh, führende Rolle der Partei, Partei, wo bist du gewesen? Welch vernichtendes Urteil der Praxis über die Theorie! Und dieses eine Fünftel von Parteibonzen mußte auch noch durch besondere Freßrationen bei der Stange gehalten werden! Wer sich das alles ganz genau zu Gemüte führen will, kann es nachlesen bei einem guten Kenner[76], nur: Man lese gegen den Strich!
In der Partei selbst stürmte es auch: Angesehene Kommunisten wandten sich gegen Lenins Staatskapitalismus. Sie erklärten, so würde die Ausbeutung nie abgeschafft, und damit hatten sie recht. Daher forderte die Parteiopposition die »Selbstorganisation« der Arbeiterklasse, heute würden wir sagen, in etwa ein jugoslawisches Modell des Sozialismus. Es gab also nicht nur im Kampf gegen Marx, sondern auch gegen Lenin demokratische, reformkommunistische Varianten der Politik.
Lenin wußte, wem er den schwarzen Peter zuzuschieben hatte: »Der russische Mensch ist ein schlechter Arbeiter im Vergleich mit den fortgeschrittenen Nationen.«[77] Wenn Lenin recht hat, ist Rußland noch heute eine nicht fortgeschrittene, folglich rückständige Nation und damit das große Vorbild für die DDR-Nation. Man sieht auch hier die Verwandtschaft zwischen Marx und Lenin. Vom eigenen Volk und der eigenen Nation haben beide nicht viel gehalten. Dabei hätten beide, hätten sie die Traditionen ihres Landes jeweils etwas besser gekannt, gewarnt sein sollen!

Soweit dies auf Lenin zutrifft, sei ein Ausflug in die ökonomische Geschichte Rußlands erlaubt: Der deutsche Nationalökonom Heinrich Friedrich von Storch hielt, nach Aufhebung der Kontinentalsperre, vor der Zarenfamilie Vorlesungen zur klassischen bürgerlichen Ökonomie.
Storch animierte den Zaren, getreu der Lehre, in Rußland das System der Handelsfreiheit einzuführen, also auf den Schutz und die Förderung des noch völlig unterentwickelten Kapitalismus zu verzichten. Die reine Lehre ging damals dem Zaren wie später dem Wladimir über alles, schließlich predigte sie jeweils ein Deutscher, und die müssen es doch wissen! Diese Annahme war beim weißen wie beim roten Zaren ein kapitaler Fehler. Die billige englische Fabrikproduktion überschwemmte im 19. Jahrhundert den russischen Markt, ruinierte die dortigen Manufakturen und verminderte, wie Lenins Politik, auch drastisch die Zahl der Proletarier. Diese zaristische Wirtschaftspolitik traf Rußland verheerender als Napoleons Feldzug. Lenins Politik zerstörte Rußland mehr als der Welt- und Bürgerkrieg.
»Die Eigentümer von Boden haben keinen Markt, die Fabriken stehen vor dem endgültigen Ruin, die Edelmetalle sind exportiert, die solidesten Handelshäuser stehen vor dem Zusammenbruch«[78], zitiert List den Grafen Nesselrode über das Ergebnis der falschen Wirtschaftspolitik im 19. Jahrhundert. Ähnlich klingen die Berichte über das Rußland Lenins zu Beginn der zwanziger Jahre, die dort alles andere als golden waren. Sie sind nur etwas anders akzentuiert, etwa so, wie der Volksmund in der DDR die Lage des irrealen Sozialismus bei den ersten Auswirkungen der Weltwirtschaftskrise der letzten Jahre sah: Der Kapitalismus, Genossen, steht am Abgrund, aber wir, Genossen, wir sind schon einen entscheidenden Schritt weiter!
Wo sah der weiße Zar den Ausweg? Er wollte den deutschen Nationalökonomen List, speziellen Marx-Freund, als führenden Theoretiker und Praktiker an seinem Hof haben. List, bereits amerikanischer Konsul, lehnte dankend ab.
Wo sah der rote Zar den Ausweg? Wie sein Vorgänger sah auch er seine Rettung bei List und in Deutschland, nicht bei dem Storch Marx mit dem roten Klapperschnabel! Marx wurde von Lenin theoretisch und praktisch von seinem Hof verjagt wie Storch vom früheren Zaren. Und auch ideolo-

gisch blieben beide Zaren schizophren: ja, theoretisch – theoretisch haben ja die Marx-Störche recht, nur praktisch geht es leider nicht[79], sagen beide!
Immerhin, an Lenin kann man den ungeheuren Mut bewundern, die Rücksichtslosigkeit gegenüber der eigenen Person, wenn es um die Sache geht. Schneidend formuliert er mit schonungsloser Offenheit: »An der ökonomischen Front haben wir *bei dem Versuch zum Kommunismus überzugehen«* – man beachte: nicht zum Kriegskommunismus – »im Frühjahr *1921 eine Niederlage erlitten, die ernster war, als irgendeine Niederlage die uns jemals von Koltschak, Denikin, oder Pilsudski* beigebracht wurde, *eine Niederlage, die viel ernster war,* viel wesentlicher, *und gefährlicher war.«*[80]
Wie soll eigentlich der werktätige Mensch gut arbeiten, wenn die Führung, sei es die zaristische oder bolschewistische, so arbeitet? Sollte man nicht Lenins Verdikt umdrehen und sagen: Die Führer Rußlands sind schlechtere Führer im Vergleich mit den fortgeschrittenen Nationen? Sicher, so wird ein Schuh draus. Aber: Diese Führer sind Gefangene ihrer eigenen Ideologie. Von Kindesbeinen an wurde sie ihnen eingetrichtert. Bis sie unideologisch werden, sind sie zu alt geworden, um noch etwas zu ändern. Sie haben nicht die Kraft, die schöpferischen Potenzen im Volk freizulegen. Das System des marxistischen Kommunismus ist nicht reformfähig. Es wird an seinen inneren Widersprüchen, langsam und qualvoll für das Volk, eingehen.
Wäre ich gläubig und in Rußland zu Hause, würde ich beten, Gott möge dem russischen Volk einen neuen Peter den Großen schenken, und er sollte als Gastarbeiter in den Westen gehen. Er sollte sich gründlichst dort umsehen, und seine ideologischen Schamanen daheim lassen. Umsehen sollte er sich nicht nur im technisch-ökonomischen Bereich, der Basis, sondern vor allem im politischen Überbau. Dort könnte er lernen, sagen wir, bei der Sozialistischen Internationale, oder in den Parlamenten von EG und Europa-Rat, wie man multinationale und globale Probleme perspektivisch politisch so löst, daß sie ökonomisch effektive Wirkungen haben. Er könnte das alles kopieren und trotzdem die soziale Stabilisierung seines Systems bewahren: Dann würde Rußland ein Modell für alle, die eine soziale Demokratie wollen, weil die Utopie des Kommunismus ökono-

misch nicht machbar ist. Eine pluralistische soziale Basis, ein pluralistischer, demokratischer Überbau, und gebannt wäre die Gefahr der kriegerischen Vernichtung der Menschheit. Ob das nicht billiger und sicherer wäre als die Überrüstung?
»Die Geschichte aller Zeiten und Nationen«, sagt unser List, »zeigt gerade, wie Industrie und Wohlstand der Völker grundsätzlich durch ihre politische Ordnung bestimmt sind«, und er fährt fort:
»Es gab niemals ein despotisch unterdrücktes Volk, das eine entwickelte Industrie und allgemeinen Reichtum besessen hatte.« Allerdings verabsolutiert er nicht: »Gewiß haben auch Despotien gelegentlich eine gewisse Stufe des Wohlstandes erreicht, falls sie das Glück hatten, eine Reihe guter Herrscher zu bekommen. Doch nach einem Wort von Kaiser Alexander ist das nur ein glücklicher Zufall.« Dann zitiert List noch Montesquieu, aus dem »Geist der Gesetze«: »In einer Nation, die in Knechtschaft gehalten wird, arbeitet man mehr zur Erhaltung denn zur Entwicklung; in einer freien Nation arbeitet man mehr zur Entwicklung denn zur Erhaltung.«[81] Womit der Know-how-Transfer von West nach Ost erklärt wäre.
Demokratie und Industrie, sagt List, sind Synonyme. »Der Adel von Venedig beging Selbstmord, als er das demokratische Element vernichtete. Die Industrie erfordert eine volksverbundene Regierung, deren Politik durch die Jahrhunderte hindurch auf das eine Ziel gerichtet ist.«[82] Man vergleiche den historischen Weitblick des »Vulgärökonomen« mit der ideologischen Kurzsichtigkeit des Marx! Und nun wissen wir auch, warum List es vorzog, in Deutschland zu bleiben, anstatt am Zarenhof zu wirken.
Seitdem diese Sätze geschrieben wurden, hat die Geschichte sie durch eineinhalb Jahrhunderte Praxis nochmals erhärtet: Ohne politische Demokratie gibt es kein effektiv funktionierendes industrielles System oder: Ohne pluralistische Basis gibt es keinen demokratischen Überbau. Das ökonomische Konzept des Marxismus vernichtete objektiv wie subjektiv die Freiheit der Persönlichkeit. Es garantiert ökonomische Abhängigkeit und persönliche Unfreiheit. Es wirft den freien Arbeiter juristisch hinter die bürgerliche Ordnung zurück. Und damit wären wir bei der historischen

Frage, ob die nicht wissenschaftlichen, sondern realsozialkommunistischen Bolschewikisten nicht etwas listiger werden könnten? Kehren wir nach dem historischen Ausflug zu ihnen zurück!
Lenin hatte nicht nur im allgemeinen und theoretisch, wie eingangs zitiert, die Abschaffung der Warenproduktion gefordert. Er ließ im neuen Parteiprogramm, abgefaßt nach dem Sieg der KP, und in der Verfassung der RSFSR ausdrücklich die Abschaffung des Geldes und die »Erreichung der allgemeinen Gleichheit der Bürger der Republik auf dem Gebiet der Güterproduktion und Verteilung« proklamieren. Dazu wurden 37 000 Betriebe, bis zum Ein-Mann-Betrieb, und das waren Zigtausende, der obersten Planung unterstellt. Sie wurden qualifiziert aus Moskau geleitet, und wie: Ohne Telex, ohne Telefon. Man sieht eben, wie die Klassiker die Klassik verändern: Ein Pferd – ein Königreich für ein Pferd? Nein, 37 000 Gäule für 37 000 reitende Boten durch Nacht und Wind und Eis und Schnee für die marxistische nicht Vulgär-Ökonomie! Warum wohl heute sich noch in den kapitalistischen Industrieländern Großkonzerne zwanzig- bis dreißigtausend Zulieferer halten? Die heutigen Russen staunen doch so über die leistungsfähige japanische Industrie. Haben sie sich einmal vergegenwärtigt, daß da ca. achtzig Prozent aller metallverarbeitenden Firmen Klein- oder Familienbetriebe sind? Heute, im Zeitalter der Multis!
Der Oberste Volkswirtschaftsrat, an dessen Spitze Fürst Obolenskij, nun als Genosse Ossinskij stand, ein »linker« Kommunist, später »demokratischer Zentralist« und Anhänger Trotzkis, sollte der Mißwirtschaft abhelfen, denn schließlich hatte, laut Marx-Engels, der geplante Sozialismus die kapitalistische Anarchie und damit das Elend des Proletariats zu beenden, und nicht ins Maßlose zu steigern. Aber nicht nur der linke Fürst fand nichts Konkretes im Allgemeinen der Bla-Bla-Bla-Klassiker. Auch Lenin und Stalin fanden nichts. Die Fragen häuften sich: Welche Planung? Die totale? Die partiell zentrale, die gebietsweise, die lokale; eine Mischung aus alledem? Die für Industrie, Landwirtschaft, Infrastruktur, Haushalt? Mit Geld, wie gehabt und abgeschafft, ohne Geld, mit Ersatzgeld, mit den von Marx angewiesenen Zeiteinheiten? Wertmäßige oder gebrauchswertmäßige Planung? Statistiker aller Länder, ver-

einigt Euch! Wieviel Zwiebeln und wieviel Toilettenpapier braucht die leidende Menschheit? Die Russen besaßen schon damals eine hervorragende Statistik. Jede Stadt konnte der Partei- und Geheimdienstkontrolle ganz genau vorrechnen, daß sie 30 000 Einwohner hatte, wenn sie für 15 000 Lebensmittelkarten brauchte. Heute wird der Plan im realen Sozialismus nach dem gleichen Schema erfüllt, sowjetische Traditionen muß man achten. Das System der Korruption hatte Hochkonjunktur, wie heute auch – siehe den unter Andropow erschossenen Fischereiminister, der Kaviar als Heringsschwänze ausgewiesen und die Devisendifferenz in die eigene Tasche gewirtschaftet hatte. Aber das ist uralte Russentradition, man lese ihre Literatur, der »Revisor« ist ja keine Ausnahme. Geht nicht die Sage, Peter der Große habe seinen Ministern die Taschen zunähen lassen? Im Ministerrat der DDR habe ich Leute beobachtet, die von ihren Oberrussen nach hier delegiert waren, dienstlich versteht sich, um Möbel außerplanmäßig »zu organisieren«, die dort für Datschen gebraucht wurden. Als die hiesigen besorgenden Ostgoten später in Moskau fragten, ob sie denn nun einmal in einer derart ausgestatteten Wohnung schlafen könnten, wurde ihnen von den liebsten Brudergenossen bedeutet, das ginge nicht, denn die Möbel wären ganz neu und gut, aus der DDR. Na also, so ist das, wie früher bei den Fürsten.

Zunächst hatte Obolenskij also dank Marx-Leninscher Anleitung es geschafft, Jahrtausende zivilisatorischer, ökonomischer Entwicklung auszulöschen. Wenn das kein revolutionäres Tempo war! Die Produktion war total zentralisiert und absolut heruntergewirtschaftet. Die verstaatlichte Metallindustrie brachte noch zwei bis drei Prozent, die Textilindustrie sechs Prozent ihrer Vorkriegsproduktion. Die Eisenbahn transportierte noch ein Zehntel der Vorkriegsmengen. Die Kohleförderung war von zwei Milliarden Pud auf 520 Millionen Pud gesunken, kurz: Die marxistische Planwirtschaft erbrachte genau das Gegenteil der Marxschen Prophetie. Man erinnere sich an Lenin: Nicht Krieg und Bürgerkrieg, der ökonomische Unverstand waren schuld an dieser Katastrophe! Der Handel, der legale Markt, war vernichtet, das Land war in die vorindustrielle Naturalwirtschaft zurückgeworfen. Man lebte nach der »ersten siegreichen proletarischen Revolution« wieder wie im feudalen Absolutismus. Das Proletariat ging aufs Dorf, um der Arbeitslosigkeit und dem Verhungern zu entgehen, die »Klasse für sich« löste sich auf, schrumpfte um fünfundsiebzig Prozent! Der Schwarzmarkt blühte. Es war unmöglich, normal zu leben, normal zu regieren. Die Lösung bestand in der Installierung des geheimpolizeilichen Terrors, und dieses Prinzip gilt bis heute; z. B.: Kritik wird verbal gefordert, real unterdrückt. Kritik, selbst ohne politisch daraus resultierende Handlungen oder Taten, kann jederzeit zur staatsfeindlichen, ideologischen Diversion gestempelt werden. Somit wird natürlich auch wissenschaftlicher Meinungsstreit unmöglich. Aber: Wenn es keine theoretischen, auf langfristigen Vorlauf berechnete Lösungen gibt, gibt es auch keine effektive, auf Zukunftstechnologien basierende Wirtschaftsentwicklung. Dies ist ein wesentlicher Aspekt des dauernden Zurückbleibens des marxistischen Systems.

So also erging es der Intelligenz und der Industriearbeiterschaft. Was aber geschah mit der erdrückenden Mehrzahl der Bevölkerung von ca. 140 Millionen, von denen fünfundsiebzig Prozent Bauern waren? Die hatte sich Lenin durch die Abschaffung des kümmerlichen Handelsnetzes zu Todfeinden gemacht. Woher, wenn nicht vom Markt, sollte der Bauer erhalten, was er für seine ärmliche Wirtschaft brauchte? Die Bauern empfanden ja keineswegs eitel Freude über die Revolution. Diese hatte ihnen nur zehn Prozent zusätzlichen Landbesitz aus den Gütern gebracht, wenn man von den als Pachtland bereits bearbeiteten Flächen absieht. Und verteilt wurde, wie seit Zarenzeiten die Steuern eingezogen wurden, nach der Kopfzahl der Familien. Aber Wald erhielt der Bauer nicht, er hatte auf Bau- und Brennmaterial gehofft, aber sogar den Gemeindewald nahm der neue Staat für sich in Besitz. Man erinnere sich an die unmögliche Haltung des Marx zur Bauernproblematik! Theoretisch waren die Bauern die Hauptbündnispartner, praktisch stieß man sie nicht nur zurück, sondern machte sie sich zu Feinden – wie 1848/49 in Deutschland. Auch hier zeigt sich wieder die krasse Kluft zwischen Ideologie und Praxis.

Es war übrigens auch keineswegs so, daß die Bauern gierig darauf waren, ihre Gutsherrschaften zu liquidieren und zu vertreiben. Das besorgten in der Regel die Stoßtrupps aus der Stadt, und die Bauern wurden von ihnen öfters gegen die benachbarten Gutsherren mobilisiert als gegen die eigenen, weil sich die Bauern in der Regel weigerten, gegen ihre eigenen Grundherren vorzugehen. Die neuen Herren führten für die Bauern dreizehn Arten von Naturalsteuern ein, und kostenlose Gespanndienste hatten sie auch zu leisten. Man war auch da im proletarischen Absolutismus, finsterstes Mittelalter wurde wieder lebendig durch die »fortschrittlichste Politik«, die die Menschheit bis dahin kannte, – siehe vorne, Tschernenko-Zitat.

Was taten die Bauern? Sie reduzierten ihre Viehbestände. Es gab Gouvernements, wo auf eine Bauernwirtschaft 0,04 Arbeitstiere für die Feldbestellung kamen. Daher wurden, selbst in den Hungergebieten, nur knapp zehn Prozent der landwirtschaftlichen Nutzfläche bestellt! Neben der Einschränkung des Viehbestandes, der Felder und Wiesen, ließen die Bauern zwei Drittel der prosperierenden dörflichen Hausindustrie eingehen, um der neuen, brutalen Ausbeutung unter den Sowjets zu entkommen. Jeder ältere DDR-Mensch kann sich an analoge Vorgänge hierzulande erinnern, an die ersten der sechziger Jahre, als wider alle Vernunft die durchgängige Kollektivierung durch SED-Stoßtrupps auf dem Lande durchgesetzt wurde. Es gab Listen zu Fleisch- und Wurstzuteilung, an Stelle von Lebensmittelkarten, und die Leute lasen betont von den Schaufenstern ab: Fleisch- und Wurst – waren! Sie gingen. Die Mauer kam.

Die Bauern reagierten damals wie heute, zumal Stalin die bauernfeindliche Politik des Marxismus bis zur Perfektion getrieben hatte. Sie strafen gegenwärtig ihre Obrigkeit durch Unterproduktion so, wie die EG-Bauern die ihre durch Überproduktion. 1922 erklärte ein Regierungsmitglied, daß die Arbeiter vor dem Krieg täglich 4000, im Krieg 3750 und unter der Diktatur des Proletariats nach dem Krieg knapp 2700 Kalorien erhielten, zu wenig, um intensiv zu arbeiten. Waren sie deshalb faul, wie Lenin meinte? Es war seine Politik, die das Land, die Arbeiter und Bauern an den Rand des Ruins brachte. Da halfen auch die kommunistischen Speiseanstalten, die Armen- und Suppenküchen nichts mehr. Das russische Volk zahlte unter der neuen Diktatur wie eh und jeh die Zeche, mit gesteigertem Elend, mit

Tränen, Hunger, Not, mit Blut und Tod: Bespitzelung, Verhaftung, Zwangsarbeit und Standgericht regierten.
Da, als das Land total im Chaos von Streiks, Demonstrationen und Aufständen, im Hungertod zu versinken drohte, riß Lenin das Steuer herum; entschieden und total: Er befahl die NÖP, die Neue Ökonomische Politik, die, um mit Marx Lieblingsausdruck zu sprechen, nichts weiter war, als »die ganze alte Scheiße«. Lenin hatte, nachdem die Anweisungen der »Randglossen« und des »Kapital« gescheitert waren, keine andere Idee, als ökonomisch wieder alles so zu organisieren, wie es unter dem Zaren gewesen war. Der neue Kurs war die Rückkehr zur Warenproduktion, zur Wiedereinführung des Geldes, zur Wiederherstellung der nie abgeschafften Ausbeutung in zivilisatorischen, erträglichen Formen. Naturalsteuer und Naturalentlohnung verschwanden. Markt und Handel wurden legalisiert. Dienstleistungen mußten wieder, wie Steuern, bezahlt werden, Briefmarken durften wieder beleckt werden, und außenwirtschaftlich wurden wieder Zölle erhoben. Die kommunistische Revolutionsideologie war weitgehend begraben. Nicht nur der ökonomische Autodidakt, sondern auch der ohne Verstand abschreibende Ideologe Marx war restlos gescheitert. Das gesamtstaatliche Modell des Kommunismus im 20. scheiterte wie seine lokalen Vorläufer im 19. Jahrhundert. Damals hatten die Arbeiter dem Wilhelm Weitling gesagt: Dein Kommunismus ist »ein Undink«. Er ist nicht machbar. Es geht nicht im Geschäft, in der Familie, im Bett. Und ihre Konsequenz war: Laß uns leben wie früher, wir melden uns aus der Kommune ab.
Nunmehr meldete Wladimir das »Undink« höchstpersönlich ab, aber: Er wie alle Ideologen im realen Sozialismus, vermied es peinlichst, zu sagen: Die Marxsche Ideologie ist schuld, warum? Keine Macht kann ohne ideologische Rechtfertigung existieren. Aber die sowjetischen Politbüromitglieder wissen natürlich aus langer Erfahrung alle, daß der Kommunismus eine Utopie ist, daran ist kein Zweifel. Sie sind Realpolitiker, keine Ideologen. Gromyko höhnt öffentlich über den »Ideologen« Reagan. Ihr Beruf besteht darin, das Volk, und besonders die junge Generation, darüber perfekt zu täuschen. Diese Täuschung ist Voraussetzung zum Erhalt ihrer Diktatur gegen das Proletariat.

Wir können festhalten: Die Praxis, auch nach marxistischer Philosophie das Kriterium der Theorie, hat den sogenannten wissenschaftlichen Kommunismus des Marx als Utopismus bloßgestellt. Von da an datiert der geistige Zerfall des Marxismus, der heute in drei Strömungen auftritt und nicht mehr nur ideologisch, sondern auch machtpolitisch gespalten ist. Die sozialistisch sein sollenden Großmächte China und Sowjetunion lassen in Kambodscha und Vietnam ihre Stellvertreter Kriege gegeneinander führen, nachdem sie die direkte Schießerei am Ussuri eingestellt haben.
Proletarier aller Länder, vereinigt euch, war der Schlachtruf bei der Gründung der KP. Kommunisten verschiedener Länder, erschießt euch! das scheint die heutige Losung zu sein. So funktioniert die ganz neue Gesellschaftsordnung. Sie ist die alte Gesellschaftsunordnung, nichts weiter.
Welchen entscheidenden Beweis bringt die NÖP zur Widerlegung des Marxismus-Leninismus noch? Nun, nicht irgendeine juristische Form der Besitzverhältnisse, seien sie genossenschaftlich, privat, gesellschaftlich oder staatlich, sind dafür haftbar zu machen, daß die Ware-Geld-Wert-Beziehungen existieren und damit die Ausbeutung in der Form des Lohnsystems, sondern die unaufhebbare materielle gesellschaftliche Arbeitsteilung zwischen Stadt und Land, innerhalb und zwischen den volkswirtschaftlichen Produktionszweigen, zwischen Industrie und Handwerk, zwischen Binnen- und Außenmärkten etc. Keine Macht der Erde kann diese Arbeitsteilung aufhalten, kein Land kann mehr die millionenfache Produktenpalette allein produzieren. Lokal, national und weltweit wird die Arbeitsteilung in Zukunft noch wichtiger werden, von den analogen ökologischen und demographischen Bewegungen hier einmal völlig abgesehen. Folglich: Marx' abgeschriebene These, die Vereinheitlichung der Eigentumsverhältnisse sei die Lösung der sozialen Frage, ist ein Schmarren, und zwar ein gewaltiger: Das Einheitseigentum liquidiert das Wertgesetz und verhindert somit die Effektivität, die den raschen Aufschwung der Arbeitsproduktivität und den Sieg des pseudosozialistischen Staatskapitalismus über den Kapitalismus der gemischten Eigentumsformen ermöglichen könnte.
Der Ziel-Mittel-Konflikt in der ideologischen Ökonomie des Marxismus ist nicht lösbar. Mit wirtschaftlichen Mit-

teln kann der reale Sozialismus den realen Kapitalismus nie besiegen. Die NÖP wurde erzwungen vom Konflikt der Partei mit dem Land, den Bauern. Verdienen wollte der Bauer, besser leben als unter dem Zaren, und für sein Geld kaufen, was er zum Arbeiten und zum Leben brauchte. Statt dessen bescherte ihm die KP mittelalterliche Formen von Abgaben und Spanndiensten. Hier hat sich die Geschichte einen Jux gestattet, denn von wem ging die Arbeitsteilung aus? Von den Bauern! Solange man gemeinsam jagte, fischte, Naturfrüchte sammelte, brauchte man weder Kauf noch Markt, als der eine Bauer ackerte, der andere Vieh züchtete, der dritte die Schafwolle hauptberuflich verarbeitete, da wurde der Austausch, der Handel nötig. Je mehr sich die Warenproduktion entwickelte, desto mehr gewann der Handel, das Geld, der Markt an Bedeutung. Ohne den gesellschaftlichen Gesamtarbeiter in seiner nationalen, regionalen, weltweiten Gestalt kann die zivilisierte Menschheit von heute nicht existieren. Das gilt nicht nur für den produktiven, sondern auch für den unproduktiven Bereich. Aber auch da hilft die sagenhafte Verbal-Akrobatik des Marx: Privatkapitalistische Planung und Leitung der Produktionsprozesse wird als unproduktiv, ausbeuterisch definiert, dieselbe Tätigkeit im Irre-Soz. ist das genaue Gegenteil. Der Offizier und Beamte im Kapitalismus sind volksfeindliche Parasiten, der Partei-, Staats- und Stasibürokrat im Irre-Soz. sind laut Statistik Arbeiter, damit ihre Töchter und Söhne einen Studienplatz nach Wahl erhalten. Laufend werden »Arbeiterveteranen« mit hohen Orden geehrt, an denen eine Reihe von materiellen und finanziellen Vergünstigungen hängen, siehe »Neues Deutschland«. Es sind seltsame Arbeiter: Admirale, Generale, Stasi-Obristen, Vopo- und Armeeoffiziere, Parteibonzen usw. Unsere Studenten fragen mißtrauisch schon im ersten Semester, warum man ihnen die Zahl der Arbeiter und Angestellten in der DDR-Geschichte nur als eine unaufgeschlüsselte Zahl mitteilt. Ja, Staatsgeheimnisse werden eben im wahren Sozialismus nicht verraten, und wer im Regierungsgästehaus oder im Regierungskrankenhaus oder im HO-Restaurant, auf der Datsche oder daheim Tatsachen bequatscht wie andere Leute anderswo im Tulpenfeld, der sitzt alsbald – Kamerad Wachsam ist immer dabei, und auch die importierten Wan-

zen schlafen nicht, Devisenträchtiges muß Leistung bringen. In diesem Punkt herrscht Ordnung, mag es sonst noch so liederlich, verschlampt und schmuddelig zugehen.
Übrigens: Da alle Stasisten, Polizisten, Armisten usw. Arbeiter sind, ist die SED einwandfrei eine Arbeiterpartei. Die hiesigen Ersatzrussen haben also auch aus der russischen Statistik Hervorragendes gelernt! Diese »Arbeiter« werden, laut Rede des Generalsekretärs auf dem 10. Plenum des ZK der SED im Juni 1985, von Leitungen geführt, in denen zu 53 Prozent Hoch- und Fachschulabsolventen unter Führung von Dr. h.c. Erich Honecker sitzen – also Intellektuelle. Damit das nicht so auffällt, trägt kein leitender Partei- und Staatsfunktionär in der DDR akademische Grade oder Titel. Jahrelang hat die Propaganda in der DDR sich bemüht, den Werktätigen klar zu machen, daß nicht die Intelligenz, sondern die Arbeiterklasse führt. Nun wird nicht zusätzlich verraten, wieviel Prozent Angestellte u. a. noch in den Leitungen sind, aber mit dieser Darstellung ist das Heer der M-L-Prediger, zum Gaudium aller echten Arbeiter, die viel intelligenter denken als mancher Intelligenzler, wieder einmal mehr desaouviert worden.
Bei allen ideologisch verdrehten wortakrobatischen Erfolgen des Sozialismus halten sich die Regierer natürlich an die Tatsachen. Da die internationale Arbeitsteilung für sie wichtig ist, wird die sozialistische Warenproduktion heutzutage nicht mehr abgelehnt, sondern intensiviert. Auch das hat Lenin ihnen vorgemacht: Kredite vom westlichen Ausland nehmen zur Bewältigung der bolschewistischen Nöte, neue Technik so importieren, gemischte Gesellschaften zulassen usw. – ohne NÖP hätte es keine Entwicklung hin zu Rapallo gegeben. Heutzutage wiederholt sich alles im Zeichen von Helsinki. Rapallo und KSZE stehen für die Koexistenzpolitik der Russen, jener im ersten Teil erläuterten zeitgemäßen Strategie des Klassenkampfes zur Vernichtung der pluralistischen Demokratien.
Der Staat, die Diplomatie, die Wirtschaft machen auf friedliche Koexistenz und gute Geschäfte. Die Partei macht auf Klassenkampf und Weltrevolution. Da die Oberen im IrreSoz. immer Partei und Staat zugleich sind, ist die Praxis so schizophren wie die Ideologie von Karl Murx. Der außenpolitische und außenwirtschaftliche Zwitter NÖP lebt auf

höherer Ebene in der Koexistenz wieder auf. Der politökonomische Bastard NÖP – Wertgesetz bei staatlicher Preisfestsetzung, ein Unding! – wurde von Stalin bereits 1924 gewürgt, Ende der zwanziger Jahre erwürgt. Da war auch Rapallo nicht mehr so gefragt, die deutschen Entwicklungshelfer kamen als Sabogenten vor Gericht, die werktätigen, leistungsfähigsten Bauern wurden samt ihren Wirtschaften liquidiert, was erneut und schlimmere Hungersnöte als unter Lenin heraufbeschwor. Der Blanqui-Marxismus, in reinster Form vom Vater und Führer aller Werktätigen gegen Lenins NÖP-Erfahrungen praktiziert, verschlang mehr Sowjet-Menschen, als der Zweite Weltkrieg. An dessen Vorabend ließ Stalin – nach den heutigen, offiziellen Angaben der Politischen Hauptverwaltung der Roten Armee aus Anlaß des 40. Jahrestages des Sieges über den Hitlerfaschismus mitgeteilt – angefangen von Marschall Tuchatschewski bis zum Bataillonskommandeur, 82 000 sowjetische Offiziere erschießen. Das Volk siegte trotz Stalin. Es kämpfte nicht für die Kommunisten – es kämpfte für Mütterchen Rußland.

Die NÖP und ihre außenpolitische Spielart, die ökonomische Koexistenz, waren und sind in der russischen Strategie lediglich taktische Hilfsmittel, die Weltrevolution in Etappen zu erreichen, obwohl sie in der »revolutionären Nachkriegskrise« bis Mitte der zwanziger Jahre, trotz aller auch in Deutschland organisierten Aufstandsversuche durch die stalinistische Komintern, nicht zum Erfolg geführt hatten. Bekanntlich scheiterte auch Thälmanns Putschversuch in Hamburg – damit war dann für damals Schluß. NÖP und Koexistenz, Versprechen und Verträge, wurden nach innen wie außen zugunsten nackter Machtpolitik ständig gebrochen.

Lenin mußte den Bauern, der Masse des Volkes, seine Zugeständnisse Anfang der zwanziger Jahre machen. Als sich das Land etwas erholt hatte, vernichtete Stalin Ende der zwanziger Jahre alle selbständigen Bauernwirtschaften. Lenin mußte die Verträge von Brest-Litowsk mit den Deutschen abschließen. Sie wurden zerrissen, als in den Augen der Sowjets die Zeit dazu reif war. Die KPdSU schloß den Hitler-Stalin-Pakt und zerriß so alle Zusagen, die sie ihren kommunistischen Bruderparteien gegeben hatte, weil sie

sich u. a. Gebietserweiterungen auf Kosten Polens und Kolonien in Afrika versprach. Sie löste die polnische KP auf und füsilierte ihre Führer. Auch damit half sie dem Antimarxisten Hitler.
Die KPdSU schloß in der Antihitler-Koalition völkerrechtskräftige Abkommen, die den Deutschen die Einheit ihres Staates garantierten, aber sie hielt sich in der Praxis an das Gegenteil. Die Sowjets unterzeichneten die Schlußakte von Helsinki, und treten weiterhin die Menschenrechte mit den Füßen. Sie predigen den Frieden und führen einen barbarischen Krieg gegen das afghanische Volk, wo sie an Frauen und Kindern ihre neuen Waffensysteme erproben. Wird Afghanistan das asiatische Spanien des dritten Weltkrieges?
So wortbrüchig sie Verträge behandeln, so elegant und großzügig interpretieren und brechen sie ihre selbstentwikkelten, ideologischen Prinzipien. Eines der wichtigsten Postulate war nach 1950 die Verkündigung von der Existenz des Weltfriedenslagers und des imperialistischen Kriegslagers: zwei Lager, zwei Systeme, zwei Weltmärkte. Klar, ohne materiell-ökonomische Begründung geht es nicht. Bleiben wir beim Weltmarkt: die Ideologie ist östlich, die realen Preise sind fast westlich, sie steigen und steigen – nur, wieder fallen, wie auf dem westlichen Weltmarkt, das tuen sie nicht. Was hochgetrieben ist, bleibt zugunsten der Ausbeutung durch die Russen oben. Die Russen verlangen von ihren Satrapen für Energie- und Rohstofflieferungen Weltmarktpreise, die, gemessen an Produktionskosten, Einkommens- und Preisniveau im RGW, und nur hier kann gemessen werden, sagenhaft überhöht sind. Ein Teil der Leistungen muß durch Arbeitskräfte direkt erbracht werden. Die Investitionsbeteiligungen erschließen zugleich die rückständigsten Gebiete der UdSSR auf Kosten der kleinen RGW-Länder. Nun, seit der NÖP wissen die Sowjets, was Geld und Ausbeutung ist. Die DDR hat heute wertmäßig viermal soviel Schiffe, Lokomotiven, Bagger, Kräne, Reise- und Kühlwaggons etc. an die Russen zu liefern als vor zehn Jahren. Dabei haben diese die Erdöllieferungen an die DDR um zehn Prozent gekürzt. Sie verkaufen ihr Öl lieber gegen Westgeld, sie finden die häßlichen Inflationslappen schön, welch eine Geschmacksverirrung!

Die USA müssen, wenn sie Investitionskapital anlocken wollen, extrem hohe Zinsen zahlen, die sparen sich die Russen. Die Ausbeutungsverhältnisse im realen Sozialismus sind auch außenwirtschaftlich klar nach Marx geordnet, alles hat der ja nicht falsch abgeschrieben, und demzufolge saugt der Stärkere den Schwächeren aus. Der ökonomisch Stärkere akkumuliert das Kapital, wobei die militärische und politische Vormachtstellung der Russen, also außerökonomische Potenzen, diesen Prozeß im RGW noch mächtig beschleunigen. Da sie allen RGW-Staaten zusätzliche Kosten durch erhöhte Investitionsbeteiligungen aufgebürdet haben, verschlechtern sich die terms of trade weiter. Da sie nicht nur der DDR, sondern allen RGW-Ländern die Erdöllieferungen gekürzt haben, konnten sie diese Mengen gegen konvertierbare Westwährungen verkaufen. Vor zehn Jahren hatten die kleinen RGW-Länder zwei Drittel des Ost-West-Handels bestritten, heute tun das die Russen. Polen und Rumänien sind zahlungsunfähig geworden. Die mächtige sozialistische Staatengemeinschaft kann sie nicht finanzieren. Hat die von Marx plagiierte Verelendungstheorie etwa doch recht?
Kommt nun, nach dieser Katastrophe, eventuell eine Wende wie unter Lenin? In Diktaturen sind natürlich die überraschendsten, jähe und unberechenbare Wendungen nicht auszuschließen. 1920 hat Lenin ideologisch jeden seiner Gegner in der Partei als Konterrevolutionär mundtot gemacht, der gegen die Abschaffung der Warenproduktion auftrat und normale Marktbeziehungen verlangte: »Aber der freie Handel ist Rückkehr zur kapitalistischen Sklaverei!«[83] Ein Jahr später schrieb derselbe Lenin, und man denke an den jährlichen Fortschritt bei Engels kontra Rodbertus, die »Klassiker« scheinen so etwas an sich zu haben: »Wir können in ziemlich großem Umfang den freien, lokalen Warenverkehr zulassen, womit wir die politische Macht des Proletariats nicht zerstören, sondern festigen.«[84] Wohlgemerkt: Da dachte Lenin noch nicht an den nationalen oder den Welthandel. Diese Überlegung kam ihm erst später, als er begriff, daß ohne westliche, besonders deutsche und englische Kapitalhilfe, Rußland nicht aufzupäppeln war. Inzwischen wissen wir, vor allem durch die »Spiegel«-Serie, daß die NÖP und die friedliche Koexistenz nicht nur

ökonomisch und friedlich waren. Gekoppelt mit den Wirtschaftsbeziehungen entwickelte sich die geheime Zusammenarbeit von Reichswehr und Roter Armee, von der die russischen Führer hofften, sie würde das nach Revanche für Versailles verlangende Deutschland auch militärisch an die Seite Rußlands und zum gemeinsamen Krieg gegen die Westmächte führen. Sie folgten auch hier dem Chefredakteur Marx, der Ende März/Anfang April 1849, in der »Neuen Rheinischen Zeitung«, in der Serie über Lohnarbeit und Kapital schrieb, »daß jede revolutionäre Erhebung, mag ihr Ziel noch so fernliegend dem Klassenkampf scheinen, scheitern muß, bis die revolutionäre Arbeiterklasse siegt, *daß jede soziale Reform eine Utopie bleibt, bis die proletarische Revolution und die feudalistische Konterrevolution sich in einem Weltkrieg mit den Waffen messen«*[85].
Weltkrieg und Weltrevolution waren im Marxismus immer Synonyme. Trotzki hielt daran fest, Lenin rückte zeitweilig davon ab, als die Polen seine Armee geschlagen hatten, siehe die angeführten Erinnerungen von Clara Zetkin. Von den Russen hört man nur das Hauptwort Frieden, aber: Man hat noch nie ein Wort gehört, das sich von der Marxschen Ideologie des Weltkrieges und des Bürgerkrieges distanziert hätte! Dieses Marx-Zitat macht übrigens nochmals deutlich, wie enorm dieser Marx die »gesetzmäßige Abfolge« der Gesellschaftsformationen verstanden hatte, die er ja laut Engels entdeckt haben soll: Noch 1849 wollte er in Europa die proletarische Revolution! Marx beabsichtigte, da er es eilig hatte, etwas zu werden, den Kapitalismus als Ära einfach zu überspringen. Warum ihm wohl die Weltgeschichte nicht den Gefallen getan hat? Hält sie evtl. nichts vom Marxismus? Denkt sie vielleicht, daß sei abenteuernder Putschismus außerhalb der Reihenfolge?
Bekanntlich hat sich auch der mumifizierte Marx des 20. Jahrhunderts in diesem Punkt schauderhaft verrechnet. Es scheint recht schwierig zu sein mit der wissenschaftlichen Voraussicht und der Erkenntnis der Gesetzmäßigkeiten der Geschichte, obwohl alle Leninisten diese für sich gepachtet haben.
Das totale Scheitern der marxistischen Ideologie in Theorie und Praxis wird in der SU wie in der DDR mit besonders großem Aufwand kaschiert. Damit ist ja auch zugleich Le-

nins sogenannte »Imperialismustheorie« gescheitert, obwohl völlig unerklärlich ist, was an dieser politischen Agitationsbroschüre theoretisch sein sollte. Lenin verwendet keine Zeile auf die Analyse der monopolistischen Wertkategorien. Sein mageres Schriftchen ist ein verdünnter, fader Aufguß von Hilferdings »Finanzkapital«. Die Terminologie und die Einschätzung, der Imperialismus sei die letzte Phase des Kapitalismus, hatte Hilferding schon vor Veröffentlichung seines Buches in der »Neuen Zeit«, dem Organ der SPD, publiziert. Der Klassiker Lenin gleicht inhaltlich und methodisch dem Klassiker Marx: Abschreiben, die theoretische Hauptsache nicht verstehen, aus ordentlich gearbeiteten Büchern dünne Broschüren machen und mit den richtigen Erkenntnissen immer zu spät kommen. Da fällt einem auch Engels ein, man lese Zimmermanns Bauernkrieg und den Abschrieb von Engels aus Zimmermann – womit wir sie alle beieinander hätten, die drei Gleichen.
Lenin übernahm unbesehen die These, die Warenproduktion werde durch das Monopol untergraben, alle ökonomische Bewegung arbeite auf Zentralisation durch den monopolistisch beherrschten Staat hin, man brauche nur noch die Führung auszuwechseln, und der Sozialismus habe gesiegt. So kam er zur »Modernisierung« der Geschichtsbetrachtung von Marx. Man stelle sich vor, er wäre bei den Anschauungen des älteren, politisch reiferen Marx geblieben, wonach eine Formation erst untergeht, wenn sie keinen Spielraum für die Entwicklung der Produktivkräfte mehr böte. Man stelle sich vor, Lenin hätte Marx' These akzeptiert, wonach sich sozialistische Produktionsverhältnisse nur in einem wissenschaftlich-technisch hoch entwickelten Land mit einem qualitativ und quantitativ hochentwickelten Proletariat durchsetzen können, im Bund mit anderen entwickelten Ländern – was wäre dann Rußland heute? Der Historiker darf ruhig nach alternativen Möglichkeiten fragen. Nichts muß in der Geschichte der Menschheit unbedingt so kommen, wie es kam, keine rote und keine braune Diktatur, kein Marxismus und kein Faschismus als Antimarxismus. Und nichts muß sich wiederholen, was sich in Rußland und dem heute vorerst russifizierten Osteuropa so abgespielt hat – zum Nachteil nicht nur des Proletariats, sondern der Völker und Nationen.

Kommen wir damit zum Hier und Heute, zu unserer Gegenwart: Weder für den Binnenmarkt des RGW noch für die äußeren Wirtschaftsbeziehungen gilt eine einheitliche Theorie oder eine einheitliche Praxis, hatten wir feststellen müssen. Nun, das Politbüro beschimpft von Zeit zu Zeit deshalb die Wirtschaftstheoretiker als unfähig, aber wer sagt, warum das System nicht reformfähig ist, wird erledigt. Und trotzdem: Die unerträglich werdenden Zustände zwingen immer wieder zu Reformversuchen, die regelmäßig als die Lösung der Lösung angepriesen werden und genauso regelmäßig scheitern: Der Ziel-Mittel-Konflikt, die objektiven Gesetze der Ökonomie sind eben stärker als die subjektiven Absichten der Führungen. Man sehe sich den Reflex dieser Experimente in der DDR an, vergleiche die Debatten um die Einführung der wirtschaftlichen Rechnungsführung der fünfziger Jahre mit dem neuen ökonomischen System der Planung und Leitung der sechziger Jahre und dies mit den Festlegungen im Parteiprogramm der siebziger Jahre – es geht immer um die gleichen Probleme, auch heute, in den achtziger Jahren: In etwa zehnjährigen Intervallen wird versucht, einen Ausweg aus der latenten Krisensituation der RGW-Wirtschaften zu finden. Diese Zeitabstände des offenen Krisenausbruchs kennzeichneten auch den Krisenzyklus des unterentwickelten westeuropäischen Kapitalismus des 19. Jahrhunderts. Der osteuropäische Staatskapitalismus richtet sich sogar historisch nach dem Westen aus, nicht nur über Genex, Intershop und das Spezialgeld Forum-Scheck.
Dabei führen die Richtungskämpfe in und zwischen den Parteien um die Bewertung der ökonomischen Vorgänge in Theorie und Praxis zu den schlimmsten Sprüngen, zur stetigen Disproportionalität in der Entwicklung. Skizziert sieht das so aus: ein senkrechter Strich in der Mitte auf einem Blatt Papier, umgeben von heftigen Kurvenausschlägen nach links und rechts: Wen verkörpert der aufrecht stehende Strich? Nun, den von der Linie abgekommenen Parteisekretär, sagen die Genossen.
Erich Apel, ehemals für Wirtschaft zuständiger ZK-Sekretär der SED, hat sich Mitte der sechziger Jahre – wie sein Vorgänger im Amt – erschossen. Apel wollte einen neuen »Freundschaftsvertrag« mit den Russen nicht unterschrei-

ben, die deutsche Ausplünderung ging ihm zu weit. Am Vorabend der Unterzeichnung setzte er mit seinem Selbstmord ein unübersehbares Zeichen des Protestes. Erich Apel, ein fähiger, berufserfahrener Ingenieur, war vorher systematisch fertiggemacht worden – wenn die Apparatschiks nichts verstehen, das, wie es in ihrem Jargon heißt, »Schlachten« verstehen sie. Apel war der Mann, der für das NÖSPL stand. Als Praktiker wußte er, wovon er sprach. Er eröffnete die Einleitung der geplanten Wirtschaftsreform unerschrocken mit einem Angriff auf die Russen, nannte Stalin und meinte die »kollektive Führung« der KPdSU, indem er schrieb:

»Das Wertgesetz kann deshalb nicht als eine Art ›Überbleibsel‹ des Kapitalismus betrachtet werden, das letztlich dem Sozialismus wesensfremd wäre und dessen schrittweise Austreibung aus der sozialistischen Ökonomie sozusagen der Kardinalpunkt der ökonomischen Politik sein müsse. Bekanntlich entwickelte J. W. Stalin diese schädliche Auffassung in seiner Arbeit ›Ökonomische Probleme des Sozialismus in der UdSSR‹.

Auf Grund dessen wurde in der Praxis auf eine willkürliche Einschränkung der Ware-Geld-Beziehungen und auf eine ungenügende Ausnutzung des Prinzips der materiellen Interessiertheit in der sozialistischen Ökonomik orientiert. Das führte nicht nur zu Fehlschlüssen auf anderen Gebieten der ökonomischen Theorie, sondern auch zu ökonomischen Verlusten.

Das Wertgesetz wäre aber kein ökonomisches Gesetz, wenn man es ungestraft verletzten könnte. So führt zum Beispiel allein die Tatsache, daß die Preise eines Teils unserer Erzeugnisse erheblich von der Wertgröße, vom gesellschaftlich notwendigen Arbeitsaufwand abweichen, zu einer Fehlleitung der materiellen Interessiertheit sowie zu Erschwernissen der Planungs- und Leitungstätigkeit.«[86]

Diese Attacke blieb nicht ohne tödliche Folgen. Apel hatte insgesamt in den Augen der Russen und Ersatzrussen »revisionistische« Positionen bezogen. Er war ihnen mit der Interpretation der Reformen zu weit gegangen. Der Revisionismus ist seit Bernstein der Todfeind des Marxismus.

Apel hatte verlangt, die »ökonomischen Gesetze . . . *voll* zur Wirkung zu bringen«[87]. Er forderte, die bürokratische, einseitige Verwaltung der Wirtschaft abzuschaffen. Die VVB sollten »auf ökonomische Weise mit modernen Methoden leiten«[88]. Wie er die bisherige Praxis beurteilte, zeigte seine Kritik an den Russen. Er bezichtigte sie, sehr zu Recht, der völligen Unfähigkeit, der volkswirtschaftlichen Verschwendung. Natürlich bejahte er den Plan als Hauptinstrument der sozialistischen Wirtschaftsführung, aber er wollte eine sinnvolle Koordinierung ökonomischer Selbstregulierung mit der administrativen Steuerung, sozusagen die Vorzüge beider bei Eliminierung ihrer Schwächen. Das aber ist Utopie, nichtmachbarer Eklektizismus.

Apel rückte den Gewinn aus seiner untergeordneten Bedeutung in den Mittelpunkt betrieblicher und volkswirtschaftlicher Leistung und forderte eine reale Kostenrechnung und reale Preisgestaltung, die es überhaupt erst ermöglichen, Gewinn und Leistung meßbar zu machen. Konsequenterweise forderte er deswegen auch die Umbewertung, also reale Bewertung der technischen Ausrüstungen, neue Abschreibungssätze, neue Bezüge zwischen Kosten, Qualität, Preis und Gewinn, kulminierend im Stichwort der Industriepreisreform.

Er wandte sich gegen die russische Theorie von der Unveränderlichkeit der Preise, weil diese zu volkswirtschaftlichen Vergeudungen und Störungen führe – ein wahres Wort schon damals, gerichtet gegen die hirnrissige Subventionierungspraxis, die typisch real kapitalistisch ist. Wieso muß ein sozialistisch sein sollender Staat subventionieren – warum gibt er dem Arbeiter nicht direkt das, was dieser braucht, um ordentlich leben zu können? Ist das nicht die klarste Lösung der »sozialen Frage«, wofür die Arbeiterbewegung schließlich angetreten ist?

Apels Ideen sind theoretisch richtig, aber praktisch nur zum Teil, annähernd, durchzusetzen. Das Problem lautet einfach: Wer bestimmt die Preise für welches Produkt? Wird der Preis objektiv oder subjektiv festgesetzt? Zusammen mit dem allgemeinen Preiswirrwar ist eine objektive Festsetzung eben unmöglich. Warum? Apel gibt indirekt die Antwort, indem er erst zum Schluß – schon das ist ein unverzeihlicher Fehler, so etwas gehört an den Anfang – Marx zur Rechtfertigung heranzieht:

»Gemeinschaftliche Produktion vorausgesetzt, bleibt die Zeitbestimmung natürlich wesentlich. Je weniger Zeit die Gesellschaft bedarf, um Weizen, Vieh etc. zu produzieren, desto mehr Zeit gewinnt sie zu andrer Produktion, materieller oder geistiger ... Ökonomie der Zeit, darein löst sich schließlich alle Ökonomie auf. Ebenso muß die Gesellschaft ihre Zeit zweckmäßig einteilen, um eine ihren Gesamtbedürfnissen gemäße Produktion zu erzielen: ... Ökonomie der Zeit, sowohl wie *planmäßige Verteilung der Arbeitszeit auf die verschiednen Zweige der Produktion, bleibt also erstes ökonomisches Gesetz auf Grundlage der gemeinschaftlichen Produktion.*«[89]

Apel enthüllt hier, unter der Überschrift »Zur Ausarbeitung wissenschaftlicher Grundlagen der Planung«, ungewollt auch die Unwissenschaftlichkeit des Marx, dem er mit diesem Zitat aus den »Grundrissen« nur die Aufdeckung von »Grundzügen ... der proportionalen und optimalen Entwicklung der gesellschaftlichen Produktion und Konsumtion« zugesteht. Versteckt nennt er die marxistische Ideologie »eine abstrakte Methodenlehre«, die »Schematismus« produziere, denn das Lehrbuch, das er vernichtend kritisiert, wimmelt von Marx-Zitaten. Ein solcher Mann durfte nach dem Willen der Russen und der Ersatzrussen nicht überleben.

Liest man heute Apels vor zwanzig Jahren geschriebene Einschätzung der Mikroelektronik, könnte man meinen, im letzten ZK-Plenum der SED zu blättern. Mit Apel fiel vor zwanzig Jahren zum allergrößten Schaden der DDR-Bevölkerung auch die Konzeption über die Einführung der Elektronik. Statt massiver Gütermassen, Energie, material- und lohnkostenintensiv, könnte die DDR heute kleine Streichholzschachteln voller Intelligenz exportieren. Dies ist ein Beispiel für die extremen Ausschläge konzeptioneller und praktischer Art in der Wirtschaftspolitik der SED. Man könnte nun aufzählen: Entwickelte und total abgebrochene Flugzeugproduktion, total unterbundener und nun total geförderter Wohnungsbau, total zerstörte handwerkliche Infrastruktur usw., usf. Das ist die Weisheit und Weitsicht des wissenschaftlichen Führungsstils des Marxismus: Etwas zu spät kommen bei Neuheiten – wie es Marx immer mühelos

gelang. Wann wird sich das ändern? Nie, solange nach Murx verfahren wird.
Andropow beklagte als Generalsekretär des ZK der KPdSU auf dem Ideologie-Plenum der Partei im Sommer 1983 bitter das Fehlen einer Wirtschaftswissenschaft, die es ermöglichen würde, die Probleme der Volkswirtschaft perspektivisch zu lösen. Diese Klagen kann man in schöner Regelmäßigkeit etwa alle zehn Jahre immer wieder vernehmen, auch die Ideologiekrise hat ihre Zyklen.
Der Marxismus ist keine Theorie, keine Wissenschaft, sondern er ist der größte Feind einer lebendigen Gesellschaftswissenschaft. Der Marxismus ist Ideologie und Apologetik, nichts weiter. Ein politisches System, das vom Fälschen empirischer Tatsachen lebt, von Geheimhaltung selbst bestimmter Exemplare der eigenen Presse vor Forschern und Studenten, kann nicht erwarten, daß entscheidende analytische Ergebnisse auf den Tisch kommen, die wissenschaftlichen Neuwert haben und langfristige Perspektiven eröffnen.
Vielleicht findet sich künftig ein tatkräftiger Mann in der Führung der KPdSU, der Lenins Mut aufbringt, Schluß macht mit der vermurxten Scholastik und Regierungsmethoden des 21. Jahrhunderts einführt. Lenin hat seine falsche Politik klar eingestanden und entsprechend korrigiert: »Wir nahmen an, wir seien, nachdem wir die staatliche Produktion und die staatliche Verteilung ins Leben gerufen hatten, dadurch unmittelbar in ein, verglichen mit dem vorhergehenden, anderes ökonomisches System der Produktion und Verteilung eingetreten.«[90]
Auch der Klassiker Lenin wußte nichts und nahm irrtümlicherweise an, ein nichtkapitalistisches System errichtet zu haben. Wird sich ein neuer Lenin finden, der das auch für das heutige Russensystem sagt und daraus wirklich die einzig sinnvollen politischen und ökonomischen Konsequenzen einer sozialen Demokratie zieht? Lenin erklärte, die Partei habe unter seiner Führung beim »unmittelbaren Übergang zur kommunistischen Produktion und Verteilung«[91] eine total falsche Politik betrieben. Wann sagt ein neuer Lenin, daß die Grundlage für diese falsche Politik die falsche Ideologie des Karl Marx war und ist, und daß es weder den wissenschaftlichen Sozialismus noch Kommunis-

mus gibt, daß die staatskapitalistische Ausbeutung im realen Sozialismus weder heute noch morgen abzuschaffen geht und daher kein Grund besteht, zur Vernichtung des Systems privat- und staatskapitalistischer Ausbeutung zu rüsten, zu rüsten, zu rüsten?

Wann sagt ein neuer Lenin, man dürfe nicht nur das Geld nicht abschaffen, sondern müsse die Funktionen des alten Goldrubel wieder voll herstellen, auch auf dem Weltmarkt? Wann sagt ein neuer Lenin, man müsse Preise objektiv über den Weltmarkt ermitteln und damit Leistung meßbar machen und stimulieren? Wann sagt ein neuer Lenin, daß nur all das und einiges mehr ein wirkliches Aufblühen einer pluralistischen, sozialen Demokratie erlaubt, und es für die Lohnabhängigen der UdSSR eine andere Perspektive auf Grund objektiver Gesetze gesellschaftlicher Bewegung nicht geben kann?

Unter Lenin I. hat das Volk durch Streiks, Demonstrationen und blutige Aufstände die Kurskorrektur der Partei erzwungen und Rußland gerettet. Kann es unter Lenin II. vielleicht doch eine Revolution von oben geben? Lenin I. hatte verkündet: Lernen, lernen und nochmals lernen! Lenin II. hätte zu verkünden: Lernen, lernen – alles nochmals lernen!

Es ist angesichts der Mißachtung der ökonomischen Wissenschaft im RGW nützlich, sich an Varga zu erinnern, den führenden Theoretiker der Sowjets und der Komintern, der ein glühender Anhänger Lenins und der fähigste Politökonom seiner Zeit war. Dieser Mann schrieb zum gescheiterten Experiment der Einführung des Kommunismus, daß es zu keinem Ziel führte und allergrößte Unwirtschaftlichkeit und Vergeudung produzierte. Auch Varga war zunächst ein Anhänger der uralten, von Marx wiedergegebenen Vorstellung, Arbeitszeit als Wertmaß für Geld zu setzen.

1920 setzte der Oberste Volkswirtschaftsrat (OVWR) eine Kommission ein, die dieses phantastische Zeitgesetz als sozialistisches Wertgesetz zur Wirkung bringen sollte. Ein kühnes Unterfangen: Wenn man die Wertgröße eliminiert, wie soll man die Gebrauchswerte Dampflok und Stecknadel vergleichbar machen? Wieviel Sekunden darf die Sicherheitsnadel kosten? Wie soll man komplizierte und einfache, höchstqualifizierte und ungelernte Arbeit auf einem Zeitschein ausdrücken?

Wie soll ein Betrieb kalkulieren, wenn er erst im nachhinein erfährt, was sein produzierter Kram nach Stunden wert ist? Wie soll man die Zeitaufwände zur Produktion eines jeden Teils und eines jeden Teilchens statistisch und organisatorisch erfassen?

Wenn ein Betrieb mit guter Leistung, fleißiger Belegschaft, hoher Effektivität pro Tag fünfhundert Endprodukte liefert und ein vergleichbarer mit unfähiger Leitung und vergammelter Belegschaft zweihundertfünfzig – werden dann diese ungleichen Leistungen mit gleicher Zeit entlohnt, d. h., je fauler einer ist, desto mehr wird er bekommen, in unserem Fall das Doppelte vom Fleißigen? Je langsamer einer arbeitet, je mehr Zeit er braucht, desto mehr Gebrauchswerte soll er mit seinen Zeiteinheiten »kaufen« können? Hurra, das ist das kommunistische Paradies!

Leistung wird bestraft – so ist das auch heute im realen Sozialismus, und die größten Nichtstuer erhalten die höchsten Gehälter. Das ist die vermurxte Anleitung zum Handeln, siehe »Grundrisse«, »Kapital«, »Kritik des Gothaer Programms«. Marx vermurxt das Wertgesetz, weil er Qualität und Quantität, ökonomische, Sommer- und Winterzeit nicht auseinanderhalten kann! Er postuliert ein Zeitgesetz, für seinen »wissenschaftlichen Kommunismus«, was nicht einmal im Urkommunismus galt!

Im Mai 1921, dem Endtermin der Aufgabe, einen Zeitmesser für das von Lenin abgeschaffte Geldsystem zu finden, hatte der OVWR noch nichts gefunden, trotz seiner marxistisch sehr gebildeten Kommission. Lenin, der schon vorher geprahlt hatte, der Kommunismus werde aus ideologischen und hygienischen Gründen die Pissoirs mit Gold ausschlagen – sonst hat er in diesem Goldartikel absolut nichts über die Wertfunktionen des Goldes zu sagen, also wird er davon nichts gewußt, keine Ahnung gehabt haben, aber davon hatte er eine Menge – kehrte reumütig zum Goldrubel des Zaren zurück. Seine Nachfolger verkaufen inzwischen das so geschmähte gelbe Metall im vergoldeten Westen. Sie sind, nach Südafrika, der zweitgrößte Exporteur des Pissoirmaterials.

Als der eigentlich so unbolschewistische Rubel wieder rollte, erteilte Lenin an zwei ZK-Mitglieder, die in Deutschland Elektrotechnik studiert hatten, den Auftrag, den Plan der Elektrifizierung Rußlands auszuarbeiten. Die Schaffung einer Energiequelle war für die weitere Entwicklung des Landes von entscheidender Bedeutung. Unter dem Gesichtspunkt der Weiterverformung marxistischer Ideologie ist Lenins neue Definition des Kommunismus interessant: »Kommunismus ist Sowjetmacht plus Elektrifizierung«. Endlich war den Marxisten ein Licht aufgegangen! Sowjetkommunismus, sagen unsere Studenten heute, das ist Urgesellschaft plus Strom.

Als die Goldrubelwährung des Zarenreiches und die technisch-organisatorischen Verhältnisse des deutschen Staatskapitalismus inclusive Elektroenergie auf Rußlands Wirtschaft angewandt wurden, kam das Land mit Hilfe westlicher, besonders deutscher und englischer Kredite, allmählich aus der Misere heraus. Jetzt erreichten die ökonomischen Maßnahmen annähernd die erwarteten Ergebnisse. Der wissenschaftliche Kommunismus war erledigt, der totale Staatskapitalismus gab den Ton an. Lenin und die KP hatten der allmächtigen Anleitung durch Marx abgeschworen.

Kritiker warfen Lenin vor, er habe Marx' Hinweis nicht beachtet, man könne die Warenproduktion erst aufheben, wenn die Produktivkräfte die »höchste Stufe« ihrer Entwicklung erreicht haben würden. Das stimmt erstens nicht, siehe Randglossen, aber zweitens, was wichtiger ist: Hier haben wir die total falsche Gesamtsicht des Marx vor uns, seine eschatologische Heilserwartung. Die Produktivkräfte werden ihre »höchste Stufe« nie erreichen. Die Menschheit entwickelt sich im historischen Werden und Vergehen, es gibt nur eine ständige Entwicklung, kein endgültiges Ideal, kein endgültiges System. Die Ideologie und Praxis des Kommunismus kommt und geht, wie alles in der Geschichte. Ewig ist nur der ständige Wandel, aber der wird sich immer auf der Grundlage der materiellen, landwirtschaftlichen und industriellen Produktion vollziehen. Die bleibt ewig mit ihrer Arbeitsteilung und ihrer Ausbeutung, weil die im Sinne der Ökonomie Produktiven die Unproduktiven erhalten müssen. Der Überbau muß dafür Sorge tragen,

daß die Arbeitsteilung in sozial erträgliche und annähernd gerechte Bahnen gelenkt wird.
Jahrlang prangte in der DDR als eine der unzähligen wie blöden Agitlosungen – mein Gott, wie viele schmutzige Bänke auf den Bahnhöfen oder in den Parks könnten dafür sauber mit roter Farbe gestrichen werden! – eine, die lautete: »Es lebe das Grundmodell des wissenschaftlichen Sozialismus, die UdSSR«. Ein Modell war zu wenig, es mußte ein Grundmodell sein. Das ist wahrscheinlich eines, das uns lehrt, wie man es nicht machen sollte. Die dilettantische Behandlung des Entwicklungsgedankens, der willkürliche Eklektizismus in der Verquickung von deutscher Philosophie mit englischer Nationalökonomie und französischer, sozialistisch-kommunistischer Ideologie, rächt sich in der realsozialistischen Praxis bis heute: Der Marxismus besteht aus einem eklektizistischen System grundfalscher philosophischer, historischer und ökonomischer Lehren.
Die Zerstörung der ökonomischen Grundlagen Rußlands durch Lenin am Beginn seines marxistischen Experiments, das chronische Nachhinken des realen Sozialismus gemessen an der Arbeitsproduktivität und Effektivität der kapitalistischen Industrieländer, die Unfähigkeit, Disproportionen, Krisen, Arbeitslosigkeit, Staatsbankrotte und Inflation im Weltsystem des realen Sozialismus zu beherrschen und, was am schlimmsten ist, das wechselseitige kriegerische Abschlachten der Kampfgenossen untereinander, die sich alle auf Marx und Engels, Lenin, Stalin und Mao – kurz: auf die marxistischen Lehrer – berufen, führt zum philosophischen Kernproblem der marxistisch-leninistischen Ideologie, zur Befreiung des Menschen, zu seiner Selbstverwirklichung in Freiheit und Frieden, in sozialer Harmonie und Gerechtigkeit.
Wie kann sich nun der Mensch in dieser angeblich neuen Ordnung entwickeln, wie kann er leben, materiell und ideell? Die Praxis ist bekannt, sie ist auch hier niederschmetternd für die Ideologie. Ich habe das im ersten Teil meiner Darlegungen auf die Formel vom proletarischen Absolutismus gebracht, wahrhaftig kein erstrebenswertes Ziel. Der marxistische Kommunismus verkrüppelt und zerstört auf Dauer jeden denkenden Menschen, so wie jede absolutistische Diktatur das tut. Die marxistische Ideologie ist der

Feind der Humanität. Humanistische Bedürfnisse lassen sich weder vom ZK noch vom OVWR planen, um anschließend befriedigt zu werden.
Es wird höchste Zeit, sich die irrationale Ideologie des Marx abzuschminken, die Broschüren dieses Propagandisten des Bürger- und Weltkrieges ins Altpapier zu werfen, denn seine Ideologie ist friedensgefährdend, und das bedeutet heute: menschheitsvernichtend. Bisher hat es eine Analyse über die angeblichen theoretischen Leistungen des Marx in der Form wie ich sie vortrage, nicht gegeben. Wir werden sehen, was die fachliche Diskussion besonders über die Ökonomie darüber bringen wird. Einerseits wird Marx als Verabsolutierer von technischer Produktivkraft von der gesellschaftlich neuen ökologischen Bewegung abgelehnt, andererseits liefert er soziale Vorstellungen selbst für Polit-Pfarrer in der Bundesrepublik und anderswo, die seltsamerweise auf den Schultern von Marx stehen, statt auf denen von Christus. So widersprüchlich ist die Wertung des Marx auch in vielen anderen Bereichen.
Es geht nicht darum, irgendwie Marx noch »töter« zu machen, als er schon ist. Es geht um das tiefere theoretische Erfassen und Durchdringen historischer, sozialer und ökonomischer Gesetzmäßigkeiten, die Einfluß auf die gesellschaftliche Entwicklung haben, um ihre marxistisch, reformkommunistisch oder sozial- und demokratisch mögliche oder unmögliche Ausnutzung. Dabei muß klarwerden, daß Marx nie ein Wissenschaftler, sondern ein dümmlicher, aber fanatischer Ideologe, ein halbgebildetes Element, wie die demokratischen Arbeiterkommunisten seiner Zeit sagten, war: Synonym für Diktatur und Unmenschlichkeit in Person.
Für das Überleben der Menschheit muß das humanistische Prinzip aktiviert werden, nicht das klassenkämpferische in der Verabsolutierung auf eine Fraktion innerhalb der Arbeiterklasse.
Marx selbst war ein arbeiterfeindliches Element, er nannte in seiner »Kritik des Gothaer Programms« die Richtung des »Atelier« »die reaktionären Arbeiter«, weil diese, vgl. dazu die Darlegungen im Teil I., sich von weltfremden, klassenfremden Intellektuellen nicht bevormunden ließen! Das ist der wahre Marx. Das muß den Arbeitern gesagt werden.

Die Geschichte der menschlichen Gesellschaft wird nicht von einem imaginären marxistisch-leninistischen Entwicklungsgesetz, historisch und ökonomisch determiniert, beherrscht, wie die »Klassiker« und die ZK der kommunistischen Parteien predigen. Das ist dümmlicher Aberglaube. Jede industrielle Gesellschaft unserer Tage kann ihre gemeinschaftliche Natur beherrschen, wie jedes Individuum seine persönliche. Nichts ist teleologischen Abläufen unterworfen, nicht das Schicksal einer Klasse, nicht das Schicksal unseres Volkes, nicht das Schicksal unserer deutschen Nation. Der Mensch kann seine eigene Natur beherrschen wie die gesellschaftliche, und das macht ihn zum Menschen – zum Menschen, nicht zum kapitalistischen oder sozialistischen Menschen. Der Mensch ordnet und gestaltet denkend und vorausschauend.
Wieso soll ein pluralistisch-demokratischer Staat des Westens, der mit höheren wissenschaftlichen, sozialen, ökonomischen und technischen Möglichkeiten ausgestattet ist, besser als ein verkrüppelter östlicher Staatskapitalismus, nicht in der Lage sein, seine Industrie und Landwirtschaft, die Infrastruktur und die Dienstleistungen, aber, und das ist entscheidend, auch sein soziales Netz bei Erhaltung aller staatsbürgerlichen Freiheiten vervollkommnen können? Wer führt bei der Automatisierung auch geistiger Reproduktionsprozesse, der Westen oder der Osten? Wer hat die perfekten Datenbanken, Kommunikationssysteme, die Computergehirne der fünften Generation, der Westen oder der Osten?
Was hat die schon im 19. Jahrhundert rückständige, veraltete, fortschrittsfeindliche Ideologie des Marxismus dieser Flut von angewandtem Wissen und Können entgegenzusetzen? Viel Panzer, sehr viel Panzer, aber wenig Hirn. Natürlich kann auch der Westen untergehen, aber wenn, dann nur an seiner eigenen partiellen politischen Hirnlosigkeit, die von hier aus nicht zu übersehen ist, und: Von außen sieht man manches genauer.
Die westlichen Demokratien können, bei genügender weltweiter Kooperation, ihre Produktionsverhältnisse in einem Tempo weiterentwickeln, daß den Russen und den Ersatzrussen im friedlichen Wettstreit die Luft ausgeht. Die kapitalistischen Industrieländer steckten 1929 in einer katastro-

phalen Krise, aber Keynes hat gelehrt, wie man es künftig besser machen kann. Ein viertel Jahrhundert prosperierte so weltweit das Wirtschaftswunder. Jeder weiß, worauf es beruhte, aber inzwischen haben sich die Bedingungen verändert. Wieso paßt man das System der nationalen und regionalen, der supranationalen und globalen Steuerungs- und Regulierungsmechanismen nicht den inzwischen wieder veränderten Bedingungen an? Dann besserten sich die sozialen Probleme, die jetzt durch die unverantwortlich hohe Arbeitslosigkeit existieren, und man könnte sie aus einer Überflußgesellschaft ganz verbannen. Oder möchte man eine realsozialistische Gesellschaft der Unterkonsumtion, des Mangels, der staatlich garantierten Unterdrückung der Persönlichkeit, kurz: eine kommunistische Ordnung?
Die westlichen Volkswirtschaften sind nicht nur leistungsfähiger, sie sind auch elastischer, reaktionsschneller anpassungsfähiger als die östlichen Verplanungswirtschaften. Im Erdteil des Murxismus kollidierten die Produktivkräfte laufend mit den Produktionsverhältnissen: Wie oft haben die Russen Arbeiteraufstände nach 1945 niedergewalzt? Sie hatten auch da die Erfahrungen der NÖP! Mit den deutschen Arbeitern begann es: am 17. Juni 1953. Wie oft haben die Russen selbst die Führungen der Bruderparteien militärisch diszipliniert, abgesetzt, umgebracht? Immer nach dem Marx-Rezept: Heilig ist nur die Macht, und wer sie hat, sagen unsere Arbeiter, mißbraucht sie auch. Es ist eben, im Gegensatz zur Nato, natürlich eine friedliebende Macht. Ganz friedlich haben sie die Ungarn niedergeschossen, ganz friedlich mit ihren Panzern haben sie Prag überrollt. Wie oft haben sie die Welt an den Rand des von Marx stets gewollten großen, sozialen Weltkrieges gebracht? Kann man diesen roten Imperialisten trauen?
Also wenn, nach Marx-Schema, Produktivkräfte und Produktionsverhältnisse miteinander laufend kollidieren, fanden diese Kollisionen dann ab 1945, im fast marxistischen Zeitalter, im Kapitalismus statt oder im Staatskapitalismus des Ostens? Und was uns Deutsche angeht: Wer ließ eigentlich gegen die Tschechen und Slowaken marschieren, gegen die Polen mobilmachen, die aggressive, revanchistische Bundeswehr oder der friedensstrotzende Generalstab der DDR-Armee?

Wann werden übrigens die Polit-Pfarrer der BRD und der DKP einmal aktiv dafür eintreten, daß den Opfern der russischen Gewaltherrschaft, den abgeschlachteten Arbeitern nicht nur in Polen, sondern auch in der DDR Denkmäler errichtet werden? Wäre das nicht im Sinne des angeblichen Befreiers der Arbeiterklasse, des Karl Marx, auf den sie sich bei den unpassendsten Gelegenheiten berufen? Oder verfahren sie so, wie einer der echten deutschen Klassiker, Johann Wolfgang von Goethe, es wohl doch ironisch gemeint hat: Im Auslegen seid getrost und munter, legt ihrs nicht aus, dann legt was unter!

Bei Marx hat man das nicht nötig. Man braucht nur das historische Schicksal, die praktische Anwendung seiner ideologischen Thesen zu verfolgen. Man braucht nur die katastrophale Wirklichkeit der östlichen Halbwelt historisch und aktuell zu betrachten, um zu wissen, was man vom Marxismus zu halten hat. Solange man gläubig in den abstrakten ideologischen Lehren verbleibt, sie mit wissenschaftlicher Theorie verwechselt, mag einem das ganz schön vorkommen. Prüft man Theorie und Praxis, verliert man alle gehabten Illusionen, und solche pflegen meist betrüblich zu enden.

Viele werden sagen: Ja, ja, das ist ja uralt, das wissen wir ja. Sicher, wer dort leben kann, wo man frei lesen, denken, schreiben und sprechen kann, müßte das eigentlich wissen, weil es um das Schicksal Deutschlands geht in der Auseinandersetzung der pluralistischen Vielfalt mit der marxistischen Einfalt.

Doch erinnern wir uns nochmals an Goethe: Der Irrtum wiederholt sich immerfort in der Tat. Deswegen muß man das Wahre unermüdlich in Worten wiederholen.

Nur so kann dann auch der Schritt zur Tat getan werden.

Schlußbemerkungen
Pseudologische Ideologie und Politik

Was hat die marxistisch-leninistische Ideologie und die daraus resultierende Politik den arbeitenden Menschen an Erkenntnissen und an positiven Veränderungen gebracht?
Hat sie Krieg, Krisen, Arbeitslosigkeit, soziales Elend, Hunger, Ausbeutung, Unterdrückung, Terror und Unfreiheit im realen Sozialismus abgeschafft oder nur ideologisch noch verlogener reproduziert?
Hat sie die von den Vereinten Nationen verbürgten, von der UdSSR bis heute immer noch nicht unterschriebenen Menschenrechte realisiert oder stehen die internationalen Konventionen über politische, zivile, wirtschaftliche, soziale und kulturelle Rechte nur als Makulatur in den vergilbten Gesetzblättern zur Verfügung?
Hat sie den unterdrückten Völkern des roten Kolonialreiches Frieden, Selbstbestimmung, nationale Freiheit gebracht oder hat sie diese Grundwerte menschlicher und gesellschaftlicher Existenz verhöhnt, mit Füßen getreten, mit Panzern zerwalzt?
Hat sie den realsozialistischen Staatskapitalismus, die »befreite Arbeit«, wenigstens freudiger, schöpferischer, leistungsfähiger, produktiver und damit das Leben der arbeitenden Menschen wenigstens materiell besser gemacht als das der Lohnabhängigen in den westlichen Industrieländern, oder hinkt sie in allen entscheidenden Bereichen von Produktivität, volkswirtschaftlichem Leistungsvermögen, Hoch- und Zukunftstechnologien und Umweltschutz meilenweit hinter dem sterbenden Kapitalismus hinterher?
Ich wende mich an meine Fachkollegen in den wirtschaftswissenschaftlichen und historischen Disziplinen besonders in der Bundesrepublik: Was ich tuen konnte, habe ich getan. In das Dickicht der Verlogenheit und der politischen

Fehlorientierung durch diese Ideologie habe ich eine Schneise geschlagen. Keine Russenpropaganda wird die Tatsachen, die ich dargelegt habe, aus der Welt schaffen. Nur: Es muß erheblich mehr getan werden. Erweitert die Schneise zum Kahlschlag! Entlarvt Marx noch umfassender, nicht nur als schäbigen, unseriösen, rückständigen Plagiator, der weder geschichtsphilosophisch noch volkswirtschaftlich neue Erkenntniswerte geschaffen hat, sondern als den friedensgefährdenden politischen Agitator, der er ist. Schlagt ihm und seinesgleichen das vorne zitierte Motto der Lucile-Aurore Dupin, Pseudandronym George Sand, zusammen mit seiner Weltkriegpropaganda und Bürgerkriegshetze um die Ohren! Wir haben allen Grund dazu: Erziehung zum Haß, Ausprägung des Feindbildes, Hetze zum Untergang, bestimmt von der Ideologie, gerichtet gegen die Deutschen im freien Deutschland, sind extrem friedensgefährdend. Für Russeninteressen soll sich die deutsche Jugend letztlich wechselseitig töten, darauf wird sie in der DDR gedrillt. Sollen die Russen sich um ihre ideologisch prädestinierte Weltherrschaft schlagen: Ohne uns! Diesem System in Zukunft keinen Mann und keinen Groschen!

Über Deutschland schwebt die Gefahr der stündlich möglichen atomaren oder konventionell-kriegerischen Vernichtung. Es ist ein irrationaler einmaliger historischer Zustand, der ungewollt eintreten kann: Was geschähe, wenn nicht die Russen ihre Marschflugkörper irrtümlich über Nato-Gebiet, sondern die Nato irrtümlich ein Geschoß über russisches Gebiet fliegen ließe? Wir wissen, wie die Sowjets schießen: siehe koreanische Verkehrsmaschine, siehe Absturz des Marschflugkörpers, siehe Major Nicholson von der US-Militärmission. Wir wissen, wie die Ersatzrussen schießen lassen, die sich selbst »Tschekisten« betiteln: siehe Mauer. Was geschieht, wenn die Russen in ihrem paranoiden Westangst-Wahn präventiv losschlagen, weil sie falsch informiert waren oder die Nerven verloren haben? Oder, wenn sie im Rahmen ihres Sternenkriegsprogrammes glauben, über die sichere Erstschlagskapazität zu verfügen? Deutschland und unsere Kinder würden verbrennen, wie eine Fakkel, wie es der Generalsekretär der KPdSU schon vor Jahrzehnten angedroht hat.

Wie kann Deutschland der zufälligen, ungewollten kriegerischen Katastrophe entgehen? Nur, wenn alle ABC-Waffen aus Deutschland verschwinden, einschließlich der Militärmissionen und aller ausländischen Truppen. Wir wollen die Gruppe der sowjetischen Streitkräfte in Deutschland los sein mit ihren SS 20 und Schlimmerem.

Wie kann das erreicht werden? Nur, wenn die Verträge von Jalta und Potsdam, die Verträge zwischen der UdSSR und der DDR und die Verträge der westlichen Siegermächte mit der Bundesrepublik eingehalten werden, die einen Friedensvertrag mit Deutschland bei Wahrung der deutschen staatlichen Einheit völkerrechtskräftig vorsehen. Pochen wir entschieden auf das Selbstbestimmungsrecht der Nationen und darauf, daß Verträge gehalten werden müssen. *Machen wir zu unserer Losung: Frieden! Freiheit! Einheit!*

Johann Wolfgang von Goethe sagt uns, als echter deutscher Klassiker: Es ist nicht genug, zu wissen, man muß auch anwenden. Es ist nicht genug, zu wollen, man muß auch tun.

Was können wir praktisch tun? Laßt uns 1990 eine streng geheime Volksabstimmung in Deutschland durchführen zu folgenden Fragen:

- Bist du für den Abschluß eines Friedensvertrages mit Deutschland zum 50. Jahrestag der Beendigung des Zweiten Weltkrieges im Jahre 1995, ja oder nein?
- Bist du für eine pluralistisch-demokratische Verfassung Deutschlands, die mit dem Friedensvertrag in Kraft tritt, oder für die Diktatur des Proletariats, ja oder nein?
- Bist du für eine fünfjährige Übergangsregelung, ab Januar 1990, die ab sofort vorbereitet werden muß in Gestalt einer Zoll-, Wirtschafts-, Währungs-, Paß- und Politischen Union, zwischen den beiden Staaten in Deutschland und zwischen Ost- und Westberlin, ja oder nein?
- Bist du für die erste Wahl des Deutschen Reichstages im Januar 1990, der die Aufgabe erhält, die Verfassung Deutschlands auszuarbeiten, die Politische Union Deutschland nach außen zu repräsentieren und den Friedensvertrag mit den Siegermächten vorzubereiten, ja oder nein?
- Bist du für die zweite Wahl des Deutschen Reichstages im Januar 1995, der die Verfassung in Kraft setzt, eine nationale Regierung bildet, die den Friedensvertrag mit

den Mächten der Anti-Hitler-Koalition am 8. Mai 1995 unterzeichnet, ja oder nein?

- Bist du für Berlin als den Sitz des Reichstages und der Reichsregierung, ja oder nein?

Im 19. Jahrhundert standen die charakterfestesten Intellektuellen, die Hochschullehrer und ihre Studenten in den Burschenschaften, die Dichter und Denker, aber auch die Praktiker aus Staat und Wirtschaft, die fähigsten Köpfe der liberalen, demokratischen und der Arbeiterbewegung in der vordersten Front des Kampfes für die Einheit und Freiheit Deutschlands gegen die Allmacht der russischen Reaktion, die ihre schmutzigen Hände, ihr Gold und ihre miesen Spitzel in allen wichtigen deutschen und europäischen Kabinetten hatte.
Die Ironie der Geschichte wollte es, daß die engsten Freunde der Russen, die reaktionären Deutschen, die Machthaber in Preußen, unter deren Füsiladen Deutschlands Demokraten in den Kasematten von Rastatt nach den Endkämpfen der um Einheit und Freiheit geführten Revolution von 1848/49 verbluteten, ausgerechnet die Testamentsvollstrekker dieser Patrioten wurden: Der weiße Revolutionär Bismarck schuf die staatliche Einheit der Deutschen, deren nationale Tradition mit dem Heiligen Römischen Reich Deutscher Nation und nicht, wie die ersatzrussischen Federfuchser der SED heute, übrigens sehr im Gegensatz zu ihren Chefideologen Marx und Engels vermerken, ab 1870 begann. Geschichte wiederholt sich nicht in ihren konkreten Erscheinungsformen, aber sie folgt der Wechselwirkung von objektiven und subjektiven sozialen Gesetzen. Die Sachzwänge der wissenschaftlich-technischen und ökonomisch-finanziellen Entwicklung, genutzt und beschleunigt durch aktiv und zielgerichtet handelnde Persönlichkeiten, die energisch wollen und tun, die ihr Endziel wie die Schritte nach dorthin genau kannten, ebneten im 19. Jahrhundert Jahrzehnte vor Bismarck diesem den Weg zur Reichseinheit. Eine Reihe deutscher Universitäten, allen voran die Göttinger, die wohl, weil dort der Einfluß des englischen Königshauses und der klassischen britischen Nationalökonomie besonders stark war, orientierten mit ihren Welt- und Wissenschaftsansichten bereits die preußischen Reformer um Stein und Hardenberg vor den Befreiungskriegen. Sie und ihre Nachfolger

waren Männer, die, im Gegensatz zu dem Pseudoklassiker Marx, nicht vor den reaktionären Schulen der Hallenser oder der Berliner Universität zurückwichen.
Unter diesen Gelehrten und Praktikern befand sich ein Kopf, der als erster Theorie und Praxis im Interesse der deutschen Einheit und Freiheit zu verbinden verstand wie kein anderer: Friedrich List.
Der Vulgärökonom Marx konnte diesem Mann von politökonomischem Format eines Klassikers niemals das Wasser reichen, weswegen er ihn desto mehr begeiferte und bekämpfte.
Ich wende mich an die Rektorenkonferenz der Bundesrepublik Deutschland mit der Bitte und Aufforderung, die Initiative zu ergreifen, um an allen deutschen Hochschulen auf überparteilicher Grundlage Friedrich-List-Komitees zu gründen. Vereinigt die fähigsten deutschen Gelehrten aus diesen Komitees zu einem nationalen Kongreß, der ein Zentrales Friedrich-List-Komitee bildet, schafft ein Statut und ein Programm dieser Bewegung, die, ausgehend von den Bildungseinrichtungen, alle Städte und Gemeinden, ja, auch das allerletzte und allerkleinste Dorf erfassen und zu einer wahren Volksbewegung für Frieden, Einheit und Freiheit werden muß!
Es darf keine Parteigrenze, keine konfessionelle oder sonstige Differenz geben, die Einmütigkeit in den Punkten der Volksbefragung verhindern würde. Diese Volksbewegung soll keine Partei sein und sie soll sich auflösen, sobald das Ziel erreicht ist. Sie muß, mit sich steigernder Kraft, zu einer Zusammenballung aller friedlichen, ökologischen, sozialen und nationalen Kräfte werden: Es geht um die physische Rettung von Land und Leben! Nur der Friedensvertrag und die Abrüstung machen die ideellen, finanziellen und materiellen Mittel und Möglichkeiten frei, die nötig sind, um die ökologische und die demographische Katastrophe zu verhindern, die Deutschland ebenfalls tödlich bedrohen. Es muß in der deutschen Politik Schluß damit gemacht werden, gläubig auf die Supermächte zu schielen. Es muß zuerst und entschieden nach den lebens- und überlebensnotwendigen deutschen Interessen gefragt werden!
Seit vierzig Jahren tönt es von allen Seiten der Supermächte: Wir wollen Frieden, Frieden, Frieden! So tönte es auch von

beiden deutschen Regierungen. Was aber ist Realität? Unter dem Friedensgetöse sind Deutschland Ost und Deutschland West zum atomaren Pulverfaß der Welt gemacht worden, das stündlich in die Luft fliegen kann!
Wird es nicht allerhöchste Zeit, anstatt auf die allgemeinen Weltenregulierer zu warten, konkret die deutschen Verhältnisse zur Sicherung des Friedens zu verändern? Wird es nicht Zeit, mit der allgemein proklamierten Abrüstung in Deutschland konkret zu beginnen?
Volkes Stimme – Gottes Stimme: Alle deutschen Jugendlichen ab 18 Jahren, alle deutschen wahlberechtigten Frauen und Mütter, alle Männer und Greise, die die letzten Kriege noch kennen, sollen in einer Volksabstimmung entscheiden, was aus Deutschland werden soll. Und: Die Siegermächte, alles UN-Mitglieder, werden doch das Selbstbestimmungsrecht einer uralten Kulturnation für so gleichberechtigt halten wie das der Kanaken und der letzten Steinzeitstämme auf Papua-Neuguinea, oder?
Ich appelliere an die Studentenverbände der Bundesrepublik Deutschland: Beratet die Probleme in euren ASTAS, ergreift die Initiative, stellt die Verbindungen und Übereinstimmungen mit allen Jugendorganisationen her! Werdet zum Vorkämpfer eurer friedlichen Zukunft! Ohne Frieden habt ihr euer Leben und eure Zukunft wie die eurer Kinder hinter euch: Wendet euch an die K-Gruppen und Ableger der FDJ! Sie müssen Farbe bekennen, ob sie weiterhin vernebelnd vom Frieden schwätzen, um russische, also imperialistische Weltmachtinteressen durchzusetzen, oder ob es ihnen um nationale deutsche – und das heißt zuerst: menschliche – Werte geht! Dreht die Ersatzrussen ideologisch um, aber unterscheidet sorgfältig zwischen irregeführten, gläubigen Mitgliedern und den aus Berlin-Ost bezahlten Funktionären!
Als Diskussionsbeitrag für den nationalen Friedrich-List-Kongreß unterbreite ich folgende Überlegungen:
Die Erfahrungswerte der Geschichte lassen sich verdichten. Dadurch kann man Zeitabläufe beschleunigen, ökonomisieren, effektiver machen. Die Zollvereinsentwicklung im 19. Jahrhundert hat funktioniert, selbst bei kriegerischen Konflikten. Warum soll sie heute zwischen den deutschen Staaten nicht funktionieren, trotz ideologischem Krieg, den

die Russen fälschlicherweise immer noch als Voraussetzung für die Koexistenz bezeichnen? Zehn Jahre sind nicht zuwenig Zeit, fünfzig Jahre hatten die Siegermächte Zeit, eine demokratische und friedliche Lösung zu treffen! Das ist viel zuviel Zeit, die verloren wurde. Schluß damit, wir leben heute, und unsere Kinder sollen morgen leben. Es darf nicht zugelassen werden, die offene deutsche Frage auf den Sankt-Nimmerleins-Tag zu verschieben, bis es aus Versehen oder mit Absicht kracht!

Die Erfahrungen der EG-Zoll-Union im 20. Jahrhundert weisen viele Analogien, aber auch erheblich weitergehende Erfahrungswerte als die der deutschen Zollvereinbewegung des 19. Jahrhunderts aus. Warum soll man sie für die zeitweilige Politische Union Deutschlands, die Übergangsphase zum Einheitsstaat, vor allem im Bereich des Wirtschafts- und Finanzrechts nicht nützen? Schöpferische Leistungen der Ökonomen und Juristen werden sehr gefragt sein, wenn es um ein wirkungsvolles, qualitativ neues Wirtschaftsrecht in Deutschland geht, denn der staats- und genossenschaftliche Sektor, eingebracht durch die DDR, muß in einer pluralistischen Wirtschaftsverfassung erhalten bleiben. Der staatliche Anteil in der Industrie westlicher Industrieländer wäre mit dem eines geeinten Deutschlands durchaus vergleichbar.

Warum ist nicht die Vereinigung von BRD und DDR, sondern die militaristisch aufrechterhaltene Isolierung der DDR von der BRD neben der unmenschlichen und unwürdigen, national beschämenden auch eine friedensgefährdende Tatsache?

Niemand weiß, wie sich die Weltgeschichte und die Deutschlandpolitik weiterentwickeln: Erlangen die Russen oder die Amerikaner waffentechnisch eine Erstschlagskapazität, machen sie Gebrauch davon? Erreichen die USA eine Überlegenheit im All, oder wächst die Gefahr eines konventionellen Krieges, der für Deutschland gleichfalls verheerend wäre? Würden die Russen, angesichts einer völligen militärischen Überlegenheit des Westens, möglich auf Grund des »Kriegs der Sterne«, auf ihre Grenzen zurückweichen? Gäbe es dann Kräfte in Deutschland, die, als Juniorpartner der USA, die Rückkehr Ostpreußens, Schlesiens und der Sudetengebiete forderten und durchsetzten?

Den Russen wäre, das ist klar, in einem solchen Falle ihr nationales Hemd näher als der osteuropäische Rock. Oder: Entwickeln sich aus den Verhandlungen in Genf, Wien und Helsinki positive Alternativen, die eine Wende zur Abrüstung einleiten und die deutsche Einheit somit fördern könnten?
Was auch kommen mag, Deutschland muß sich auf die Abwehr der negativen Varianten einstellen, d. h.: Es muß jeden Konfliktstoff reduzieren. Es muß deswegen allen Nachbarn die Grenzen friedensvertraglich garantieren. Die Ostverträge binden die Bundesrepublik. Die Ostverträge binden nicht ein vereinigtes Deutschland, das so oder so kommen wird. Ein friedensvertraglich geregeltes Grenzproblem wäre keines mehr. Ein friedlich 1995 vereinigtes Deutschland garantierte alle Grenzen, verzichtete auf Angriffswaffen und stellte revanchistische Forderungen und Propaganda unter strengste strafrechtliche Verfolgung. Die Nachbarn sollten erwägen, daß eine derartige Lösung die Gefahr nationalistischer Auswüchse bannt. In Deutschland könnte andererseits durchaus eine revanchistische Regierung entstehen. Nichts in der Geschichte ist unmöglich: Man trampelt nicht auf Dauer ungestraft auf der nationalen Würde eines Volkes herum. Eine patriotische Welle, vergleichbar jener, die die USA unter Präsident Reagan erfaßt hat, ist auch in Deutschland denkbar. Was wären die Folgen für Ost und West? Wir hören hierzulande immer, daß Feuer und Wasser nicht vereinbar seien. Da ist sehr viel Wasser dabei: Existieren nicht die italienischen oder französischen Kommunisten in einer nationalen Gemeinschaft, haben sie nicht einen staats- und einen privatkapitalistischen Sektor in ihren Volkswirtschaften?
Soll nicht besser das deutsche Volk darüber entscheiden, ob es unter einem politischen Dach zusammenleben will? Wer hat eine Handvoll antideutscher ZK-Sekretäre ermächtigt, der russischen Politik der DDR-Isolierung kriecherisch zu Willen zu sein? Ein halbes Dutzend Figuren, ein Gremium, das sich immer selbst ergänzt, welche Einrichtung schon Montesquieu für die passendste hielt, um bestehende Mißbräuche unsterblich zu machen, maßt sich an, auf russische Weisung das Schicksal der deutschen Nation zu bestimmen: Das wird vom deutschen Volk niemals akzeptiert werden!

Was könnte der Friedensvertrag festlegen? Die äußeren Grenzen in ihrer jetzigen Form, den Austritt aus beiden Militärblöcken, den Abzug aller Besatzungstruppen, die Entfernung aller ABC-Waffen von deutschem Boden, die Abschaffung der deutschen Armee und ihren Ersatz durch eine Volksmiliz, eingerichtet auf defensive Aufgaben und Grenzschutz, aber: keinerlei Einschränkung in den Zukunftstechnologien der Raumfahrt und Raketentechnik für friedliche Zwecke!

Ferner: Abschaffung aller paramilitärischen Verbände wie GST, Kampfgruppen, Zivilverteidigung; Garantie der Unverletzlichkeit der deutschen Grenzen durch den UN-Sicherheitsrat, Aufhebung der Zoneneinteilung und der Viermächteverantwortung für Berlin. Der Friedensvertrag brächte den Deutschen die Sicherheit vor dem atomaren Holocaust, den weder SU- noch US-Raketen verhindern, im Gegenteil: Sie führen ihn mit Sicherheit herbei.

Die Geschichte kennt noch kein Beispiel dafür, daß Waffensysteme wuchsen, wuchsen und wuchsen, um anschließend verschrottet zu werden. Die realsozialistische Ordnung bildet da keine Ausnahme. Siehe Ussuri, siehe Vietnam und China, siehe Kampuchea, siehe Afghanistan. Die Losung: Sozialismus und Frieden sind identisch, ist eine russische Propagandalüge, nachgeplärrt von den deutschen Ersatzrussen. Angeblich sind die Marxisten-Leninisten für die geistige und nicht die kriegerische Auseinandersetzung. Aber wenn einer die geistige Auseinandersetzung führt, lassen sie ihn ausweisen oder einsperren oder totschlagen: im Namen des ewigen Friedens.

Wir erheben entschiedenen Einspruch gegen jene antideutsche Propaganda, die man in der »Roten Fahne« noch im Juli 1932 nachlesen konnte, und begrüßen, daß die »Junge Welt«, die Zeitung der FDJ, in ihrer »Thälmann-Zitate-Kartei« das im März 1984 wieder abdruckt. Es macht klar, daß der KPD-Marxist Thälmann den NSDAP-Antimarxisten Hitler mit antideutscher Sowjet-Propaganda zur Macht verhalf und verdeutlicht, wer heute wiederum nicht deutsche Überlebensinteressen, sondern russische Weltherrschaftsinteressen vertritt: »Wir kennen kein Vaterland außer Sowjetrußland ... die Verteidigung unseres sozialistischen Vaterlandes, der Sowjetunion ... ist die Verteidigung der ureigensten Lebensinteressen der Arbeiterklasse ...« Schluß damit, ein für allemal! Unser Vaterland war, ist und bleibt das Land unserer Väter! Deutschland den Deutschen, den Archipel Gulag den Russen und allen Ersatzrussen! Weg mit den Russen, den Russenraketen und den halbdeutschen Ersatzrussen! Sowjets, wir schenken euch die Tschekisten samt allen »Junge Welt«-Redakteuren, siedelt sie liebevoll in Kasachstan zur sinnvollen Arbeit an! Laßt sie dort die undeutsche Republik gründen: Heil Moskau! Wir wollen das friedlich erreichen: Zieht ab nach dem Friedensvertrag!

Die Bundesregierung und die pluralistischen Demokratien des Westens müssen für diesen Weg gewonnen werden. Er bedeutet, die übereifrigen marxistisch-leninistischen Friedensprediger als Feinde des Friedens bloßzustellen: Russen und Ersatzrussen werden sich als einzige weigern, die Glutreste des Zweiten Weltkrieges auszutreten und die eigenen Verträge und Versprechungen einzuhalten.

Der Friedensvertrag bedeutet, daß die Russen sich auf ihre Grenzen zurückziehen müssen und genau das wollen sie als neokolonialistische militärische Supermacht eben nicht tun, weil sie dann nicht mehr administrativ ausbeuten können.

Der Friedensvertrag bedeutet, daß die marxistisch-leninistische Ideologie in Deutschland auf Null schrumpft, das wollen die Ersatzrussen nicht, weil sie dann bei legalen Wahlen auf lauter Miese kommen, man sie dann mit dem Mikroskop suchen muß.

Der Friedensvertrag bedeutet, daß der Frieden in Europa sicherer wird, weil die ideologische und militärische Aggressivität der Sowjets räumlich zurückgedrängt wird.

Der Friedensvertrag bedeutet, daß die westliche, pluralistische, freiheitliche Demokratie über die Diktatur siegt und damit ein lebenswertes Leben für Millionen Deutsche in der DDR überhaupt erst wieder möglich wird.

Der Friedensvertrag bedeutet, daß die Möglichkeit echter Koexistenz zwischen Ost- und Westeuropa zur Realität werden kann. Bei aller ideologischen Gegnerschaft zu den Russen, die klar formuliert werden muß, solange sie dem utopistischen, reaktionären, marxistischen Kommunismusmodell anhängen, muß Deutschland sehr gute ökonomi-

sche, finanzielle, kooperative Beziehungen, kurz, echte Koexistenz, mit der UdSSR entwickeln.
Die Russen müssen begreifen, daß der Friedensvertrag auch in ihrem Interesse läge. Sie sollten verstehen, daß Deutschland, entsprechend einer jahrtausendealten Tradition, ein Land des Westens ist und bleiben will und bleiben wird. Ihr Stalin hatte recht: Der Sowjetkommunismus paßt auf die Deutschen wie der Pferdesattel auf die Kuh.
Die Russen müssen begreifen, daß es Frieden für sie letztlich nur gibt, wenn sie von der Marxschen Wahnidee der Weltherrschaft, die auch Hitler hatte, lassen. Sie müssen sich von jeder Art von Krieg und Bürgerkrieg distanzieren. Sie dürfen keine Konfliktherde militärisch schüren und keine sozialistische Opposition im eigenen Lager militärisch niederschlagen. Sie sollten sich klugerweise darauf beschränken, ihre chaotische Wirtschaft und Landwirtschaft, ihre gesellschaftlichen Verhältnisse demokratisch zu ordnen, da haben sie mehr als genug zu tun zum Wohle ihrer Völker. Die Deutschen haben als Volk genauso das Recht auf Selbstbestimmung, wie alle anderen dieser Erde.
Der Friedensvertrag müßte aus Deutschland ein Land des Ausgleichs zwischen Ost und West machen, bei freier Entscheidung aller Deutschen über die innere Verfassung ihres Landes. Welche äußeren Bedingungen könnten den Ausgleich erleichtern? Ein positiver Ausgang der Verhandlungen in Genf, Wien und Helsinki könnte Abrüstung und Friedenssicherung in Deutschland voranhelfen. Was aber wäre, wenn dort alles negativ verläuft, wie bisher? Dann müßte man feststellen:
Seit vierzig Jahren tönte es aus Moskau: Frieden, Frieden, Frieden. Heraus kam: Wahnwitzige Überrüstung, Leben am Rand der atomaren Katastrophe.
Seit vierzig Jahren tönte es aus Moskau: Einheit Deutschlands, heraus kam: zementierte Spaltung, Mauer, Todesstreifen an der Grenze.
Seit vierzig Jahren tönte es aus Moskau: nationaler, eigener Weg zum Sozialismus. Heraus kam: fast totale Russifizierung.
Wird es angesichts dessen nicht Zeit, den Leuten in Deutschland entgegenzutreten, die selbst im freien Deutschland ins russische Horn blasen? Die den Russen auf den

Leim kriechen, von der »Unveränderlichkeit« des Status quo reden und damit das russische Potential der aggressiven Ideologie und ihrer militaristischen Anwendung stärken? Unveränderlichkeit des europäischen Status quo – wenn damit die Außengrenzen Deutschlands gemeint sind: ja, aber totale Veränderung der inneren deutschen Zustände mit friedlichen Mitteln auf dem Weg des Völkerrechts: Selbstbestimmung durch Volksabstimmung über die Zukunft der deutschen Nation!

Was läßt sich tun, wenn alle derzeitigen Verhandlungen scheitern sollten? Dann muß das deutsche Volk beide Regierungen zwingen, entscheidende Schritte für einen Alleingang einzuleiten: Die Siegermächte müssen durch Volksentscheid und von beiden Regierungen aufgefordert werden, das Land zu verlassen: Gleichzeitig. Werden sie dann Deutschland den Krieg erklären?

Gewisse Prediger behaupten, die Verankerung der Deutschen in den Blöcken sei nötig wegen des militärischen Gleichgewichts. Deutschland wiegt in der atomaren Auseinandersetzung gar nichts. Nach zehn Minuten gibt es im Atomkrieg kein Deutschland und keine Deutschen mehr. Das ist die Wahrheit. Es ist meine Überzeugung, gewonnen bei vielen Gesprächen mit nicht nur an- oder besoffenen, sondern sehr nüchternen Russen, Militärs wie Zivilisten, daß die Russen das als eine gute Lösung ansehen, wenn schon Krieg sein müßte. Haben wir hier das Recht zur nationalen Notwehr, oder haben wir es nicht?

Was sollte die Volksabstimmung über die Verfassung ergeben? Die Bestimmungen des Friedensvertrages müßten grundgesetzlich festgeschrieben werden, desgleichen die internationalen Verpflichtungen politischer und ökonomischer Art. Nach innen müßten an Stelle der kommunistischen Diktatur die Prinzipien des Grundgesetzes gelten.

Was sollte die Volksabstimmung für die Übergangsregelung ergeben? Freien Reiseverkehr, ungehinderten Austausch von Büchern, Zeitungen, Zeitschriften, Abschaffung der Sperrzone und der 500-Meter-Sperrzone in der Sperrzone, freie Wahl des Studien-, Ausbildungs- oder Arbeitsortes, ungehinderte Eheschließung, Verbot und Aufhebung aller Berufsverbote in Ost und West, volle Amnestie für alle politischen Häftlinge in Ost und West. Wichtig ist die Wie-

derherstellung der deutschen Landesstruktur, weil z. B. Thüringen und Bayern allerhand viel rascher miteinander regeln könnten, als Bonn und Berlin, siehe Franz-Josef-Strauß-Kanal, wie Sonneberger und Neustädter inzwischen sagen.
Ferner müßte die Übergangslösung einführen: freien Güterverkehr persönlicher und gewerblicher Art, Konvertierbarkeit der Ost- zur Westmark, Verrechnung der evtl. Defizite im innerdeutschen Handel, Währungsreform und Einheitswährung, Wiedereröffnung aller Verkehrswege – Land, Wasser, Schiene – im kleinen Grenz- und Durchgangsverkehr, Abschaffung aller Zollkontrollen, Rechte für alle ökonomischen und kommunalen Einheiten der DDR und der BRD, mit Betrieben, Banken, kommunalen Einrichtungen der anderen Seite nach eigenem Entscheid zu kooperieren; Bildung einer Deutschen Investitionsbank, Errichtung von Konsultativräten für Wirtschaft, Währung, Finanzen, Industrie, Landwirtschaft, Handwerk, Verkehr, für Rechtsangleichung in den tragenden Bereichen der Wirtschaft und im Zivilrecht.
Welche ökonomischen, sozialen und ökologischen Vorteile würden sich für die arbeitenden Menschen in Deutschland nach und nach aus diesen Regelungen ergeben?
Die Wirtschaft würde auf beiden Seiten von Disproportionen befreit, die Arbeitslosigkeit könnte beseitigt werden: Die DDR quält sich mit umweltfeindlicher Braunkohlenförderung und Energieerzeugung ab, die BRD erstickt in Steinkohlehalden; die DDR braucht Bauhandwerker, die Bundesrepublik und Berlin-West hat sie als Arbeitslose, die DDR braucht Kohle, Stahl, Energie, Umweltschutz, Hochtechnologien, Infrastruktur – ein jahrzehntelanges, qualitatives Wachstum wäre vorprogrammiert bei einer einheitlichen Wirtschaftspolitik. Die DDR braucht Schiffe, weil die Eigenproduktion kaum den Exportbedarf deckt, die BRD-Werften werden stillgelegt – wieso sollen die Deutschen nicht das Recht haben, zum Wohl ihrer Arbeitenden die Möglichkeiten ihres Landes zu nutzen, aber auch, um seine Natur zu erhalten? Ist der fast tote Fichtelberg nicht auch sterbender deutscher Wald, wie auch das tote Zittauer Gebirge? Wie lange sollen wir tatenlos dem Verfall auch der Natur unseres deutschen Vaterlandes zusehen? Sollen wir

warten, bis aus Millionenschäden irreparable Milliardenschäden geworden sind? Sollen wir warten, bis aus heutigen Feriengebieten Wüsten geworden sind? Klar, dann wird die Plankommission dort nach Öl bohren und alle Devisen- und Wirtschaftsprobleme der Deutschen fast Demokratischen lösen lassen!
Böten die weiten Landstriche Mecklenburgs nicht Möglichkeiten zu Lockerungen in den Ballungsgebieten? Warum soll dort, wo es noch sehr saubere Luft gibt, nicht in westdeutschen Zweigwerken blitzsaubere Elektronik produziert werden? Könnten die West- und Ostberliner nicht in einem kultiviert erschlossenen Hinterland an der Ostsee ihre Wochenenden verbringen, auf Eisenbahntrassen nach dort rollen, die Weltspitze sind? Wer quälte sich da noch zum Schaden des Waldes auf verstopften Landstraßen per Auto an die See? Könnte da nicht die Neue Heimat, und nicht nur die, bauen, bauen und nochmals bauen?
Proletarier Deutschlands, vereinigt euch! Vereinigt euch mit den List-Komitees, vereinigt DGB und FDGB! Dann habt ihr neben Frieden auch demokratische Verhältnisse, Recht und Sicherheit im politischen wie im sozialen Bereich! Macht Schluß mit der DDR-typischen, feigen Unterwürfigkeit: Kooperiert mit dem DGB auf allen Ebenen, schafft gedankliche und realpolitische Alternativen zum Wahnsinnskurs der totalen Militarisierung vom Kindergarten bis zum Altersheim!
In ganz Deutschland gibt es genug Arbeit und Lehrstellen für alle jungen Leute, kein junger Mensch in Deutschland ist ohne Zukunftsperspektive, wenn wir Deutschland auch eine nationale Zukunftsperspektive geben! Gemeinsam meistern wir alle Probleme!
Es bleibt den Russen überlassen, abzuwägen, ob sie ein solches Experiment nicht generell auf Ost und West übertragen wollen: Sollen sie in die Weltbankgruppe eintreten, die Rechte und Pflichten im IWF und Gatt übernehmen, der regionalen finanziellen, ökologischen und ökonomischen Kooperation zwischen RGW und EG zustimmen, die Konvertierbarkeit und ökonomische Teilregulierung zur Lockerung ihres erstarrten, unflexiblen Staatskapitalismus benutzen bei Beibehaltung der golbal geplanten Eckwerte – kurz, sollen sie den friedlichen, ökonomischen und sozialen

Wettstreit wirklich aufnehmen, statt sich durch Überrüstung ökonomisch und sozial zu ruinieren! Auf mich braucht nun Gorbatschow, der sympathische Feger mit dem eisernen Besen, wahrlich nicht zu hören. Aber was wäre, wenn er sich noch einmal Lenins Direktive für Genua ansähe und sich fragte, warum der Wladimir schon damals den Internationalen Währungsfonds erfinden wollte?
Hätte eigentlich jemand in Ost oder West, in Nord oder Süd einen Nachteil, wenn die Spannungen und Konfrontationen zwischen der marxistischen Ideologie und Politik und dem demokratischen Pluralismus verschwinden und in Deutschland die menschenunwürdige Mauer abgerissen würde? Deutschland wöge dann ökonomisch zuviel? Gut, desto mehr kann es für den europäischen Einigungsprozeß abgeben, an EG wie RGW und außerdem an die Dritte Welt. Die Rivalitäten der Supermächte verlagern sich an die pazifischen Küsten. Desto leichter können sie ihre direkten Konfrontationslinien in Berlin und Deutschland abbauen: Zum Vorteil der Deutschen wie zu ihrem eigenen Vorteil, aber vor allem: für die Eliminierung des auch zufällig möglichen, rational nicht beherrschbaren Kriegsausbruchs. Schließt Frieden mit Deutschland – ein halbes Jahrhundert Unfriede ist mehr als genug! Beendet den Kriegszustand endgültig am 8. Mai 1995!
Wir wollen als Deutsche endlich wirklich wirksame Verträge sehen und erinnern an Talleyrand. In der Diplomatie ist es wie in der Musik: Ein nicht in Noten gesetztes Motiv ist wertlos. Bla Bla haben wir genug gehört. Deutschland hat lange genug gehofft und geharrt. Sollen wir ewig zum Narren gehalten werden?
Niemand wird uns helfen, wenn wir uns nicht selber helfen: Hilf dir selbst, dann hilft dir Gott. Man kann keine politischen Illusionen haben: Nur eine kraftvolle Anstrengung der erdrückenden Mehrzahl des deutschen Volkes in Ost und West gegen bestimmte Politiker in Ost und West wird den Weg zum Friedensvertrag freimachen.
Die deutsche Intelligenz, unsere Gelehrten, Ingenieure, Rechtsanwälte, Juristen, Historiker, Pädagogen, vor allem auch unsere Schriftsteller, Publizisten, nicht zuletzt, sondern tagtäglich zuerst unsere deutschen Journalisten, in allen Medien, sollten die Vorreiterrolle übernehmen.

Die intellektuellen Theoretiker sind freier als Politiker. Sie können mehr sagen und tun. Sie sollen nicht nur jeden Bundesbürger, sondern auch jeden DDR-Bürger mit den Problemen der Volksbefragung konfrontieren. Sie sollen über die Friedrich-List-Komitees mit der wahren Friedensbewegung, aber auch mit dem Nationalrat und dem parteigelenkten Friedensrat der DDR Kontakt aufnehmen.
Es müssen auch in der DDR Unterschriftensammlungen zur Einleitung der Volksbefragung stattfinden. Niemand kann einen Deutschen bestrafen, der den Abschluß eines Friedensvertrages und den Abzug der ausländischen Truppen, die Räumung Deutschlands von allen ABC-Waffen fordert.
Der hiesige Staatsratsvorsitzende hat selbst erklärt, daß er bereit ist, die DDR zur ABC-Waffen freien Zone zu machen. Das bedeutet auch, daß die Russen überflüssig sind und abziehen sollen, denn: Nur sie können dieses Teufelszeug produzieren, lagern und handhaben, niemals die Nationale Volksarmee (NVA). Und abziehen können die Russen nur, wenn man alles regelt, was mit dem Abzug verbunden ist, und das kann, wegen des Status von Berlin und der Reste des Zweiten Weltkrieges, siehe Militärmissionen, nur über einen Friedensvertrag geschehen.
Unsere Führung ist weise. Sie formuliert klug. Aber, da vollste Harmonie zwischen ihr und dem sie abgöttisch liebenden Volk besteht, versteht sie das Volk auch ohne Worte. Wo Friedenspolitik Staatspolitik ist, werden und sind alle Friedensfreunde sicher aufgehoben.
Wir Deutsche haben drei Möglichkeiten, als Nation zugrunde zu gehen. Wir haben aber nur eine, um menschenwürdig zu überleben: Durch Frieden zur Einheit, durch Einheit zur Freiheit unseres ganzen Deutschlands!

Anhang

1. Anmerkungen zu Teil I und II
2. Anlagen
3. Abkürzungsverzeichnis

Anmerkungen

Zu Teil I

1 Vgl. Karl-Marx-Biografie, Berlin 1983. Hrsg. IML beim ZK der KPdSU. Für diese und alle folgenden Tiraden S. 5–11.

2 Nach Marx war Ideologie eine falsche Widerspiegelung der Wirklichkeit, Theorie hingegen objektive Abbildung, also Wissenschaft. Aber wenn schon Pfusch, dann auch methodischen: So geht heute bei der SED Theorie und Politik, Agitation und Propaganda, Wissenschaft, Ideologie und Ökonomie nicht nur ineinander über, nein, sie bilden »eine untrennbare Einheit«. Man wundert sich nur, warum die deutsche Sprache so divergierende Begriffe für so verschiedene Gebiete hat, wo doch letztlich alles M-L-Eintopf wird?

3 Vielleicht lesen diese Partei-vorbei-Schreiber, deren hohe Bezahlung nicht ganz ihrem Bildungsniveau entspricht, im XIV. Jahrbuch des Kölnischen Geschichtsvereins aus dem Jahre 1932 nach, wann Hirschel Marx zum protestantischen Heinrich wurde, oder in der marxistischen Sekundärliteratur?

4 Vgl. Brief von H. Marx an K. Marx vom 18. 11. 1835, Nachschrift der Mutter. Dieser Brief wie alle künftigen sind zitiert nach der MEGA von 1927, I, 1/2. Dort finden sich auch die folgenden lyrischen Ergüsse, die, da wissenschaftlich unwichtig, nicht jeweils einzeln ausgewiesen werden.

5 Ebenda, S. 182.

6 Zit. nach Auguste Cornu: Karl Marx und Friedrich Engels. Leben und Werk, Berlin-Ost 1954, Bd. 1, S. 55.

7 Zit. nach Karl Obermann: Deutschland von 1815–1849, Beiträge zum Lehrbuch der Deutschen Geschichte, Berlin-Ost 1961, S. 24. F. List »Das natürliche System der politischen Ökonomie«, Ökonomische Studientexte, Berlin-Ost 1962, ist, neben Lavergne-Peguilhen und Schulz, Autoren, über die noch zu sprechen sein wird, eine Fundgrube zur Widerlegung der Lüge, Marx sei der Schöpfer der materialistischen Geschichtsauffassung. Obermann zitiert Marx im Zusammenhang mit List so, daß man meinen könnte, Marx habe erheblich sachkundiger und differenzierter als List geurteilt. Genau das Gegenteil ist der Fall, denn Obermann zitiert nicht Marx, als Zeitgenossen Lists, sondern den älteren Marx. Die Fälscher haben eben viele schöpferische Methoden.

8 Walter Ulbricht: Die Bedeutung des Werkes »Das Kapital« von Karl Marx für die Schaffung des entwickelten gesellschaftlichen Systems des Sozialismus in der DDR und den Kampf gegen das staatsmonopolisti-

sche Herrschaftssystem in Westdeutschland, Berlin-Ost 1969, S. 11. Ist das nicht ein sehr friedlicher Broschürentitel? Wäre das etwa Revanchismus, wenn ein Bundeskanzler mit umgekehrten Vorzeichen den Kampf gegen das System der DDR verkünden würde? Es lebe die friedliche Nachbarschaft aller Deutschen!

9 Erstaunlicherweise werden die »gesellschaftspolitischen Krisen in der Entwicklung sozialistischer Länder« neuerdings nicht mehr geleugnet, wohl weil es zu viele sind, vgl.: J. A. Ambarzumow, Lenins Analyse der Krise des Jahres 1921, in: Sowjetwissenschaft. Gesellschaftswissenschaftliche Beiträge, Hefte 6/1984, S. 595.

10 Zit. nach : Karl Marx, Notstand, Staat und Presse. Hrsg. Wilhelm Bracht, Trier 1968, S. 30. In der alten MEGA lautet dieses Zitat aus der »Rheinischen Zeitung« Nr. 289 vom 16. 10. 1842: »Die Rheinische Zeitung, die den kommunistischen Ideen *in ihrer jetzigen Gestalt* nicht einmal . . .« Das Original konnte ich nicht prüfen.

11 Wilhelm Weitling, Garantien der Harmonie und Freiheit, Hamburg 1849, dritte Auflage, S. XIII., künftig: Garantien.

12 Ebenda, S. XX.

13 Zit. nach: Lorenz von Stein, Geschichte der sozialen Bewegung. Zweiter Band. Die industrielle Gesellschaft. Der Sozialismus und Kommunismus Frankreichs von 1830 bis 1848. Hrsg. Dr. Gottfried Salomon, München 1921, S. 479.

14 Herder: Sämtliche Werke. Hrsg. B. Suphan, Bd. 32, Berlin 1899, S. 51.

15 MEW, Bd. 7, Berlin-Ost 1964, S. 89. Blanquis »Pariser Diktatur«, die Herrschaft der Hauptstadt über das Land, ist von Lenin verwirklicht worden, auch im Sinne Blanquis, daß es sich um eine »Diktatur der Avantgarde« handeln müsse. Aufschlußreich wie unfreiwillig enthüllend – vgl. die Einschätzung zu den Wahlen, in denen Blanqui zumeist durchfiel – ist die Studie von Seidel-Höppner: Von Babeuf zu Blanqui, Reclam 1975.

16 Ebenda, S. 568–570.

17 »Die Neue Zeit«, Bd. 2, 1895/96, S. 53. Vgl. ferner L. v. Stein, Band 1, Der Begriff der Gesellschaft und die soziale Geschichte der französischen Revolution bis zum Jahre 1830, München 1921. Vorwort v. G. Salomon, S. XXXII f.

18 A.a.O., S. 19. Schließlich ließ sogar die russische Zensur mit dem Hinweis, es handele sich um eine nur für wenige Intellektuelle verständliche Schrift, Marx' 1. Band des Kapital drucken!

19 Karl Marx: Der historische Materialismus. Die Frühschriften. Hrsg. J. Landshut und J. P. Mayer, Bd. I, Leipzig 1932, S. 285.

20 A.a.O., S. 79.

21 Vgl. z. B. H. Heitzer, W. Küttler: Eine Revolution im Geschichtsdenken. Marx, Engels, Lenin und die Geschichtswissenschaft, Berlin-Ost 1983. Die obigen, nicht bezifferten Zitate stammen von da.

22 Diese erschien in Stuttgart-Tübingen. Die Studie von Schulz umfaßt die Seiten 20–98. Angesichts der Masse des zu zitierenden Materials begnüge ich mich mit dieser pauschalen Seitenangabe. Für den Fachmann ist der Text so wichtig, daß er ihn sowieso voll zur Kenntnis nehmen muß.

Meines Wissens wird W. Schulz nur in dem von Erwin Reiche 1948

zusammengestellten Band: Dies Buch gehört der Freiheit. Deutsche Dokumente aus 5 Jahrhunderten, Kiepenheuer-Verlag, Weimar, erwähnt. In der Ausgabe von 1950 heißt es auf Seite 142: »Wilhelm Schulz (ein Darmstädter – sein Leben: nicht abbrechende polizeiliche Untersuchungen – drei Jahre Festung und Flucht ins Elsaß – Niederlassung in Zürich als engster Freund Georg Büchners und Heimkehr nach Deutschland – 1849 erneute Flucht und Tod im Schweizer Exil.)«
Neun Jahre nach dem »Hessischen Landboten« seines Freundes, der ein einzigartiges Bekenntnis zu den Menschen- und Bürgerrechten ist, schrieb Wilhelm Schulz in »Die Schande der deutschen Justiz«, 1843: »Man erinnere sich, daß das mehr als beruhigte Deutschland noch zur Stunde eine weit größere Zahl politischer Gefangener und politischer Verbannter aufzuweisen hat als das von Aufständen und Emeuten so lange heimgesuchte Frankreich. Man vergegenwärtige sich die Greuel der geheimen deutschen Inquisition in den endlosen politischen Untersuchungen – so wird man schon darin hinlänglichen Stoff zu einem Kommentar des deutschen Volksliedes finden: ›Was ist des Deutschen Vaterland?‹«

23 A.a.O., S. 31–32.

24 Ebenda, S. 43 ff.

25 A.a.O., S. 85. Als ich das gelesen hatte, war mir klar, warum in den alten Findbüchern der Humboldt-Universität hinter den Schriften von L.-Peguilhen mit Bleistift lakonisch vermerkt ist: Verlust 1952. Da hatten die Schnüffler erfaßt, was hier für ein Sprengstoff liegt. Man kommt auch nicht an andere, von mir zitierte Quellen in der UB heran, das trifft für den Nachlaß von E. Gans ebenso zu wie für Arbeiten von L. v. Stein u. a. Autoren. Die Zentralbibliothek der Gewerkschaften stempelt wenn sie z. B. L. v. Steins Bücher aushändigt, die Leihkarte mit dem Text ab: »Umstehendes Werk ist nur für wissenschaftliche Zwecke ausgeliehen worden. Ich verpflichte mich durch Unterschrift, es so zu verwahren, daß jeder Mißbrauch ausgeschlossen ist.« Das gilt auch für andere Schriften, etwa solche, die nachweisen, daß auch Engels seine Weisheiten z. B. über die Urgesellschaft, nur abgeschrieben hat. Vgl. Reproduktion von Bestellscheinen im Anhang. Die DDR folgt auch hier dem sowjetischen Vorbild. Die Hamburger »Zeit« hat dokumentiert, wie in der SU regelmäßig nach dem Machtwechsel der kollektiven Führung alle Literatur, die politisch nicht mehr in den Kram paßt, aus den Bibliotheken ausgemerzt wird. Bald sind wir auch überall soweit, nicht nur in der UB. Der Fortschritt ist nicht aufzuhalten. Zum fernerен: Wie Mehring fälscht, beweist auch Salomon, a.a.O., vgl. Anmerkung 17.

26 A.a.O., S. 329 ff.

27 Ebenda, S. 350.

28 Ebenda.

29 Ebenda, S. 29.

30 Ebenda, S. 189.

31 Ebenda, S. 232.

32 Ebenda, S. 323.

33 A.a.O. S. 43 ff.

34 A.a.O. Vgl. auch F. Engels: Briefe über den historischen Materialis-

mus, 1890–1895, Berlin-Ost 1979, S. 55 ff. In dieser jüngsten Ausgabe wird der Einfachheit halber der Text L.-Peguilhens gleich weggelassen, nach dem Motto, ja, da war was, aber es stimmt nicht. Der DDR-Mensch ist gewöhnt, nur vom Westen zu erfahren, was da war.

35 Ebenda.

36 Ebenda.

37 Ebenda.

38 Ebenda.

39 In der Briefausgabe von 1979 wird auf Seite 61 diese Formulierung von Engels selbstkritisch als »zu nachlässig« gerügt, Mehring möge schreiben, daß »feudale Gesellschaft eine feudale Weltordnung erzeugt« – also noch mehr fälschen gegen L.-Peguilhen, sozusagen »welthistorisch«.

40 Ebenda.

41 Gans, E.: Philosophische Schriften. Herausgegeben und eingeleitet von H. Schröder, Berlin-Ost 1971, S. 221.

42 Ebenda, S. 218, vgl. auch die Einleitung.

43 A.a.O., Bd. 1, S. 81, Anmerkung 86.

44 Vgl. Hallische Jahrbücher, Leipzig, ab Nr. 106 vom 4. 5. 1841. Köppen hebt lediglich ohne weitere Erklärung den Gesichtspunkt hervor, daß auch die Volksmassen gewürdigt werden müßten. Gans findet bei ihm hohe Anerkennung.

45 Ebenda.

46 A.a.O., S. 218.

47 Zit. nach: Der Bund der Kommunisten. Dokumente und Materialien. Berlin-Ost 1970, Bd. 1, S. 195, künftig: Dokumente.

48 Ebenda.

49 Zit. nach K. Tschernenko, in: Einheit, Berlin-Ost, 2/1985, »Den Anforderungen des entwickelten Sozialismus entsprechen«, S. 112.

50 Vgl. Moses Heß: Philosophische und sozialistische Schriften 1837–1850. Eine Auswahl. Herausgegeben und eingeleitet von Auguste Cornu und Wolfgang Mönke, Berlin-Ost 1961, S. 346. Noch einige wörtliche Zitate von Heß, die zeigen, wie Marx ihn bis in Formulierungen hinein plagiiert hat: S. 336: »Die Menschen . . . müssen sich . . . selbst verkaufen . . . um zu leben«; S. 352: Die moderne Industrie schuf die »unausfüllbare Kluft zwischen Reichen und Armen, Capitalisten und Proletariern«, es steht fest, daß »diese moderne Riesenindustrie mit Riesenschritten ihrem eigenen Untergang entgegengeht«, die »moderne Industrie«; S. 353, die »egoistische Gesellschaft aus den Fugen heben und ihr dann als kommunistische ihren Überfluß an Produktionskräften bieten«; S. 358: »Die Verarmung ist eine Folge des Privateigentums und entwickelt sich mit ihm im gleichen Maß und Verhältnis.«

51 Dokumente I, S. 654.

52 Vgl. Dokumente I, bes. S. 470–488, 501–503, ferner 214, 305, 309, 347, 362, 376, 386, 431, 451–457, 579, 589, 624. Man lese und vergleiche außerdem das »Prager Manifest« von Thomas Müntzer, der übrigens Thomas Morus »Utopia« selbst in Frankenhausen bei sich trug, Babeufs »Manifest der Plebejer«, Cabets »Kommunistisches Glaubensbekenntnis« etc., um zu sehen, wie nicht nur Inhalte, sondern auch Formen kopiert wurden.

53 Vgl. »Neues Deutschland« (ND), B-Ausgabe, vom 7. Februar 1985, S. 4, E. Honecker erklärte bei der Auszeichnung des Ministeriums für Staatssicherheit mit dem Karl-Marx-Orden: ». . . als wir uns zu Zeiten der Weimarer Republik unter dem Ruf ›Heil Moskau‹ den braunen SA-Banden entgegenstellten«. Die Rede wurde veröffentlicht als im ersten öffentlichen Prozeß, der je im realen Sozialismus gegen Angehörige der Geheimpolizei stattfand, die Priestermörder der polnischen Staatssicherheit zu 25jähriger Haft verurteilt wurden. Übrigens: Erich Honekker hat ein sehr unbefangenes Verhältnis zur Ideologie: Offiziell hat der VII. Weltkongreß der KJ das »Heil Moskau« als strategisch falsche Orientierung der KPD verurteilt.

54 ND, B. vom 12. Februar 1985, S. 1.

55 Ebenda.

56 Vgl. Marx-Engels, Briefwechsel, Berlin 1949, Bd. I., S. 120.

57 Zit. nach H. J. Steinberg: Wie marxistisch war die alte Sozialdemokratie? in: »Die neue Gesellschaft«, Bonn, 3/1983, S. 228. Ich danke dem Ministerium für Staatssicherheit, daß es diese Gesellschaft und auch die Monatshefte des DGB durch regelmäßige Beschlagnahme von mir fernhält. Sonst hätte ich auf Dauer noch Sozialdemokrat werden können. Selbstkritisch aber sehe ich ein, daß es genügt, wenn die Auserwählten von der Spitze und der Fraktion der SED mit der Fraktion und Spitze der SPD einen hoffentlich nicht nur spitzenprogrammatischen Grundwerteumgang pflegen, obwohl »im Zuge der Erhöhung der Verantwortung der unteren Organe« vielleicht auch einmal die Mitglieder der Parteien aufeinander losgelassen werden möchten. Falls der alte Rechtszustand im Verlaufe dieser Gespräche wiederhergestellt werden sollte, wonach im besetzten Berlin alle demokratischen Parteien zuzulassen wären, bitte ich die fürsorgliche Staatssicherheit um baldigste Mitteilung.

58 Garantien, S. V, VI.

59 Ebenda, S. VI.

60 Ebenda.

61 Ebenda, S. XXIV.

62 J. Stalin, Werke, Berlin-Ost 1954, Bd. 12, S. 14/15, »Über die rechte Abweichung in der KPdSU (B)«.

63 Ebenda, S. 17, 19, 21, 22, 23, 24.

64 F. Engels, Brief vom 21. September 1890 an Joseph Bloch, zit. nach: Engels, Briefe über den historischen Materialismus, Berlin-Ost 1979, S. 30.

65 Rosa Luxemburg: Gesammelte Werke, Berlin-Ost 1974. Bd. 4, S. 359 ff.: Zur russischen Revolution.

66 Ebenda, S. 359.

67 Herbert Wehner: Wandel und Bewährung. Ausgewählte Reden und Schriften, 1930–1967. Hrsg. Graf Finckenstein und G. Jahn, Berlin-West 1968, S. 50.

68 Wer übrigens vergessen hat, welche extrem brutalen Züge das System GULAG in der DDR von Anfang an trug, soll bei Herbert Wehner ab Seite 61 über Bautzen nachlesen. Bis zur Rede Wehners waren allein im dortigen Zuchthaus unter den menschenunwürdigsten Verhältnissen,

ganz im Zeichen des humanistischen Marxismus, allein »18 000 Menschen . . . zugrunde gerichtet, d. h. in den Tod gejagt worden.«

69 Autoren-Kollektiv: Deutsche Geschichte, Berlin-Ost 1983, Bd. 3, S. 237.

70 Völlig ungereimt sind alle ökonomischen Forderungen auch in Hinblick auf das Bürgertum, man vergleiche das Staatsbankprojekt: Einerseits sollte es die »Herrschaft der großen Geldmänner« untergraben, andererseits – nach gleichem Text! – die »Interessen des konservativen Bourgeois an die Revolution« knüpfen, in diesem haarsträubenden Stil ist alles abgefaßt.

71 Autoren-Kollektiv: Deutsche Geschichte, Berlin-Ost 1983, Bd. 3, S. 439.

72 Kants gesammelte Schriften, Bd. VIII, Berlin-Leipzig 1923, S. 23.

73 Dokumente, II, S. 160–162.

74 Vgl. MEW, Berlin-Ost 1964, Bd. 7, S. 84, 33, 89.

75 Dokumente, II, S. 718 ff.

76 Dokumente, II, S. 11.

77 Dokumente, II, S. 331–334.

Zu Teil II

1 Vgl. Autorenkollektiv: Deutsche Geschichte, Berlin-Ost 1984, Bd. 4, S. 258, 299, zur Ideologie und Praxis bei Marx.

2 Marx-Engels: Ausgewählte Werke in sechs Bänden, Berlin-Ost 1970 ff; Band V, S. 279, künftig: MEAW.

3 Ebenda, S. 224.

4 Ebenda, S. 221, Bd. VI., S. 235.

5 L. v. Stein. Mit einem Vorwort herausgegeben von Dr. G. Salomon, München 1921:
Bd. I: Der Begriff der Gesellschaft und die soziale Geschichte der französischen Revolution bis zum Jahre 1830.
Bd. II: Der Sozialismus und Kommunismus Frankreichs von 1830 bis 1848.
Bd. III: Das Königtum, die Republik und die Souveränität der französischen Gesellschaft seit der Februarrevolution 1848.

6 L. v. Stein, Bd. I, S. 2

7 Ebenda, S. 3, 4, 7.

8 Ebenda, S. 105, 106.

9 Ebenda, S. 107, 108.

10 Ebenda.

11 Ebenda, S. 130, 131.

12 L. v. Stein, Bd. II, S. 18, 19.

13 Ebenda, S. 20.

14 Vgl. ebenda, S. 14, 21.

15 Ebenda, S. 25.

16 Ebenda, S. 27.

17 Ebenda, S. 32.

18 Ebenda, S. 75, 76.

19 Ebenda, S. 85.
20 Ebenda, S. 79, 86.
21 Ebenda, S. 89.
22 Ebenda, S. 98.
23 Dokumente, II, S. 265.
24 Zit. nach F. Mehring: Über den historischen Materialismus, Berlin-Ost 1950, S. 14, Marx an J. Weydemeyer.
25 Vgl. K. Marx: Das Kapital, Berlin-Ost 1951, Bd. II, S. 7f., künftig: Kapital.
26 Ebenda.
27 Ebenda, S. 8.
28 Zit. nach A. Cornu: a.a.O., Bd. 1, S. 65.
29 Kapital, II, S. 9.
30 MEAW, VI, S. 202.
31 Vgl. a.a.O., S. 8.
Rosa Luxemburg hat Auszüge aus Rodbertus angefertigt, aus denen nachstehend Wesentliches wiedergegeben wird, vgl.: Gesammelte Werke, Ökonomische Schriften, Berlin-Ost 1975, Band 5, S. 197ff.: Die arbeitenden Klassen sind »die Schöpfer allen gesellschaftlichen Reichtums. Die *Arbeiter* sind nackt oder in Lumpen freigelassen worden, mit *nichts als* ihrer *Arbeitskraft.«* Die durch Erfindungen »hundertfach erhöhte *Arbeitskraft«* hat die Arbeiter »den furchtbarsten Ausbrüchen wirklichen Elends« ausgesetzt.
Zur Widersprüchlichkeit zwischen den Produktivkräften und den Produktionsverhältnissen formuliert er: »Die Schöpfungskraft der Produktivmittel wird gesteigert, und deren Einstellung ist davon die Folge. – Der gesellschaftliche Zustand verlangt die Erhebung der materiellen Lage der arbeitenden Klassen zu gleicher Höhe mit ihrer politischen, und der wirtschaftliche Zustand antwortet mit deren tieferer Erniedrigung. – Die Gesellschaft bedarf des ungehinderten Aufschwungs ihres Reichtums, und die heutigen Leiter der Produktion müssen denselben hemmen, um nicht der Armut Vorschub zu leisten. – Nur eines ist Harmonie! Der Verkehrtheit der Zustände entspricht die Verkehrtheit des herrschenden Teils der Gesellschaft, die Verkehrtheit, den Grund dieser Übel da zu suchen, wo er nicht liegt. Jener Egoismus, der sich nur zu oft in das Gewand der Moral hüllt, klagt als die Ursache des Pauperismus die Untugenden der Arbeiter an. Ihrer angeblichen Ungenügsamkeit und Unwirtschaftlichkeit bürdet er auf, was übermächtige Tatsachen an ihnen verbrechen, und wo selbst er seine Augen nicht vor ihrer Schuldlosigkeit verschließen kann, erhebt er die ›Notwendigkeit der Armut‹ zur Theorie.«
Rodbertus erkennt, schreibt R. Luxemburg, »bereits 1850 die Periodizität der Krisen, und zwar ihre Wiederkehr mit immer kürzeren Intervallen, dafür aber in immer zunehmender Schärfe«. Ferner führt Luxemburg Rodbertus' Vorstellung zur Vermeidung der Krisen durch eine oberste, volkswirtschaftliche Plankommission an, Vorstellungen, die auch in der »Deutschen Arbeiterhalle« dieser Jahre in Hannover wiedergegeben wurden. Voraussetzung dafür nannte Rodbertus die »vollständige Umkehrung« aller Eigentumsverhältnisse. Rosa Luxemburg weist Engels' Beschuldigung, Rodbertus habe in der Krisentheorie

Sismondi plagiiert, zurück. Also, zur Bekräftigung: Nicht nur die Mehrwerttheorie – auch die Verelendungsthese, die Krisenproblematik u. a. ist bei Marx Plagiat!

32 Kapital, II, S. 13.

33 Ebenda, S. 15.

34 Zit. nach F. Mehring: Gesammelte Schriften, Berlin-Ost 1960, Bd. 3., S. 391

35 Kapital, III, S. 18.

36 Ebenda, S. 21.

37 Ebenda, S. 26.

38 Ebenda.

39 Ebenda, S. 25.

40 Ebenda, S. 28.

41 Ebenda, S. 27.

42 A.a.O., S. 134.

43 A. Smith: Eine Untersuchung über Natur und Wesen des Volkswohlstandes, Jena 1923, Bd. I, S. 10.

44 MEAW, VI, S. 202.

45 A. W. Anikin: Ökonomen aus drei Jahrhunderten, Berlin-Ost 1974, S. 375.

46 K. Marx: Theorien über den Mehrwert, in: MEW 26.3, Berlin-Ost 1968, S. 292, künftig: Theorien.

47 Theorien, S. 310.

48 Ebenda, S. 109.

49 Ebenda, S. 181.

50 Ebenda, S. 234.

51 Kapital, I, S. 171, Anmerkung 31.

52 Kapital, I, S. 679, 680.

53 Marx-Engels-Werke, Berlin-Ost 1956 ff., Bd. 23, S. 791, künftig: MEW.

54 MEW, Bd. 16, S. 235.

55 W. Ulbricht: a.a.O., S. 8, 9.

56 MEAW, IV, S. 503, Anmerkung 166.

57 Vgl. MEAW, IV, S. 382–402.

58 Vgl. MEAW, VI, S. 207–210: Erstaunlicherweise greift hier Engels im Vorwort zur ersten deutschen Ausgabe von Marx' »Elend der Philosophie« Rodbertus als »Arbeitsgeld«-Utopisten an. Dazu sind zwei Bemerkungen erforderlich; erstens: Also auch die Marxsche Arbeitsgeld-Utopie stammt von Rodbertus und den Kommunisten vor Marx und zweitens: Wieso kann das, was bei Rodbertus Utopie ist, bei Marx Wissenschaft sein? Vgl. auch Anmerkung 31 im Teil II. Engels glossiert nicht Rodbertus, sondern den realen Sozialismus, wenn er schreibt: »Nur vermittelst der Entwertung oder Überwertung der Produkte werden die einzelnen Warenproduzenten mit der Nase darauf gestoßen, was und wieviel davon die Gesellschaft braucht oder nicht braucht. Grade diesen einzigen Regulator aber will die von Rodbertus mitvertretene Utopie abschaffen. Und wenn wir dann fragen, welche Garantie wir haben, daß von jedem Produkt die nötige Quantität und nicht mehr produziert wird, daß wir nicht an Korn und Fleisch Hunger leiden, während wir im Rübenzucker ersticken und im Kartoffelschnaps ersau-

fen, daß wir nicht Hosen genug haben, um unsre Blöße zu bedecken, während die Hosenknöpfe millionenweise umherwimmeln so zeigt uns Rodbertus triumphierend seine famose Rechnung, wonach für jedes überflüssige Pfund Zucker, für jedes unverkaufte Faß Schnaps, für jeden unannähbaren Hosenknopf der richtige Schein ausgestellt worden ist, eine Rechnung die genau ›aufgeht‹, nach der ›alle Ansprüche befriedigt werden und die Liquidation richtig vermittelt‹ ist. Und wer's nicht glaubt, der wende sich an den Regierungs-Hauptkassen-Rentamtskalkulator X in Pommern, der die Rechnung revidiert und richtig befunden und der als noch nie im Kassendefekt ertappt durchaus glaubwürdig ist.«

Regierungs-Hauptkassen-Rentamtskalkulator ist ein schöner Titel für Marx, aber nach Pommern, Freund Frederick, darfst du den nicht schicken wollen, alter Revanchist: Pommernland ist abgebrannt.

59 Signatur NL 116/15. Die Benutzerordnung schreibt u. a. vor: »Die Zitierung von Bestandsbezeichnungen, Aktentiteln und Blattzahlen ist grundsätzlich nicht gestattet.«

»Das Manuskript ist vor der Veröffentlichung vorzulegen.« Selbst die mündliche Weitergabe von Kenntnissen über die Bestände, also die Diskussion mit Fachkollegen darüber, ist verboten!

60 Vgl. Karl Liebknecht: Gedanke und Tat. Schriften, Reden, Briefe zur Theorie und Praxis der Politik. Herausgegeben und eingeleitet von Ossip K. Flechtheim, Frankfurt/M., Berlin-West, Wien 1976, S. 244, 245.

61 R. Luxemburg: Gesammelte Werke, Berlin-Ost 1974, Bd. IV, S. 352.

62 ND, B. vom 9. 11. 1984, S. 4.

63 R. Kossolapow: Sozialismus und Widersprüche, In: Sowjetwissenschaft. Gesellschaftswissenschaftliche Beiträge, 6/1984, S. 593.

64 K. Tschernenko: Den Anforderungen des entwickelten Sozialismus entsprechen, in: Einheit 2/1985, S. 112.

65 J. A. Ambarzumow: Lenins Analyse der Krise des Jahres 1921, in: Sowjetwissenschaft, a.a.O., S. 595.

66 Ebenda, S. 597.

67 Ebenda, S. 598.

68 W. I. Lenin: Werke, Berlin-Ost 1955 ff., Band I., S. 246, künftig: LW.

69 Ebenda, S. 76.

70 LW 24, S. 25, 337 f., 428, 518.

71 LW 27, S. 285.

72 Ebenda, S. 243.

73 LW 26, S. 362.

74 Zit. nach: Sowjetwissenschaft, a.a.O., S. 607.

75 LW 32, S. 218.

76 C. Kritzmann: Die heroische Periode der großen russischen Revolution, Wien 1929.

77 LW 27, S. 249.

78 Vgl. F. List: Das natürliche System der Politischen Ökonomie, Berlin-Ost 1961, S. 240.

79 Vgl. Sowjetwissenschaft, a.a.O., S. 597, 608.

80 LW 33, S. 44.

81 F. List: Das natürliche System, S. 39, 40.

82 Ebenda.

83 LW 30, S. 515.
84 LW 32, S. 222.
85 MEAW, Bd. I, S. 564.
86 E. Apel: Aktuelle Fragen der ökonomischen Forschung, Berlin-Ost 1964, S. 17.
87 Ebenda, S. 7.
88 Ebenda, S. 13.
89 Ebenda, S. 93, 94.
90 LW 33, S. 69.
91 Ebenda, S. 42.

2. Anlagen

Die Seiten 314 bis 317 stammen aus: »Garantieen der Harmonie und Freiheit« von Wilhelm Weitling. Dritte Auflage, im Verlage des Verfassers, Hamburg 1849.
Seite 318 betrifft die Ankündigung aus der Anmerkung 25 von Teil I.
Seite 319 ff. soll Lehrern eine Anschauung sein, wieviel Ferienzeit in der obligatorischen Weiterbildung genußvoll mit den nichtssagenden, theoretisch falschen Kritiken zum Gothaer Programm verbracht werden kann.
Seite 333 beinhaltet zwei der üblichen Mitteilungen aus der »Berliner Zeitung«, die sich monatlich wiederholen.
Seite 334 gibt noch einen Nachtrag zu Ferdinand Lassalle und Carl Rodbertus-Jagetzow wieder, den der Autor kurz vor Druckbeginn des Buches dem Verlag übermittelte.

Ein Kampf muss doch noch werden
Und drin der schönste Sieg,
Der letzte Kampf auf Erden!
Der letzte heil'ge Krieg!

Revolutionaires Papiergeld.

Eine Nothbrücke für die schnelle Beschaffung der nothwen„
digsten Bedürfnisse der Verwaltung, der Fleissigen und Armen.

Thomas Münzer. — Barbès. — Grachus Baboeuf. — Robert Blum.

Anweisung der revolutionairen Armee.

Diese revolutionären Anwei„
sungen repräsentiren einen Theil des Gemeinthums
das bisher unter dem Begriff Eigenthum zum Nachtheile
des Ganzen schlecht verwaltet, und zum Vortheile Weniger
ausgebeutet wurde. Es repräsentirt dieses Billet daher nach
der alten Werthbestimmung der Eigenthümer den vollen Geldwerth von

ZWANZIG TAUSEND THALERN

Dieses Papiergeld wird in allen Staatskassen der provisori„
schen Regierung, welche noch mit dem alten Geldsÿsteme
verkehren, für voll angenommen, und muss von Jedem
der einen Kauf oder eine Zahlungsverpflichtung über„
nommen hat, für voll angenommen werden.

Gustav Struve
Felix Pyat

Jm Namen der revolutionairen Armee.

Thomas Münzer. — Barbès. — Grachus Baboeuf. — Robert Blum.

Anweisung der revolutionairen Armee.

Diese revolutionären Anwei„
sungen repräsentiren einen Theil des Gemeinthums
das bisher unter dem Begriff Eigenthum zum Nachtheile
des Ganzen schlecht verwaltet, und zum Vortheile Weniger
ausgebeutet wurde. Es repräsentirt dieses Billet daher nach
der alten Werthbestimmung des Eigenthums den vollen Geldwerth von

EINEM THALER

Dieses Papiergeld wird in allen Staatskassen der provisori„
schen Regierung, welche noch mit dem alten Geldsÿsteme
verkehren, für voll angenommen, und muss von Jedem
der einen Kauf oder eine Zahlungsverpflichtung über„
nommen hat für voll angenommen werden.

Gustav Struve
Felix Pyat

Ein zum Theil markirtes Blatt aus dem Kommerzbuche. Wahrscheinlich das zweckmässigste demokratisch - communistische Tauschmittel nach der Uebergangsperiode.

60	60	45 15
30 15 10 5	60	20 25 15
10 10 10 15 15	40 20	60
60	Weitling 60	60
60	60	60
60	20 15 25	Weitling 20 40
60	60	
	Weitling	

Democratisch-kommunistische Tauschanweisungen

für den Austausch der Produkte und Dienstleistungen.

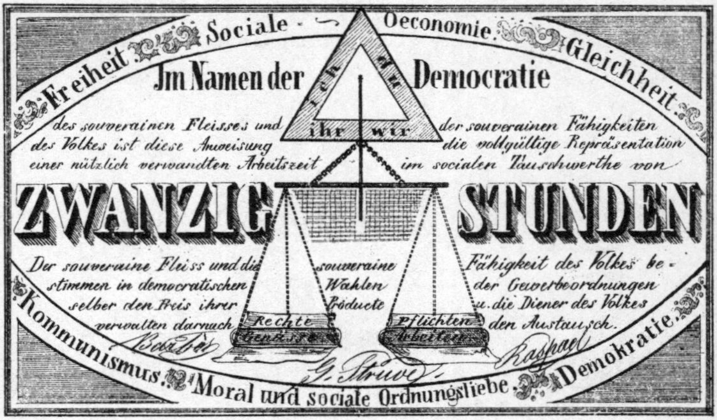

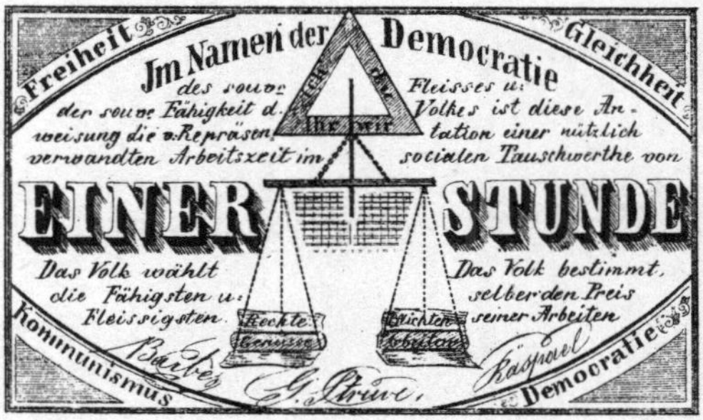

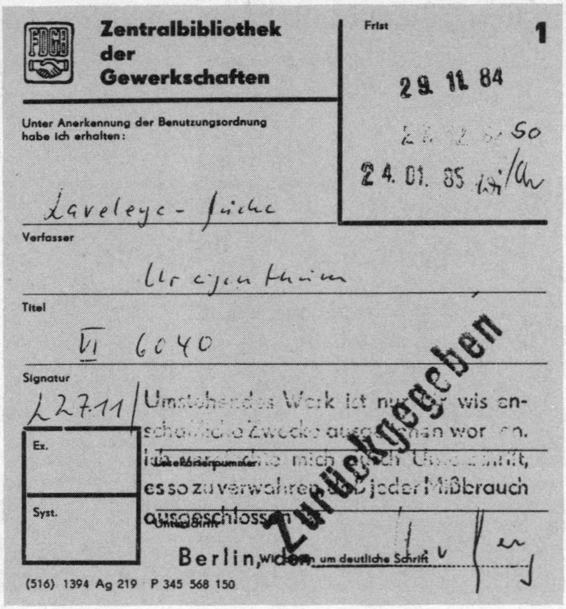
Zentralbibliothek der Gewerkschaften

Frist 1

29. 11. 84

24. 01. 85

Unter Anerkennung der Benutzungsordnung habe ich erhalten:

Verfasser

Titel

VI 6040

Signatur

L 2711

Umstehendes Werk ist nur für wissenschaftliche Zwecke ausgeliehen worden. Ich verpflichte mich durch Unterschrift, es so zu verwahren, daß jeder Mißbrauch ausgeschlossen ist.

Zurückgegeben

Ex.

Syst.

Leserkartennummer

Unterschrift

Berlin, den

Wir bitten um deutliche Schrift

(516) 1394 Ag 219 P 345 568 150

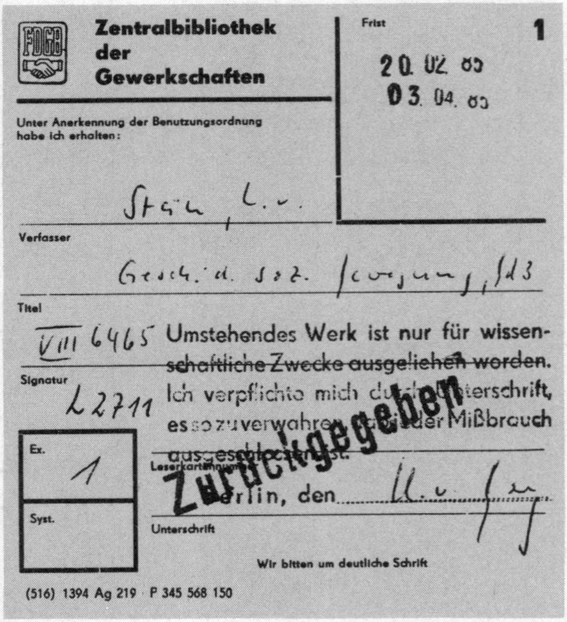
Zentralbibliothek der Gewerkschaften

Frist 1

20. 02. 85

03. 04. 85

Unter Anerkennung der Benutzungsordnung habe ich erhalten:

Stein, L. v.

Verfasser

Gesch. d. soz. Bewegung, Bd 3

Titel

VIII 6465

Signatur

L 2711

Umstehendes Werk ist nur für wissenschaftliche Zwecke ausgeliehen worden. Ich verpflichte mich durch Unterschrift, es so zu verwahren, daß jeder Mißbrauch ausgeschlossen ist.

Zurückgegeben

Ex. 1

Syst.

Leserkartennummer

Berlin, den

Unterschrift

Wir bitten um deutliche Schrift

(516) 1394 Ag 219 P 345 568 150

HUMBOLDT-UNIVERSITÄT ZU BERLIN

Programm für die Seminare
der
marxistisch-leninistischen Weiterbildung

Karl Marx „Kritik des Gothaer Programms“

(7 Seminare)

Herausgegeben im Auftrage des Prorektors für Gesellschaftswissenschaften
von der Abteilung marxistisch-leninistische Weiterbildung

1. Auflage
Berlin 1980

Die Auseinandersetzung wurde von Karl Marx im Zusammenhang mit der Vereinigung der Eisenacher und der Lassalleaner zu grundlegenden Auffassungen einer revolutionären Bewegung geführt.
Die Bemerkungen zum Gothaer Programm von Karl Marx und die in diesem Zusammenhang von ihm und Engels verfaßten Briefe enthalten grundlegende theoretische und politische Erkenntnisse und eine bedeutende Vertiefung der wissenschaftlichen Theorien der Arbeiterklasse. In diesen Arbeiten sind theoretische Gedanken aller drei Bestandteile des Marxismus-Leninismus enthalten. Aus diesem Grund trägt das Programm komplexen Charakter.
Es ist für ein Studienjahr konzipiert. In den Seminaren kommt es darauf an, den historischen Platz der Kritik am Gothaer Programm, die Einheit von Theorie, Politik und Klassenkampf, die materialistische Dialektik und die Bedeutung dieser Arbeit für die Gestaltung der entwickelten sozialistischen Gesellschaft herauszuarbeiten. Es geht vor allem darum, den Materialismus im Geschichtsprozeß, wie ihn Karl Marx in dieser Kritik darstellte, zu erfassen und die eigenen Auffassungen darüber zu vertiefen. Insbesondere ist die Auseinandersetzung mit den damaligen und gegenwärtigen opportunistischen und revisionistischen Auffassungen zu führen, um die Gefährlichkeit dieser Bestrebungen für jede revolutionäre Arbeiterbewegung besser theoretisch begründen zu können.
Entscheidend für den Erfolg und die Wirksamkeit des Studiums ist daher die Herausarbeitung und das Verständnis grundlegender Prinzipien des Marxismus-Leninismus:
Einheitlichkeit
Parteilichkeit
Wissenschaftlichkeit
Streitbarkeit
Wahrhaftigkeit.

Als Themen für Kurzreferate eignen sich die im Programm formulierten Orientierungsfragen.
Das Manifest der Kommunistischen Partei (Marx) wird als bekannte Literatur vorausgesetzt.

Wir wünschen Ihnen im Studium viel Erfolg.

Themenübersicht:

1) Der Kampf der Sozialdemokratischen Arbeiterpartei um die Einheit der Arbeiterklasse auf revolutionärer Grundlage und die Hilfe von Marx und Engels bei der Durchsetzung des Marxismus in der deutschen Arbeiterbewegung (1871–1878).

2) Die Marxsche Kritik der Lassalleschen Phrase von einer „gerechten" Verteilung des „unverkürzten Arbeitsertrages"
(Punkt 1. und 3. der Marxschen Randglossen).
Die Stellung der Distributionsverhältnisse als Kehrseite der Produktionsverhältnisse.

3) Die tefere Begründung der historischen, Mission der Arbeiterklasse in der Marxschen Kritik zum Gothaer Programm

4) Die Auseinandersetzung mit dem „ehernen Lohngesetz" von Lassalle – Die Marxsche Lohntheorie.
Wesen und Funktionen des Arbeitslohnes im Sozialismus.

5) Marx/Engels und Lenin über die Diktatur des Proletariats als Herrschaftsform der Arbeiterklasse in der 1. Phase des Kommunismus. Die konkrete Anwendung der Lehre der Diktatur des Proletariats beim Aufbau des Sozialismus in der DDR.

6) Karl Marx' Aussagen zur sozialistischen Moral in der Kritik des Gothaer Programms

7) Sozialismus und Kommunismus – zwei Phasen der einheitlichen kommunistischen Gesellschaftsformation

Thema 1:

Der Kampf der Sozialdemokratischen Arbeiterpartei um die Einheit der Arbeiterklasse auf revolutionärer Grundlage und die Hilfe von Marx und Engels bei der Durchsetzung des Marxismus in der deutschen Arbeiterbewegung (1871–1878).

Schwerpunkte:

1. Die Auswirkungen der Pariser Kommune auf die deutsche Arbeiterklasse und die neuen Bedingungen und Aufgaben ihres Kampfes.

2. Die Entwicklung der Sozialdemokratischen Arbeiterpartei zur führenden Kraft der deutschen Arbeiterklasse und die Vereinigung der Eisenacher Partei mit den Lassalleanern.

Orientierungsfragen:

1. Wie entwickelte sich die ökonomische und politische Situation in den 70er Jahren des 19. Jahrhunderts in Europa und Deutschland?

2. Welche grundlegenden Erfahrungen der Pariser Kommune wurden durch Marx und Engels verallgemeinert?

3. Welche neuen Kampfbedingungen ergaben sich für die deutsche Arbeiterklasse und welche strategischen Aufgaben standen vor der deutschen Arbeiterbewegung?

4. Was zeichnete den Kampf der Sozialdemokratischen Arbeiterpartei unter der Führung von August Bebel und Wilhelm Liebknecht aus und welche Hilfe erhielten sie von Marx und Engels?

5. Welche günstigen Bedingungen ergaben sich 1874/75 für die Einigung der deutschen Arbeiterklasse auf revolutionärer Grundlage und welche Taktik schlugen Marx und Engels zur Herstellung der ideologischen, politischen und organisatorischen Einheit vor?

6. Welche grundlegenden politischen und theoretischen Fragen galt es im Prozeß einer schrittweisen Vereinigung in der deutschen Arbeiterbewegung gründliche zu diskutieren und zu klären?

Pflichtliteratur:

Marx:	Brief an Wilhelm Bracke in Braunschweig, 5. Mai 1875, in: MEW, Bd. 19, S. 13–14 oder in: MEW, Bd. 34, S. 137–138 oder in: AS (2), Bd. II, S. 9–10
Engels:	Vorbemerkungen zu „Der deutsche Bauernkrieg“ (Ausgabe 1870 und 1875). Beilagen, in: MEW, Bd. 7, S. 541–542 oder in: AS (2), Bd. I, S. 618–620
Engels:	Brief an August Bebel in Zwickau vom 18./28. März 1875, in: MEW, Bd. 34, S. 125–131 oder

in: MEW, Bd. 19, S. 3–9

Lenin: Dem Andenken der Kommune,
in: Werke, Bd. 17, S. 122–126
Geschichte der SED, Abriß, Dietz Verlag Berlin 1978, S. 8–23

Zusatzliteratur:

Brief Wilhelm Brackes vom 25. März 1875 an Friedrich Engels zur Kritik am Programmentwurf.
in: Dokumente und Materialien zur Geschichte der deutschen Arbeiterbewegung, Bd. III, Berlin 1974, S. 72–75 oder

Geschichte der deutschen Arbeiterbewegung, Bd. I, S. 601

Thema 2:

Die Marxsche Kritik der Lassalleschen Phrase von einer „gerechten" Verteilung des „unverkürzten Arbeitsertrages"
(Punkt 1. und 3. der Marxschen Randglossen).
Die Stellung der Distributionsverhältnisse als Kehrseite der Produktionsverhältnisse

Schwerpunkte:

1. Die Marxsche Auseinandersetzung mit dem „unverkürzten Arbeitsertrag" Lassalles.
2. Die Marxsche Begründung der Verteilungsprinzipien in den zwei Phasen der kommunistischen Gesellschaftsformation.
3. Die marxistisch-leninistische Auffassung von den Distributionsverhältnissen als Kehrseite der Produktionsverhältnisse und das Wesen der sozialistischen Distributionsverhältnisse.

Orientierungsfragen:

1. Wie widerlegte Marx prinzipiell die Lassallesche Phrase der „gerechten" Verteilung und worin besteht die marxistische Position zum Inhalt des Rechtsbegriffes?

2. Zeigen Sie anhand der Aufteilung des gesellschaftlichen Gesamtproduktes in Produktionsmittel und Konsumtionsmittel sowie in gesellschaftliche und individuelle Konsumtion die Haltlosigkeit der These vom „unverkürzten Arbeitsertrag"!

3. Wodurch ist die Notwendigkeit unterschiedlicher Verteilungsprinzipien in den zwei Phasen des Kommunismus begründet? Wie unterscheidet sich die marxistisch-leninistische Behandlung der Distribution von den bürgerlichen und revisionistischen Verabsolutierungen der Verteilung?

4. Wie gliedert sich die Gesamtheit der sozialistischen Distributionsverhältnisse und wodurch ist ihr Inhalt geprägt?

Literatur:

Marx: Brief an Wilhelm Bracke,
in: MEW, Bd. 19, S. 13–14 oder
in: Marx/Engels, AW (6), Bd. IV, S. 379–381 oder
in: AS (2), Bd. II, Berlin 1952, S. 9–10

Marx: Kritik des Gothaer Programms,
in: MEW, Bd. 19, S. 15–32 oder
in: Marx/Engels, AW (6), Bd. IV, S. 382–402 oder
in: AS (2), Bln. 1952, S. 11–29

Rößler/Schmidt/Seidl: Das ökonomische Gesetz der Verteilung nach der Arbeitsleistung. Die gesellschaftlichen Fonds der Konsumtion (Lehrhefte Politische Ökonomie des Sozialismus), Dietz Verlag Berlin 1978, 1.1. und 1.2., S. 7–16 und 2.1. und 2.2., S. 23–35

Zusatzliteratur:

Marx: Einleitung zur Kritik der Politischen Ökonomie,
in: Marx, Zur Kritik der Politischen Ökonomie, Berlin 1951, S. 235–256 oder
in: Marx/Engels (6), Berlin 1970, Bd. II, S. 466–485 oder
in: MEW, Bd. 13, Berlin 1964, S. 615–631 oder

Skambraks/ Storch — Zum 100. Jahrestag der Kritik des Gothaer Programms von Marx und Engels zur Einigung der deutschen Arbeiterbewegung 1875 in Gotha,
in: Wirtschaftswissenschaft Nr. 5/1975, S. 654–670

Thema 3:

Die tiefere Begründung der historischen Mission der Arbeiterklasse in der Marxschen Kritik zum Gothaer Programm

Schwerpunkte:

1. Die Widerlegung der Lassalleschen Auffassung von der Rolle der Arbeiterklasse im Geschichtsprozeß. Die tiefere Begründung der historischen Mission der Arbeiterklasse durch Marx.

2. Die Bedeutung der Marxschen Auseinandersetzung mit der Lassalleschen Auffassung über die geschichtliche Rolle der Arbeiterklasse in der Gegenwart.

Orientierungsfragen:

1. Wie begründeten Marx und Engels die historische Mission der Arbeiterklasse im Kommunistischen Manifest?

2. Worin besteht die Weiterführung dieses Gedankens in der Kritik des Gothaer Programms?

3. Worin besteht die Verfälschung der historischen Mission der Arbeiterklasse durch den heutigen Rechtsreformismus in der Sozialdemokratie? Widerlegung der sozialdemokratischen Auffassung von der „Transformation des Kapitalismus".

4. Worin besteht die Bedeutung der Marxschen Lehre von der historischen Mission der Arbeiterklasse bei der weiteren Gestaltung der entwickelten sozialistischen Gesellschaft?

Vorschlag für Kurzreferat:

Die weitere Erfüllung der historischen Mission der Arbeiterklasse unter den Bedingungen der entwickelten sozialistischen Gesellschaft.

Literatur:

Marx: Brief an Ludwig Kugelmann vom 23. 2. 1865.
in: MEW, Bd. 31, Berlin 1965, S. 451–453 oder
in: Marx/Engels, AS (2), Bd. II, Berlin 1952, S. 428–432

Marx/Engels: Brief an Bebel, Liebknecht, Bracke und andere („Zirkularbrief") vom 17./18. September 1879.
in: MEW, Bd. 19, Bln. 1969, S. 150–166 oder
in: Marx/Engels, AS (2), Bd. II, Bln. 1952, S. 450–456

Programm der Sozialistischen Einheitspartei Deutschlands, Berlin 1976, S. 19–58

Zusatzliteratur:

Die Ideologie des Sozialdemokratismus in der Gegenwart, Berlin 1971, S. 100–111 und 406–412

Wolfgang Schneider: Zur Geschichte der Theorie des wissenschaftlichen Kommunismus, Berlin 1977, Abschnitt 2.5., Marx und Engels über den Prozeß der Herausbildung der kommunistischen Gesellschaft. Die „Randglossen zum Programm der deutschen Arbeiterpartei" und ihre theoretischen Voraussetzungen. S. 137–160

Thema 4:

Die Auseinandersetzung mit dem „ehernen Lohngesetz" von Lassalle
– Die Marxsche Lohntheorie.
Wesen und Funktionen des Arbeitslohnes im Sozialismus.

Schwerpunkte:

1. Die Marxsche Argumentation gegen das Lassallesche „eherne Lohngesetz".

2. Wesen und Erscheinungsform des Arbeitslohnes im Kapitalismus. Das kapitalistische Lohngesetz.

3. Das Wesen und die Funktionen des Arbeitslohnes im Sozialismus.

Orientierungsfragen:

1. Worin besteht der Zusammenhang des „ehernen Lohngesetzes“ mit der reaktionären Bevölkerungstheorie von Malthus?
2. Worin besteht das Wesen des Arbeitslohnes im Kapitalismus und warum erscheint er als „Preis der Arbeit“?
3. Warum verbirgt sich hinter dem Kauf der Ware Arbeitskraft eine tiefe soziale Ungleichheit?
4. Worin besteht das Wesen des Arbeitslohnes im Sozialismus?
5. Welche Funktionen übt der Arbeitslohn im Sozialismus aus?

Literatur:

Marx: Lohn, Preis und Profit,
in: MEW, Bd. 16, Abschnitt 7, Die Arbeitskraft, S. 129–132, Abschnitt 9, Der Wert der Arbeit, S. 134/135, Abschnitt 14, Der Kampf zwischen Kapital und Arbeit und seine Resultate, S. 147–152 oder
in: Marx/Engels, AW (6), Bd, III, S. 101–103, S. 106/107, S. 121–128 oder
in: AS (2), Bd. I, Berlin 1951, S. 398–400, 402–404, 415–421

Engels: Ein gerechter Tageslohn für ein gerechtes Tageswerk,
in: MEW, Bd. 19, S. 247–250 oder
in: Marx/Engels, AW (6), Bd. V, S. 478–481

Engels: Das Lohnsystem,
in: MEW, Bd. 19, S. 251–253 oder
in: Marx/Engels, AW (6), Bd. V, S. 482–485

Rößler/Schmidt/Seidl: Das ökonomische Gesetz der Verteilung nach der Arbeitsleistung. Die gesellschaftlichen Fonds der Konsumtion (Lehrhefte Politische Ökonomie des Sozialismus), Dietz Verlag Berlin 1978, 3., 3.1. und 3.2., S. 41–64

Zusatzliteratur:

Marx: Das Kapital, Bd. 1, 17. Kapitel,

in: MEW, Bd. 23, S. 557–564 oder
Einzelausgabe, Berlin 1951, S. 560–568

Thema 5:

Marx/Engels und Lenin über die Diktatur des Proletariats als Herrschaftsform der Arbeiterklasse in der 1. Phase des Kommunismus. Die konkrete Anwendung der Lehre der Diktatur des Proletariats beim Aufbau des Sozialismus in der DDR.

Schwerpunkte:

1. Karl Marx über Notwendigkeit und Funktion der Diktatur des Proletariats. Seine Auseinandersetzung mit der These „freier Staat"; ihre Bedeutung in der Auseinandersetzung mit dem Rechtsreformismus der Gegenwart.
2. Die Gesetzmäßigkeit der Entwicklung der Diktatur des Proletariats in der DDR und ihre Besonderheiten.

Orientierungsfragen:

1. Wie entwickelten Marx und Engels in ihren Schriften vom „Kommunistischen Manifest" bis zu den „Randglossen zum Gothaer Programm" die Auffassung über die Diktatur des Proletariats?
2. Worin besteht die neue Qualität der Diktatur des Proletariats gegenüber allen anderen Herrschaftsformen?
3. Worin besteht die antikommunistische Demagogie der Gleichsetzung des Proletariats und reaktionärsten Formen der Diktatur der Bourgeoisie?
4. Warum ist im Staat der Diktatur des Proletariats die Führung durch die revolutionäre Partei der Arbeiterklasse notwendig?
5. Welche besondere Form der Diktatur des Proletariats bildete sich auf dem Boden der DDR nach 1945 heraus?
6. Worin bestanden und bestehen die Grundaufgaben der Diktatur des Proletariats in der DDR?
7. Was ermöglicht die Entwicklung der Diktatur des Proletariats zum Staat des ganzen Volkes?

Pflichtliteratur:

Marx: Kritik des Gothaer Programms, Abschnitt IV,
in: MEW, Bd. 19, Bln. 1962, S. 27–32 oder
in: AS (2), Bd. II, Berlin 1952, S. 23–29

Engels: Brief an August Bebel vom 18./28. März 1875,
in: MEW, Bd. 19, Bln. 1962, S. 3–9 oder
in: AS (2), Bd. II, Bln. 1952, S. 30–36

Lenin: Staat und Revolution, Werke, Bd. 25, S. 446–470
Programm der SED, IX. Parteitag, Präambel, Abschnitt II c

Zusatzliteratur:

Geschichte der SED, Abriß, Dietz Verlag Berlin 1978, Abschnitt 2. und 3.

K.-H. Schöneburg: Von den Anfängen unseres Staates, Staatsverlag der DDR, Berlin 1975, S. 33–65

Thema 6:

Karl Marx' Aussagen zur sozialistischen Moral in der Kritik des Gothaer Programms

Schwerpunkte:

1. Die Darlegung der Moral der Arbeiterklasse durch Marx und Engels in Auseinandersetzung mit dem Gothaer Programm

2. Die Aktualität der programmatischen Forderungen in der Kritik des Gothaer Programms für die Entwicklung der sozialistischen Moral

Orientierungsfragen:

1. Worin sehen Marx und Engels die höchste Sittlichkeit der Arbeiterklasse und wie begründen sie diese?

2. Warum kann es in der 1. Phase des Kommunismus noch keine völlige soziale Gleichheit geben?

3. Setzen Sie sich mit den Lassalleschen Phrasen von der Gleichheit und der freiheitlichen Grundlage auseinander!
4. Begründen Sie, daß die Arbeitsmoral das grundlegende moralische Verhalten im Sozialismus darstellt!
5. Weshalb ist die Festigung der sich in der sozialistischen Gesellschaft herausbildenden sozialistischen Moral ein widersprüchlicher Prozeß?
6. Warum nimmt die Erziehung zur sozialistischen Moral bei der Gestaltung der entwickelten sozialistischen Gesellschaft an Bedeutung zu?
7. Warum sind gegenwärtige reformistische Moralauffassungen in ihrem Wesen bürgerlich reaktionär?

Vorschlag für Kurzreferate:

1. Zur Dialektik der sich festigenden sozialistischen Arbeitsmoral in der entwickelten sozialistischen Gesellschaft.
   oder
2. Widerlegung des reformistischen Modells vom „ethischen Sozialismus".

Pflichtliteratur:

Marx: Kritik des Gothaer Programms,
in: MEW, Bd. 19, Berlin 1969, S. 15–32 oder
in: Marx/Engels, AS (2), Bln. 1952, S. 11–29

Marx/Engels: Brief an Bebel, Liebknecht, Bracke und andere („Zirkularbrief") vom 17./18. September 1879.
in: MEW, Bd. 19, Bln. 1969, S. 159–166 oder
in: Marx/Engels, AS (2), Bd. II, Bln. 1952, S. 450–456

Lenin: Die Aufgaben der Jugendverbände (Rede auf dem II. Allrussischen Kongreß des Kommunistischen Jugendverbandes Rußlands am 2. Oktober 1919).
in: Werke, Bd. 31, Bln. 1959, S. 272–290 oder
in: AW (2), Bd. II, S. 780–798, Moskau 1947

Honecker: Aus dem Bericht des Politbüros an die 11. Tagung des ZK der SED, Berlin 1979, S. 24–67
Philosophischer Revisionismus. Berlin 1977, 5. Kapitel, Abschnitt 3, S. 198–220

Thema 7:

Sozialismus und Kommunismus – zwei Phasen der einheitlichen kommunistischen Gesellschaftsformation

Schwerpunkte:

1. Die Bestimmung des historischen Platzes des Sozialismus durch den Marxismus-Leninismus innerhalb der einheitlichen kommunistischen Gesellschaftsformation

2. Das Wesen der entwickelten sozialistischen Gesellschaft

Orientierungsfragen:

1. Welche grundsätzlichen Kriterien entwickelte Marx insbesondere in der „Kritik des Gothaer Programms“ für die Bestimmung der ersten Phase der kommunistischen Gesellschaftsformation und welche Erweiterung erfuhren diese Auffassungen durch Lenin?

2. Warum ist die kommunistische Gesellschaftsformation bereits in ihrer niederen Phase der kapitalistischen Gesellschaftsformation überlegen?

3. Worin liegt die Einheit beider Phasen der kommunistischen Gesellschaftsformation begründet und welche objektiven Bedingungen verursachen die Unterschiede?

4. Warum konnte und mußte im Prozeß der Durchführung und Weiterführung der sozialistischen Revolution die Lehre von Marx über 2 Phasen der kommunistischen Gesellschaftsformation theoretisch konkreter gefaßt werden?

5. Wie bestimmten der VIII. und IX. Parteitag der SED das Wesen der entwickelten sozialistischen Gesellschaft?

6. Worin besteht der komplexe Charakter der vom VIII. und IX. Parteitag formulierten Hauptaufgabe?

7. Wie kommt in der Herausbildung von gleichartigen politischen, ideologischen und sozialökonomischen Aufgaben in den Staaten der sozialistischen Gemeinschaft das internationale Wesen des Sozialismus zum Ausdruck?

Vorschlag für Kurzreferat:

Begründen Sie, daß Sozialismus und Kommunismus zwei Phasen der einheitlichen ökonomischen Gesellschaftsformation des Kommunismus sind!

Pflichtliteratur:

Lenin: Gruß an die ungarischen Arbeiter,
in: Werke, Bd. 29, S. 370–380 oder
in: AW (2), Bd. 2, S. 556–560, Bln. 1952

Bericht des ZK an den VIII. Parteitag der SED, S. 5–9

Bericht des ZK an den IX. Parteitag der SED, S. 28–48

Programm der Sozialistischen Einheitspartei Deutschlands, Bln. 1976, S. 5–9, S. 19–21, S. 73–76

Zusatzliteratur:

Lenin: Staat und Revolution,
in: Werke, Bd. 25, Kap. I und II, S. 397–400 oder
in: AW (2), Bd. 2, Bln. 1952, S. 160–183

Breshnew: Breicht des ZK der KPdSU an den XXIV. Parteitag, II/1b

Wolfgang Schneider: Zur Geschichte der Theorie des wissenschaftlichen Kommunismus, Berlin 1977, Abschnitt 2.5., Marx und Engels über den Prozeß der Herausbildung der kommunistischen Gesellschaft: Die „Randglossen zum Programm der deutschen Arbeiterpartei" und ihre theoretischen Voraussetzungen. S. 137–160

Theoretische Diskussion zum Problem der entwickelten sozialistischen Gesellschaft
in: „Probleme des Friedens und des Sozialismus"
Heft 9/74, 10/74, 1/75

(92) BmG 049-80 X

Mitteilungen der SED

Vortragszyklus

Die nächste Veranstaltung im Vortragszyklus 1984/85 für leitende Kader der Berliner Parteiorganisation findet am Donnerstag, dem 28. Februar 1985, 16.30 Uhr, in der Parteihochschule „Karl Marx" (Großer Hörsaal), Straße Am Köllnischen Park, statt.

Thema: „Die offensive Verbreitung der sozialistischen Ideologie. Die Aufgaben der Grundorganisationen bei der Festigung und Weiterentwicklung des sozialistischen Bewußtseins."

Es spricht: Genosse Prof. Dr. Erich Hahn, Mitglied des Zentralkomitees der SED, Direktor des Instituts für marxistisch-leninistische Philosophie der Akademie für Gesellschaftswissenschaften beim Zentralkomitee der SED.

Einlaß ab 15.45 Uhr. Die Teilnehmerkarte ist beim Einlaß vorzuweisen. Wir bitten, die Plätze bis 16.20 Uhr einzunehmen.

Bezirksleitung Berlin der SED

Mitteilung der SED

Die Anleitung der Kreispropagandistenaktive und Leitpropagandisten zum Thema 4 des Parteilehrjahres der Zirkelkategorie

— Seminar zum Studium von Grundproblemen des revolutionären Weltprozesses erfolgt am Dienstag, dem 27. 11. 1984, von 14.30 bis 17.30 Uhr.

Die Anleitungen zum 4. Thema des Parteilehrjahres der Kreispropagandistenaktive und Leitpropagandisten der Zirkelkategorien

— Seminar zum Studium der Geschichte der KPdSU und

— Seminar zum Studium von Grundproblemen der politischen Ökonomie des Sozialismus und der ökonomischen Strategie der SED erfolgen am Mittwoch, dem 28. 11. 1984, von 14.30 bis 17.30 Uhr.

Ort aller Anleitungen: Bildungsstätte der Bezirksleitung Berlin der SED, 1080 Berlin, Französische Str. 35.

Nachtrag zu Lassalle und Rodbertus

Es gibt, herausgegeben mit einer Einleitung von A. Wagner, Berlin 1878: »Briefe von Ferdinand Lassalle an Carl Rodbertus-Jagetzow«. Wagner macht dort darauf aufmerksam, daß der international geachtete Nationalökonom Rodbertus als »erster Theoretiker des wissenschaftlichen Sozialismus« galt. Soweit ich mich erinnere, spielt dies in den Arbeiten über die Begriffsrezeption des wissenschaftlichen Sozialismus keine Rolle.

Rodbertus hatte seine Arbeit: »Zur Erkenntnis unserer staatswirtschaftlichen Zustände« bereits 1842 veröffentlicht, als Marx seine antikommunistischen Artikel schrieb. Rodbertus publizierte zu diesem Zeitpunkt über die Ware-Wert-Geld-Theorie bereits jene Positionen, die Engels später gleichfalls Marx zulog.

Plagiate von Marx lassen sich auch aus dieser Arbeit Rodbertus' nachweisen, solche zur materialistischen Geschichtsauffassung ebenso wie die des Gesamtkonzepts der Verstaatlichung von Industrie und Landwirtschaft. Das ist nicht uninteressant, aber wichtiger ist: Auch Lassalle steht in seinem vor Marx' Kapital erschienenen »Capital und Arbeit« auf Rodbertusens Positionen, einschließlich der Feststellung, daß die Arbeitskraft ausgebeutet wird und die den Mehrwert schafft. Nach Engels ist dies ja die »epochale« Entdeckung von Marx überhaupt!

Hochinteressante Ausführungen macht Lassalle in diesen Briefen über die Produktiv-Assoziationen, Absichten, die Marx und Engels völlig umfälschen! In den »Randglossen« macht sich Marx bekanntlich auch über den toten Lassalle und dessen »unverkürzten Arbeitsertrag« lustig und wichtig, als habe dieser Stümper nicht gewußt, daß es Abzüge von Lohn und Nationaleinkommen, zwecks Umverteilung, geben müsse. Lassalle spricht in seinem Gedankenaustausch mit Rodbertus vom »unverkürzten Arbeitsertrag« unter sozialistischen, nicht »antagonistischen Produktionsverhältnissen«; genau das ist die Theorie des heutigen Marxismus-Leninismus, die beweisen soll, daß es im realen Sozialismus keine Ausbeutung gäbe! Auf Seite 77 und 80 macht Lassalle viel differenzierter und tiefgründiger als Marx sonnenklar, wie die Reproduktionsprozesse staatlich finanziert werden könnten! Zum Beispiel mittels einer differenzierten Besteuerung der Grundrente, um alle öffentlichen Ausgaben des Staates für Produktion, Verwaltung, Bildung, Kultur etc. zu bestreiten!

Selbst die HO hat Lassalle prognostiziert: »Staats-Verkaufshallen«, um »Handelskrisen und privaten Zwischenhandel« auszuschließen…

3. Abkürzungsverzeichnis

ADAV	Allgemeine Deutsche Arbeiterverbrüderung
DGB	Deutscher Gewerkschaftsbund
EGB	Europäischer Gewerkschaftsbund
FKP	Französische Kommunistische Partei
GST	Gesellschaft für Sport und Technik
IAA	Internationale Arbeiter Assoziation
IDH	Innerdeutscher Handel
IKP	Italienische Kommunistische Partei
IML	Institut für Marxismus-Leninismus
KPD	Kommunistische Partei Deutschlands
KPdSU	Kommunistische Partei der Sowjetunion
KSZE	Konferenz über Sicherheit und Zusammenarbeit in Europa
MEAW	Marx/Engels, Ausgewählte Werke
MEGA	Marx/Engels, Gesamtausgabe
MEW	Marx/Engels, Werke
M-L	Marxismus-Leninismus
ND	Neues Deutschland
NKFD	Nationalkomitee Freies Deutschland
NÖP	Neue Ökonomische Politik
NÖSPL	Neues Ökonomisches System der Planung und Leitung
NSDAP	Nationalsozialistische Deutsche Arbeiterpartei
NVA	Nationale Volksarmee
OVWR	Oberster Volkswirtschaftsrat
SBZ	Sowjetisch Besetzte Zone

Zu Politik und Zeitgeschehen:

Hermann von Berg
Die Analyse
Die Europäische Gemeinschaft – das Zukunftsmodell für Ost und West?

»Die Analyse« ist weit mehr als nur ein Buch über die Europäische Gemeinschaft, über deren Geschichte, Ökonomie und Politik. Auch das alles wird sachkundig und mit einzigartiger Verständlichkeit dargestellt. Darüber hinaus aber zeigt der Autor realisierbare Zukunftsperspektiven auf, weist er nach, wie die EG zu einem Zukunftsmodell für Ost und West werden kann.

Franz Loeser
Die unglaubwürdige Gesellschaft
Quo vadis, DDR?

Franz Loeser bietet nicht nur eine kritische Analyse des realen Sozialismus. Aufgrund seiner führenden Funktionen in Partei, Staat, Wissenschaft und Kultur enthüllt er darüber hinaus aufsehenerregende Fakten über die Korruption der DDR-Führungsschicht, die Mechanismen ihrer Machtausübung und den zunehmenden Verfall dieses Gesellschaftsmodells. Er verbindet diese Analyse mit einem optimistischen Ausblick auf die Zukunft: die Überwindung der Diktatur des Parteiapparats.